华南师范大学马克思主义研究院学术文库

Jinrong Fazhan
Yu Zhidu Bianqian Wenti Yanjiu

金融发展与制度变迁问题研究

张　球　陈奇斌 主编　方兴起　刘　伟 副主编

人民出版社

前　言

金融危机或经济危机对于任何国家来说都是灾难。但是，金融史表明，每一次大的危机都是金融制度变迁的动力和转折点。因此，探讨危机与金融制度的关系是纵向研究金融制度发展和深化的首选的视角。这里所讲的金融制度，被界定在两个层面：一是开放型的；二是其主要内容包括国际货币制度、金融管理和金融市场自发秩序及其相互的"大三角"关系。

自1929—1933年大萧条至今的一个世纪里，基于危机与金融制度的关系来看，金融制度发展经历了否定之否定的发展过程：1929—1933年大萧条导致国家干预型的金融制度否定了自由放任型的金融制度；1973—1975年的"滞胀"导致自由放任型的金融制度否定了国家干预型的金融制度；2007年至今未见结束的金融大海啸可能导致金融制度呈这样一种变迁趋势：国家管理型的金融制度与市场调节型的金融制度的融合。作这样的推测是基于对这样一种历史经验的认知：完全由市场支配人类的经济活动或完全由政府支配人类的经济活动，都必将产生灾难性的后果。融合政府与市场的作用是一种现实的选择。显然，基于人类现有的认知水平，并没有能力确定两者作用的边界（无论是静态边界，还是动态边界），因此，只能通过试错法或摸着石头过河的方式去协调两者的作用。

中国目前的金融制度是政府主导的渐进式改革的产物。它虽然还不够完善，也存在一些问题，但处于全球金融长期动荡之中，却能幸免于金融危机。不过，随着市场取向的改革和面向全球的开放的日趋深化，我们在享受其带来的成果的同时，必然要承受其带来的负面后果。这意味着，中国可以避免一次或数次的金融危机，但中国不可能永远不会爆发金融危机。只有具有这样的危机意识，我们才会去研究别国已发生的金融危机和别国应对危机的制度创新。一旦金融危机在中国发生时，才有能力将其破坏力降至最低。本书正是基于这点，在第 2 章至第 6 章，分别探讨了货币制度、存款保险制度、金融衍生品市场、住房抵押贷款证券化等方面的金融制度和制度创新以及证券市场定价效率等问题。

　　本书是多位合作者的共同成果，具体的分工为：第一章由华南师范大学陈奇斌博士、张球博士共同撰写，第二章由东莞理工学院刘伟博士撰写，第三章由中国农业银行湖北分行冀翼女士撰写，第四章由张球博士撰写，第五章由广州航海高等专科学校黄小彪教授撰写，第六章由陈奇斌博士撰写。方兴起教授提出全书的写作思路和基本框架，张球负责全书的统稿和修改。本书的出版得到了华南师范大学马克思主义研究院的资助。

　　本书如有错误、遗漏和不当，恳请读者批评指正。

目　录

1 概论:危机与金融制度的变迁

金融市场的开放性、国际货币体系以及金融市场自发秩序与金融管理之间的关系,成为金融制度的最重要的三个特征。自19世纪80年代产生第一个国际货币体系——金本位以来,金融制度的以上三个特征经历了一系列的变革,每一次变革都与各种金融危机密切相关。可以说,金融制度的变革,基本上都是危机所促成的。

历史上真正意义上的国际金本位,因为第一次世界大战而终结,虽在战后得到一定程度的恢复,并试图以金汇兑本位这一削弱了的金本位制重建国际货币体系,但即使是这一努力也很快因为大萧条这一资本主义历史上最严重的金融与经济危机而彻底破产,国际货币体系一度陷入混乱。1944年在美国主导下建立的布雷顿森林体系,以一种更苛刻的金汇兑本位确定了新的国际货币体系,并带来国际经济与金融20余年的稳定和发展。由于制度设计本身固有的缺陷,布雷顿森林体系最终于20世纪70年代瓦解。自此,国际货币体系进入了一个没有体系的时代。由于美国在政治、经济和军事上的强势地位,美元这一主权信用货币实际上成为了国际货币体系中最主要的储备货币。综观国际货币体系的历史,以一种不可兑换的主权信用货币作为国际储备货币,只是布雷顿森林体系崩溃后才出现的新生事物,正是这一新生事物,成为了20世纪70年代以来国际金融市场动荡、危机此起彼伏的基础性原因。

发端于美国的全球金融大海啸促使人们重新检讨现行的国际货币体系和制度,建立一种新型的国际货币体系和秩序的呼声日渐高涨。

在对国内金融市场的监管方面,1913年美国联邦储备体系的建立标志着现代中央银行制度的诞生,也标志着自由货币时代的结束。中央银行制度创立的初衷,是为了维持货币的稳定而垄断货币的发行,但银行体系和金融市场基本上依然处于自由放任状态。大萧条结束了人们对于银行体系和金融市场自由放任的信仰，世界各国纷纷制定了旨在稳定银行体系和金融市场的金融监管制度，以管制和规范商业银行和金融市场的运作。自布雷顿森林体系解体以来，国际及国内金融市场上陡然增加的风险和不确定性，刺激了至今方兴未艾的金融创新浪潮，并成功规避了大多数政府管制，促使多数国家政府逐步放宽甚至取消了先前的管制，金融市场掀起了新一轮的自由化和全球化浪潮。卷土重来的经济自由主义思潮成为这一轮金融自由化和全球化的重要推动力。

正是在这样的金融自由化和全球化背景下，爆发了席卷全球的金融大危机，使人们重新将目标锁定在金融市场自发运行与政府管制之间的关系上来。可以预见的是，未来金融市场将受到政府更多的监督和管制，奥巴马的"金融新政"和德国政府 2010 年 5 月宣布的"裸卖空"禁令正是这一趋势的典型代表。

1.1 1929—1933 年大萧条与金融制度的重构

1.1.1 大萧条前的金融制度

大萧条之前，世界货币体系主要是金本位及后期的金汇兑本位，而主要工业国的国内金融市场，均以自由放任为主流。资本主义市场经济的成功，使人们相信，不受政府过多管制的自由市场能够自发调节金融市场和实体经济的运行。

一、大萧条前的国际货币体系

历史上第一个国际货币体系——国际金本位，是在英国、拉丁货币联盟、荷兰、众多北欧国家以及德国和美国相继实行国内金本位的基础上于 19 世纪 80 年代形成的。

初期的国际金本位，是典型的金币本位制。金币本位制遵循"三自由原则":自由铸造、自由兑换和自由输出入。自由输出入原则保证了各国货币之间的比价相对稳定;自由兑换保证了黄金与代表黄金流通的银行券之间的比价相对稳定;金币的自由铸造或熔化具有调节市面上货币流通量的作用,因而保证了各国物价水平的相对稳定。初期的国际金本位制度是一种相对比较稳定的货币制度,促进了各国经济和国际贸易的稳定和发展。

第一次世界大战爆发以后,由于各国军费开支猛烈增加,纷纷停止金币的自由铸造、兑换和输出,破坏了国际金币本位的基础,导致了金币本位制的崩溃。

一战结束后,各国试图恢复金本位,但是部分国家严重的通货膨胀以及因为战争导致的黄金在国家间分布的极不平衡,使得恢复国际金币本位制已不可能。1922 年,在意大利热那亚城召开的世界货币会议上决定采用"节约黄金"的原则,实行金块本位制和金汇兑本位制。热那亚会议之后,除英国、法国、美国实行与黄金直接挂钩的货币制度外,其他欧洲国家的货币均通过间接挂钩的形式实现了金汇兑本位,直至大萧条爆发。

二、大萧条前的金融监管制度

1913 年建立的美国联邦储备体系,标志着美国现代金融制度开始确立,政府全面介入并垄断货币发行事务。中央银行制度的创立为金融市场的稳定提供了一个必要条件——货币的稳定,但远不是金融稳定的充分条件。

20 世纪 30 年代前,处于鼎盛时期的古典经济学使人们相信自由的、不受管制的市场才能促进竞争和产生高效率。那一时期以美国为代表的主要工业国的银行体系和金融市场基本上是不受管制的,政府为了维持一个健全的、高效率的银行制度,只实行最低限度的管理以维持竞争秩序。当时,美国商业银行存贷款业务与投资银行业务(证券业务)是相互渗透的。大多数商业银行直接或通过其附属机构从事证券投资业务。投资银行在承销股票和债权包销业务的同时,也开办某些商业银行的业务。后人将当时美国的金融制度称为混业经营制度。

混业经营一方面拓宽了商业银行和其他金融机构获取利润的空间,同时也使商业银行因为经营证券业务而暴露在巨大的风险之中,并因此危及银行体系、货币市场乃至实体经济的稳定，而这直到大萧条的爆发才被世人所认识，不能不让人感叹社会科学尤其是经济科学相对于实践的滞后性。

1.1.2 大萧条中金融制度的解体

资本主义历史上最严重的国际金融与经济危机几乎摧毁了国际货币体系和各国内部的金融体系。

一、大萧条中国际货币体系的解体

一战后建立的国际金汇兑本位制度是一种既节约黄金又以黄金为基础的货币制度，在一段时间内取得了成功，但是由于国际金汇兑本位制度依然需要以黄金作为基础，因此黄金数量依然无法充分满足世界经济的增长和维持汇率稳定的需要。

1929 年爆发的世界性经济危机，迫使货币直接与黄金挂钩的英、法、美等国为维护国内货币稳定而相继停止黄金的兑换和输出，国际金汇兑本位迅速瓦解，资本主义世界的货币金融处于混乱状态，各国纷纷加强外汇管制，各国货币竞争性贬值，陷入"以邻为壑"的货币战。这一时期混乱的国际货币体系，实际上正是大危机迅速蔓延和深化的重要原因之一，这一惨痛教训促使人们事后的深刻反思，并为二战后布雷顿森林体系的建立做好了思想上的准备。

二、大萧条中的金融危机

美国是大萧条中受灾最为严重的国家。据统计，1929—1933 年，美国的国民生产总值下降了近 30%，衰退顶点时失业率达到 25%，大萧条的另一个重大事实就是金融市场的大失败。由于公众对银行完全失去信心，挤兑频繁发生，大量银行破产倒闭，经济急剧下滑。

大萧条对美国金融业产生了极大冲击，主要体现在：

第一，股市崩盘，投资下降。1929 年 9 月至 1932 年 6 月期间，美国股市暴跌 85%。这一结果也加剧了投资的下降，1929—1933 年，消费物价指数下降近 25%。在 1931—1935 年这一期间，净投资为负。

第二，银行大量倒闭。据统计，1929—1933 年间，美国商业银行以每年 2000 家左右的速度发生倒闭，几乎所有商业银行都受到挤兑风潮的打击,银行系统的货币和存款减少了1/3,流通货币对整个银行存款的比例从1929年的9%上升到1933年的19%。在这场金融大危机中,邮政储蓄系统、互助储蓄银行及人寿保险公司因得益于较为保守的业务政策而勉强渡过了危机,但储蓄贷款机构的挤兑则十分严重。

第三,最后贷款人的失败。弗里德曼和施瓦茨(1963)认为,在大萧条的银行危机中,恐慌的存款者对美国银行的安全性失去信心,挤兑频繁发生,货币供给大量减少,而当时联邦储备体系却没能承担起最后贷款人的义务。

第四,人们对金融市场丧失了基本的信任。公众在危机中的恐慌和金融机构在危机中为挽救自身利益的一系列不良行为,使经济社会对于金融市场产生极大的不信任,使以信用为基础的金融市场遭受毁灭性的打击。

尽管关于大萧条和金融危机形成的原因至今尚存争论,但可以肯定的是,危机暴露了既有制度体系的严重弊端,动摇了人们长期以来对于不受约束的自由市场和金融体系的信念。同样可以肯定的是,正是大萧条中史无前例的金融大危机促成了美国的金融监管体系的建立。

1.1.3 大萧条后金融制度的重构

大萧条后金融制度的重建首先开始于对国内金融业的全面监管。直到第二次世界大战结束前夕,在大萧条中被破坏的国际货币体系才在美国的主导下得以确立。

一、全面的金融监管

金融大危机促使人们反思自由放任的银行体系和金融市场,并促成了以美国为代表的西方工业国对金融业的全面监管。在美国,金融监管涉及银行业和证券业的广泛领域,并采取立法的形式。

(一)银行业立法

对银行业的管制主要体现在《1933年银行法》(格拉斯—斯蒂格尔法)和《1935年银行法》两部法律。

《1933年银行法》旨在恢复商业银行的信誉,防止资金从法定商业用途流向投机用途,同时减少在投资和商业银行业务结合过程中存在的利益冲突和内部交易,主要内容包括:

（1）禁止业务交叉。将吸收存款（商业银行业务）与承销及担当交易人和市场设计人的业务（投资银行业务）明确分开，任何以吸收存款为主要资金来源的商业银行不能同时经营证券投资等长期性投资业务；经营证券投资业务的投资银行也不能经营吸收存款等商业银行业务。这样，就在银行业和证券业之间设立了一道防火墙，禁止商业银行涉足高风险的投资银行业务；禁止商业银行因利益冲突而利用内幕交易进行欺诈，最终损害存款人的利益并引发系统风险。

（2）建立联邦存款保险公司（FDIC）。目的是重振公众对银行体系的信心，保护存款者利益，监督并促使银行在保证安全的前提下进行经营活动。

（3）制定"Q条例"。授权联邦储备系统规定商业银行计息存款所支付存款利率的最高限额，禁止银行对活期存款支付利息。这一条例限制了银行之间过度的价格竞争，防止银行为了获利而采取过分冒险的贷款行为，保证银行体系的稳定和安全。

（4）禁止商业银行发起或分配共同基金股份。其宗旨是保护银行免受过度竞争带来的风险损失。

《格拉斯—斯蒂格尔法》不仅塑造了20世纪30年代以来美国的分业经营格局，而且也是第二次世界大战后许多国家重建金融体系时的主要参照，如日本、韩国、加拿大、新西兰及拉美的一些国家。《1935年银行法》进一步赋予联邦储备系统稳定物价和促进就业的权力，把原来分散的中央银行业务的决策权集中到联邦储备委员会，用集中的货币政策取代以前的各区联邦储备银行分散执行的货币政策。这两项法令对银行的建立、经营范围、可持有资产的类型、产品价格的确定和安全性保障等方面都进行了严格的管制。同时，扩大了联邦政府集中管理货币和信贷的权力，结束了银行自由经营的制度，基本上形成了美国以后四十多年金融体系的基本格局，直到1980年新银行法出台才有所改变。

（二）证券业的立法

因为大萧条动摇了公众对证券市场的信心，所以重建这种信心被当做恢复经济的一把钥匙，于是联邦政府开始立法管制证券业。大萧条之后美国对证券业的立法管制主要包括《1933年证券法》、《1934年证券交易法》、《1938 年曼罗尼法》和《1939 年信托契约法》。

《1933 年证券法》的主要内容为强制信息披露，保证投资者在作决策时能得到关于新发行证券的所有相关信息的披露。该法只是针对一级市场，没有运用到证券的私人募资和公开二级市场交易中。

《1934 年证券交易法》是对《1933 年证券法》的补充，目的是对在二级市场上交易的证券进行充分的信息披露。同时，创立了联邦证券交易委员会（SEC）。作为联邦政府的一个独立的金融管理机构，SEC 不仅监督披露要求，而且还颁布交易行为规则。《1934 年证券交易法》还规定证券交易人的债务最多是其所有者权益的 20 倍，规定证券信用贷款的最高限额为不超过该种证券当前市价的 55%，或不超过过去 36 个月内最低价格的 100%，以限制过度的证券投机。该法又进一步制定了一系列的法规，防止人为操纵股票市场的欺诈行为。法规也规范和控制了交易活动，禁止内部人员通过交易他们公司的证券来赚取投资收益的行为。

《1938 年曼罗尼法》是《1934 年证券交易法》的延伸，是为满足场外交易市场（OTC）证券商的自律要求而制定的。该法将场外交易市场纳入SEC 的监管之中，尽管它鼓励场外交易市场建立私人交易委员会来进行自我管制，但是 SEC 有权监督和改变这些私人委员会的规章。

《1939 年信托契约法》是监管债券发行的法规。该法确立了管理"信托契约"的各项规则，规定了债券持有人的权利和债券发行人的义务，并要求所有公司债券与其他债券必须在经证券交易委员会批准的信托契约下发行。契约上有保护债券持有人利益的条款，且规定发行人必须报告契约条款的执行情况，并对误导行为负责。

上述四个法令共同形成对证券市场的一套完整的监管体系，形成了迄今为止美国证券管理制度的基本特征。它们对实现证券交易公正、公平与公开，限制投机和欺诈行为，保障普通证券投资者的利益，促进美国证券市场的发育和健全起了重要的作用。此后半个多世纪里，这些法令随着金融市场新情况的出现，不断得到修订和完善。

二、国际货币体系的重构——布雷顿森林体系

自国际金本位因第一次世界大战被摧毁以来，在两次世界大战之间，国际货币制度基本上处于无序状态，虽然有少数国家曾短暂地恢复金本位，但国际金本位始终没有建立起来。

大萧条结束后，英联邦国家、美国周围的国家、法国及其附属国相继分别成立了相互对立的"英镑集团"、"美元集团"、"法郎集团"等货币集团。货币集团的兴起，体现了金本位国际货币制度崩溃后的国际货币体系的无序状态。此时，全球范围内缺乏各国政府间的货币合作机制。20世纪30年代初，世界经济被肢解成了越来越多的自给自足的国家单位。彼此割裂的经济状态使全球经济付出了巨大的代价。

两次世界大战之间全球经济的高度混乱使得各国都希望寻求一种相对的稳定。在两次大战后成为后起之秀的美国，由于剧增的黄金储备、快速发展的对外贸易和对外投资，使其成为世界上最大的债权国和经济实力最雄厚的国家，必然要谋求自己在世界上的霸权地位。新的国际货币金融体系的建立必然在美国的主导下进行。

1944年在美国的新罕布什尔州小镇——布雷顿森林城召开了一次国际金融会议，44个国家参与了此次会议。这次会议起草并签署了《国际货币基金组织协定》（国际货币基金组织，International Monetary Fund，简记为IMF），在这次会议上确定了新的国际货币体系——布雷顿森林体系。

布雷顿森林体系重新建立了世界范围内的固定汇率制度。该体系要求各国货币对美元保持固定汇率，美元与黄金保持固定的兑换比率（每盎司黄金35美元），由此建立了新的国际货币制度。各国货币由于均与美元挂钩而彼此间确定了固定的比率，因此布雷顿森林体系确定了世界范围内的新的固定汇率体系。与以往典型的金币本位制确定的固定汇率体系的主要区别在于，这是一种以美元为基本储备货币的金汇兑本位制：各国货币盯住美元，以美元资产或黄金作为官方的国际储备，并有权向美国联邦储备银行以官方价格兑换黄金。

理论上，美国的中央银行有责任固定美元对黄金的价格，各国的中央银行则负责本国外汇市场上本币对外价值的稳定。但布雷顿森林体系下，也不是绝对地固定各国货币同美元的相对比率，当一国国际收支发生"根本性不平衡"时，允许法定升值或贬值。但一旦调整后，不允许轻易改变。由于受供求的影响，允许汇率有不超过1%上下限的波动，一旦汇价超出规定限制，各国政府有责任和义务进入外汇市场，通过买卖外汇改变供求力量的对比,从而使外汇率回落至规定限度内。

另外,布雷顿森林体系下成立了两个国际金融机构"国际货币基金组织"和"国际复兴开发银行"(即"世界银行"),填补了一直以来各国政府间货币合作机构的空缺。建立国际货币基金组织的目的是为了促进国际货币合作和国际贸易的发展,同时负有向会员国提供短期信用,调整其国际收支不平衡的责任,以维持汇率稳定,消除竞争性贬值和外汇管制。世界银行作为与国际货币基金组织相配合的国际金融机构,其宗旨在于为生产性投资提供长期贷款,协助会员国的复兴与开发,鼓励不发达国家开发生产和资源,鼓励国际投资以开发会员国生产资源,促进国际贸易的长期平衡发展。

1.1.4 第一次金融制度重构的反思

大萧条宣布了经济自由放任理论的失败,为国家干预经济的凯恩斯主义理论提供了历史机遇。自由放任主义的终结,同时也标志着国家干预经济与金融的新纪元的诞生。在国际货币金融领域,两次世界大战期之间国家间经济金融政策的不协调使世界经济和社会发展遭受了不可估量的损失,也催生了协调和制约各国经济政策的国际货币金融制度,体现为国家间自由放任时代的终结和国际性干预制度的诞生。

第一次金融制度重构对稳定各国经济与金融,促进国际贸易和世界经济的迅速增长做出了重大的历史性贡献。同时,这一新制度体系的构建不可避免地带有一定的历史局限性,这一方面反映了人们对于经济与金融市场认识的局限,另一方面则反映了各国依据其国际经济、军事与政治地位谋求自身利益,致使国际货币金融体系违背科学原理而跟随国家势力格局的变迁而变化的悲剧性局限。

一、布雷顿森林体系的历史功绩与局限

布雷顿森林货币体系所确定的美元与黄金挂钩、各国货币与美元挂钩的原则,使美元等同于黄金,成为黄金的代表或等价物。由于各国货币不能直接兑换黄金,而只能通过美元间接地与黄金挂钩,从而使美元取得了在国际货币制度中的中心地位。在这一货币制度下,美元代替黄金成为各成员国支付国际收支逆差的主要手段和国际储备货币;有些国家甚至用美元代替黄金作为发行纸币的准备金。因此，这种国际货币制度，实际上是一种国际金汇兑本位制，或者说是美元—黄金本位制。由于布雷顿森林货币体系确定了美元在国际货币制度中的霸权地位，从而为美国的对外经济扩张创造了有利的条件；美国不但可以用美元对外直接投资进行资本输出，而且还可以用美元来支付其庞大的海外军费开支。

尽管如此，布雷顿森林货币体系的建立和运转，毕竟使各国货币汇率保持相对稳定，结束了国际货币金融关系的动荡不安局面，进而对战后资本主义世界贸易和经济的发展起了一定的积极作用。首先，布雷顿森林货币体系的建立，使美元成为资本主义世界的主要国际支付手段和国际储备货币，作为黄金的补充，因而弥补了国际清偿能力的不足，从而消除了影响国际商品流通的障碍，促进了战后 20 世纪五六十年代国际贸易的大发展。其次，根据"布雷顿森林协定"建立起来的固定汇率制，使各国货币汇率保持相对稳定，从而避免了对外投资、信贷活动中汇率变动的风险，有利于推动资本输出、国际贸易和世界经济的迅速增长。相对稳定的汇率可以让进出口企业专心搞生产，而不用操心复杂的汇率变动问题，更不用操心如何防范汇率风险问题。所以，布雷顿森林体系被尼克松当局废掉以前的岁月，是欧洲、日本以及东南亚国家出口业发展的黄金时期，并因此导致这些国家经济快速复兴并腾飞。

布雷顿森林体系建立的以美元为中心的"黄金—美元本位"制度，实质上是"美元本位制"。美元霸权从此以制度的形式被确立，即使在布雷顿森林体系之后美元也依然是主要的国际储备货币之一。1913 年美国建立联邦储备系统，以及各国纷纷设立中央银行以垄断货币发行，是因为历史的经验告诉我们，货币的私人发行制度并不能带来货币稳定。由此推及国际货币体系，由主权国家发行的主权货币充当国际储备货币必然也与国际货币体系的长期稳定不相符，因为这样的货币体系只能依靠储备货币发行国在政治、经济及军事等全方位的领导和霸主地位方能在一定时期内维持，一旦国际局势发生变化，国际货币体系便处于动荡并走向崩溃。因此，国际储备货币的非主权国家化是国际货币体系长期稳定的必要条件之一。另外，国际金本位之所以难以长期维持，是因为该制度导致了黄金供给与随经济增长而不断增长的货币需求之间的矛盾，因此长期稳定的国际货币体系必须脱离黄金的制约是国际货币体系长期稳定的又一必要条件。

反观布雷顿森林体系的制度设计,在国际货币体系的长期稳定的以上两个必要条件上都存在天生的缺陷,因此只是一种受霸权国家利益支配的临时性的权宜制度,其最终的解体只是时间问题。

二、金融监管制度的功绩与局限

一方面,大萧条之后所建立起来的金融监管制度,是在吸取之前自由放任的金融市场的教训的基础上产生的。以强制信息披露和反欺诈为主要内容的促进证券市场公平、公开的监管制度直到今天依然是国际上证券市场监管制度的核心内容。

另一方面,以"分业经营"为主要内容的商业银行监管制度,目的在于将商业银行经营活动与高风险的证券市场交易行为隔离,以保持银行及货币体系的稳定。同时,在对银行和证券市场的监管制度中,我们还是发现了一些耐人寻味的东西:证券市场在受到相应监管的同时,商业银行依然被要求分业经营。从风险管理的角度来说,相对于贷款业务,商业银行投资于证券市场在技术上肯定更有利于资产的分散与组合,因此似乎更有利于风险的分散和管理,但是监管制度依然将商业银行限制于证券业务之外,说明监管制度制定者认为,即使证券市场受到严格透明化监管从而实现充分的平等和竞争,证券市场依然是高风险的。这实际上反映了当时的人们对于证券市场的理性和定价效率心存疑虑,这种疑虑直到今天依然存在,那就是在低交易成本的证券市场上无时无刻不存在的投机行为。减轻证券市场非理性投机行为所造成的市场动荡,直到今天在理论和实践上依然是一个困难的问题。

1.2 1973—1975 年"滞胀"与金融制度的回归

布雷顿森林体系的制度设计本身就已经注定了它的崩溃。布雷顿森林体系最初是一种金汇兑本位制,但后来就越来越脱离了与黄金的联系,世界货币从美元—黄金本位制过渡到美元本位制。美国耶鲁大学教授罗伯特·特里芬（Robert Triffin）在 1960 年出版的著作《黄金与美元危机》一书中，对布雷顿森林体系存在的制度缺陷进行了深入探讨，提出该体系存在的内在不稳定性：随着世界经济的增长，各国中央银行出于货币扩张的需要，对美元储备的需求也随之增长；美元储备的供应是有保障的，最简单的情形，只要美国开动印钞机，通过美国的国际收支逆差即可保证美元的流出，但黄金的供应要受到黄金客观存量、采金技术等外在因素的制约；随着时间的推移，当外国拥有的美元储备超过美国所拥有的黄金，那么美国承诺以 35 美元兑换 1 盎司黄金的官方价格赎买美元，可能会使美国陷入大规模抛售美元挤兑黄金的危险境地，这将导致整个国际货币体系的瓦解。如果美国拒绝满足不断增长的美元需求，这可以保证美元和黄金之间的固定比价，但世界经济会因缺少美元储备而陷入通货紧缩，布雷顿森林体系将面临和国际金本位制度同样的制度缺陷。这就是著名的"特里芬两难"理论。然而，如果外国的中央银行对美元储备充满信心，不用美元去兑换黄金，那么这种体系仍旧可以维持。但从 1960 年开始相继发生的数次大的美元危机，用事实证明了人们对美元贬值的预期很高，掀起了数次抢购黄金、抛售美元的高潮，理查德·M. 尼克松总统被迫于 1971 年 8 月 15 日采取强硬措施，单方面终止美元对黄金的兑换。尽管之后在史密森学会（Smithsonian Institution）上达成了关于汇率重新调整的国际协定，美元对外币平均贬值约 8%，黄金的官方价格上调到每盎司 38 美元，但这一调整没有实质上的意义，因为美国仍然拒绝向外国中央银行出售黄金。1973年 3 月，日本及大多数欧洲国家的货币相对于美元开始浮动，至此，布雷顿森林体系建立起来的固定汇率制度彻底瓦解。

1.2.1 布雷顿森林体系崩溃的金融后果

布雷顿森林体系的崩溃为美国滥发货币、转嫁危机、掠夺世界大开方便之门。1971 年 8 月尼克松新经济政策终止了美元兑换黄金，从而使世界货币体系由"黄金—美元本位制"转变为纯"美元本位制"，从而破坏了布雷顿森林体系的中心支柱。布雷顿森林体系瓦解以后，各国普遍实行浮动汇率。汇率的变动由外汇市场的供求情况自行决定涨跌，进而加剧了国际金融市场的动荡与混乱。许多国家为了避免由于美元汇率的变动对其美元外汇储备所产生的影响,纷纷实行储备货币多样化政策,从而促进了国际储备货币向分散化和多样化的方向发展,第二次世界大战后迅速崛起的日本、联邦德国使日圆、马克的国际地位不断上升,英镑的国际地位得以一定程度的恢复。以美元为中心的资本主义国际货币体系的瓦解,并不意味着美元的影响和作用已经完全消失。一方面,自第二次世界大战结束以来美元一直作为国际货币制度的中心货币,在国际结算和国际支付中充当国际间的主要支付手段,作为历史的延续,美元的地位不可能在短期中有根本的改变;另一方面,也是最重要的,美国在国际政治、经济和军事上的大国霸权地位,也使得各国在选择持有储备资产时将美元列为首选货币。因此,在以美元为中心的布雷顿森林体系崩溃以后,美元仍然是国际结算和国际支付中使用的主要货币,有些国家仍然以美元作为主要的外汇储备。

1974 年,国际货币基金组织在牙买加首都金斯敦的会议上达成了国际货币制度的《牙买加协定》。协定规定:确认浮动汇率制,成员国自行选择汇率制度,取消黄金官价,黄金非货币化。《牙买加协定》从国际法意义上确认了布雷顿森林体系解体之后国际货币体系的新变化,使"成员国的货币汇率浮动和中央银行干预浮动的权力合法化"。从此以后,美国一方面可以不受黄金储备的限制,合法的通过大量发行纸币进行美元贬值,赖掉原来的债务;另一方面又不断扩大国际收支逆差,让外国新流入资金为其新发行的政府、企业和个人债务继续融资,对世界转嫁危机、实施掠夺。从长期趋势看,美国公共债务大规模增加是在 20 世纪 70 年代布雷顿森林体系崩溃之后,80 年代中后期之后增长尤其迅速。美国在全世界购买产品和服务,世界其他国家提供产品和服务并接收美元;外国央行购买由于贸易顺差、接受投资和借取美国债务进入本国的美元,同时按照一定的汇率付出本国货币,即本国货币被迫发行;各国央行将收集到的美元重新投放到美国金融市场,为美国债务融资。由此导致美国政府、企业和个人债台高筑,国际收支赤字急剧膨胀,美元危机频频发生。

布雷顿森林体系的崩溃导致全球金融市场持续动荡,金融危机、经济危机频频发生,严重威胁世界经济的稳定。牙买加体系是一种"没有制度的体系",其结果是汇率反复无常的波动、国际收支赤字国与盈余国间的不平衡和以美国为代表的大国试图操纵货币价值来增强本国工业的国际竞争力或达到其他一些经济目标。利率和汇率的频繁波动，刺激了国际金融资本的跨国投机活动，导致全球金融危机频频发生，尤其是到了 20 世纪 90 年代后，国际货币体系的不稳定性进一步凸显，1991 年英国的货币危机、1992 年欧洲汇率机制危机、1994 年墨西哥等拉美国家的金融危机、1995 年的美元危机、1997 年的东亚金融危机、1998 年的俄罗斯金融危机、1998—1999 年巴西的金融动荡以及 2008 年爆发的全球金融危机等均为直接或间接地由于布雷顿森林体系的崩溃所导致的国际金融动荡。

1.2.2 1973—1975 年经济危机中的"滞胀"

布雷顿森林体系的崩溃所导致的汇率剧烈波动破坏了原本稳定的国际经济秩序，石油和原材料的供应减少和价格上涨又直接威胁着资本主义国家的生产，这一切导致了 20 世纪 70 年代初西方国家普遍的经济衰退。与此同时，长期的凯恩斯主义的国家干预所形成的政策惯性导致这些国家政府使用扩张性的财政和货币政策以应对，甚至不惜推行贸易保护主义政策。在这样的条件下，不受国际货币规则约束的货币和信贷扩张，不但未能扭转经济衰退，反而同时推动物价水平持续的高比率上升，出现了资本主义经济史上前所未有的"滞胀"的局面。

在 20 世纪 70 年代以前，西方国家的物价变动是和经济发展同方向进行的，随着经济的扩张与收缩而上下涨落，从未有过物价上涨与经济停滞长期并存的现象。但是到了 70 年代，特别是 1973—1975 年经济危机，物价上涨与经济停滞互相交织，长期并存，形成难以摆脱的"滞胀"的局面。"滞胀"像个幽灵附着于资本主义肌体，扩展到所有的资本主义国家。

布雷顿森林体系是第二次世界大战后以美国为主导的资本主义各国的国际经济协调中心，是支撑资本主义各国经济持续增长的世界体系。实现浮动汇率制以后，尽管国际收支问题可以通过汇率的浮动得以解决，但是，浮动汇率制下主要货币之间的汇率却远非初期人们预测的那么稳定。主要货币之间的汇率年波动率常达 20% 以上，有时竟高达 100%。通货价值的稳定性一旦失去，就会给出口和生产带来汇兑风险，导致国际金融市场混乱。作为主要国际储备货币和国际支付手段的美元，其地位不稳必将导致国际金融局势的动荡,不利于各国经济的稳定增长。同时,尼克松政府断然采取征收违背自由贸易原则的进口附加税的办法,并将进口附加税作为讨价还价的资本迫使各国提高对美元汇率的强硬政策,说明战后世界自由贸易的"旗手"美国已陷入严重的困境之中。因此,对自由贸易的危机感和对国际货币体制破产的担心相互交织在一起,使国际经济陷于大混乱的状态中。为了摆脱各自的经济困境,将自己的危机转嫁出去,各发达国家纷纷加入了争夺和保护市场的货币战、商品战,保护主义越演越烈。贸易保护主义及布雷顿森林体系的崩溃所带来的国际经济大环境的巨变终结了战后资本主义经济高速增长的基础,并引发了20世纪70年代初"石油危机"和世界性的大萧条。

各发达国家除了利用贸易保护主义政策试图向其他国家转嫁危机外,面对战后前所未见的世界经济形势,在国内经济政策上还基本沿用需求管理的凯恩斯主义政策,试图通过赤字财政和扩张货币以扭转经济衰退。致使货币供应和信贷以前所未有的速度激增,直接导致了通货膨胀的持续和加剧。"滞胀"既是布雷顿森林货币体系崩溃后国际经济金融秩序的失败,也是国家干预政策的失败,后者直接导致凯恩斯主义需求管理理论受到广泛的批评,也使经济自由主义思潮重新兴起,并以新自由主义的形式重新登上历史舞台,深刻地影响着此后的世界经济运行和政府经济政策取向。

1.2.3 金融制度的历史回归

一、放松管制和金融自由化

布雷顿森林体系的解体及随之发生的资本主义经济"滞胀",为经济自由主义提供了难得的历史机遇,兴起了一轮新的自由主义思潮;布雷顿森林体系解体后动荡不安的经济与金融环境使金融市场竞争空前激烈,为规避旧的监管制度的束缚,美国金融机构发起了前所未有的金融创新浪潮,大量金融创新工具的出现使原先部分管制措施失去效力;20世纪70年代后实体经济相对衰落的美国为延续其世界霸主地位,急需在金融层面上掌握世界主导权。这一切导致美国金融监管制度的放松和金融自由化,并利用其世界霸主地位将这一自由化浪潮向全世界强行推销以推行其"金融强国"的计划。

20 世纪 70 年代持续的高通胀使市场利率上升，使美国商业银行经营极度困难，资金大量流入证券市场而出现"脱媒"现象；布雷顿森林体系的解体给美国经济、金融带来了巨大的冲击，美国在国际金融领域的优势地位被打破，面临着银行业的国际化竞争。在内外压力下，美国金融机构开始了声势浩大的金融创新运动，以规避传统的金融管制。大额可转让定期存单、可转让支付命令账户、自动转账服务以及多种衍生金融工具应运而生，司法机关事实上放纵了一系列的规避管制的金融创新活动，使政府传统的金融管制手段屡屡陷入被动，因此改革势在必行。到 20 世纪 80 年代初期，美国相继制订的《1978 年充分就业和经济平衡增长法》、《1980 年存款机构放松管制和货币控制法》、《1982 年高恩—圣杰曼存款机构法》、1982 年美国证券交易委员会《415 条款》、《1983 年国际贷款监督法》、《1987 年公平竞争银行法》、《1987 年银行控股公司修正法》等一系列金融立法的基本立足点都在放松管制、清除银行业并购障碍、鼓励银行业进行有序的市场竞争。

美国等西方大国并不满足于国内金融市场的自由化，为了满足本国金融业利益乃至国家利益的需要，美国等西方大国纷纷祭起"自由"和"效率"这两面新自由主义的旗帜，加上威胁和利诱，敲开了新兴市场国家金融市场的大门，将金融自由化向世界范围内推销，以便在新的国际经济形势下继续对新兴国家的掠夺。

二、国际货币金融体系的无序化

布雷顿森林体系解体后的国际货币金融环境，事实上处于没有体系的相对混乱的局面，"牙买加体系"与其说是体系，还不如说是对这种混乱局面的追认和进一步确认。在黄金失去世界货币基础的情况下，缺乏国际储备货币的制度性安排，国际货币金融秩序缺乏制度性保障，只能受制于国际政治、经济和军事力量对比和局势的变化。一方面，国际局势的变化必将引起国际货币金融秩序的动荡，从而引起世界经济的波动；另一方面，无序的国际货币金融体系助长投机行为的盛行，并导致国际货币金融秩序的动荡，反过来也在一定程度上影响着各国金融体系与经济的安全与稳定以及国际局势的动荡。布雷顿森林体系的解体标志着美国霸权由鼎盛走向衰落，尽管之后近 40 年美元依然是全球最主要的储备货币，但是处于霸权衰落期的美国显然不可能长期维持美元的国际地位,衰而未落的美元已经成为国际货币经济秩序的最大不安定因素。

国际储备货币的多样化并不能使因美元的历史性衰落所造成的威胁有所减轻,储备货币的多样化本身正是国际货币金融体系缺乏稳定的根基而采取的不得已权宜之计。

1.2.4　霸权衰落期的全球金融动荡[①]

自第二次世界大战后,美国取代了英国的世界霸主地位而进入了其鼎盛时期。美元也随之在国际货币体系中处于中心地位。但是,冷战拖垮了美国的经济,从而无法再与其资本主义盟国,特别是西德和日本的经济竞争中取胜。因此,自 1971 年布雷顿森林体系崩溃以来,美国霸权就由盛转衰。与处于霸权衰落期的大英帝国相比,处于霸权衰落期的美国虽然同样丧失了经济上的绝对优势,但在美国绝对军事优势的支撑下,美元却没有像大英帝国的英镑那样在国际货币体系中丧失中心地位。而美国的军事机器在全球范围内得以正常运转,靠的是利用美元在全球吸纳所需的资源。美国军事实力与美元霸权的互为条件和相互支撑,形成了一种非经济的、反市场原则的货币本位,即"美元—武力"本位。任何一个国家拒绝使用美元,甚至其储备的美元使用不当就意味着战争。自 20 世纪 70 年代初以来,美元发行量既不受黄金约束,也没有经各国政府授权的国际金融机构加以监管,而完全受美国利益的支配,从而成为美国维持其衰落霸权的工具。随之而来的是美元在全球泛滥成灾,成为了全球金融持续动荡的根源。20 世纪 70 年代的全球性通货膨胀、20 世纪 80 年代初的拉美债务危机、1987 年的全球股市狂跌、20 世纪 90 年代初的日本泡沫经济破灭和英镑危机、1995 年墨西哥金融危机、1997—1998 年的亚洲金融危机、1998年的俄罗斯和巴西的金融危机、21 世纪初美国科技泡沫的破灭、2007 年以来由美国次贷危机引发的全球性金融危机,归根结底都源于美元的全球性泛滥。而相比之下,在美国霸权鼎盛时期,美元对全球金融稳定起了决定性的作用,从而未发生过大的金融动荡。

---

① 参见方兴起:《美国霸权衰落时期的全球金融失衡》,中国经济出版社 2009 年版。

为了避免全球泛滥的美元不能通过正常的贸易渠道回流美国而崩盘，美国迫使各国政府持有的美元通过"美元—国债"回流机制回流美国。另外，美元泛滥与美国新自由主义经济政策的结合，导致美国经济结构虚拟化，即虚拟经济的规模远远大于实体经济的规模，从而出现一个庞大的金融衍生品市场。这一市场形成了"美元—金融衍生品"回流机制，从而成为美元回流的第二大渠道。美国通过这两大回流渠道，加之外国对美国的投资，使泛滥的美元具有可控性。这样，凭借"美元—武力"本位和虚拟性金融交易的美元回流机制，美国在其霸权衰落期改变了几百年来债权国主导全球经济的格局，从而维持了美国这个当今世界上最大的债务国的霸主地位。美国主导下的第三次全球化，发生在美国霸权衰落时期，因此其特征为金融资本的全球扩张支配了工业资本的全球扩张。这一特征充分反映了美国霸权衰落期的经济结构的虚拟化。

20 世纪 70 年代以来的全球金融动荡表明，引发金融危机的主要国际因素是美元霸权支配下的现行国际货币体系。因此，改革现行的国际货币体系，事关我国的经济安全，无法回避，必须因势利导，有理、有利、有节地同那些主张改革的国家一起，促进用现代版的"凯恩斯方案"（其核心内容是由世界中央银行发行世界货币，并取代黄金形式的世界货币和主权货币形式的世界货币），来改革现行的国际货币体系，从而将各国所面临的国际金融风险降到最低限度。另外，引发金融危机的主要国内因素是激进的、放任的对外开放政策。1997—1998 年亚洲金融危机足以证明这点。而在亚洲金融危机期间，中国之所以能够避免危机，主要是坚持渐进的、开而不放任的对外开放政策。无论任何时候，无论任何情况，也无论多大的外来压力，我国都不能放弃这一政策。因为，即使我们无力改革现行的国际货币体系，但只要这一政策不变，无论国内存在什么问题，我们都有能力防范、应对和化解金融危机。

1.2.5 第二次金融制度重构的反思

如果说大萧条后的第一次金融制度的构建可以认为是由政府强行推进的，那么发端于 20 世纪 70 年代末的金融制度的自由化回归，在西方大国尤其是美国国内则主要是由金融市场的自发行为所促进。金融全球化和全球范围的金融自由化,一定程度上还是美国等西方大国强行推进金融霸权的结果。

布雷顿森林体系的解体以及随后出现的资本主义世界的经济"滞胀",开启了第二次金融制度重构的序幕。如果说布雷顿森林体系是美国霸权在国际经济金融领域的体现,那么布雷顿森林体系的解体则标志着美国霸权由盛而衰的开始。美国的衰而不败、世界上更没有一个国家可以在短期内取代美国的霸权地位、西方大国为争夺霸权地位而展开的全方位的竞争,致使国际金融领域既不能建立如布雷顿森林体系那样由一国主权货币充当唯一储备货币的霸权体系,也不能建立超越主权货币的真正的世界货币的新的体系。于是,世界货币金融乃至经济领域的"秩序"只能在各国(地区)经济、政治和军事力量对比的演进中一直处于剧烈动荡之中,这就是"牙买加体系"的本质特征。

20世纪70年代资本主义世界的"滞胀",使对经济与金融的国家干预理论和政策遭受前所未有的挫败,新自由主义理论和政策逐渐走向前台,并主导了之后的经济金融政策和制度的变迁。在国内金融自由化方面,布雷顿森林体系解体后国际及国内金融市场剧增的风险、老的金融管制制度对风险管理行为的束缚,造就了一轮方兴未艾的金融创新浪潮,层出不穷的金融衍生品成为其中最重要的组成部分。金融自由化不过是新自由主义理论在金融领域的体现,在这样的自由化倾向的指导下,加之金融管制难度因为金融创新而空前加大,西方各国相继放松了金融市场管制。从此,相对于实体经济的发展规模,金融业的规模急速膨胀起来,尤其是在纽约和伦敦等国际金融中心。高举自由主义大旗的美欧大国自然不满足于其国内金融市场的自由和开放,他们利用其本身在世界经济金融中的霸权地位,利用实际上由其控制的国际金融机构,迫使其他新兴国家开放经济和金融市场。自此,国际金融领域开放而又混乱的局面终于全面形成,此起彼伏的金融危机只是这一局面的自然结果。

综观布雷顿森林体系解体后国际范围内金融制度重构的历史,依然处处体现着美国及其盟国的战略意图。在实体经济上,美国一国独大的局面已经一去不复返,利用国际制度和规则的方式谋求其霸权地位也已经不再现实,那么凭借自身的实力在混乱的国际金融领域为自己谋求利益便成为上上之选。为了实现这一目标，首先必须促成各国金融市场的自由化和全面开放，在这一基础工作上，美国无疑是成功的。自 20 世纪 80 年代以来，地区性金融危机此起彼伏，且基本上都发生在国内金融自由化且金融市场开放的新兴经济国家，每一次危机，实际上都是美国及其盟国对危机国的一次金融掠夺，对危机国造成深重的灾难，并在"救助"中对危机国实施进一步的控制。

1.3 金融大海啸与金融制度的变迁趋势

1.3.1 从美国次贷危机到全球金融大海啸

东南亚金融危机 10 年后的 2007 年 4 月，以美国新世纪房屋贷款公司申请破产保护为开端，美国住房次级（Subprime）按揭贷款危机又开始显现。随后，危机迅速向以次级按揭贷款为基本支持的各类衍生证券类产品的持有者转移。2008 年 3 月，美国投资银行贝尔斯登几近破产而被摩根大通银行收购，到了 2008 年 9 月美国房利美、房地美两大房贷机构被美国政府接管，雷曼兄弟破产，美林、高盛、摩根士丹利等大投资银行也被收购或转为银行控股公司，美国最大的储蓄银行——华盛顿互惠银行倒闭，次贷危机全面爆发。这次危机不仅严重打击了美国国内的金融机构，而且波及全球金融市场及实体经济，形成全球性的金融大海啸。

这次美国次贷危机的根源在于金融创新过度。在新自由主义思想的支配下，政府缺乏对金融市场的有效监管，美国的金融创新中，特别是金融衍生品创新，令人眼花缭乱，最终酿成苦果。美国网络泡沫破灭以来，为刺激经济增长，美国开始采取相对宽松的货币政策，房贷机构以极低利率针对信用不佳的约 600 万居民开发了次级房屋抵押贷款产品。随后，这些机构很快将这部分风险资产从银行资产负债表剥离，通过资产证券化运作，原来简单的抵押债务转化为抵押贷款支持证券 MBS（Mortgage Backed

Securities),MBS 又通过复杂的信用创造程序被重新分解组合,演化为新的债务抵押债券 CDO（Collateralized Debt Obligation）、信用违约互换 CDS（Credit Default Swap）以及合成 CDO 等信用衍生品（Credit Derivatives）,由次贷延伸出的信用衍生品被投资银行、保险公司、对冲基金等金融机构和其他的一些投资者所广泛持有。

根据美国货币监理署（OCC）的估算,2005 年美国衍生品的名义交易金额为 3694000 亿美元,是同期基础产品的 7.6 倍,是当年 GDP 总量的 34.8 倍。从增长速度方面比较,金融衍生品交易的增速也大大超过了基础产品和经济增长的速度。相对于 2000 年 1543000 亿美元的交易量增长了 157%,同期基础产品的增长速度为 33.5%,GDP 总量的增幅为 14%。其中,信用衍生品的增速最快,在 2000 年,信用衍生品在整个衍生品中的比重为 1%,而到了 2005 年末已上升为 6%,余额约为 2895 亿美元,约为同期 MBS 债券余额的 5%。根据美国证券业和金融市场协会（SIFMA）的估算,在全球 CDO 发行中,以次级抵押贷款和包含 MBS、ABS、CMO、CDO 等多层次结构的组合债券产品为标的的 CDO 约占了总量的 32% 和 58%,美国市场 CDO 中的绝大部分是此两类产品。[1] 这些衍生品通过各大金融机构扩散到全球金融市场,当美国房地产市场表现低迷时,大量以次级贷款为支持的衍生品风险被放大,引发全球金融市场动荡。全球银行业损失如滚雪球般不断扩大,截至 2008 年 9 月已经一举突破 5000 亿美元大关。据全球顶级银行和证券公司公布的报告显示,自 2007 年初以来,他们已经蒙受了总计超过 5120 亿美元的资产减记和信贷损失。国际货币基金组织曾于 2008 年 4 月率先发表报告预测,全球银行业次贷损失预计将在 5100 亿美元上下。国际货币基金组织同时预测,全部行业机构预期将在这一轮信贷风暴中损失 1 万亿美元。[2] 随着次贷危机的逐步深入,它不但已经由美国金融危机演化为全球金融危机,而且由金融危机演化为经济危机,是 20 世纪 20 年代末 30 年代初大萧条以来最严重的一次危机。

---

① 周荣芳:《美国衍生品市场的最新进展及对我国的启示》,《上海金融》2007 年第 11 期,第 60—62 页。

② 《次贷损失逾 5120 亿美元 信用违约指数或失灵》,http://www.ccn86.com,2008 年 9 月 8 日。

1.3.2 解读全球"大救市"释放出的信息

美联储前主席格林斯潘曾在 2002 年提出,"把风险分散到愿意并且有能力承受它的人身上",就能发挥减震器的作用。现实的情形却正好相反,由于金融衍生品市场的过度膨胀,次贷危机远远脱离了商业银行与借款人之间债权债务关系的局限,从美国扩散到欧洲、日本以及包括中国在内的新兴市场,形成全球性的金融与经济危机。在意识到危机的严重性后,美联储和美国政府纷纷行动,采取降息、扩大货币供应、将金融机构国有化等救市手段(参见表 1-1),应对市场低迷和信贷紧缩问题。

表 1-1 次贷危机中美国政府的主要救市事件

时 间	救市事件
2007.8.11	美联储一天三次向银行注资 380 亿美元以稳定股市
2007.8.17	美联储降低窗口贴现利率 50 个基点至 5.75%
2007.8.20—23	美联储再向金融系统注资 107.5 亿美元
2008.2.14	美国总统布什签署了一项为期两年总额达 1680 亿美元的刺激经济方案
2008.4.28	自 2007 年 12 月 1 日至 2008 年 4 月 28 日,美联储组织 10 次贷款拍卖活动,为商业银行提供 3600 亿美元资金
2008.4.30	自 2007 年 9 月 18 日至 2008 年 4 月 30 日,美联储先后 7 次降低联邦基金利率,将其由 5.25% 大幅削至 2%
2008.5.31	自 2007 年 8 月 11 日首次注资至 2008 年 5 月 31 日,美联储先后 20 次注资计 2717.5 亿美元
2008.9.7	美国政府出资 2000 亿美元接管"两房"
2008.9.14	美联储联合摩根大通、高盛、花旗等 10 家大银行协调筹建一总额为 700 亿美元的平准基金,为有破产风险的金融机构提供资金保障
2008.9.16	美国政府同意向美国国际集团提供 850 亿美元紧急贷款,以控股 79.9% 的方式接管国际集团
2008.9.19	美国证券交易委员会关于暂时禁止卖空 799 只金融股的规定生效,该禁令持续至 10 月 8 日
2008.10.3	美国总统签署了"大萧条"以来最大规模、总额达 7000 亿美元的金融救援计划,并于当月底将 1250 亿美元注资本国 9 大银行
2008.11.24	美国政府向花旗银行注资 200 亿美元
2008.11.25	美联储宣布投入 8000 亿美元,用于解冻消费信贷市场、住房抵押信贷及小企业信贷市场,财政部也从 7000 亿美元救市计划中拨出 200 亿美元,支持该行动

续表

时 间	救市事件
2008.12.17	美国利率降至接近零,为历史上最低点
2009.2.13	美国国会通过奥巴马提出的7870亿美元的经济刺激法案
2009.2.27	美国政府声明持有花旗银行普通股的数量将达到76.92亿股,占全部普通股的比例达到36%,成为第一大股东
2009.3.18	美联储宣布推出总额1.2万亿美元的债券购买计划

资料来源:根据媒体公布的资料整理。

世界各国被迫纷纷出手救市。例如,在美国国会批准7000亿美元救援计划后不久,2008年10月8日,包括欧洲央行、美联储等在内的西方六大央行联合宣布将基准利率下调50个基点。除降息措施之外,德国政府于2008年10月9日宣布,德国政府要为每个银行存款人提供存款担保,这项举措旨在防止出现银行挤兑。许多欧洲国家也不得不效仿德国承诺提供同样的政府担保。而与此同时,欧洲央行也表示,将会采取措施,不会让任何一家欧洲银行倒闭。2008年10月13日起,欧洲各国纷纷宣布了巨额救市方案:德国政府宣布将拿出4800亿欧元资金,其中800亿欧元将用于购买银行等金融机构的优先股以充实它们的资本金,其余4000亿欧元用来为金融机构发债融资提供担保。法国政府公布了总额达3600亿欧元的救市方案,其中400亿欧元用于购买金融机构股票,3200亿欧元用来为金融机构发债融资提供担保。奥地利和西班牙政府当天也表示将分别拿出850亿欧元和1000亿欧元为金融机构发债融资提供担保。葡萄牙政府宣布了200亿欧元的金融救援计划。意大利政府也表示,会为拯救金融机构提供足够多的资金。在欧元区以外的英国政府也在13日宣布,将用500亿英镑救市资金中的370亿英镑注资于苏格兰皇家银行、苏格兰哈利法克斯银行和莱斯银行。欧洲各国的救市金额累计已接近2万亿欧元。①

从发展中国家来看,自2008年9月中旬起,印度政府将回购利率由9%调低至5.5%,逆回购利率由6%降至4%,现金储备金率从9%下调至5%,总共向商业银行释放资金3万亿卢比(约合750亿美元)。阿根廷政

---

① 《华尔街风暴后的全球救市》,载《人民日报》2008年10月17日。

府也出台了包括限制进口产品和实施总额高达 132 亿比索（约合 37.7 亿美元）的振兴经济计划，以避免经济陷入危机。中国经济整体上虽然受到次贷危机的冲击相对较小，但是出口形势受外需影响而变得严峻起来，中国人民银行于 2008 年 10 月 8 日也宣布了下调存款类金融机构人民币存款准备金率及存贷款基准利率。中国政府于 2008 年 11 月 11 日宣布 4 万亿经济刺激计划，不久又陆续推出了十大产业振兴规划，果断采取了积极财政政策与适度宽松的货币政策，以帮助经济走出危机的阴影。

　　这次全球联手"大救市"行动表明国家干预主义开始抬头。可以说，如果政府放弃了对于金融市场的有效监管，那么不惜代价的追求货币增殖的金融投机就不会停止脚步，而危机的到来则是很自然的结果。这次危机使得美国自身尝到了对市场自由放任的苦果，引发次贷危机的金融衍生品市场作为虚拟经济高度发展的产物，缺乏监管的后果是严重的。在金融衍生品市场上，一些机构和个人不惜投机取巧、使用各种欺骗和操纵的手段来达到货币增殖的目的，造成风险不断扩大和累积，并且由于资金的集中化和杠杆交易等制度设计的作用，风险事件发生后其破坏力越来越大，危机的爆发就是迟早的事情。可以说，如果没有对金融衍生品市场严格的监管，那么政府因发生危机而不得不出手救市则是可以预见到的事情；如果政府要避免危机的发生和救市，就必须加强对金融衍生品市场的监管。2009 年 4 月初的伦敦金融峰会上达成的共识中出现了一些可喜的变化，其中包括：各国同意对具有系统性影响的金融机构、金融产品和金融市场实施监管，首次把对冲基金置于金融监管之下，信用评级机构和企业高管薪酬也将受到更加严格的监管等。在国际监管合作方面，欧盟提出把国际货币基金组织的资金规模扩大一倍，强化该组织的监督职能，建立全球金融市场的预警系统，负责监测全球金融市场上的系统性风险。对于会上各国加强市场监管的主张，美国政府也作出了回应，同意采取市场干预措施。这对历来奉行自由市场原则的美国来说，是一个不同寻常的转变，它表明美国对曾经大行其道、畅通无阻的"市场原教旨主义"和"华盛顿共识"的否定。

1.3.3 金融大海啸后金融制度变迁趋势

从世界各国联手救市的行动来看,对金融市场进行干预已经成为各国政府的现实选择,这意味着国家干预型的金融制度重新得到各国政府的认可。作为应对次贷危机的重要参与者之一的美国前财政部长保尔森在总结危机的教训时认为:危机的根源在于经济结构的失衡,从而导致金融体系过度扩张;金融系统杠杆太多,且大部分杠杆被嵌入在非常不透明又高度复杂的金融产品中;居于业界前列的金融机构规模庞大,结构复杂;过时的金融监管制度。[①] 实际上是说明当前的金融监管制度在限制金融市场失灵方面存在问题,包括自发的市场经济所带来的美国实体经济下滑和虚拟经济膨胀,二者的比例不能协调;金融机构过大所导致的垄断和外部效应问题;复杂的金融工具中所隐含的信息不对称问题等。金融市场中存在的大量市场失灵现象需要国家的干预才有可能解决。

在 1973—1975 年发达资本主义国家出现经济"滞胀"之后,新自由主义开始抬头,资本主义国家重新选择了自由放任的金融制度,并向全球推广,引起了全球金融动荡。在这次次贷危机之前的 20 世纪 90 年代,许多发展中国家在自由放任的金融制度的影响之下,纷纷为国际游资进出各国大开方便之门。新自由主义者认为,金融市场会自动趋向均衡,可以带来资源的优化配置。即使市场并不完美,也应由市场而不是政府来分配资源,原因是政府分配资源只会更糟糕。从新兴市场国家的角度来看,实行金融自由化的目的一般是为了吸引国外的资金和技术,从而推动本国经济的发展,但是拉美各国及东南亚国家的严重金融危机却给这些国家的经济以沉重的打击,它表明金融市场的不受限制的发展可以对一个国家或地区的经济造成极大伤害。总的来看,那些开放了短期资本市场的国家的经济成果并不比那些没有开放资本市场的国家好——他们的风险增大了,而不是经济增长率提高了。

虽然新兴市场国家曾为采取自由放任的金融制度而遭受经济上的重大损失,但是在造成危机与损失的成因上,发达国家有意回避了金融自由化

---

① 亨利·保尔森:《峭壁边缘——拯救世界金融之路》,中信出版社 2010 年版,第 376 页。

这一关键因素，他们提出了其他各种各样的理由来解释危机产生的根源，如道德风险理论、金融恐慌理论、资产负债表理论等，声称是那些遭受危机的国家内部存在的各种问题造成了金融危机。金融大海啸后，那些推动金融自由化的国家终于不得不承认自由放任的金融制度的根本缺陷，重新拾起国家干预的政策主张。

1.3.4 第三次金融制度重构的反思

从历史的视角看，金融发展与制度变迁经历了一个从肯定到否定再到否定之否定的辩证过程。20 世纪 30 年代以前，金融制度的创新或变迁是金融机构自发进行的追求利润最大化的结果，是诱致性的变迁。政府并没有对金融创新行为施加过多的限制，而是倾向于适应金融市场的发展，对新出现的金融机构、金融产品及金融交易规则等持肯定态度，并以法律或制度形式加以确认。20 世纪 30 年代以后，大萧条的爆发暴露了自由市场经济所存在的问题和缺陷，大萧条也使人们反思自由放任的金融制度。由于市场失灵的存在，自由放任的金融制度常常会使经济陷入混乱和危机，客观上要求政府行为来干预金融运行，弥补市场机制的不足。在危机发生后，这样的问题就变得尖锐起来，政府不得不介入市场，实施规范市场的各种制度安排，强制性地推行金融制度的变迁。因此，这一期间由政府主导的强制性金融制度变迁就表现得更为显著。而当政府对经济金融的干预引起"滞胀"危机之后，自由放任型金融制度重新又压倒国家干预型的金融制度，成为西方国家主流经济意识形态。在这种金融制度的影响下，全球金融市场的广度和深度不断扩大，金融创新产品日益增多，金融业在经济中的地位得到强化。但是，它也形成了实体经济与虚拟经济脱节、金融自我循环等问题。这次的全球金融大海啸就是金融问题恶化的产物，它迫使世界各国加强政府对金融业的管制和干预。

需要指出的是，国家干预型的金融制度的抬头并不意味着自由放任型的金融制度已经被各国彻底放弃。治理市场失灵一直是政府干预经济的理由。在市场经济条件下，市场是一种资源配置系统，政府也是一种资源配置系统。事实表明，偏重任何一方而忽视另外一方都会给经济带来严重的后果。因此，国家管理型的金融制度与市场调节型的金融制度的融合才是一种现实的选择。如何平衡二者的关系,从而促进经济健康稳定的发展将考验各国政府的智慧。

1.4 中国金融制度:借鉴与改革

1.4.1 政府主导的渐进式金融改革

从 1978 年算起,我国改革开放已走过 30 多个年头。30 多年来,我国经济体制逐渐从传统的计划经济体制向社会主义市场经济体制转变,经济市场化程度日益提高。金融作为现代经济的核心,金融安全作为国家经济安全的核心[①],金融改革必然是经济改革的重要组成部分。30 多年来渐进式金融改革之路,既有一定的成就,又面临诸多需要进一步改革的挑战。

一、改革开放以来我国金融改革的主要成就

我国的金融改革经历了从恢复初创到全面拓展和不断深化的一个过程,遵循的是渐进式和系统化改革的道路。在多元化金融组织体系的形成、金融产品价格决定的市场化以及金融宏观调控与监管等方面都取得长足的进步。

(一)多元化金融组织体系已经形成

(1)中央银行的成立。1979 年以前的中国,金融机构等同于人民银行。从 1979 年中国农业银行恢复设立开始,四大国有专业银行逐步同人民银行分拆,1983 年国务院决定中国人民银行专门行使中央银行的职能,中央银行的诞生意味着宏观调控手段向市场化转变。

(2)沪深证券交易所的成立。1990 年上海证券交易所成立,1991 年深圳证券交易所成立。沪深交易所的成立标志着我国证券市场的正式

---

① 李扬、王国刚、何德旭:《中国金融理论前沿 III》,社会科学文献出版社 2003 年版,第 3 页。

形成。

（3）政策性银行的成立。1994 年我国通过剥离四大商业银行的政策性业务，相继成立了国家开发银行、中国农业发展银行和中国进出口银行三家政策性银行，用于支持国家基础设施建设、大型成套设备和机电产品出口、国家粮食收购。

（4）金融资产管理公司的成立。1999 年，为处理由专业银行转化而来的四大商业银行的 1.4 万亿不良资产成立了华融、长城、信达及东方四家资产管理公司。四大商业银行的不良资产剥离后，于 2005 年进行股份制改造，如今四大国有商业银行已有三家海外上市，资产规模扩大，竞争能力增强。

（5）"三会"的成立。1992 年中国证监会成立、1998 年中国保监会成立、2003 年银监会成立。"三会"的成立，标志着我国分业监管体制的形成。

（二）金融产品价格决定机制逐步市场化

（1）利率市场化改革方面。1996 年全国统一的银行间同业拆借市场成立，同业拆借利率由供求双方确定，推动了利率市场化改革向前迈进。1999 年人民银行颁布《人民币利率管理规定》，首次从法规上明确金融机构具有一定利率制定权。目前，货币市场利率、外币存贷款利率已经实现市场化，人民币存贷款利率浮动有上下限的限制，没有完全市场化。

（2）汇率改革方面。1994 年全国统一的外汇市场——中国外汇交易中心成立并正式运行，从此中国外汇市场由带有计划经济色彩的外汇调剂市场发展到符合市场经济要求的银行间外汇市场的新阶段。实现了官方汇率与调剂市场汇率并轨，建立了银行对外贸企业的结售汇制度，初步形成以市场供求为基础的、单一的、有管理的浮动汇率生成机制，实现了经常项目下的人民币有条件可兑换。2005 年中国进一步开始实行以市场供求为基础、参考一篮子货币进行调节、有管理的浮动汇率制度。

（三）金融宏观调控与监管不断加强

（1）1995 年《中华人民共和国中国人民银行法》、《中华人民共和国商业银行法》、《中华人民共和国保险法》、《中华人民共和国票据法》，2001 年《中华人民共和国信托法》，2006 年《中华人民共和国证券法》，相继颁布实施，为金融监管提供法律依据。

（2）中国人民银行行使中央银行的职能，综合运用存款准备金、公开市场业务、再贴现等多种货币政策工具进行货币和信贷总量调控与结构管理。

（3）证监会、保监会、银监会"三会"加强了各自领域的监督管理，为金融市场的稳定和有序发展发挥了重要作用。

二、我国金融改革滞后于实体经济改革

我国实体经济经过 30 多年的改革，已经成为世界经济发展的新亮点，是全球最活跃的新兴经济体之一。具体体现在经济总量的快速扩大、人民生活的显著改善、产业结构的调整优化、民营经济的蓬勃发展、商品价格的基本市场化、对外开放的持续深入等方面。反观金融改革，虽然取得了不少的成绩，但是与实体面改革相比却处于相对滞后状态。突出体现在市场化因素引入的同时，金融领域的主体部分，即关系政府控制金融资源的一些关键变量仍然没有市场化。其中包括对金融机构产权与信贷投向的控制、企业上市的行政审批、利率与汇率的变动限制、对外开放中资本项目的管制等方面。在我国开始改革的一个特定时期，金融落后于经济，金融改革滞后于经济改革具有一定的历史必然性。其原因在于：

首先，承担实体经济改革成本。经济改革之初，公有制经济一统天下，改革经历了向企业放权让利、承包经营责任制、价格"双轨制"等过渡性办法。为了将改革推向深入，1992 年后党的十四大提出建立现代企业制度，其目的是要把国有企业打造成自主经营、自负盈亏、充满活力的市场经济主体。国有企业的资金由财政供给转为依靠银行贷款，企业吃"大锅饭"的体制被打破，财务约束趋向硬化，不少国有企业一时难以适应改革的要求，生产经营出现困难，亏损严重，资产负债率大大提高。在政府部门的干预下，银行对企业的大量贷款本息不能收回，大大减轻了企业的负担，为国有企业脱困作出了巨大牺牲。另外，证券市场建立的初衷同样是为国有企业改革服务，扭曲了证券市场的本质属性，也成为我国证券市场不成熟、不规范的重要因素之一。因此，某种意义上我国金融系统正是以承担实体经济改革成本促进了实体经济的改革深化。

其次，防止亚洲金融危机在我国出现。1997 年 7 月始于泰国的金融危机，波及到亚洲其他国家、俄罗斯和拉丁美洲。受冲击的国家在经济上遭受了巨大的损失。亚洲金融危机没有对我国经济和金融造成直接冲击也是与我国金融改革滞后分不开的。事实上，我国金融较为脆弱，潜藏着发生金融危机的许多不稳定因素，如银行不良贷款居高不下、资本金不足、赢利能力差；股市规模小，易受冲击；汇率僵化等。但是，一方面，我国人民币在资本项目下不可自由兑换，为国际游资的进入设置了防火墙；另一方面，实体经济受金融支持，改革进展较快，实力大为增强，外汇储备充足，为金融安全奠定了内在的基础。

1.4.2 市场取向：成果与灾难并存

根本改变传统的计划经济体制，实行社会主义市场经济体制是我们党在总结我国及世界上其他国家多年实践经验基础上所作出的重大决策。从市场经济的功能看，是使市场在国家宏观调控下对资源配置起基础性作用，市场通过价格和竞争选择资源的合理组合。市场机制就是在供求、价格、竞争之间相互依存和相互制约中发挥节约资源和合理配置资源的功能。

从金融业来看，虽然在一个特定历史时期金融改革可以滞后于经济改革，但是从一个较长的时期来看，金融改革与实体经济改革的协调发展既有利于金融面又有利于实体面。因此，要让市场充分发挥作用，就需要进一步推进金融改革，最终形成完善的金融市场体系。当前我国金融市场体系的一个突出问题是忽视企业的法人实体以及市场经济主体地位，造成金融资源错配和资金使用效率低下。完善金融市场体系要从市场经济的本质特性出发，恢复金融市场的减少信息成本和交易成本功能，使得资金根据风险—收益原则合理流动，促进资源的优化配置。这就要求发展多层次、更丰富的金融市场体系，除现有金融市场体系之外，也要发展诸如为中小企业提供融资服务的信贷市场、为风险投资提供服务的创业板市场、为对冲金融风险提供服务的金融衍生品市场等。

但是，市场经济运行机制具有均衡约束下的非均衡特性。① 这里的均

---

① 方兴起：《美国霸权衰落时期的全球金融失衡》，中国经济出版社 2009 年版，第 255—257 页。

衡只是指市场经济运行机制的内在约束条件,而不是指市场经济的实际运行过程。非均衡则是指市场经济的实际运行状态,即市场经济的实际运行过程,在多种因素的作用下,只能处于非均衡状态,而不可能处于均衡状态。不过,由于存在市场经济的内在约束条件,这种非均衡状态在正常情况下偏离均衡的程度,在客观上存在一定的上限和下限。一旦市场经济的实际运行超出这种上下限,市场经济的实际运行就处于一种破坏性的非均衡状态,变成经济灾难。即经济或金融危机在市场经济中具有永久的可能性,并在一定条件下会发展成为现实,危机是市场经济的伴生物。正是基于这点,市场取向的金融改革在给我们带来好处的同时,也潜藏着灾难。

1.4.3　借鉴性探讨:本书各章内容简述

金融发展与制度变迁是一个渐进的过程。在这样一个过程中,伴随着各种经济金融与政治因素的逐步累积,一些重大金融制度变革或创新最终得以诞生。本书选取发生在金融领域中的货币制度危机与调整、存款保险制度的建立、金融衍生品市场的发展、住房抵押贷款证券化四项重大金融制度发展与创新作为讨论的主题,并在本书的最后一部分探讨当前火热的证券市场之所以缺乏稳定性的根源。期望在大力推进经济市场化的今天,本书的相关探讨能对我国金融业的健康发展提供一些启示。

第 2 章讨论货币危机。货币制度是金融的基石,货币危机与调整体现了人们致力于促进金融发展的努力。本章通过对各种货币危机理论的考察,提出在当前国际货币体系下,以均衡汇率理论作为桥梁,将内外均衡与货币危机联系起来考察货币危机的新观点。本章认为在开放条件下,货币危机的爆发要视一国实际汇率对经常项目收支的改善情况、财富效应与价格效应的强弱等因素的综合影响。如一国货币汇率失调达到一定程度时,在财富效应比价格效应显著、汇率的贬值恶化经常项目收支的情况下,一国非常容易爆发货币危机。近几年来,人民币汇率问题一直成为理论界和政府当局讨论的热点问题,国际上要求人民币升值的呼声不断。从分析中我们看到,人民币汇率在短期内存在升值的压力,而在长期内存在贬值的诱因。总体上看,人民币汇率存在着一定程度上的失调。这种失调很大程度上是由于我国内外经济失衡造成的。但是货币危机并没有在我国爆发，很大原因就在于我国实行资本管制，财富效应的效果小于价格效应的效果。要探讨如何防止货币危机在我国爆发，需要结合当前国际货币体系，从我国经济的内外失衡入手。

第3章讨论存款保险制度。作为金融安全网上的最后一环，存款保险制度通过保护中小储户的存款安全，从而遏制银行支付危机的产生，避免金融震荡冲击实体经济。本章分析认为，在法律环境和监管环境不同的国家里，存款保险制度对金融脆弱性和金融发展的影响是不确定的。总的来说，法律制度越是完善、金融监管越是有效的国家，存款保险制度的正面效应越容易得到最大程度的发挥。反之，在相关法律不完善、金融监管缺位的大环境下，存款保险制度非但起不到稳定金融体系的作用，反而可能加剧金融体系的不稳定性。另外，银行机构的独立性程度也影响既定效应的发挥。从我国银行业现状来看，我国是实行以国家信用为担保的隐性存款保险制度，这种存款保险制度有其固有的缺陷。在我国建立显性存款保险制度，既有利于塑造公平竞争的环境，推动银行业市场化进程，又有利于在经济转轨的过程中防范局部的银行失败恶化为大范围的银行挤兑，保障我国金融安全。

第4章讨论金融衍生品市场。金融衍生品是当今全球金融市场上发展最快、交易量最大的金融工具。金融衍生品交易可划分为虚拟性交易与实体性交易两类。在新自由主义盛行和美国实体经济衰落的背景之下，以货币增殖为唯一目的的资本便会从实体经济中游离出来，进入到虚拟经济领域。这种资本的流动使得实体经济的规模加速下滑，形成实体经济与虚拟经济相互背离的二元经济的局面。从金融衍生品市场的发展对宏观经济运行的影响来看，两种不同性质的交易活动对于宏观经济的影响是有区别的，实体性交易可以通过减缓经济的波动来促进经济的稳定增长，而虚拟性交易的负面效应要远大于正面效应，常常会导致社会财富的错配和宏观经济的波动。从宏观的角度看，金融市场并没有因为金融衍生品的出现而实现风险可控和价格向均衡回归，反而是价格越来越不稳定，风险不断扩大，这正是虚拟性交易过度扩张的结果。从金融衍生品市场与货币政策调控的关系看，金融衍生品市场的发展使得货币政策中介目标的有效性下降，货币政策传导机制发生变化，从而使得货币政策操作变得困难。但是,作为根据经济与金融发展现状进行适应性调整的货币政策,在一定程度上也可能利用金融衍生品市场来改善货币政策的有效性。本章分析也表明:在处理金融衍生品市场发展问题上,要平衡政府与市场的关系,如果放任市场力量的发挥而不加强政府对市场的干预,那么会很容易导致虚拟性交易的膨胀和对实体经济的破坏。

第5章讨论住房抵押贷款的证券化。从20世纪80年代后期开始,证券化已成为国际金融市场中的一个显著特点。住房抵押贷款证券化及其衍生产品创新的诱因是基于对金融风险的回避,这是通过证券化的风险分散功能来实现的。住房抵押贷款证券化作为一种结构性融资,分散了本来由银行承担的风险,可使银行扩大住房信贷规模。但是,相应的信贷风险也会随着市场规模的扩大而加大。美国是住房抵押贷款证券化最发达、最有代表性的国家,其在住房金融制度设计上,更多的是希望通过证券化这种制度设计来分散住房金融风险并解决住房融资问题。从美国次贷危机爆发的机理看,证券化除具有金融风险分散功能外,其金融风险积聚和扩散功能也表现得淋漓尽致。我国目前金融市场和金融法制尚未健全和完善,金融投机行为仍然比较严重,推行住房抵押贷款证券化的潜在金融风险不容忽视。金融风险的防范与化解是一个系统工程,防范风险既要保持宏观经济运行的平稳健康,也要规范微观主体行为,确保市场有序。防范风险与化解风险虽各有侧重,但不能截然分开,要在防范中化解风险,也要在化解风险中建立防范风险的机制。

第6章讨论金融市场定价效率与金融稳定。从金融危机来看,根本的原因是金融市场对金融产品的定价方面出了问题。本章通过对信息与投资(投机)者行为等所展开的深入研究,指出金融市场欠缺定价效率将在较长历史时期中持续存在,金融市场的发展本身并不能根本解决这一问题。关于金融市场定价效率与实体经济的关系,作者研究认为,在短期中金融市场因为过度投机而缺乏定价效率将弱化其资源配置功能,而这反过来又使金融市场脱离实体经济而虚拟化,从而助长投机行为,两者互为因果互相促进;在较长期中,金融市场价格的扭曲将使资源配置发生扭曲。如果实体经济中某些行业的建设周期较长,或者这些行业的产品本身又具有投机性,如房地产建设和投资,那么扭曲的资源配置在短期内未必被实体经济所纠正，甚至因为实体经济层面的投机而使得资源配置的扭曲程度进一步加深，并演变成经济泡沫和金融泡沫，最终产生金融和经济的剧烈调整。基于金融市场欠缺定价效率并具有将经济导入危机的论点，对于政府经济政策来说，"救市"就应该是一种常规工作，他们应该是经济和金融的"保健医生"而不只是"急救者"。这对政府干预提出了更高的要求。

主要参考文献

1. 方兴起：《美国霸权衰落时期的全球金融失衡》，中国经济出版社2009年版。

2. 周荣芳：《美国衍生品市场的最新进展及对我国的启示》，《上海金融》2007年第11期。

3. 亨利·保尔森：《峭壁边缘——拯救世界金融之路》，中信出版社2010年版。

4. 李扬、王国刚、何德旭：《中国金融理论前沿Ⅲ》，社会科学文献出版社2003年版。

2 当前国际货币体系下的货币危机

当前国际货币体系下，货币危机频频爆发，不仅给危机国造成严重的经济损失，也影响世界经济的稳定和发展。因此，必须对当前国际货币体系下货币危机爆发的机理有比较清楚的认识，这就要求我们寻找适当的理论对当前的货币危机给予合适的解释，为尽可能的防止货币危机爆发做到防患于未然。

本章在综合考虑各国特别是 20 世纪 90 年代以来货币危机爆发的情况，总结分析前人有关货币危机理论的基础上，提出本书的理论基础——当前国际货币体系下的内外均衡理论和均衡汇率理论。

2.1 货币危机理论综述

在当前货币危机频频爆发的情况下，有关货币危机理论层出不穷，最主要的有马克思的货币危机理论以及第一、二、三、四代货币危机理论。这些理论从不同的角度探讨了货币危机爆发的机理。下面，我们将对此加以详细的介绍。

2.1.1 马克思的货币危机理论

马克思的货币危机理论主要是以批判李嘉图、萨伊的经济理论为基础建立起来的。李嘉图在其著作《政治经济学和赋税原理》中认为资本主义生产增长是由需求增加引起的比例型增长，货币只是进行交换的媒介，资本主义市场经济不存在危机。而萨伊定律也认为资本主义制度是美好的制度形式，是不存在货币危机的。马克思从商品形态的变化和商品价值形式的发展以及货币职能的演变角度出发提出了货币危机的可能性，系统地论述了货币危机理论。

马克思的货币危机理论可以大致分为三个部分：（1）货币危机的可能性；（2）货币危机的现实条件；（3）货币危机的类型。

在分析货币危机的可能性时，马克思认为，正是由于商品的形态或商品的价值形式的发展起了变化，货币的支付手段职能产生，使得商品和货币在价值形态上必须要进行转换，这就为经济危机和货币危机提供了可能性。马克思分析了商品的买卖，认为商品买卖分为两个阶段，在时间和空间上互相分离，使得货币和商品在转化过程中存在着不确定性。当货币所有者持有货币而不立即购买，货币退出流通领域而商品仍然留在市场上时，这种买卖的脱节就使得商品生产和价值实现过程包含着可能的中断和危机。同时，马克思还分析了信用。马克思认为正是信用的发展，货币产生了支付手段的职能，也使得商品买卖中商品与货币可以不必同时出现。如果一个企业凭借信用所发生的商品买卖的债权债务不能在同一时间抵消，而其所获得款项又不能及时清偿债务，货币危机就可能发生。

货币危机的可能性不一定就代表着货币危机的现实性。马克思还深入分析了货币危机的现实性。他认为，促成资本主义货币危机的主要因素有：市场竞争、资本积累、信用的发展。市场竞争加速资本的积累过程，而资本积累造就了货币危机发生的现实条件和基础。马克思指出，"所以乍看起来，好像整个危机只表现为信用危机和货币危机……但是这种现实买卖已经大大超过社会需要来实行扩大的事实，终于成为了整个危机的基础。"[1] 除了资本积累外，马克思还认为信用的充分发展是货币危机发生的另一个现实条件。信用的发展就是债务的延伸和扩展，是货币支付矛盾的积累。马克思认为，"这种货币危机只有在一个接一个的支付的锁链和抵消支付的人为制度获得充分发展的地方才会发生。"[2] 而只有在这种情况

---

[1]　马克思：《资本论》（第三卷），人民出版社 1975 年版，第 568 页。
[2]　马克思：《资本论》（第一卷），人民出版社 1975 年版，第 158 页。

下，货币作为支付手段所包含的矛盾才会爆炸式地扩展出来。

当具备了以上的条件时，即使不存在外部的扰动，当市场价格下降、利润下降到某一点时，危机将被触发。马克思说："这个剥削程度下降到一定点以下，就会引起资本主义生产过程的扰乱和停顿、危机和资本的破坏。"①"这种停顿和混乱，还会在许多点上，破坏那种在一定期限内实行的支付义务的连锁，而在这种和资本一同发展起来的信用制度因此崩溃时，更加尖锐起来，由此引起激烈的急性的危机。"②

在分析货币危机的可能性和现实性的同时，马克思还区分了两种不同的货币危机。马克思曾经认为货币危机只是资本主义经济危机中伴随而生的一个特殊阶段，但是后来马克思认识到金融市场自生危机的可能性，并把货币危机分为：一是伴随经济危机发生的货币危机，二是独立的货币危机。马克思说，"本文所谈的货币危机是任何普遍的生产危机和商业危机的一个特殊阶段，应同那种也称为货币危机的特殊危机区分开来，后者可以单独发生，只是对工业和商业发展起反作用的。这种危机的运动中心是货币资本，因此它的直接范围是银行、交易所和财政。"③

虽然货币危机可能独立发生，但是马克思认为，独立的货币危机仍然存在商品和货币的对立统一的矛盾，只不过这里的商品是金融商品或虚拟资本商品。在金融商品买卖分离中包含着金融商品与货币绝对对立的可能性。虽然虚拟资本商品并不需要经过转化为新的虚拟资本商品的阶段，但买卖分离仍然是它向货币转化的障碍，是导致资本运动中断和独立的金融危机发生的可能性和一般条件。

2.1.2 第一至第四代货币危机理论

一、第一代货币危机理论

第一代货币危机理论产生于 20 世纪 70 年代末至 80 年代中期。它是以 Salant 和 Henderson(1978)、Paul Krugman (1979)、Flood 和 Garber (1984)等

---

① 马克思：《资本论》（第三卷），人民出版社 1975 年版，第 279 页。
② 马克思：《资本论》（第三卷），人民出版社 1975 年版，第 277 页。
③ 马克思：《资本论》（第一卷），人民出版社 1975 年版，第 158 页页下注。

为代表人物，以 20 世纪 70 年代末 80 年代初发生在拉美国家的货币危机为研究对象，针对这些国家盯住美元的汇率政策与国内日益增长的财政赤字和通胀压力之间的不协调导致危机爆发的事实，提出了货币危机理论模型。

这一理论在初期假定政府对固定汇率的承诺是不变的；投资者完全理性预期；在发生危机时，政府只有出售外汇储备这一单一干预手段。在这些假定的基础上，该理论强调货币危机的根源是一国扩张性的国内经济政策与实行固定汇率制度之间存在着本质上的冲突。危机爆发的根本原因是基本因素的恶化导致汇率波动幅度增大，进而引发货币投机攻击。后来，Flood、Garber 和 Kramer（1996）修正了第一代模型中有关中央银行政策目标和干预手段，在模型中加入了中央银行在货币市场上可以对储备损失进行冲销的因素。而 Flood 和 Marion（1998）在模型中加入了风险溢价变量，认为即使是在政府政策没有发生不利变动的条件下，也有可能因风险因素的变动而引起危机。

该理论认为，一国的经济基本面（Economic Fundamentals）决定了货币对外价值稳定与否，决定了货币危机是否会爆发、何时爆发。当一国的外汇储备不足以支撑其固定汇率长期稳定时，该国储备是可耗尽的，政府在内部均衡与外部均衡发生冲突时，政府为维持内部均衡而干预外汇市场的必然结果是外汇影子汇率与目标汇率发生持续的偏差，而这为外汇投机者提供了牟取暴利的机会。

第一代货币危机理论认为，一国内部均衡与外部均衡的矛盾，即一国固定汇率制面临的问题，源于为弥补政府不断扩大的财政赤字而过度扩张的国内信贷。公共部门的赤字持续"货币化"，利息平价条件会诱使资本流出，导致本国外汇储备不断减少。在储备减少到某一个临界点，投资者出于规避资本损失（或是获得资本收益）的考虑，会向该国货币发起投机冲击。由于一国的外汇储备是可耗尽的，政府所剩余的外汇储备在极短的一段时间内将被投机者全部购入，政府被迫放弃固定汇率制，货币危机就此爆发。事实上，由于投机者的冲击，政府被迫放弃固定汇率制的时间将早于政府主动放弃的时间，因此社会成本会更大。

从政策主张上看，第一代货币危机理论认为，通过监测一国宏观经济的运行状况可以对货币危机进行预测，并在此基础上及时调整经济运行，避免货币危机的爆发或减轻其冲击强度。避免货币危机的有效方法是实施恰当的财政、货币政策，保持经济基本面健康运行，从而维持民众对固定汇率制的信心。否则，投机活动将迫使政府放弃固定汇率制，调整政策，市场借此起到"惩罚"先前错误决策的作用。从这个角度看，资本管制将扭曲市场信号，应该予以放弃。

二、第二代货币危机理论

第二代货币危机理论产生于 20 世纪 80 年代至 90 年代中期。以 Obstfield（1986）、Morris 和 Shin（1998）为代表人物，其研究对象主要是 1992 年欧洲汇率机制危机、1994 年墨西哥比索危机和 1997 年东南亚金融危机。

该理论修正了第一代模型中对经济体行为线性化的假说，提出了非线性行为假说。该理论认为，政府是主动的行为主体，最大化其目标函数，汇率制度的放弃是央行在"维持"和"放弃"之间权衡之后作出的选择，不一定是储备耗尽之后的结果。政府出于一定的原因需要保卫固定汇率制，也会因某种原因弃守固定汇率制。当公众预期或怀疑政府将弃守固定汇率制时，保卫固定汇率制的成本将会大大增加。

同时，第二代货币危机理论还引入博弈分析。该理论认为，央行和市场投资者的行为是一个动态博弈的过程。它们的收益函数相互包含，双方均根据对方的行为或有关对方的信息不断修正自己的行为选择，而自身的这种修正又将影响对方的行为，因此经济可能存在一个循环过程，出现"多重均衡"。其特点在于自我实现（Self-fulfilling）的危机存在的可能性，即一国经济基本面可能比较好，但是其中某些经济变量并不是很理想，由于种种原因，公众发生观点、理念、信心上的偏差，公众信心不足通过市场机制扩散，导致市场共振，危机自动实现。因此，这类理论模型也被称为"自我实现式"危机模型。其典型代表人物是 Obstfield（1986），他在"Rational and Self-Fulfilling Balance-of-Payments Crises"一文中设计了一个博弈模型，以简洁明了的形式展示了动态博弈下自我实现危机模型的特点，并表现出其"多重均衡"性质。

在 Obstfield 等人的基础上，Morris 和 Shin（1998）分析了一些不确定因素如何消除多重均衡的可能性，使投机均衡成为唯一的可能。

总之，第二代货币危机理论注重危机的"自我实现"性质，该理论认为仅仅依靠稳健的国内经济政策是不足以抵御货币危机的，固定汇率制的先天不足使其易受投机冲击，选择固定汇率制，必须配之以资本管制或限制资本市场交易。

三、第三代货币危机理论

第三代货币危机理论产生于 20 世纪 90 年代。以 James Stoker（1994）、Goldfajn 和 Valdes（1995）、Mishkin（1995）、Mckinnon 和 Huwpill（1997）为代表。该理论强调金融机制作用，在前两代危机模型的基础上，将研究重点放在了资本流动及货币危机双危机理论及货币危机的资产负债表方法方面。与前两代模型相比，第三代模型更强调银行和货币危机间的相互影响。

第三代货币危机理论的形成机理是，发达国家扩张性货币政策导致超额流动性增加，同时发展中国家放松金融管制、利率相对较高等因素导致资本内流，而发展中国家对银行监管的不完善和政府的担保等都导致内流的资本在发展中国家进行了不适当的分配，这样就使得过度投资、资产价格泡沫、关联贷款和短期债务增加，从而增加了金融的脆弱性。特别是大多数发展中国家实行的是盯住汇率制，金融脆弱性使得货币存在贬值压力，为了防止货币贬值，政府一方面动用外汇储备，另一方面提高利率，当外汇储备枯竭时，货币危机爆发。而提高利率则会加剧金融的脆弱性，削弱国内经济实力，进一步加剧货币危机的爆发。

在此基础上，James Stoker（1994）分析了从货币危机到银行危机的情况，他认为货币贬值出现，且银行体系负债大多是外国货币，则银行体系受到削弱导致银行危机；Mckinnon 和 Huwpill（1999）分析了金融自由化，伴随着微观经济的扭曲可能导致信贷过分扩张，货币贬值，银行体系崩毁。Goldfajn 和 Valds（1997）分析了国际利率和资本内流的变动怎样由银行的进一步作用而加剧，这样的变动又进一步加剧经济周期波动，结果造成银行挤兑，金融危机爆发。

四、第四代货币危机理论

第四代货币危机理论是克鲁格曼（1999）、P. Aghion（2001）在第三代货币危机模型的基础上提出的。1997 年下半年爆发的东南亚金融危机引起了学术界的关注。克鲁格曼则认为这次危机在传染的广度与深度、转移及国际收支平衡等方面与以往的货币危机均有显著的区别,原有的货币理论解释力不足,应有所突破。

克鲁格曼认为,这次货币危机对于远在千里之外、彼此联系很少的经济都造成影响,因此多重均衡是存在的,某些经济对于公众信心的敏感度很高,这些经济的货币危机可能由外部的与自己关联并不大的经济中发生的货币危机所带来的公众信心问题而诱发。东南亚经济经常账户逆转的原因主要在于危机中货币大幅度贬值和严重的经济衰退所带来的进口大量减少,因此存在一个转移问题,这是以往的货币危机理论所忽略的。在以往的货币危机理论中,模型的构造者将注意力放在投资行为而非实际经济上,单商品的假定中忽视了贸易和实际汇率变动的影响。因此,货币理论模型的中心应该讨论由于实际贬值或者是经济衰退所带来的经常账户逆转以及与之相对应的资本流动逆转的需求问题。他认为,这场货币危机的关键问题并不是银行,而在于企业,本币贬值、高利率以及销售的下降恶化了企业的资产负债表,削弱了企业财务状况,这一问题并非银行本身的问题。即使银行重组,对金融状况大大恶化了的公司来说也是于事无补的。

克鲁格曼在单商品的假定之下,建立了一个开放的小国经济模型。在这一模型中,克鲁格曼增加了本国商品对进口商品的不完全替代性,分析了贸易及实际汇率变动的影响与效应。他认为,类似于东南亚金融危机,其关键在于企业,由于销售疲软、利息升高和本币贬值,企业出现财务困难,这种困难限制了企业的投资行为。企业的财务困难还包括了由前期资本流入所带来的实际汇率变化的影响。这一分析表面看是论述货币贬值对企业乃至整个实体经济的影响,实际上,在危机爆发前投资者的行为函数里可能已经包含了对这种变化的预期,这就加强了他们抛售本币的决心,这也是一种自我实现的现象。

在此基础上,克鲁格曼提出了政策主张。他认为企业不应该持有任何期限的外币债务,因为对于金融体系不完善的国家来说,国际融资存在着外部不经济,它会放大实际汇率变动的负面冲击影响,从而导致经济衰退;对于货币危机,他认为一种办法是紧急贷款,紧急贷款的额度必须要足够大以加强投资者的信心,另一种是实施紧急资本管制,以有效地、最大限度地避免资本外逃。克鲁格曼还提出了危机后重建经济的措施。他认为关键在于恢复企业和企业家的投资能力，可以在私人部门实施一定的计划，以帮助本国的企业家或者培养新的企业家，或者两者同时实施。培养新的企业家有一个迅速有效的办法，这就是通过引进 FDI 引进企业家。

2.1.3　危机理论评述

马克思的货币危机理论是在资本主义经济全球化发展的早期阶段中形成的。从经济发展史来看，这一理论是第一次针对货币危机系统地、全面地进行研究和分析后所形成的科学认识。这一理论在商品层面上从本质上对货币危机给予充分认识。特别是马克思认为货币危机可以归结为商品与国际货币、国家货币与国际本位货币在转换交替中的尖锐矛盾。这一论断从根本上指出了货币危机的本质源于商品和货币的对立统一矛盾，看似独立的货币危机从根本上讲也是在这矛盾的统一体作用下运行的。相比较而言，四代货币危机理论只是从危机现象本身出发对货币危机给予治标不治本的分析。

四代货币危机理论都是在单商品的假定下展开的，研究的侧重面各有不同。第一代着重讨论经济基本面；第二代的重点放在危机本身的性质、信息与公众的信心上；而到第三代货币危机理论，强调金融机制作用，把研究重点放在了资本流动和货币危机双危机理论及货币危机的资产负债表方法方面；第四代货币危机焦点则是金融体系与私人部门，特别是企业。

这四代货币危机理论的发展表明，货币危机理论的发展取决于有关货币危机的实证研究的发展和其他相关领域研究工具或建立模型方法的引入与融合。虽然从不同的角度回答了货币危机的发生、传导等问题，但是四代危机理论远未能解决与货币危机相关的一系列问题。例如，这四代危机理论对各种经济基本变量在货币危机积累、传导机制中的作用，对信息、新闻、政治等短期影响投资者交易心理预期因素的研究，都有很大的欠缺；同时，这四代货币危机理论对于资本管制下货币危机爆发的可能性、传导渠道等均未涉及，只有第四代货币危机理论认为紧急资本管制是应付货币危机的手段之一。

本章在上述货币危机理论基础上，结合对 20 世纪 90 年代货币危机的回顾，提出对货币危机进行分析的理论基础——国际货币体系条件下的均衡汇率理论和内外均衡理论。

2.1.4　货币危机的理论基础

20 世纪 90 年代货币危机频频，具有代表性的主要有 1992 年欧洲货币体系危机、1995 年的拉美危机和 1997 年的东南亚危机以及 20 世纪 90 年代日本经济萧条。通过对这几次货币危机的回顾和思考，我们发现它们都存在着三个共同的特点：

一、国际货币体系不稳定对货币危机的爆发负有不可推卸的责任

考察这四次危机，我们发现，国际货币体系的不稳定对货币危机的爆发有着不可推卸的责任。欧洲货币危机就是在德国提高利率导致英镑、意大利里拉贬值的情况下诱发的；美国的货币政策导致墨西哥资本大量的流入流出引发墨西哥危机；而美日汇率的变动以及美国利率的提高加速了东南亚危机；日本则是在美国政治压力下被迫升值日元而造成了日本经济的长期衰退的。

储备多元化、汇率剧烈波动、国际收支严重失衡以及发展中国家债务问题是当前国际货币体系所面临的主要问题。造成这些问题的根本原因在于美国经济实力的衰弱，以及各国政治经济发展的不平衡。

首先，当今的美国如同 20 世纪初的英国，经济实力衰退，无力独自承担国际货币体系的责任，日本、欧盟经济实力增强，但是还没有能力独立承担国际货币体系的重任，从而导致当前国际货币体系中心真空化。这种真空化引起各国对美国特别是美元的不信任，同时日本、欧盟崛起，各国出于储备资产的安全考虑而在美元、日元和欧元等货币之间进行转换，从而导致储备资产的多元化。

其次，由于美国经济衰退，在布雷顿森林体系条件下的以美国为中心的贸易流向和资本流向互补的机制不再起作用，从而导致共同维系外部均衡的成本高于其从国际货币体系中所获得的收益，各国纷纷利用财政、货币政策进行宏观经济调控，注重内部经济的发展，这样就导致各国经济周期不一致，货币升贬值幅度不一，投机资本在各国之间大量流动，汇率剧烈波动。

再次，由于美国劳动生产率增长速度相对较低、其居民储蓄率低下等原因导致美国贸易逆差与日俱增，美元大量外流并为各国（主要是东亚各国）以官方储备的形式持有，各国储备资产过剩造成本国通货膨胀压力过大，为货币危机的爆发埋下隐患的同时，由于各国更看重内部经济的发展，贸易保护主义盛行，大多数发展中国家商品出口受阻，经济发展所需资金短缺，国际收支不平衡；发展中国家国际收支的不平衡导致其国际清偿力不足，而官方援助以及 IMF 贷款降低，这些国家只有从国际金融市场上筹措短期资金，为了吸引短期资金的流入，这些国家过早地开放本国经济，逐利性使得短期资本在各国经济出现恶化的情况下反向流出，导致货币危机爆发。

二、汇率失调是造成货币危机的主要原因

纵观这几次货币危机，汇率失调是造成货币危机的主要原因。从 1977 年到 1991 年这 14 年里意大利里拉累计高估 57.4%，从 1990 年到 1994 年墨西哥比索累计高估 26.48%，泰铢高估程度较低，但从 1975 年到危机前的 1997 年也累计高估超过 10%。① 严重的汇率失调使得危机国货币存在着极大的贬值压力，国际货币体系失衡的情况为投机者所乘，容易引发货币危机。Goldfajn 和 Valdes（1999）指出货币高估是货币危机的关键决定因素。Kaminsky 等人（1998）考察了 1970—1995 年间的 76 次货币危机，比较了众多灵敏的预警指标的预测能力，认为在 24 个月内最好的货币危机预警指标就是实际汇率与其一般均衡趋势的偏离，即实际汇率失调。

三、内外失衡是造成货币危机的根本原因

汇率失调虽然是造成货币危机的主要原因，但是汇率失调的根本原因还是在于这些国家内外经济的失衡。先看由于货币贬值导致货币危机的意大利、墨西哥以及泰国。这三个国家在危机爆发前都存在着不同程度的经常项目和贸易逆差的增大，尤其是墨西哥和泰国的经常项目逆差非常严重。同时，短期资本在这三个国家的流入比例都很高，即这三个国家是靠短期资本的流入为其经常项目逆差融资的，这就决定了其对外均衡的不可

---

① 这些数据均来源于刘伟：《国际货币体系下的内外失衡、货币失衡与货币危机探讨》，华南师范大学博士研究生论文，2007 年 6 月。

维持性，本国货币存在着贬值的压力。而三国的宏观经济情况也不是很乐观。在危机爆发前，三国 GDP 增长率都存在着不同程度的下降，其中意大利和泰国下降程度最明显；三国的财政状况也不断恶化，意大利的财政赤字不断增大，而墨西哥和泰国的财政盈余处于不断递减的趋势；三国的国内信贷扩张速度也持续增加，意大利和泰国最为严重。另外，墨西哥和泰国金融部门的风险过度集中。所有这些都表明这三个国家内部经济也存在着不均衡，内外经济的失衡导致三国货币存在着严重的高估，贬值压力很大。

货币升值导致危机的日本情况则正和上述三国相反，但是其内外经济也是不均衡的。贸易顺差持续增加导致经常项目顺差持续扩大、外汇储备急剧增加，表明其外部经济是不均衡的，而国内经济迅速增长的过程中二元经济结构的存在说明了其内部经济也是不均衡的，这都为日元升值提供了物质条件。

从上面的分析中，我们可以看到，一般来说，货币危机爆发一般应该具备三个条件：（1）国际货币体系因素；（2）由国内经济失衡导致的汇率失调；（3）内外经济的失衡。

国际货币体系因素是作为外部条件引发货币危机的。它起到了加速或减缓危机爆发的作用。当一个国家基本经济面保持基本良好或者失衡程度不大的情况下，可能因为国际货币体系因素导致货币危机的爆发，这方面的文献研究更多的称之为货币危机的传染。但是，我们认为国际货币体系只是爆发货币危机的必要条件，而不是充分条件。在本章中，我们将通过比较静态的分析方法从历史的角度去分析国际货币体系因素对货币危机的影响，汇率失调是造成货币危机的主要原因。影响汇率的因素很多，在这里，我们将利用各国内外经济均衡决定的均衡汇率理论去模拟均衡汇率，然后将实际汇率与均衡汇率进行比较，从而判断一国货币失调情况，以此来判断货币危机在一国爆发的可能性。

汇率失调的主要原因是一国经济的内外失衡，内外失衡则是造成货币危机的根本原因。本章将通过内外均衡的动态调整模型推导内外失衡与货币危机的关系。

本章的理论框架如下所示：

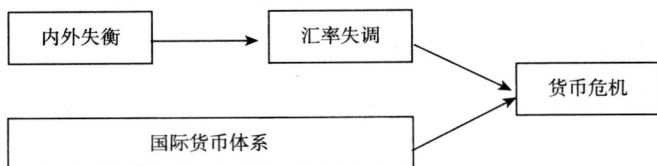

从内外失衡到货币危机是通过汇率的失调过渡过来的。在当前国际货币体系下，通过均衡汇率理论作为桥梁，将内外均衡与货币危机联系起来是考察货币危机及其方法的突破口。因此，本章主要将国际货币体系因素、均衡汇率理论以及内外均衡理论结合起来融入到对货币危机的分析中，以此作为理论基础。

2.2　货币失调、内外失衡与货币危机

从上一节的分析中，我们知道一国实际汇率偏离均衡汇率而出现高估或者低估，为货币危机的爆发埋下了隐患。具体分析其中的原因，我们发现，汇率失调是一国内外经济失衡在汇率上的表现。因此，内外失衡才是货币危机爆发的根本原因。

对一国经济内外均衡的研究文献很多，但主要是静态分析或者比较静态分析。[①] 这种分析方法理论性比较强，一般只是侧重于分析均衡结果或者对两种均衡结果进行静态分析比较，而忽略了一国经济体从一个均衡状态到另外一个均衡状态的动态调整过程，从而在政策建议上更多的是侧重于宏观经济政策的重要性，而忽略或者很少关注均衡调整机制的微观制度上的改革。

---

①　米德在其代表作《国际收支》中利用静态和比较静态的方法对内外均衡有过详细的论述，而 Oliver Blanchard 等（2006）、卜永祥等（2006）也从不同的方面对中国和人民币内外均衡问题给予详尽的理论分析。

通过建立动态调整模型能够很好的解决上述问题，国内在这个方面研究的比较深入的是孙立坚（2005）。他将商品市场、资本市场和劳动力市场结合起来建立了反映发展中国家内外均衡调整的动态方程，认为财富效应和价格效应是影响一国内外均衡的主要途径，当财富效应大于价格效应同时汇率贬值扩大经常项目逆差的情况下，货币危机容易爆发。因此，他认为内外均衡的调整应该放在结构性（制度）的调整上，而不能依赖于宏观调控政策。应该说，孙立坚的文章在内外经济均衡动态调整上具有开拓性，也为本书的写作提供了很好的借鉴。但是，孙立坚的文章中并没有对财富效应大于价格效应的条件给予定量化，对于货币危机的爆发路径也欠缺必要的分析。

本节在上述研究成果的基础上，通过建立一个一般均衡动态模型揭示发展中国家在开放经济条件下的均衡调整机制，并利用蛛网理论发展和完善此前研究中的不足。本节大体分为四个部分：2.2.1 节分析了开放条件下内外均衡条件；2.2.2 节重点讨论内外均衡的动态调整机制；2.2.3 节论述内外经济均衡与货币危机的关系；2.2.4 节则在前面理论的基础上，以泰国的实际数据为例，论证内外失衡与货币危机的关系。

2.2.1　开放经济条件下的内外均衡条件

内外经济是否均衡对于一国经济持续稳定发展是至关重要的，也与货币是否稳定密切相关。20 世纪 90 年代的货币危机爆发均是因危机国内外经济失衡导致实际汇率偏离均衡汇率出现汇率失调并为投机者所乘而爆发的。本小节主要采用一般均衡的动态模型来探索发展中国家在开放经济下的内外均衡条件，为以后分析内外失衡与货币危机的关系提供理论基础。

首先，对模型做几点假设：（1）此处主要考虑的是一个经常项目开放而资本项目管制的小国经济。（2）该国生产的商品可以分为贸易品和非贸易品两大类。其中，非贸易品的生产除了利用本国资源外，还可以进口外国先进设备。（3）在汇率制度上，该国实行盯住汇率制，但中央银行可以调整汇率水平。同时，为了稳定汇率，中央银行经常进行外汇市场干预，吸收外汇对本币需求产生的压力。（4）根据马歇尔—纳勒条件，汇率的变动对下一年经常项目的变动产生影响，即汇率变动的滞后效应为 1 年。

（5）国内市场近乎完全竞争，劳动力在贸易品和非贸易品两大部门之间可以自由流动，但工资调整机制是缓慢的。

一、商品市场的均衡条件

商品市场均衡可以从生产部门、消费部门和政府三个方面入手进行分析。

（一）生产部门

生产部门又可以分为生产贸易品的部门和生产非贸易品部门。

对于生产贸易品部门而言，

$$P_H = EP_H^* \qquad (2.1)$$

$$w = W/P_H, \quad Y_H = f(w) \qquad (2.2)$$

$$l_H^d = g(w) \qquad (2.3)$$

其中，P_H 表示可贸易品的国内价格，P_H^* 代表可贸易品的国外价格，考虑到该国是小国经济，我们假定 $P_H^* = 1$，因此 $P_H = E$，E 代表名义汇率。w 和 W 分别代表可贸易品部门的实际工资和名义工资，Y_H 和 l_H^d 分别代表贸易品部门商品的供给和劳动力的需求，它们都是实际工资的递减函数。

对于非贸易品部门而言，

$$Y_N^s = f(w, k), \quad l_N^d = d(w) \qquad (2.4)$$

$$P_N = W + (P_H/k) = W + (E/k) \qquad (2.5)$$

其中，Y_N^s 表示不可贸易产品的供给，它是实际工资 w 和技术条件 k 的函数，l_N^d 代表不可贸易品部门对劳动力的需求。由于国内市场是完全竞争的市场，因此国内商品价格等于各要素价格之和。

在开放经济条件下，一国国内经济与国外经济的联系越来越紧密，而汇率特别是实际汇率成为了联系的纽带。实际汇率一般被定义为可贸易品价格与不可贸易品价格之比（Edwards，1994，1989），即：

$$e = P_H/P_N = E/P_N \qquad (2.6)$$

根据（2.2）和（2.5）式，我们可以得到实际工资和实际汇率的相互关系，即：

$$w = \frac{P_N - (E/k)}{P_H} = \frac{1}{e} - \frac{1}{k} \qquad (2.7)$$

（二）消费部门

由于商品可以分为贸易品和非贸易品，对于商品的消费相应的可以分为对贸易品的消费和对非贸易品的消费。对于商品的消费而言，

$$C = q(y - t, A/P, r) \tag{2.8}$$

$$P = P_H^{\alpha} P_N^{1-\alpha} = E^{\alpha} P_N^{1-\alpha} \tag{2.9}$$

$$C_H^d = \lambda P C / P_H = \lambda e^{-(1-\alpha)} C \tag{2.10}$$

$$C_N^d = (1 - \lambda) P C / P_N = (1 - \lambda) e^{\alpha} C \tag{2.11}$$

其中，C 表示消费者总需求，它是可支配收入（$y - t$）、居民总财富（包括对外资产 B 和货币持有余额 M）的实际价值（A/P）的增函数，是实际利率 r 的减函数。P 代表一般物价水平，α 代表物价指数的权重。λ 表示可贸易商品消费额占总的消费额的比重。C_H^d 和 C_N^d 分别代表可贸易品和不可贸易品的消费量。同时，实际利率可表示为：

$$r = i - \frac{\dot{P}}{P} = i - \alpha \frac{\dot{E}}{E} - (1 - \alpha) \frac{\dot{P_N}}{P_N} = i - \frac{\dot{E}}{E} + (1 - \alpha) \frac{\dot{e}}{e} \tag{2.12}$$

其中，i 表示名义利率。

（三）政府部门

假设政府支出是一个政策变量，并且由国民收入 y 的一个固定比例给定：

$$G^d = gy \tag{2.13}$$

进一步假定政府在非贸易品方面的支出 G_N^d 由政府的总支出（G^d）的一个固定比例给定：

$$G_N^d = g_N gy \tag{2.14}$$

这样，根据上述各式，国内商品市场均衡条件为：

$$Y_N^s = C_N^d + G_N^d = Y_N^d = (1 - \lambda) e^{\alpha} C + g_N gy$$

从而，均衡国民收入可以表示为

$$y = Y_N + Y_H = (1 - \lambda) e^{\alpha} C + g_N gy + Y_H$$
$$= f(w) = \eta(e, y - t, A/P, r) \tag{2.15}$$

其中，国民收入与实际汇率 e、$y - t$ 和 A/P 同向变动，与实际利率 r 反向变动。

二、资本市场均衡条件

对于资本市场均衡，我们先考虑完全资本管制的情况。根据国际收支的货币分析法可知，本国的货币供给量 M 由国内信贷 X 和外汇储备 B 构成，而在资本完全管制并实行固定汇率的情况下，外汇储备与一国经常项目的差额是基本一致的，因此我们可以得到：

$$M^s = X + EB^* \qquad (2.16)$$

而且，国内信贷的变化源于政府收支的变动以及外汇储备的变动，因此可以将国内信贷的变化视为政府收支以及外汇储备的函数，即：

$$X = \delta(G - T, B^*), \quad G = EG_H + P_N G_N \qquad (2.17)$$

其中，T 表示政府税收。国内信贷的变动与政府收支以及外汇储备同向变动。

同时，根据广义货币数量方程可知，货币的需求可以视为国民收入以及利率的函数，即：

$$M^d = KPy^\theta i^{-\kappa} \qquad (2.18)$$

其中，K, θ, κ 为常数，y 为国民收入，i 为名义利率，P 为一般的物价水平。这样，当货币供给等于货币需求时，即 $M^s = M^d$ 时，货币市场达到均衡。

从上面各式中，我们可以看出，当货币市场达到均衡时，货币的需求量保持一定，此时国内信贷的过快增长将导致一国外汇储备的迅速减少，为投机者进行货币投机甚至货币危机的爆发埋下隐患。

三、劳动力市场的均衡条件

对于劳动力市场，由于存在着菜单成本，实际工资可以表示成劳动力供给超过需求的增函数，即：

$$W/P = e^{\beta(l_H^s + l_N^s - l_0)}, \quad (W/P)' > 0 \qquad (2.19)$$

其中，β 表示工资的调整速度，l_0 表示劳动力的均衡水平。从上式可以看出，当劳动力供给超过需求或者价格水平变动时，都会导致名义工资的变动。

2.2.2 内外均衡的动态调整机制

上一节分析了开放条件下的内外均衡条件，本节将利用这些均衡条件揭示发展中国家均衡调节的动态机制。首先，对（2.19）式两边取对数并进行微分计算：

$$\frac{\dot{W}}{W} = \beta(l_H^d + l_N^d - l_0) + \alpha(\dot{P_H}/P_H) + (1-\alpha)(\dot{P_N}/P_N) \quad (2.20)$$

然后对（2.5）式作同样的处理，并将（2.6）式代入（2.5）式得：

$$\dot{P_N} = \dot{W} + \dot{E}/k, \quad W = P_N[(k-e)/k] \quad (2.21)$$

为了保证具有经济意义，在这里，我们假定 $k > e$，

将（2.20）式、（2.21）式进行整理得：

$$\frac{\dot{W}}{W} = \left(\frac{k}{k-e}\right)\frac{\dot{P_N}}{P_N} - \left(\frac{e}{k-e}\right)\frac{\dot{E}}{E} \quad (2.22)$$

同时，根据购买力平价理论，我们有：

$$\frac{\dot{e}}{e} = \frac{\dot{E}}{E} - \frac{\dot{P_N}}{P_N} \quad (2.23)$$

将（2.23）式移项代入（2.22）式，并结合（2.20）式，我们有：

$$\frac{\dot{e}}{e} = -\frac{\beta}{[e/(k-e)+\alpha]}(l_H^d + l_N^d - l_0)$$

$$= \frac{\beta}{[e/(k-e)+\alpha]}[(l_0 - l_H^d(e) -$$

$$(1-\lambda)e^\alpha C(y-t, (B^* + M)/P, r) - g \times g_N y]$$

$$(2.24)$$

从（2.24）式中，我们可以看到均衡汇率的变动来源于两个方面：一是实际汇率，另一个是国内经济的基本要素的变动。在方程的右边，当实际汇率贬值时，为了保持经济的内部均衡，左边实际汇率必然朝增值方向调整；同样，当方程右边的国民收入和居民总财富的实际价值增加、利率降低时引起实际工资上涨，而国民收入等财富增加导致居民对非贸易品的需求增加，从而引起非贸易品价格相对于工资的比率上升；从劳动力市场均衡的角度上说，这就意味着本国贸易品价格相对于工资比率的下降，贸易品供给必然会降低；而从本国贸易品市场均衡来讲，供给的下降必然辅之以需求的下降，因此本国贸易品相对于外国贸易品的价格就会上升，即贸易条件恶化，从而导致本国进口增加，出口减少，经常项目逆差扩大，对外净资产减少，为了实现经济的均衡，最终结果将导致实际汇率向增值

的方向调整。因此，我们可以将（2.24）式视为内部经济动态调整方程，这一方程式可以简化为实际汇率 e 以及对外净资产存量 B^* 的减函数，即：

$$\frac{\dot{e}}{e} = \varphi\,(e, B^*) \tag{2.25}$$

为了以后分析方便，我们以线性方程的方式将上式表示为：[①]

$$\frac{\dot{e}}{e} = \chi - \gamma e_t - \eta\,B_t^*, \quad \gamma > 0, \eta > 0 \tag{2.26}$$

其中，χ、η、γ 是常系数，γ 用来测度实际汇率的变动对均衡汇率的影响程度，而 η 测度经济基本面因素的变动导致的财富效应通过对外净资产存量的变动对内部均衡的影响程度。

一国经常项目差额[②]可以由国民收支恒等式计算得出：

$$\dot{B}^* = Y_H + i^* B^* - C_H - G_H \tag{2.27}$$

将（2.2）式、（2.10）式、（2.14）式结合起来，我们可以将（2.27）式展开：

$$\dot{B}^* = Y_H + i^* B^* - \lambda e^{-(1-\alpha)} C(y - t, A/P, r) - G_H \tag{2.28}$$

从（2.28）式中，我们可以看到，基本经济面因素导致的财富效应总的来说使得进口增加，从而恶化了经常项目收支，对外净资产减少，外汇储备减少。而实际汇率的贬值，一方面使出口增加，另一方面却因为贸易条件的恶化导致进口增加，其变动对是否能改善经常项目无法事先得以判断。但是，从马歇尔—纳勒条件中，我们知道，实际汇率的变动对经常项目的影响存在着滞后期。为了分析简便，我们将滞后期设定为1年，从而（2.28）式可以简化为：

$$\dot{B}^* = \psi\,(e_{t-1}, B_t^*) \tag{2.29}$$

同样，为了以后分析方便，我们将（2.29）式以线性方式表述出来为：

---

① 以线性方程的方式表述在论文分析中，可能存在着一些漏洞，但一方面出于方便，另一方面我们认为用线性关系已经能够将实际汇率的变动、实际汇率以及对外净资产存量三者的关系表述清楚。

② 在资本管制且实行固定汇率制的条件下，经常项目差额与对外净资产存量以及外汇储备是大体一致的。

$$\dot{B}^* = \sigma + \theta\, e_{t-1} - \rho\, B_t^*, \theta \neq 0, \rho > 0 \qquad (2.30)$$

其中，σ、θ、ρ 为常系数，θ 测度了实际汇率对经常项目的影响程度，因为实际汇率对经常项目的影响我们在事前难以判断，θ 值可能是正值，也可能为负值。ρ 测度了经济基本面因素通过对外净资产的变动对经常项目的影响程度。

总之，这个方程侧重于外部经济的调整，我们可以将其视为外部经济均衡的动态调整方程。将（2.26）式与（2.30）式结合起来，就成为一国内外经济均衡动态调整方程。我们将用这两个方程来分析发展中国家内外经济均衡的动态调整过程。

在分析内外均衡的动态调整过程之前，我们先对（2.26）式与（2.30）式进行适当处理，以求出实际汇率的时间路径。从（2.26）式和（2.30）式中可以看出，当 $\frac{\dot{e}}{e} = 0, \dot{B}^* = 0$ 时，内外均衡同时成立。我们将 $\frac{\dot{e}}{e} = 0$ 时的（2.26）式称为内部经济均衡线，而将 $\dot{B}^* = 0$ 时的（2.30）式称为外部经济均衡线，两线交点即实现了内外经济的均衡。

所以，当 $\frac{\dot{e}}{e} = 0$ 时，我们有：

$$\chi - \gamma\, e_t - \eta\, B_t^* = 0 \qquad (2.31)$$

当 $\dot{B}^* = 0$ 时，我们有：

$$\sigma + \theta e_{t-1} - \rho B_t^* = 0 \qquad (2.32)$$

将（2.31）式和（2.32）式结合进行整理，我们可以得到有关实际汇率 e 的微分方程，即：

$$e_t + \frac{\eta\theta}{\rho\gamma} e_{t-1} = \frac{\rho\chi - \eta\sigma}{\rho\gamma} \qquad (2.33)$$

求解微分方程可以得到，

$$e_t = \left(e_0 - \frac{\rho\chi - \eta\sigma}{\rho\gamma + \eta\theta}\right)\left(-\frac{\eta\theta}{\rho\gamma}\right)^t + \frac{\rho\chi - \eta\sigma}{\rho\gamma + \eta\theta} \quad (\text{令}\ \rho\gamma + \eta\theta \neq 0^{①}) \quad (2.34)$$

─────────────

① 当 $\rho\gamma + \eta\theta = 0$，将其代入（2.33）式并求解方程，我们会发现微分方程结果为 $e_t = e_0 + \left(\frac{\rho\chi - \eta\sigma}{\rho\gamma}\right)t$，随着时间的变动，实际汇率将永远朝一个方向发展，这与现实情况不符，因此，我们不考虑 $\rho\gamma + \eta\sigma = 0$ 的情况。

对（2.34）式进行分析，其中 e_0 为初始实际汇率水平。因为 ρ、γ、η、θ 分别是 e_t、B_t^* 对 $\frac{\dot{e}}{e}$、$\frac{\dot{B}^*}{B^*}$ 的影响常数系数，这些常数变量共同测度了经济基本因素对内外经济均衡的影响，根据 Williamson（1985，1994）的基本均衡汇率理论，我们可以将这些变量测度的实际汇率水平视为均衡汇率水平，即 $\frac{\rho\chi - \eta\sigma}{\rho\gamma + \eta\theta}$ 为均衡汇率水平。由此（2.34）式可以分为两个部分：一部分是 $\frac{\rho\chi - \eta\sigma}{\rho\gamma + \eta\theta}$ 表示均衡汇率水平，另一部分是 $(e_0 - \frac{\rho\chi - \eta\sigma}{\rho\gamma + \eta\theta})(-\frac{\eta\theta}{\rho\gamma})^t$ 表示实际汇率的时间路径与均衡汇率的偏差。这种偏差的大小要视 $-\frac{\eta\theta}{\rho\gamma}$ 的情况而有所不同。其中，$(e_0 - \frac{\rho\chi - \eta\sigma}{\rho\gamma + \eta\theta})$ 的大小用于放大或者收缩 $(-\frac{\eta\theta}{\rho\gamma})^t$ 的值，它并不改变时间路径的基本图形，但能产生标度效应以及镜像效应。在这里，$(e_0 - \frac{\rho\chi - \eta\sigma}{\rho\gamma + \eta\theta})$ 符号决定了实际汇率的时间路径是从均衡水平以上开始（货币高估）还是从以下开始（货币低估），其大小则决定与均衡水平的远近（标度效应）。由于它并不改变 $(-\frac{\eta\theta}{\rho\gamma})^t$ 的基本图形，对于结论的影响只是改变方向，因此我们主要从研究 $e_0 > \frac{\rho\chi - \eta\sigma}{\rho\gamma + \eta\theta}$ 即货币高估入手，而 $e_0 < \frac{\rho\chi - \eta\sigma}{\rho\gamma + \eta\theta}$ 货币低估的情况则正相反。

当 $e_0 > \frac{\rho\chi - \eta\sigma}{\rho\gamma + \eta\theta}$ 货币高估时，我们对 $-\frac{\eta\theta}{\rho\chi}$ 分不同的情况逐步进行分析。

（1）当 $-\frac{\eta\theta}{\rho\gamma} > 1$ 也就是说 $-\frac{\theta/\rho}{\gamma/\eta} > 1$，即 $\theta < -\frac{\rho\chi}{\eta} < 0$。$\theta < 0$ 表明实际汇率的贬值恶化了经常项目收支，同时 $-\frac{\theta/\rho}{\gamma/\eta} > 1$ 表明外部经济均衡线比内部经济均衡线陡峭，即由经济基本因素决定的财富效应比由实际汇率决定的价格效应显著。在这种情况下，由（2.34）式可知，当时间趋于无穷大的时候，实际汇率会远离均衡汇率，造成本国汇率持续高估，直至货币危机爆发。图2-1给出了实际汇率 e 的时间路径：

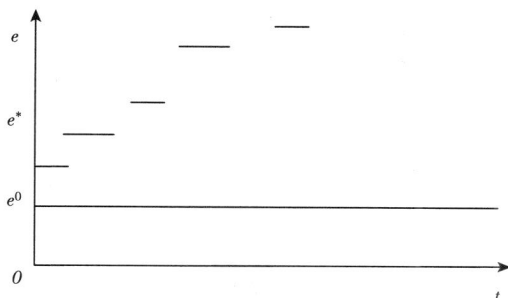

图2-1　实际汇率的时间路径（一）

这一过程的动态调整机制是假定该国国内市场供不应求，对外收支上处于贸易逆差，在实行固定汇率制的情况下则表现为该国的货币高估。由于国内市场供不应求，国内劳动力实际工资就会开始上升，财富效应使得进口增加，经常项目逆差加大，同时实际工资上升，为了实现动态均衡的调整，由（2.7）式可知该国的实际汇率将会升值，从而改善了该国的贸易收支。但是由于财富效应的效果大于价格效应，从总体上表现为恶化该国经常项目，导致均衡汇率水平持续向下运动，而相对于均衡汇率水平，实际汇率水平则会表现为持续的高估，这种汇率的持续高估表现在国内市场供不应求，通货膨胀严重，而贸易收支项目的持续恶化则导致外汇储备持续的减少，直至殆尽，中央银行难以维持固定汇率制度，允许货币自由浮动，最终导致货币大幅度贬值，货币危机爆发。

（2）当 $0 < -\dfrac{\eta\theta}{\rho\gamma} < 1$ 也就是说 $0 < -\dfrac{\theta/\rho}{\gamma/\eta} < 1$，即 $-\dfrac{\rho\chi}{\eta} < \theta < 0$。由于 $\theta < 0$ 表明实际汇率的贬值恶化了经常项目收支情况，此时由于 $-\dfrac{\theta/\rho}{\gamma/\eta} < 1$ 即外部经济均衡线比内部经济均衡线平缓，则表明由实际汇率决定的价格效应比由经济基本因素决定的财富效应显著。在这种情况下，由（2.34）式可知，当时间趋于无穷大的时候，实际汇率会逐渐向均衡汇率水平靠拢，经济恢复均衡。图2-2为实际汇率 e 的时间路径：

这一过程的动态调整机制的假定仍然是该国国内市场供不应求，对外收支逆差从而货币高估。首先由于国内市场供不应求，实际工资上升，财

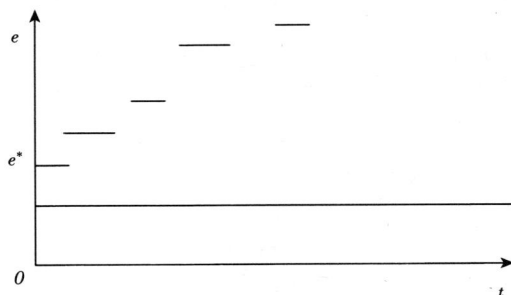

图 2-2 实际汇率的时间路径（二）

富效应使得进口增加，出口减少，经常项目恶化；同时实际工资的上升，货币升值才能保证动态平衡，这样就将改善该国的经常项目。虽然财富效应导致经常项目恶化，但是价格效应却改善了贸易收支情况且其效果比财富效应显著，故从总体上改善了经常项目收支，这样就导致该国均衡汇率上升，而实际汇率相对向下运动，逐渐向均衡汇率靠拢，国内经济逐渐恢复内外均衡。

（3）当 $-1 < -\frac{\eta\theta}{\rho\gamma} < 0$ 即 $0 < \theta < -\frac{\rho x}{\eta}$。由于 $\theta > 0$ 表明实际汇率的贬值改善了经常项目收支，此时 $-1 < -\frac{\eta\theta}{\rho\gamma}$ 则表明价格效应的效果大于财富效应。由（2.34）式可知，当时间趋于无穷大的时候，实际汇率围绕着均衡汇率上下振荡，并逐渐趋近均衡汇率，从而实现经济的内外均衡。具体如图 2-3 所示。

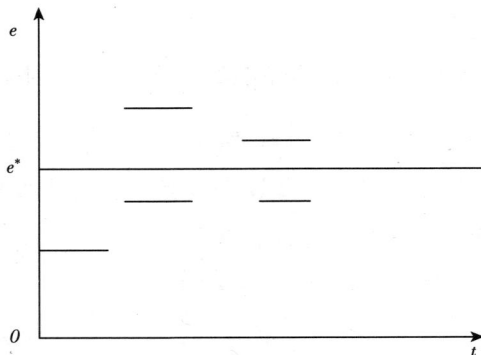

图 2-3 实际汇率的时间路径（三）

这一过程的调整机制在货币高估，供不应求，经常项目逆差的前提下，国内市场供不应求，实际工资上升，财富效应使得进口增加，出口减少，经常项目恶化，国内市场上劳动力需求减少，供不应求的状态缓解并逐渐出现供过于求，实际工资开始降低，财富效应导致进口减少，出口增加，经常项目改善，该国的出口增加，劳动力的需求增加，导致国内市场上再次出现供不应求，这是财富效应的机制。与此同时价格效应的机制表现在：在国内市场上出现供不应求，实际工资上升时，财富增加导致居民对非贸易品的需求增加，从而导致非贸易品价格相对工资的比率上升。从劳动力市场均衡的角度上说，这就意味着本国贸易品价格相对工资比率的下降。而从本国贸易品市场均衡来讲，供给的下降必然辅之以需求的下降，因此本国贸易品相对于外国贸易品的价格就需要上升，即贸易条件恶化，为了实现国内经济的动态平衡，由（2.24）式可知，这就要求实际汇率向贬值方向调整，从而导致本国出口增加，而进口减少，改善贸易收支。而当国内市场上出现供过于求，实际工资下降时，实际汇率向升值方向调整，从而导致进口增加，而出口减少，恶化经常项目收支。因此财富效应的效果与价格效应的效果是完全相反的，但是 $-1 < -\dfrac{\eta\theta}{\rho\gamma} < 0$ 使得整个动态调整机制遵从价格效应在供不应求时先改善贸易收支从而使实际汇率先向下运动而接近均衡汇率，继而当供过于求时恶化经常项目，使得实际汇率相对向上运动而接近均衡汇率，这样整个经济在高涨和萧条交替循环中恢复内外均衡。

（4）$-\dfrac{\eta\theta}{\rho\gamma} < -1$ 即 $\theta > \dfrac{\rho\chi}{\eta}$。$\theta > 0$ 表明实际汇率的贬值改善经常项目收支，此时价格效应的效果没有财富效应的效果显著。在这种情况下，由（2.34）式可知，当时间趋于无穷大的时候，实际汇率围绕着均衡汇率上下振荡，并逐渐远离均衡汇率，从而导致货币危机，经济解体。具体如图2-4所示。

这一过程的动态调整过程与 $-1 < -\dfrac{\eta\theta}{\rho\gamma} < 0$ 的情况基本相同，不同之处在于财富效应的效果更加显著。这样当供不应求时，财富效应首先恶化经常项目从而使实际汇率相对向上运动，远离均衡汇率；而当供过于求

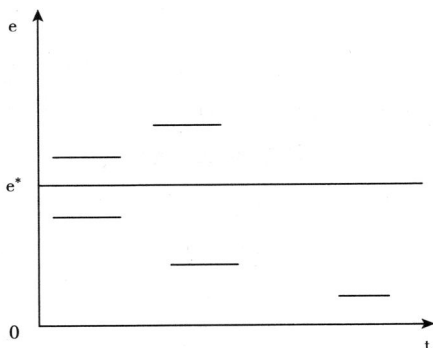

图 2-4　实际汇率的时间路径（四）

时，财富效应改善经常项目使实际汇率相对向下运动，进一步远离均衡汇率，正是由于 $-\dfrac{\eta\theta}{\rho\gamma} < -1$ 的放大效果使得实际汇率逐渐远离均衡汇率，具体如图 2-4 所示。此时，国内外经济也逐渐远离内外均衡，直至通货膨胀或者通货紧缩而爆发经济危机使经济解体。

2.2.3　开放条件下的内外均衡的动态调整与货币危机

在上面的分析中，我们主要讨论的是在资本管制条件下一个实行固定汇率制的发展中国家内外均衡动态调整机制。在本节中，我们把条件放宽，重点分析在资本市场完全开放的条件下一国的内外均衡的动态调整与货币危机的问题。

当资本市场完全开放以后，外国投资者可以进入本国投资，这时，内外资产可以完全进行替代。国内利率水平不再是由国内货币市场均衡来决定，而是将由外国的利率水平和投资者对本币的预期升贬值率来决定。外部均衡将起到主导作用，此时名义利率可以表示为：

$$i = i^* + \frac{\dot{E}^e}{E} = i^* + \frac{\dot{E}}{E} \qquad (2.35)$$

因此，国内货币市场的均衡使得货币供给量不再是由本国政策所能决定的外生变量。此时的实际汇率可以表示为：

$$r = i^* + (1-\alpha)\frac{\dot{e}}{e} \qquad (2.36)$$

当资本账户开放时，大量的国外资本为了追逐高额的预期收益率而流入发展中国家，结果造成该国名义利率下降，实际利率也随之降低，国内消费增加，从而对非贸易品的需求增加，劳动力市场上出现供不应求，实际工资开始上升。为了实现本国内部经济的动态均衡调整，实际汇率必须向增值方向调整，因此国内经济均衡线将向下移动。而实际利率的降低也导致消费支出，进口增加的同时恶化了本国的经常项目，对外资产减少，受财富效应的影响，该国消费将减少，进口减少，经常项目趋于平衡，因此外部经济均衡线将向下移动（图 2-5 和图 2-6 中虚线表示原有的内外经济均衡线）。但是最终结果仍然取决于实际汇率对经常项目收支的改善情况、财富效应与价格效应的强弱等因素的综合影响。具体分析如下：

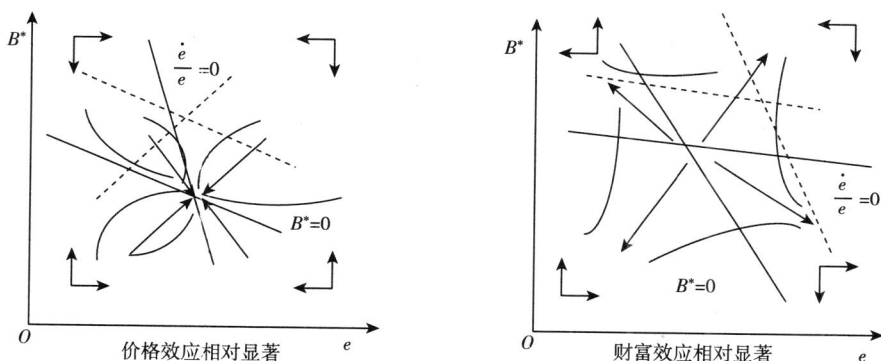

图 2-5   实际汇率升值改善贸易收支时的均衡调节机制

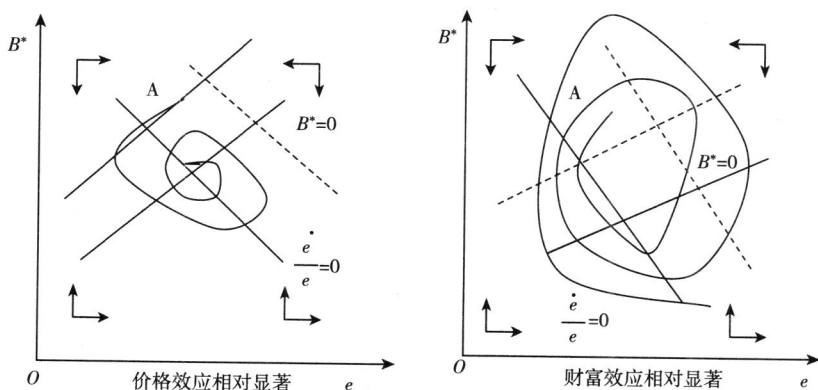

图 2-6   实际汇率升值恶化贸易收支的均衡调整机制

我们仍然以一国国内市场供不应求、贸易逆差、货币高估为例。资本大量流入该国必然会造成该国名义利率以及实际利率的降低，从而导致居民消费增加，进口增加，贸易收支将进一步恶化，同时由于实际利率的降低，在国外利率不变的情况下，该国的实际汇率将升值，这时，（1）实际汇率升值改善贸易条件进而改善贸易收支状况将导致该国国际收支顺差，当价格效应比财富效应显著时，经济会出现一个良性的均衡调整过程（图2-5左）；而当价格效应没有财富效应显著，经济将会出现危机（图2-5右）。（2）实际汇率升值恶化贸易条件进而恶化贸易收支时，如果价格效应比财富效应显著，经济将会在繁荣和萧条间交替循环接近内外均衡（图2-6左），而相反则会在繁荣和萧条间循环的同时远离内外均衡，最后爆发危机（图2-6右）。

从上面的分析中，我们可以得出以下几点结论：（1）相对于封闭经济而言，资本项目开放导致实际利率的降低，增加国内支出的同时导致进口增加而恶化一国贸易收支，最终将导致该国对外资产相对于开放前有所减少。（2）实际汇率的方向要视实际汇率对经常项目收支的改善情况、财富效应与价格效应的强弱等因素的综合影响而变化。具体而言，当实际汇率升值改善贸易条件进而改善贸易收支状况，同时价格效应比财富效应显著时，实际汇率向均衡汇率回归，经济会出现一个良性的均衡调整过程；但是，如果价格效应没有财富效应显著，实际汇率将越来越偏离均衡汇率，从而造成经济危机。当实际汇率升值恶化贸易条件进而恶化贸易收支状况，同时价格效应比财富效应显著时，实际汇率围绕着均衡汇率上下波动，并最终回归均衡汇率，而经济将会在繁荣和萧条间交替循环接近内外均衡；当价格效应不如财富效应显著时，实际汇率将围绕着均衡汇率波动的同时越来越偏离均衡汇率，经济也将会在繁荣和萧条间循环的同时远离内外均衡，最后爆发危机。（3）在固定汇率制下，由于资本开放导致对外净资产的减少将降低一国经济抵御外部投机能力，使得该国经济容易为外国投机而面临货币危机的危险，1997年东南亚危机即为很好的例证。

2.2.4 内外失衡与货币危机的实证检验

上面的分析表明，在开放条件下，货币危机的爆发要视一国实际汇率对经常项目收支的改善情况、财富效应与价格效应的强弱等因素的综合影响。如一国货币汇率失调达到一定程度时，当（1）在财富效应比价格效应显著，（2）汇率的贬值恶化经常项目收支的情况下，一国非常容易爆发货币危机。本节结合东南亚金融危机中泰国的实际情况对泰国内外失衡与货币危机的关系进行实证检验。①

一、实际汇率与贸易收支的实证检验

有关汇率与贸易收支的文献很多，比较经典的理论是传统弹性分析法。这种分析方法是由琼·罗宾逊根据马歇尔的供求原理提出来的。该理论认为汇率变动是影响贸易流动最直接的因素。弹性分析法认为，在其他条件不变的情况下，当一国贸易条件符合马歇尔—纳勒条件，同时考虑时滞时，该国货币的贬值有利于贸易收支的改善。也正是基于此，弹性分析法被广泛地运用，几乎成为各国政府试图通过汇率波动来调节贸易收支的主要政策依据。但是，我们认为，弹性分析法不适合用于现代开放经济条件下的决策。该理论是以马歇尔供求理论为基础的，具有局部均衡的特征，它孤立地分析进出口市场，没有全面考虑汇率调整对宏观经济的影响。对于现代开放的经济体来说，货币当局很难直接控制汇率水平，只有通过财政、货币政策间接地影响汇率，但是若想间接地影响汇率，其他重要的宏观变量不可避免也会发生变化。例如，一国扩张性货币政策使得本国货币贬值的同时，可能会导致国内产出的增加，从而导致价格、利率水平的变动，以及进口的增加。因此，在当前开放经济条件下，汇率与贸易收支之间的关系并不是很明确的，要视各国经济的发展情况以及各国的经济结构而定。

下面，我们利用泰国的实际汇率与贸易收支的数据来具体分析汇率的变动对泰国的贸易收支的影响情况，以此作为验证货币危机是否爆发的一个依据。

理论上，影响一国贸易收支（以 B 表示）的主要因素大体包括三个方面：一是该国的净储蓄额（即该国国民储蓄总额扣除掉总投资后的余额。

---

①　之所以选择泰国，主要是考虑泰国与我国同处于亚洲，经济模式较意大利和墨西哥来讲，与我国有很大的相似性。更好地研究泰国货币危机问题，有利于我国防范货币危机。

我们用 NC 表示）。它与贸易收支正向相关。当一国的净储蓄越大，国民总储蓄中为国内吸收的部分就相对较少，更多的部分将以净出口（贸易顺差）的方式流向国外。二是贸易条件（TOT），我们用出口价格指数与进口价格指数的比值作为贸易条件的代理变量，它与贸易收支正向相关。三是鼓励贸易的政策因素，我们用实际汇率水平（REER）表示：在这里，由于美国对泰国在推动危机爆发方面有着非常重要的作用，我们采用 REER 代表以泰国与美国的双边消费物价指数为基础的实际汇率水平。相关数据来源于历年《国际统计年鉴》、《国际金融统计》以及中经网数据库。

（一）泰国泰铢的实际汇率与贸易收支的实证检验

本书利用泰国 1975—1997 年的上述有关数据，首先对上述变量进行单位根检验，结果表明除了 TOT 变量（TOT 变量的一阶差分不是平稳序列，我们删除这一变量）外各变量序列存在着单位根，[1] 而且它们的一阶差分都在 1% 的显著水平下拒绝了单位根假设，表明各变量都是 I(1) 序列。可以进行协整检验。

由于数据是年度数据，我们利用 Engle-Granger 两步法进行协整检验。首先，对所有变量进行静态回归，考虑汇率对贸易收支具有一定的滞后性，我们将实际汇率水平滞后一期，结果如表 2-1 所示：

表 2-1 变量的估计结果（1）

变　　量	系　数	标准差	T 统计量	显著度
C	4250.58	1471.9	2.8878	0.0091
NC	4.3044	0.2367	18.189	0.0000
REER	−39.72	14.14	−2.809	0.0108
R 的平方	0.9431	因变量均值	−2636.82	
经调整的 R 平方	0.9375	因变量标准差	2750.13	

---

① B 的有截距和时间趋势的单位根检验中，其原水平的 ADF 为 −3.1430，1% 的显著水平为 −4.4407，其一阶差分的 ADF 为 −4.1376，而 1% 的显著水平为 −2.6857；NC 在有截距和时间趋势的 ADF 值为 −2.8748，1% 显著水平为 −4.4679，其一阶差分的 ADF 为 −2.7030，1% 的显著水平为 −2.6797。REER 没有截距和时间趋势，其 ADF 为 0.9022，1% 的显著水平为 −2.6743，其一阶差分的 ADF 为 −2.9822，而 1% 的显著水平为 −2.6797。

续表

变　量	系　数	标准差	T 统计量	显著度
回归标准差	687.54	AKAIKE 信息	16.02	
残差平方和	9454209	SCHWARZ 信息	16.17	
对数似然比	-181.29	DW 统计量	1.79	

从表 2-1 中可以看到，各变量比较显著，对残差进行相关性的 Q 值检验和 LM 检验以及怀特检验表明序列不存在自相关和异方差。

其次，对回归残差进行单位根检验。在水平状态且检验类型不包括截距和时间趋势的情况下，ADF 统计量为 -4.0821，而 1% 的显著水平下的临界值为 -2.6742，表明残差是平稳序列，自变量和因变量之间的协整关系存在。协整方程为：

$$B = 4250.58 + 4.30441NC - 39.72REER \tag{2.37}$$

从（2.37）式中我们可以看到，泰铢的实际汇率对泰国的贸易收支的影响很大，敏感度很高。最为重要的是，泰铢的实际汇率与贸易收支负向相关，即泰铢的贬值将会改善泰国的贸易收支。

这就表明泰铢在 1975—1997 年货币危机爆发之前与贸易收支呈负向相关的关系，泰铢的贬值将会改善泰国的贸易收支。

（二）财富效应与价格效应的关系在泰国的检验

泰铢的贬值将会改善泰国的贸易收支。如果此时财富效应比价格效应对实现内外均衡更加显著，货币危机非常容易发生。下面我们将利用泰国的数据具体分析财富效应和价格效应在实现泰国内外均衡中的作用。

根据均衡汇率理论可以知道，所谓的均衡汇率是当一国内部经济和外部经济均达到均衡时所决定的汇率水平。因此，我们利用泰铢均衡汇率（LREER）来作为泰国内外均衡的代理变量。而用泰铢实际汇率（REER）的变动来表示价格效应，用经常项目收支的变动（W）来表示财富效应。我们利用 1975—1997 年泰国的统计数据，其中经常项目收支来源于《1999 年世行发展指标》及其相关资料。泰铢实际汇率以及均衡汇率数据与上一部分的相同。

首先，进行单位根检验，结果表明各变量均存在着单位根。① 可以进行协整检验。

我们仍然利用 Engle-Granger 两步法进行协整检验。考虑到财富效应可能存在着滞后，我们将 W 变量滞后一期，对所有变量进行静态回归，结果如表 2-2 所示：

表 2-2　变量的模型估计（2）

变　　量	系　数	标准差	T 统计量	显著度
C	25.86	0.6223	41.556	0.0000
REER	0.063	0.0103	6.0812	0.0000
W（−1）	−0.212	0.0792	−2.680	0.0148
R 的平方	0.6635	因变量均值	28.37	
经调整的 R 平方	0.6281	因变量标准差	1.3262	
回归标准差	0.8087	AKAIKE 信息	2.5395	
残差平方和	12.4272	SCHWARZ 信息	2.6882	
对数似然比	−24.93	DW 统计量	1.7087	

从表 2-2 中可以看到，各变量比较显著，对残差进行相关性的 Q 值检验和 LM 检验以及怀特检验表明序列不存在自相关和异方差。

其次，对回归残差进行单位根检验。在水平状态且检验类型不包括截距和时间趋势的情况下，ADF 统计量为 −1.8537，而在 1% 的显著水平下的临界值为 −1.6078，表明残差是平稳序列，自变量和因变量之间的协整关系存在。协整方程为：

$$LREER = 25.86 + 0.063REER - 0.2124W(-1) \qquad (2.38)$$

从（2.38）式中，我们可以发现，作为价格效应的实际汇率的变动对均衡汇率的变动贡献率为 0.063，而作为财富效应的实际工资对均衡汇率的贡献率为 −0.212，从而表明在爆发货币危机前，泰国财富效应的效果比价格效应的效果显著。

---

① W 在没有截距和时间趋势的单位根检验中 ADF 值为 −1.22，其 1% 的显著水平临界值为 −2.6742，其他两个变量在上一部分都已经检验。

（三）泰国内外失衡与货币危机关系探讨

从上面的实证中，我们可以得到：泰铢贬值将会改善泰国的贸易收支；在内外均衡的影响中，财富效应比价格效应的效果显著。

我们根据前面的结论可以知道，当满足上述两个条件时很容易爆发货币危机。即当时间趋于无穷大的时候，实际汇率将围绕着均衡汇率上下振荡，并逐渐远离均衡汇率，从而导致货币危机，经济解体。也就是说，一国经济在这种繁荣和萧条的不断循环中，逐渐地走向危机。而泰国正是这种情况的典型代表。具体如图 2-7 所示。

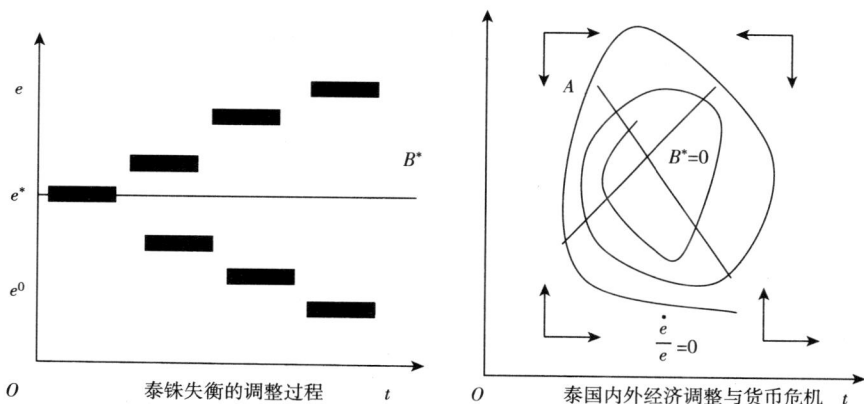

图 2-7　泰铢失衡、泰国内外经济的调整与货币危机

从 1970—1997 年泰铢失调情况大致可以分为三个阶段：1970—1974 年泰铢处于高估时期，1975—1989 年处于贬值时期，1990—1997 年泰铢又处于高估时期。泰铢的失调与泰国内外经济的不均衡是相对应的。首先，考察 1970—1974 年泰铢高估时期。政府财政不断恶化，导致赤字加大，从而导致泰铢均衡汇率向下移动，引发泰铢汇率高估。同时，泰国为了经济的发展，不断加大投资力度使得国民储蓄相对国民投资不足，这与汇率高估一起导致泰国贸易收支恶化，而国内投资力度的加大使得国内市场供不应求，从而导致泰国国内实际工资上升，财富效应使得进口增加，出口减少，贸易收支恶化。与此同时，价格效应的机制表现在：实际工资的上升增加导致泰国居民对非贸易品的需求增加，从而使得非贸易品价格相对工资的比率上升。从劳动力市场均衡的角度上说，这就意味着泰国贸易品价

格相对工资比率的下降，而从泰国贸易品市场均衡来讲，供给的下降必然辅之以需求的下降，因此泰国贸易品相对于外国贸易品的价格就需要上升，即贸易条件恶化。为了实现国内经济的动态平衡，这就要求泰铢实际汇率向贬值方向调整，从而导致泰国出口增加，而进口减少，改善贸易收支。但是从上面的实证中我们知道，财富效应的效果大于价格效应。因此，抵消价格效应的效果后，汇率的高估从总体上导致泰国贸易收支的恶化。

其次，考察1975—1989年泰铢处于低估时期。这时，泰国国内市场上劳动力需求减少，前期供不应求的状态缓解并逐渐出现供过于求，实际工资开始降低，此时财富效应导致进口减少，出口增加，经常项目改善，这是财富效应的机制。而当泰国国内市场上出现供过于求时，价格效应表现在实际工资下降，实际汇率向升值方向调整，从而导致进口增加，而出口减少，恶化经常项目收支。因为财富效应比价格效应显著，在这一时期，泰国的经常项目改善，而均衡汇率向上运动，从而导致泰铢出现低估。

最后，考察1990—1997年泰铢处于高估时期。其经济运行的机制与1970—1974年泰铢高估时期基本相同，仍然是财富效应大于价格效应导致泰国经常项目进一步恶化，泰铢进一步高估。应该说，如果其他条件不变，泰国经济仍然会在这种泰铢高估和低估从而导致经济萧条和繁荣的经济循环情况下运行一段时间，货币危机可能不会来得这么快。但是，这一时期最大的不同之处就在于泰国进一步开放本国经济。1991年军人政权上台，为了在国内创造一个好的形象和获得国际社会的支持，军人政府加大了对外开放的力度。而继任的民主党派仍然继续推行开放政策，泰国资本品进口关税从原来的20%降低到5%，1994年乌拉圭回合后进一步降低，同时泰国政府对外来直接投资、证券投资、借贷资本进入泰国不设限制，资本抽回、利润汇出和外债还本付息等方面也无需政府批准。非居民可以在泰国商业银行开立自由兑换的泰铢账户，自由存款、借款。1994年后泰国基本上完成了资本项目的自由化。这种经济的自由化在泰国经常项目进一步恶化、泰铢进一步高估的情况下，使得索洛斯等投机者趁机投机泰铢，加速了泰国货币危机爆发。

2.3　人民币汇率制度变迁与货币危机

从前面的分析中我们发现，一个经济的内外失衡、汇率失调在国际货币体系失衡的情况下，很容易导致该国的货币危机。下面，我们将利用上述理论对中国的汇率制度、经济情况与货币危机进行系统分析。我们先分析人民币汇率制度与货币危机的关系。

2.3.1　人民币汇率制度变迁①

自 1949 年 1 月 18 日中国人民银行天津分行首次公布人民币对其他国家货币的汇率以来，人民币对其他国家货币汇率至今已经走过了 60 多年的历程。纵观整个历程，我们可以把人民币汇率制度变迁大致分为四个历史阶段，即计划经济时期的人民币汇率制度（1949—1978 年）；经济转轨时期的人民币汇率制度（1979—1993 年）、社会主义市场经济时期的人民币汇率制度（1994—2004 年）、市场经济进一步完善时期的人民币汇率制度（2005 年至今）。

一、计划经济时期的人民币汇率制度（1949—1978 年）

1949—1978 年是我国严格按照计划经济制度运行的时期。在这一时期，人民币汇率制度又可以具体分为三个不同的阶段：一是国民经济恢复时期（1949—1952 年）；二是社会主义建设时期至 1967 年底（1953—1967 年），三是人民币对外计价结算到西方货币实行浮动时期（1968—1978 年）。

（1）国民经济恢复时期（1949—1952 年）。这一阶段，人民币汇率的制定，基本上与物价挂钩，由于当时对外贸易主要为私营，为了使私商有

---

①　有关人民币汇率制度变迁部分参考吴念鲁、陈全庚：《人民币汇率研究》，中国金融出版社 2002 年版。

一定的盈利以及有利于侨汇，人民币汇率的变动对进出口和侨汇起积极的调节作用。

（2）社会主义建设时期（1953—1967 年）。这一阶段，我国对工商业的社会主义改造已经完成，对外贸易由外贸部所属的贸易公司按照计划，统一经营、统负盈亏，不需要用汇率调节进出口。人民币汇率需要保持稳定，主要用于内部核算计划编制，人民币汇率与物价基本脱钩。

（3）人民币对外计价结算到西方货币实行浮动时期（1968—1978年）。这一阶段，由于 1967 年 11 月英镑大幅度贬值以及 1972 年主要西方国家货币纷纷实行浮动汇率，我国为了避免汇率风险，人民币实行对外计价结算，并确定若干西方货币为"货币篮子"，按其重要程度和政策需要，确定权重，根据这些货币在国际市场上的升降幅度，加权计算出人民币汇率。这一时期，人民币汇率基本上稳定在各国汇率的中间偏上水平。

二、经济转轨时期的人民币汇率制度（1979—1993 年）

这一时期人民币汇率制度的演进可划分为两个阶段：一是人民币内部结算价与官方汇率双重汇率并存（1981—1984 年）；二是取消内部结算价，进入官方汇率与外汇调剂市场汇率并存时期（1985—1993 年）。

（1）人民币内部结算价与官方汇率双重汇率并存（1981—1984 年）。这一阶段，为了配合外贸体制改革，发展进出口贸易，解决人民币汇率水平相对非贸易偏低、相对贸易偏高的问题，人民币汇率实行了用于贸易的内部结算价和用于非贸易的公开官方牌价的双重汇率制度。

（2）取消内部结算价，进入官方汇率与外汇调剂市场汇率并存时期（1985—1993 年）。这一阶段，鉴于内部结算价虽然对促进外贸出口有一定的积极作用，但由于两种汇率在使用范围上出现了混乱，造成对外经济交往中的被动，并且由于国内物价上涨，内部结算价没有相应调整，外贸亏损扩大，财政补贴增加，从 1985 年起取消内部结算价，恢复了对外单一牌价。为了使人民币汇率适应物价变化和外贸出口换汇成本的变化，在1985—1990 年间，人民币对美元汇率作了几次大幅度调整。为了配合外贸改革，推行承包制，逐步取消财政补贴，从 1988 年起增加了外汇留成比例，普遍设立外汇调剂中心，放开外汇调剂市场汇率，形成官方汇率和调剂市场汇率并存的局面。为了避免官方汇率大幅度下调对企业产生不利的影响，从1991年4月9日起，人民币官方汇率的调整从以前的大幅度、一次性方式转为逐步微调的方式，而让市场汇率随着市场外汇供求状况浮动，解决出口亏损问题。

三、社会主义市场经济时期的人民币汇率制度（1994—2005年）

1994年1月1日，人民币官方汇率与外汇调剂市场汇率并轨，实行银行结售汇，建立统一的银行间外汇市场，实行以市场供求为基础的单一汇率。这次汇率制度的改革，将所有外汇都纳入市场轨道，人民币汇率基本上由市场供求决定，中国人民银行只是根据银行间外汇市场交易情况公布汇率，规定银行间市场汇率浮动幅度以及银行结售汇市场的浮动幅度，并通过中央银行外汇公开市场操作，对人民币汇率实行有管理的浮动。

四、市场经济进一步完善时期的人民币汇率制度（2005年至今）

从2002年末以来，日本等少数国家开始在国际社会上散布"中国输出通货紧缩论"。2003年，这种论调进一步升级为要求人民币升值的呼声。到2005年前后，日本、美国、欧盟等主要发达国家或基于国内经济的需要，或迫于国内政治的压力，要求中国改变汇率制度或强迫人民币升值。自2005年7月21日起，我国开始实行以市场供求为基础、参考一篮子货币进行调节、有管理的浮动汇率制度。根据对汇率合理均衡水平的测算，人民币对美元升值2%至1美元兑8.11元人民币，同时对美元每天浮动范围限制在上一交易日收盘价的上下3‰之内，对非美元则在1.5%的范围内浮动。然而，人民币汇率政策调整，是出于对未来的发展道路的高瞻远瞩，是主动的调整。之所以选择这个时机来改革汇率机制，是由于中国经济持续高速增长、对外开放度提高，以及人民币升值预期强化等导致外汇储备快速增加，外汇占款不断提高，中央银行不得不大规模发行票据对冲，提高了宏观经济调控成本，使得盯住美元的汇率制度的成本上升。近年来，我国经济增长、固定资产投资、进出口等保持高速态势，物价涨幅等则持续下滑，为汇率机制改革提供了稳定的经济环境；而美元持续反弹，欧元和日元回软也为改变盯住美元汇率制度创造了良机。

2.3.2 均衡汇率与人民币汇率失调

近几年来，人民币汇率问题一直成为理论界和政府当局讨论的热点问题。东南亚金融危机时期，当其他东亚国家货币纷纷贬值时，国内外投资者纷纷认为人民币高估了，应该贬值，由此人民币是否应该贬值成为国内外投资者和理论界讨论的焦点话题。而近年来，随着中国经济"双顺差"和外汇储备不断激增，人民币是否应该升值则成为焦点话题。以美国为首的各国政府认为人民币严重低估，应该升值。国际上要求人民币升值的呼声不断。2005 年 7 月 21 日，我国进行了人民币汇率形成机制改革，将人民币升值约 2%，暂时缓解了人民币升值的压力，但是随着中国经济的发展，特别是我国贸易净出口不断加大和资本的不断流入，人民币升值的压力会越来越大。

人民币汇率是高估还是低估了呢？判断一国货币是高估还是低估，涉及一国货币汇率参照系的问题。这个参照系就是均衡汇率。将本国实际有效汇率与均衡汇率进行比较才能够判断一国货币是高估还是低估，即汇率失调问题。因此，对于均衡汇率的研究就是相当重要的了。

国内外的一些学者结合中国不同时期的实际情况对人民币均衡汇率进行了研究。其中，金中夏（1995）根据 Edwards 跨时期一般均衡优化模型，并结合中国的实际情况建立了模型，讨论了 1970—1993 年人民币均衡汇率的决定情况。Chou 和 Shin（1998）根据购买力平价利用 1978—1994 年的季度数据计算人民币均衡汇率。张晓朴（1999）利用 Elbadawi 有关发展中国家均衡汇率理论，采用行为均衡汇率模型，在一般均衡框架下建立简约单一方程来估计 1978—1999 年人民币均衡汇率。张志超（2001）以 Montiel 的理论为基础，使用行为均衡汇率模型，选取了 1952—1997 年的年度数据，对人民币实际均衡汇率进行研究。林伯强（2002）根据 Edwards 发展中国家模型，结合中国的实际情况，对 1955—2001 年人民币均衡汇率进行研究。张斌（2003）根据 Elbadawi 发展中国家均衡汇率决定的思想构造人民币均衡汇率模型，利用 1992—2002 年的季度数据对人民币均衡汇率进行分析。

综合考虑这些文献，我们发现，（1）有些文献选择名义变量作为长期人民币均衡汇率的基本面变量，其有效性值得商榷，如张晓朴（1999）选择广义货币供给量、张斌（2003）选择世界出口品价格水平。这些名义变量短期内可能影响汇率走势，但是正如超调模型（Dornbusch，1976）所示的在长期内不影响实际汇率。（2）有些文献将样本的开始时期放在改革开放之前，如金中夏（1995）、张志超（2001）、林伯强（2002）。由于计划经济的原因，我们认为1980年以前的数据从根本上讲是政府对经济进行计划的工具，不能真正地反映市场供求情况，利用这些数据对人民币进行测算也就不能反映人民币汇率的真实情况。（3）这些文献都没有考虑我国二元经济的特点。二元经济在发展中国家特别是中国是非常严重的，它对于描述内外均衡和实际汇率具有很重要的作用。农业中存在着大量劳动力或者劳动力供给弹性很大，不仅将非贸易品的价格压得很低，也压低了贸易品的国内价格，使得贸易品部门的生产率提高并没有在国内价格的提高上完全体现出来，这将导致巴拉萨—萨缪尔森效应在中国很难成立，从而会使人民币均衡汇率的决定因素中多了一个"不升值的惰性"（雷达、刘元春，2006）。而不升值的惰性将导致均衡汇率偏低，错误地加剧人民币汇率失调的程度。

因此，本节在综合以前文献的基础上，充分考虑我国经济发展的实际情况，将二元经济变量引入均衡汇率模型，旨在对人民币均衡汇率以及人民币是否失衡给予更为合适的测算。

一、模型设定和变量选择

根据 Elbadawi 发展中国家模型，结合我国的实际情况，在这里，我们把均衡汇率定义为同时满足内部均衡和外部均衡的汇率水平，其中内部均衡定义为国内非贸易品市场均衡，外部均衡定义为中长期自主性国际收支均衡。

模型设定从国内吸收开始：

$$A = EXP_G + EXP_P \tag{2.39}$$

其中，A 表示国内吸收，EXP_P 是私人部门国内支出，EXP_G 是政府（公共部门）的支出。假设政府支出是一个政策变量，并且由 $GDP(y)$ 的一个固定比例给定：

$$EXP_G = gy \tag{2.40}$$

所以，

$$A = EXP_P + gy \tag{2.41}$$

进一步假定政府在非贸易品方面的支出 EXP_{GN} 由总支出（EXP_G）的

一个固定比例给定：

$$EXP_{GN} = g_N gy \qquad (2.42)$$

另一方面，私人部门的非贸易品消费占私人部门总消费的比例（EXP_{PN}/EXP_P）是由系统内生的，是本国贸易品部门相对国外技术进步（α）、实际汇率（E）和二元经济变量（K）的函数：

$$EXP_{PN} = \mathrm{d}p_n(\alpha, E, K) \times EXP_P = \mathrm{d}p_n(\alpha, E, K)(A - gy) \quad (2.43)$$

$$\frac{\partial \mathrm{d}p_n}{\partial \alpha} < 0, \qquad \frac{\partial \mathrm{d}p_n}{\partial E} < 0, \qquad \frac{\partial \mathrm{d}p_n}{\partial K} < 0$$

本国商品相对价格下降（E 上升）会激励更多资源流向贸易品部门，所以有 $\frac{\partial \mathrm{d}p_n}{\partial E} < 0$，贸易品部门相对更快的技术进步（$\alpha$ 上升）会导致更多的资源流入贸易品部门，因此有 $\frac{\partial \mathrm{d}p_n}{\partial \alpha} < 0$，在这里，我们用制造业工人工资与农业工人工资的比值表示 K，因此，当 K 上升，即制造业工人工资水平相对农业工人工资水平上升时，资源就会流入贸易品部门，所以有 $\frac{\partial \mathrm{d}p_n}{\partial K} < 0$。

非贸易品需求为：

$$EXP_N = EXP_{PN} + EXP_{GN} = \mathrm{d}p_N(\alpha, E, K)(A - gy) + g_N gy \quad (2.44)$$

非贸易品供给为：

$$s_N = s_N(\alpha, E, K)y \qquad (2.45)$$

非贸易品市场均衡：

$$s_N(\alpha, E, K) = \mathrm{d}p_N(\alpha, E, K)\left(\frac{A}{y} - g\right) + g_N g \qquad (2.46)$$

考虑到我国资本项目管制的实际情况，我们认为外部均衡的方程为

$$f^* = tb + fdi + r^* f = 0 \qquad (2.47)$$

其中，f^* 表示国外资本增量，f 为国外资本存量，tb 为贸易余额，fdi 为国际直接投资，r^* 为国外资产收益率。在这里，由于我国资本项目的管制，国外利率变化对中长期人民币均衡汇率的影响相对比较小，因此在下文的实证分析中我们将会去掉国外资产收益率对国外资产增量的影响。同时，我们忽略了以本币标价的国外资产利润汇出。

tb 是贸易条件（tot）和开放度（open）的函数。

$$tb = tb(tot, open) \qquad (2.48)$$

又因为 $tb = y - A$ $\qquad (2.49)$

将（2.49）代入（2.47）可以得到：

$$f^* = y - A + fdi + r^*f = 0 \qquad (2.50)$$

将（2.50）两边除以 y 并移项，可以得到：

$$\frac{A}{y} = 1 + \frac{fdi}{y} + \frac{r^*f}{y} \qquad (2.51)$$

将（2.50）代入（2.47）式可以得到：

$$s_N(\alpha, E, K) = \mathrm{d}p_N(\alpha, E, K)\left(1 + \frac{fdi}{y} + \frac{r^*f}{y} - g\right) + g_N g \qquad (2.52)$$

综合以上方程就可以求出当作为内部均衡的非贸易品市场均衡和外部均衡同时实现的实际汇率水平：

$$Q = Q\left(\underset{-}{\alpha}, \underset{-}{K}, \underset{+}{tot}, \underset{+}{open}, \underset{+}{fdi}, \underset{+}{g_n}\right)$$

二、估计与检验

（一）数据说明与检验

（1）数据说明

上面模型分析表明，人民币均衡汇率是由包括 α 在内的众多变量共同决定的。下面我们就对各变量的意义及数据来源作一简单说明。

人民币实际有效汇率（lreer）：实际有效汇率的计算一般都是采用双边贸易模型来加以计算的，这其中都要涉及贸易权重、价格指数和双边汇率的问题。对于人民币实际有效汇率的测算，我们根据我国进出口的实际情况，选取了美国、日本、香港、台湾、德国、韩国、新加坡、印度和澳大利亚 9 个国家和地区，以其 2005 年对我国的进出口额求得贸易权数。物价指数由我国的消费物价指数与 9 个国家和地区经贸易加权的消费价格指数之比加以确定。而人民币对其他样本国货币汇率根据 IMF 的《国际统计年鉴》各期所公布的样本国货币汇率，以 1995 年为基期通过美元套算出来的。由于 1980—2004 年我国经历了多次汇率制度改革，人民币汇率 1980 年选取官方汇率，1981—1984 年选取内部结算价，1985—1986 年选择官方汇率，1987—1993 年选取官方汇率和调剂汇率的加权平均值（其中权重根据 Khor（1994）估算的 1987—1990 年调剂汇率的权重为 0.44，1991—1993 年调剂汇率的权重为 0.8），1994 年以后采用官方汇率。

贸易品部门相对劳动生产率（LA）：这里用中国不变价格 GDP 和就业人数的比率除以美国的不变价格 GDP 和就业人数的比率表示。贸易品部门劳动生产率提高，将引发 Balassa-Samulson 效应，导致贸易品价格上涨速度慢于非贸易品价格上涨速度，从而使得作为贸易品和非贸易品相对价格的实际汇率升值。

二元经济变量（LK）：在这里，我们用不变价格城镇家庭人均可支配收入除以不变价格农村家庭人均纯收入作为二元经济 K 的代理变量。随着 K 的不断增大，城乡收入差距扩大，从而导致资源更多流入贸易品部门，贸易品价格相对降低，实际汇率贬值。

贸易条件（LTOT）：我们用出口价格指数与进口价格指数的比值作为贸易条件的代理变量。一般来说，随着一国贸易条件的改善，经常项目收支也将随之改善，这时均衡汇率升值才能维持经常项目平衡的可持续性。反之，则均衡汇率贬值。

开放度（LOPEN）：用不变价格进出口总额除以不变价格的 GDP 作为开放度的代理变量。理论上，发展中国家在对外开放的过程中，需要大量进口先进的设备和技术，伴随着国民对外产品的大量需求，在其他条件一定的情况下，这会使得开放的过程中伴随着均衡汇率的贬值。

政府支出占 GDP 的比重（LGEXP）：由于政府支出大多用于非贸易品上，政府支出水平的上升会导致贸易品价格的上升，使实际汇率升值，因此政府支出占 GDP 的比重对均衡汇率的影响是正向的。

FDI 占 GDP 的比重（LFDI）：在其他条件不变的情况下，一国 fdi 的增加将导致本国资本账户盈余，从而推动该国汇率升值，FDI 的流入与均衡汇率成正相关。

本研究的样本区间为 1980—2004 年的年度数据。以上变量均以对数的形式加以表示。人民币实际有效汇率以及所有的价格指数都是以 1995 年为基期计算的。国外及香港、台湾地区的相关数据来源于亚洲开发银行网站和 IMF 的《国际金融统计》，我国的相关数据来源于历年《统计年鉴》和中经网数据。

（2）变量检验

在进行协整分析之前，首先应该对上述变量运用单位根检验来判断数据是否是平稳序列。进行单位根检验的主要工具是 ADF 检验。表 2-3 给出了各变量的单位根检验结果，可以看出各变量序列存在着单位根。而它们的一阶差分都在 1% 的显著水平下拒绝了单位根假设，表明各变量都是 I(1)序列。这为后面协整检验提供了良好的基础。

表 2-3　变量的单位根检验

变　量	水平检验结果			一阶差分检验结果			临界水平	
	检验形式(C, T, L)	ADF统计	P 值	检验形式(C, T, L)	ADF统计	P 值	1%临界值	5%临界值
LREER	(0, 0, 0)	-1.21	0.20	(0, 0, 0)	-3.28	0.00	-2.67	-1.96
LA	(1, 1, 1)	-2.76	0.23	(1, 0, 0)	-3.70	0.01*	-3.75	-2.99
LK	(1, 1, 0)	-2.69	0.25	(0, 0, 0)	-8.22	0.00	-2.67	-1.95
LFDI	(1, 0, 2)	-2.34	0.17	(1, 0, 1)	-3.22	0.03*	-3.77	-3.00
LGEXP	(0, 0, 1)	-0.38	0.54	(0, 0, 0)	-2.50	0.01*	-2.67	-1.95
LOPEN	(1, 1, 0)	-2.38	0.38	(0, 0, 0)	-3.88	0.00	-2.67	-1.96
LTOT	(1, 1, 0)	-2.12	0.51	(0, 0, 0)	-4.52	0.00	-2.67	-1.96

注：检验形式（C, T, L）分别代表截距、时间趋势和滞后阶数。滞后阶数是按照最小 AIC 准则并结合渐进 t 检验予以确定的。其中，* 表示在 5% 的显著水平下成立。

（二）模型估计

对模型进行协整检验的方法主要是 Johansen 协整检验和 Engle-Granger 两步法。由于数据是年度数据，因此利用 Engle-Granger 两步法进行协整检验的效果会更好（张晓朴，1999）。首先对所有变量进行静态回归，结果如表 2-4 所示。

表 2-4　模型估计结果

Variable	Coefficient	Std. Error	t - Statistic	Prob.
LFDI	-0.075317	0.076441	-0.985299	0.3375
LA	0.563404	0.276493	2.037680	0.0566
LGEXP	0.387682	0.185348	2.091644	0.0509

续表

Variable	Coefficient	Std. Error	t – Statistic	Prob.
LK	− 0.039768	0.120810	− 0.329177	0.7458
LOPEN	− 0.186312	0.166095	− 1.121719	0.2767
LTOT	1.796033	0.463862	3.871909	0.0011
C	− 1.047154	1.973702	− 0.530554	0.6022
R-squared	0.9196	Mean dependent var	4.846942	
Adjusted R-squared	0.892777	S. D. dependent var	0.252415	
S. E. of regression	0.082653	AIC	− 1.916832	
Sum squared resid	0.122968	SC	− 1.575547	
Log likelihood	30.96040	F – statistic	34.30531	
D—W	0.996620	Prob（F – statistic）	0.000000	

从表2-4中可以看出，LOPEN、LK、LFDI、LA、C的t检验值都很小，而且其Prod值均超过了0.05，必须进行调整，重新回归。

考虑到fdi，作为短期经济力量在人民币均衡汇率中可能会起到很大作用，但是其对长期人民币均衡汇率并不起关键作用，所以我们去掉LFDI，同时考虑到政府支出可能存在着滞后效果，我们将政府支出滞后一期，然后对各变量重新进行回归，结果如表2-5所示。

此时，（除常数项外）各变量都较为显著，模型的显著性也很强。我们采用Q统计量检验，所有的Q值都小于5%显著水平的临界值，表明模型不存在自相关，而偏相关检验以及判定系数法也表明模型不存在多重共线性。

表2-5　模型估计结果（2）

Variable	Coefficient	Std. Error	t – Statistic	Prob.
2.117466	0.320952	6.597462	0.0000	
LOPEN	− 0.537577	0.099845	− 5.384098	0.0000
LK	− 0.336342	0.092664	− 3.629702	0.0019
LGEXP（−1）	0.634356	0.066551	9.531902	0.0000
LA	0.761460	0.099332	7.665811	0.0000
C	− 2.130192	1.355586	− 1.571418	0.1335

Variable	Coefficient	Std. Error	t – Statistic	Prob.
R – squared	0.958285	MD var	4.831756	
Adjusted R-squared	0.946697	S. DD var	0.245902	
S. E. of regression	0.056772	AIC	– 2.687214	
Sum squared resid	0.058016	SC	– 2.392701	
Log likelihood	38.24657	F – statistic	82.69921	
Durbin – Watson stat	1.751929	Prob（F）	0.000000	

对静态回归的残差做单位根检验，结果如表 2-6。从表 2-6 中可以看出，无论是 ADF 值还是 PP 值，都远大于 1% 的显著水平下的临界值，即残差是平稳序列，不存在单位根。因此 LREER、LA、LTOT、LOPEN、LGEXP、LK 确实存在着协整关系。

表 2-6　残差单位根检验

ADF 统计量	– 5.2135	1% 显著水平	– 2.6743
		5% 显著水平	– 1.9572
		10% 显著水平	– 1.6082
PP 统计量	– 5.6827	1% 显著水平	– 2.6694
		5% 显著水平	– 1.9564
		10% 显著水平	– 1.6085

三、计量结果分析

（一）人民币均衡汇率的决定因素分析

我们的计量结果给出的协整方程为：

$$LREER = -2.13 + 2.12LTOT - 0.54LOPEN - 0.34LK$$
$$+ 0.63LGEXP(-1) + 0.76LA \qquad (2.53)$$

从上面的人民币均衡汇率模型可以看出，各变量的符号和理论预期是完全一致的。其中劳动生产率、贸易条件和政府支出与人民币均衡汇率成正向相关。劳动生产率每增加 1%，人民币均衡汇率就会上升 0.76 个百分点；贸易条件的改善、滞后一期的政府多支出 1 个百分点，分别推动人民币均衡汇率上升 2.12% 和 0.63%。张晓朴（2001）也得出了类似的结论。

而开放度和代表二元经济变量的城乡差别与人民币均衡汇率呈反向相关。随着我国开放程度的不断加大、城乡差别的不断扩大会导致人民币均衡汇率下降。开放程度和城乡差别每增加1%，人民币均衡汇率会分别下降0.54%和0.34%。

（二）人民币当前失调的状况及其原因分析

根据麦金农（1999）行为均衡汇率理论，可以把汇率的失调分为当前失调（Current Misalignment）和总的失调（Total Misalignment）。当前失调是指实际有效汇率与当前均衡汇率之差，由于实际有效汇率是由中长期影响汇率的基本经济因素以及短期、临时性因素决定的，而当前均衡汇率是由中长期影响汇率的基本经济因素决定的。所以，当前失调测度的是短期、临时性因素对汇率的影响。

我们将各个基本面变量的实际值代入协整方程就可以得到人民币的当前均衡汇率。图2-8和图2-9给出了人民币实际有效汇率和当前均衡汇率的时序图，两者之间的差距代表了人民币汇率的当前失调程度，

$$人民币汇率当前失调 = \frac{实际有效汇率 - 当前均衡汇率}{当前均衡汇率} \times 100\%$$

实际有效汇率用LREER表示，当前均衡汇率用LREERT表示。

从图2-8和图2-9中可以看出，在短期内，人民币汇率在1982年、1986年、1988—1989年、1998年和2003年出现了小幅高估，其中1990年最高达到7.75%。其余时间存在着一定程度的低估，1980年低估程度最大，达到31.6%。特别是从1999年以来，人民币存在着一定程度的低估。除2003年以外，累计低估为13.56%。

人民币汇率短期内失调，由于更多的受短期、临时性因素影响，我们重点分析1999年以后的情况。1999年人民币汇率低估的主要原因在于亚洲金融危机过后受冲击国货币对美元汇率快速恢复性上涨，使得人民币实际有效汇率上升速度慢于均衡汇率。2000—2002年的低估除了受美元走弱的影响、中国经济增长加快、通货膨胀势头再现、国外净资产快速增加等短期原因外，国际上要求人民币升值的压力也起到了推波助澜的作用。而2004年的升值压力则主要来自于市场方面，来自于国内外各微观经济主体的预期及在预期指导下的行为：2004年国际市场上人民币兑美元一年期无

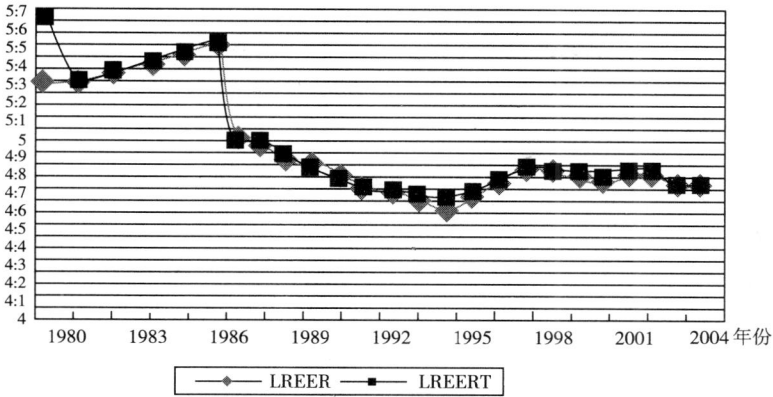

图2-8 人民币实际有效汇率和当前均衡汇率

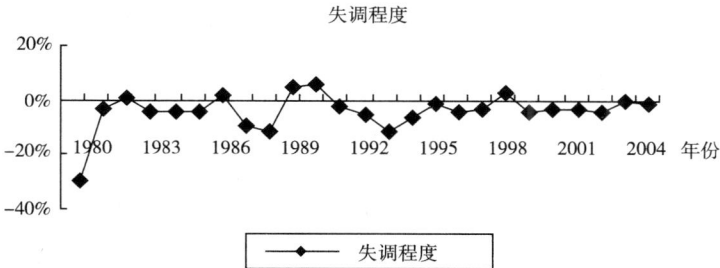

图2-9 人民币汇率短期失调程度

交割远期汇率贴水一直维持在4000点左右，相当于1美元兑换7.9元多人民币。在这种预期的引导下，国内外居民外汇存款不断减少，国外热钱持续流入，官方干预的压力持续存在，外汇储备快速增长。在短期内，人民币汇率存在着升值的压力。

（三）人民币长期失调的状况及其原因分析

人民币当前失调只是测度了短期、暂时性因素导致的人民币的失衡情况。由于因素的短期、暂时性，这种失衡并不能代表人民币汇率的长期走势。为了反映均衡汇率决定中基本面变量持久性的而非暂时性的影响，我们使用 Hodrick-Prescott 滤波法来提取基本面变量的长期均衡值，并将其代入协整方程中，得到长期均衡汇率值，把计算得来的长期均衡汇率（lreerf）与实际有效汇率进行比较得出人民币汇率长期失调程度，具体如

图 2-10、图 2-11 所示。

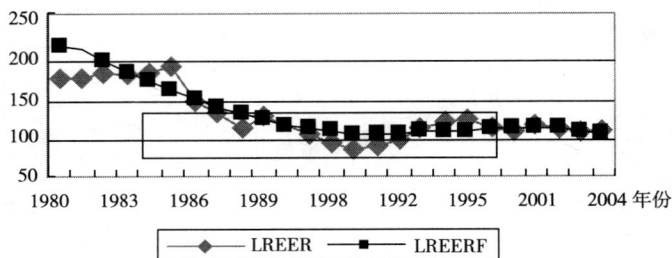

图 2-10　人民币实际有效汇率与长期均衡汇率

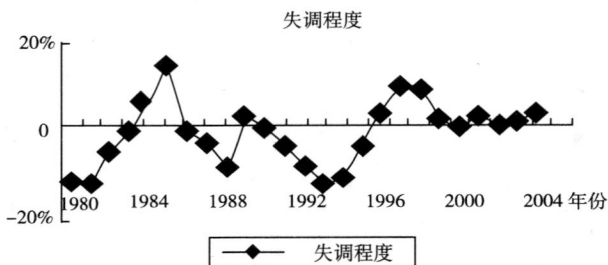

图 2-11　人民币汇率失调程度

（1）人民币汇率低估

第一次汇率低估是在 1980—1983 年。这次低估持续时间较长，程度较为严重，1980 年低估 18.37%，1981 年低估 18.82%，1982 年、1983 年略有回升，分别低估 8.4% 和 2.18%。其中，1980 年低估的原因是家庭联产承包责任制的实行，使得农民收入增加，导致作为二元经济变量的 K 值降低，城乡收入差距减小，从而使得资源相对流入非贸易品部门，推动着均衡汇率的升值；而 1981 年、1982 年、1983 年低估的原因是自从 1981 年起，外贸内部结算价格的实行使得农副土特产品盈利增大，议价范围扩大，换汇成本不断提高，出口受阻，导致开放度从 1980 年的 120.78 降低到 1983 年的 112.93，从而推动着人民币均衡汇率的升值。

第二次低估是在 1986—1988 年。1986 年低估 1.53%，1987 年低估 5.88%，1988 年低估 13.05%。低估的原因是这期间人民币官方汇率下调（1986 年 7 月，人民币兑美元汇率从 3.2 贬值到 3.7）以及 1988 年放开了调剂市场汇率，这些因素导致人民币实际汇率从 1985 年的 196.1 贬值到 1988 年的 115.6，虽然同期人民币均衡汇率也从 1985 年的 164.8 贬值到 1988 年的 133，但是贬值幅度小于实际汇率。

第三次低估发生在 1990—1995 年。此次低估持续时间长、幅度大。其中 1990—1992 年，人民币实际有效汇率和均衡汇率都是贬值的，但是实际有效汇率贬值 19.07% 远远大于均衡汇率贬值的 7.06%。主要原因是 1989 年 12 月、1990 年 11 月为了治理、整顿经济，我国大幅度调低人民币汇率（1989 年人民币贬值 21.2%，而 1990 年贬值 9.57%）。1993 年低估程度最大，达到了 19.07%。这次的低估主要是因为比人民币官方汇率低很多的调剂市场汇率在人民币实际有效汇率中所占的比重越来越大。1994 年和 1995 年略有回升，低估分别为 17.30% 和 6.98%。1994 年和 1995 年汇率低估的原因是 1994 年的税制改革将平均出口退税率从 1993 年的 11.2% 提高到接近 17%，这种突然的贸易政策改变导致我国开放度从 1993 年的 35.67% 一下子上升到 48.77%，从而促使人民币均衡汇率升值。同时，代表中国二元经济的城乡差距（k）从 1993 年的 1.64 减少到 1.52，表明城乡收入差距减少，也推动了人民币均衡汇率的升值。

（2）人民币汇率高估

第一次高估是在 1984—1985 年。其中，1984 年高估 8.02%，1985 年高估 19.03%，高估的原因是在这段时间我国的对外开放度迅速提高，从 1984 年的 17.23% 上升到 1985 年的 23.97%，从而导致人民币均衡汇率从 1984 年的 177.46 贬值到 1985 年的 164.75。虽然同期实际汇率也从 191.70 贬值到 196.10，但实际汇率的贬值幅度小于均衡汇率的贬值幅度。

第二次高估是在 1989 年。这一年人民币汇率略有高估，为 3.2%。这次高估的主要原因是当年我国出口增长速度从 1988 年的 20% 降低到 10%，使得开放度从 1988 年的 27.18% 降低到 26.24%，从而导致人民币均衡汇率贬值 6 个百分点。而同时由于通货膨胀原因人民币实际汇率升值约 11.63%，这样就使得人民币汇率出现高估。

第三次高估是 1996—1999 年。这次高估持续的时间比较长。其中幅度最大的是在 1997 年，高达 11.99%。造成 1996 年以后汇率高估的原因是 1994 年、1995 两年我国高通货膨胀率使得人民币实际汇率出现快速升值，达 12.92%，虽然这个时期由于城乡差别缩小以及政府支出的增加导致人民币均衡汇率也上升了，但是仅升值 0.8%，远远低于实际汇率升值的幅度。1997 年亚洲金融危机爆发，在此期间，除香港地区外，我国主要贸易伙伴的货币对美元都出现了较大程度的贬值（日元贬值约 30%、韩元贬值超过 50%，新台币贬值约为 25%）。但是，我国人民币名义汇率坚持不贬值，导致人民币实际有效汇率迅速升值，造成了人民币高估。1998 年，东南亚金融危机的影响进一步深入，但是由于物价水平的负增长导致人民币实际汇率并没有进一步升值，人民币高估幅度和 1997 年差不多。1999 年物价水平进一步降低，与此同时东亚各国货币对外价值趋于稳定，使得人民币高估情况得到了缓解，仅为 1.58%。

第四次高估是在 2001—2004 年。这次高估历时的时间虽然比较长（还有延续的可能），但是幅度比较小。2001 年高估 3.23%，2002 年高估 0.14%，2003 年略有回升，高估 1.42%，2004 年高估达到 3.74%。按照本模型估算的均衡汇率，人民币实际有效汇率从 2001 年开始是高估的，而不是很多文献所认为的低估。这一结果不仅与其他均衡汇率模型计量结果背道而驰，而且与一般经济理论"不一致"。造成高估和产生差异的原因在于城乡差距的扩大、贸易条件的恶化。这些与我国"二元经济"结构相关的变量近几年的大幅度变化对我国经济状况和经济运行机制产生了具有实质性的冲击作用，导致长期的内外部均衡状态发生了巨大变化，进而使得人民币均衡汇率下降 7.69%，高于实际有效汇率下降 7.24% 的幅度。如图 2-12 和图 2-13 所示，代表城乡差异的 k 值 1997 年以来持续上升，特别是 2001 年以来，差距越来越大。2000 年只有 1.69，而到了 2004 年上升到 1.84，这表明我国城乡居民可支配收入差距不断加大，代表城镇居民收入的制造业工人工资水平超过代表农村居民收入的农业工人工资水平，使得资源流向贸易品部门，从而导致贸易品部门价格水平的降低，均衡汇率水平降低。而贸易条件也从 1997 年以来持续恶化，1997 年我国的贸易条件为 104.96，到 2004 年已经恶化到 86.29。所有这些因素共同造成了 2001 年以来我国人民币汇率的高估。

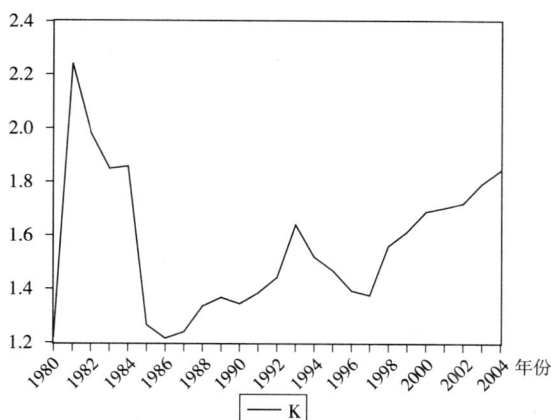

**图 2-12　制造业工人工资水平与农业
工人工资水平之比**

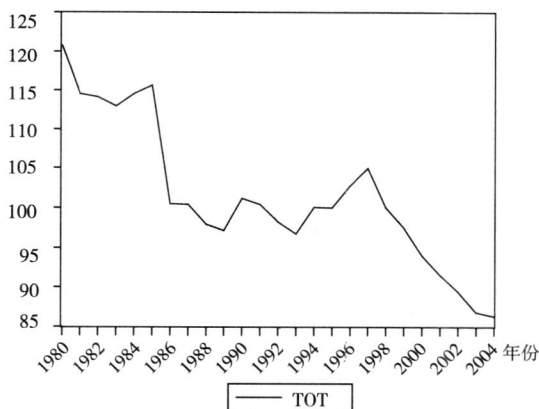

图 2-13　贸易条件

2.4　中国经济的内外失衡情况分析

从前面的分析中，我们可以看出一国货币危机爆发的根本原因在于该国经济内外失衡，而这种失衡外在表现为该国货币失衡。在当前的国际货币体系下，一国货币失衡达到一定程度容易为外部投机冲击而引发货币危机。因此，探究一国内外经济情况，并探视该国货币是否失衡，成为判断货币危机是否爆发的一个标准。

在前几节对货币危机理论分析的基础上，以下章节我们将以分析中国内外失衡为起点，考察人民币失调程度，并以中国的实际数据对中国内外失衡与货币危机的关系进行实证分析。下面先分析中国内外经济失衡情况。

2.4.1 中国经济内部失衡的现状

当前我国经济表面上看，发展势头良好，高增长、低通胀，但是我国经济内部存在严重的内外失衡。就内部失衡而言，我国经济既有总量方面的失衡也有结构方面的失衡，具体表现为储蓄率过高、消费不足、投资效率低下、失业率上升以及局部经济过热的同时，部分年份物价水平持续走低。具体如表2-7所示。

表2-7 1994—2004年我国内部失衡的主要指标

年　份	储蓄率（%）	投资率（%）	消费率（%）	居民消费价格指数	城镇登记失业率（%）
1994	42.7	41.3	57.4	124.1	2.8
1995	42.5	40.8	57.5	117.1	2.9
1996	41.4	39.3	58.5	108.3	3.0
1997	41.8	38.0	58.2	102.8	3.1
1998	41.3	37.4	58.7	99.2	3.1
1999	39.8	37.1	60.1	98.6	3.1
2000	38.9	36.4	61.1	100.4	3.1
2001	40.2	38.0	59.8	100.7	3.6
2002	41.8	39.2	58.2	99.2	4.0
2003	44.6	42.4	55.4	101.2	4.3
2004	47.1	44.2	53.0	103.3	4.2

注：其中的居民消费价格指数上年＝100。

资料来源：历年《中国统计年鉴》及其中经网数据库。

从表2-7中我们可以看出，从1994年到2004年，我国持续着很高的国民储蓄率，这与其他任何类型的国家相比都是很高的。以2003年为例，2003年我国国民储蓄率为44.6%，而低收入国家的国民储蓄率平均为20.3%，中等收入国家为30.4%，高中收入国家为23.9%。①

高的国民储蓄也反映了高私人储蓄和公共储蓄。但作为高家庭储蓄的结果，私人消费水平一直比较低。2004年，我国私人消费率为53%，比1994年的57%少了4个百分点。私人消费降低的份额被用来为国内投资融资，2004年我国的投资率较1994年上升了将近3个百分点。

较低的私人消费，使得物价水平持续降低。特别是从1997年东南亚金融危机以来，我国居民消费物价指数持续负增长，最严重的1999年曾达到-1.4%，一直到2003年才走出通货紧缩的阴影。但物价仍在低位徘徊。

同时，作为内部失衡的一个重要表现是1994年以来，我国的国民储蓄率一直高于投资率，十年来我国的净储蓄平均为2.8%，这表明了我国的储蓄并没有很好地转化为投资，从另一个侧面则反映了我国投资效率低下。居民消费力低下加上企业投资效率低下共同造成了我国城镇失业人数的不断增加。2004年，我国城镇失业率达到4.2%，比1994年的2.8%增加了1.4个百分点。

失业人数的增加又使得本来就较低的消费水平变得更低，为了拉动经济增长，不得不依靠出口拉动，从而使得我国外贸依存度已超过80%，这一方面造成了我国经济的外部失衡，另一方面又表明我国经济与世界经济联系得更加紧密，抗风险能力降低，任何国际风吹草动都会影响我国经济。

从表2-7中我们可以发现，相对于投资率而言，过高的储蓄率是内部失衡之源。因为储蓄大于投资的现状首先导致居民消费水平的低下，进而导致消费需求不足，这就必然会引起非贸易品需求价格的下跌，从而带动物价总体水平的下降，致使我国物价水平持续降低，甚至出现负增长。物价水平持续降低，再加上居民消费需求不足，必然会影响企业的产品的生产，供给减少，企业生产规模缩减，从而引发裁员，失业人数开始增加，表中城镇登记的失业率1994年以来不断增长即是很好的例证。这一连串反

---

① 资料来源：*World Development Indicators*（2004），www. imf. org. cn。

应的根本点就在于储蓄过高，因此找到过高储蓄率的原因并采取解决办法是解决内部失衡，进而改善外部失衡，防范货币危机的最好办法。

2.4.2　中国经济外部失衡的现状

当前，我国不仅存在着内部失衡，外部经济也存在着失衡。这种外部失衡主要表现在近些年来持续扩大的双顺差以及由此导致的外汇储备急剧增加。具体表现如图 2-14 所示。

从图 2-14 可知，自从 1994 年汇率改革以来，除了个别年份和个别季度，我国的国际收支存在着资本项目和经常项目的逆差外，经常项目和资本项目一直保持双顺差，由此造成外汇储备急剧增加。而 2005 年我国进、出口增速均有较大幅度回落，但依旧保持了较快增长，出口总额为 7620 亿美元，增长 28.4%，较上年回落 7 个百分点；进口总额为 6601 亿美元，增长 17.6%，较上年回落 18.4 个百分点；全年累计顺差达 1019 亿美元，创历史新高。2006 年上半年，货物贸易进口 3488 亿美元，出口 4287 亿美元，同比分别增长 21% 和 25%，由此导致贸易盈余迅速上升达到 800 亿美元，而经常项目顺差也达到了 915.83 亿美元，同比增长了 36%；同时外国直接来华投资继续扩大，按照国际收支统计口径达到 373 亿美元，同比增长 42%，境外证券融资净流入增长显著，达到 156 亿美元，同比增幅达

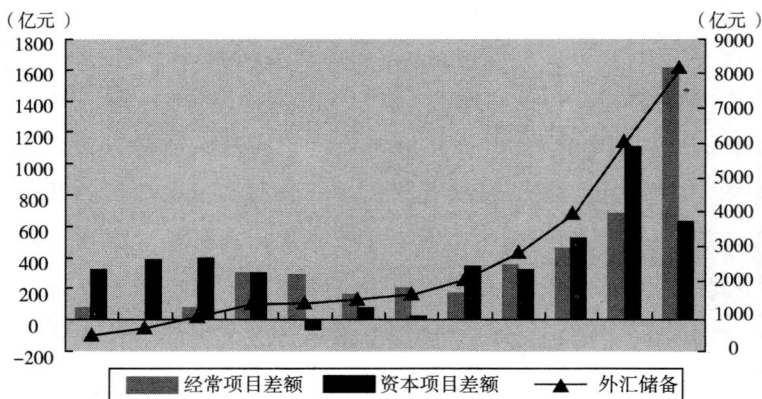

图 2-14　1994—2005 年我国外部经济失衡情况

资料来源：历年《中国统计年鉴》及其相关资料整理。

105%，由此导致资本与金融账户顺差达 389.35 亿美元，同比增长了 2%。巨额的国际收支顺差导致我国的外汇储备增长迅速，截至 2006 年底已达到 10663 亿美元。

当前我国经济外部失衡与人民币汇率制度以及我国鼓励出口的对外经济政策息息相关，但是经济的内部失衡则是造成外部失衡的主要原因。

对于外部失衡和内部失衡之间的关系，我们可以用国民经济恒等式加以分析。根据支出法，一国国内生产总值（GDP）可以表示为消费（C）、私人投资（I）、政府投资（G）和净出口（B）之和，即：

$$GDP = C + I + G + B \tag{2.54}$$

当用收入法表示时，一国 GDP 还可以表示为消费（C）、私人储蓄（S）和政府税收（T）之和，即：

$$GDP = C + S + T \tag{2.55}$$

我们将（2.54）、（2.55）两式进行合并可以得到：

$$B = S - I + T - G \tag{2.56}$$

在（2.56）式中，$S-I$ 可以看成是私人净储蓄，而 $T-G$ 可以看成是政府净储蓄，从而我们可以把（2.56）式的右边看成是国民净储蓄，那么一国净出口就等于该国私人净储蓄和政府净储蓄之和，即国民净储蓄。假定一国经济处于国际收支平衡（为方便分析，我们暂不考虑资本项目），当国民净储蓄为正时，净出口也为正，贸易收支表现为顺差；反之，当国民净储蓄为负时，净储蓄为负，贸易收支表现为逆差；当国民净储蓄为零时，净出口也为零，贸易收支平衡。

前面的分析表明，我国自 1994 年以来，一直处于贸易顺差的局面。这种贸易顺差的根源是我国内部经济的失衡，具体说就是我国国民储蓄大于投资，由于内需不足等原因，多余的储蓄在国内找不到很好的投资渠道，只能从国内流出，表现为出口增加，在进口增加不大的情况下，出口的增加必然表现为贸易顺差，这就为人民币升值提供了坚实基础。而我国经济的持续增长和人民币升值的舆论共同作用导致国际资本以各种形式流入我国，造成当前我国国际收支方面的双顺差局面，外汇储备不断增加，我国经济的外部失衡严重。

正是我国经济的内外失衡，造就了人民币汇率失调的坚实基础。这种经济的内外失衡，直接导致我国人民币实际汇率偏离人民币均衡汇率而出现失调。下一节，我们将重点讨论人民币失调问题。

2.5 中国内外失衡、人民币汇率失调与货币危机

从上面的分析中，我们看到，人民币汇率在短期内存在升值的压力，而在长期内存在贬值的诱因。总体上看，人民币汇率存在着一定程度上的失调。当一国汇率失衡达到一定程度时，在财富效应比价格效应显著、汇率的贬值恶化经常项目收支的情况下，一国非常容易爆发货币危机。本节，我们将利用中国的实际数据，来验证中国人民币汇率与经常项目收支以及财富效应和价格效应之间的关系，以此来论证人民币汇率失调与货币危机的关系。

2.5.1 人民币实际汇率与贸易收支的实证检验

如前所述，在当前开放经济条件下，汇率与贸易收支之间的关系并不是很明确的，要视各国经济发展的情况以及各国的经济结构而定。下面，我们利用中国的汇率与贸易收支的数据来具体分析汇率的变动对我国的贸易收支的影响情况，以此作为判断货币危机是否在中国爆发的一个依据。

理论上，影响一国贸易收支（以 B 表示）的主要因素大体包括三个方面：一是该国的净储蓄额（即该国国民储蓄总额扣除掉总投资后的余额。我们用 NC 表示）。它与贸易收支呈正向相关。二是贸易条件（TOT），我们用出口价格指数与进口价格指数的比值作为贸易条件的代理变量，它与贸易收支呈正向相关。三是鼓励贸易的政策因素，我们主要用实际有效汇率（REER）来表示。所有数据来源于历年《中国统计年鉴》以及中经教育专网数据库。

本书利用 1980—2005 年的上述有关年度数据，首先对上述变量进行单

位根检验，结果表明各变量序列存在着单位根，[①] 而且它们的一阶差分都在 1% 的显著水平下拒绝了单位根假设，表明各变量都是 I（1）序列，可以进行协整检验。

由于数据是年度数据，我们利用 Engle-Granger 两步法进行协整检验。首先，对所有变量进行静态回归，考虑到汇率和贸易收支可能存在着一定程度上的时滞，我们将实际汇率滞后 1 期，结果如表 2-8 所示：

表 2-8 变量的估计结果（1）

变　　量	系　　数	标准差	T 统计量	显著度
C	− 5543. 38	2041. 578	− 2. 7152	0. 0133
NC	1. 7682	0. 1718	10. 2912	0. 0000
REER（ − 1）	− 9. 1098	2. 3902	− 3. 8113	0. 0011
TOT	70. 1910	22. 5505	3. 1126	0. 0055
R 的平方	0. 8838	因变量均值	918. 95	
经调整的 R 平方	0. 8664	因变量标准差	1315. 66	
回归标准差	480. 85	AKAIKE 信息	15. 3399	
残差平方和	4624309	SCHWARZ 信息	15. 5363	
对数似然比	− 180. 0799	DW 统计量	1. 4852	

从表 2-8 中可以看到，各变量比较显著，对残差进行相关性的 Q 值检验、LM 检验和怀特检验表明序列不存在自相关和异方差。

其次，对回归残差进行单位根检验：在水平状态且检验类型不包括截距和时间趋势的情况下，ADF 统计量为 − 3. 7732，而 1% 的显著水平下的临界值为 − 2. 6694，表明残差是平稳序列，自变量和因变量之间的协整关系存在。协整方程为：

$$B = -5543. 38 + 1.7682NC - 9.1098REER(-1) + 70.19TOT$$

$$(2.57)$$

[①] B 的有截距和时间趋势的单位根检验中，其原水平的 ADF 为 − 2. 4804，1% 的显著水平为 − 4. 3943，其一阶差分的 ADF 为 − 4. 8823，而 1% 的显著水平为 − 4. 4163；NC 在有截距和时间趋势的 ADF 值 − 2. 7567，1% 的显著水平为 − 4. 3943，其一阶差分的 ADF 为 − 3. 9329，1% 的显著水平为 − 4. 5716。其他的在前面已经检验过。

从（2.57）式中，我们可以看到贸易条件对贸易收支的影响最大，贸易条件解释了70%多的贸易顺差；而储蓄每增加1个百分点，贸易顺差将增加1.76个百分点。最为重要的是贸易收支与实际有效汇率的关系，它们呈负相关，人民币实际汇率升值1个百分点，贸易顺差将减少9.11个百分点。因此，我们可以得到一个结论：人民币汇率的升值将恶化我国的贸易收支，面对国内外人民币升值的压力，我国不应大幅度升值人民币汇率。

2.5.2 财富效应与价格效应的关系在中国的检验

人民币升值将恶化我国的贸易收支。而此时，如果财富效应比价格效应对实现内外均衡更加显著的话，货币危机非常容易发生。本节将利用统计数据具体分析财富效应和价格效应在实现我国内外均衡中的作用。

根据均衡汇率理论可以知道，所谓的均衡汇率是当一国内部经济和外部经济均达到均衡时所决定的汇率水平。因此，我们利用人民币均衡汇率（LREER）作为我国内外均衡的代理变量。而用人民币实际汇率（REER）的变动来表示价格效应，用实际工资水平指数（W）的变动来表示财富效应。我们利用1980—2005年的统计数据，其中实际工资指数来源于历年《中国劳动统计年鉴》及其相关资料整理，为了与均衡汇率相一致，实际工资指数也是以1995年为基期的。人民币实际汇率以及均衡汇率数据与上一部分的相同。

首先，进行单位根检验，结果表明各变量均存在着单位根。[①] 可以进行协整检验。

我们仍然利用Engle-Granger两步法进行协整检验。首先，对所有变量进行静态回归，考虑到我国实行资本管制，而且出于一系列原因，国内消费需求不足，这样会导致实际工资对均衡汇率的影响存在着滞后性。经过几次试验，我们选取W滞后3期的数据，具体结果如表2-9所示。

---

① W在没有截距和时间趋势的单位根检验中ADF值为1.9424，其1%的显著水平临界值为-2.6694，其他两个变量在上一节都已经检验。

表 2-9 变量的模型估计（2）

变　　量	系　　数	标准差	T 统计量	显著度
C	60.6575	11.824	5.129998	0.0001
REER	0.6605	0.0635	10.4026	0.0058
W（－3）	－0.2064	0.0664	－3.1093	0.0001

R 的平方	0.9073	因变量均值	124.81
经调整的 R 平方	0.8975	因变量标准差	25.00
回归标准差	8.0044	AKAIKE 信息	7.1240
残差平方和	1217.34	SCHWARZ 信息	7.2728
对数似然比	－75.364	DW 统计量	1.1225

从表 2-9 中可以看到，各变量比较显著，对残差进行相关性的 Q 值检验、LM 检验和怀特检验表明序列不存在自相关和异方差。

其次，对回归残差进行单位根检验。在水平状态且检验类型不包括截距和时间趋势的情况下，ADF 统计量为 －3.8617，而在 1% 的显著水平下的临界值为 －2.6797，表明残差是平稳序列，自变量和因变量之间的协整关系存在。协整方程为：

$$LREER = 60.6575 + 0.6605REER - 0.2064W(-3) \qquad (2.58)$$

从（2.58）式中，我们可以发现，作为价格效应的实际汇率的变动对均衡汇率的变动贡献率为 0.6605，而作为财富效应的实际工资对均衡汇率的贡献率为 －0.2064，从而我们能够证明在我国当前存在着资本管制的条件下，价格效应的效果比财富效应的效果显著。

2.5.3　人民币失衡与货币危机关系探讨

从上面的实证中，我们得出一个结论：在当前实行资本管制以及有管理的浮动汇率制的情况下，（1）人民币汇率的贬值有利于改善贸易收支；（2）在对内外经济均衡的影响中，价格效应的效果比财富效应的效果显著。

根据上述两个条件，我们分析人民币失衡与货币危机的关系。从前面所述内外均衡的动态调整中，我们可以知道，当上述条件满足时，实际汇率将随着时间围绕着均衡汇率上下振荡，并逐渐趋近均衡汇率，从而实现经济的内外均衡。具体以当前人民币汇率与中国经济为例，当前实行资本管制和有管理的浮动汇率制下，我国国内储蓄大于投资导致总供给大于总需求，从而外部经济表现为贸易顺差，人民币低估，存在着升值压力。此时，由于供大于求，实际工资下降，财富效应使得进口减少，经常项目改善，国内市场上对劳动的需求增加，供大于求的状况得以缓解并逐渐出现供不应求，继而实际工资开始上升，财富效应导致进口增加，经常项目恶化，国民收入减少的同时对劳动力的需求减少，导致国内市场上再次出现供大于求的局面，这是财富效应的机制。

与此同时，价格效应的机制表现在：在国内市场上出现供大于求、实际工资下降时，财富减少导致居民对非贸易品的需求减少，从而导致非贸易品价格相对工资的比率下降。从劳动力市场均衡的角度上说，这就意味着我国贸易品价格相对工资比率的上升。而从我国贸易品市场均衡来讲，供给的上升必然辅之以需求的上升，因此我国贸易品相对于外国贸易品的价格就需要下降，即贸易条件改善，这就要求实际汇率向升值方向调整，从而导致我国出口减少，进口增加，恶化贸易收支。而当国内市场上出现供不应求、实际工资上升时，实际汇率向贬值方向调整，从而导致进口减少，出口增加，改善经常项目收支。因此，财富效应的效果与价格效应的效果是完全相反的。但是，由于我国价格效应的效果比财富效应显著，从而使得整个动态调整机制遵从于价格效应在供过于求时恶化贸易收支，均衡汇率下降而实际汇率则相对向上运动接近均衡汇率，继而当供不应求时，改善贸易收支，使得实际汇率相对向下运动而接近均衡汇率，这样整个经济在高涨和萧条交替循环中恢复内外均衡。具体如图2-15所示。

就目前的实际情况看，我国经济发展是一个在经济繁荣和经济萧条交替的过程中走向经济均衡的过程。20世纪90年代以来我国的经济形势也证明了这一点。1993—1994年，我国出现了较为严重的通货膨胀，为保证经济平稳的进行，控制通货膨胀，1995年以来我国实行紧缩型财政货币政策，1996年实现经济发展的"软着陆"，既保证了经济的稳定增长，又降

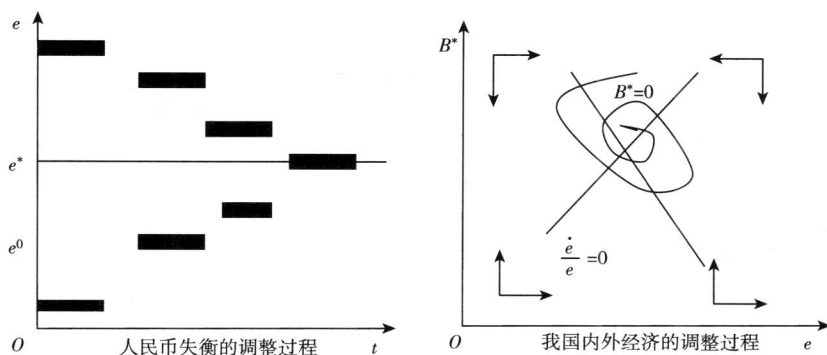

图 2-15 人民币失衡与我国内外经济的调整过程

低了通货膨胀，这可以看成是向内外均衡的一次回归。1997—1998 年的东南亚金融危机爆发，人民币坚持不贬值严重影响了我国的出口，使得刚刚恢复的经济陷入了通货紧缩的困境中，再加上国内消费不足，物价指数持续走低，甚至为负，一直到 2002 年物价才开始上涨，经济恢复。在这一过程中，我国实行扩张型的财政政策和稳健的货币政策在经济恢复过程中起着很重要的作用。经济的这一次运转也可以看成是从通货紧缩向经济均衡回归的表现。这几年，随着我国国内储蓄不断增加，投资效率低下，国际收支双顺差，外汇储备激增，人民币升值的压力很大，国内经济开始出现局部过热，经济的结构性调整使得通货膨胀和通货紧缩压力并存。中国经济正是在这种经济萧条和经济繁荣中交替调整不断前进的。

看清总体经济发展的同时，我们必须要认识一点，我国经济之所以会出现这种循环收敛至内外均衡，而不是发散，很重要的原因是我国实行资本管制，国外资本难以自由出入进行投机，且在国内，由于预期的不确定性以及养老金体系和医疗体系的不完善导致储蓄过多而消费不足。这些情况的直接结果导致相对于价格效应而言财富效应在我国不是很显著，这就为循环经济在中国发生埋下了一个伏笔。同时，随着我国资本项目的开放，如果内外仍然处于失衡状态，结果将使得财富效应的效果相对价格效应变得显著，可能使中国经济陷入危机的困境，具体如图 2-16 所示。

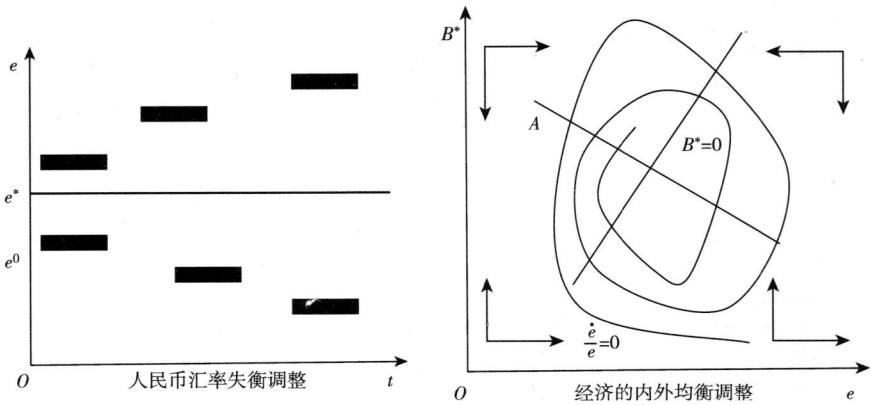

图2-16 财富效应显著时我国经济内外经济调整的可能情况

从图2-16中，我们可以看出，当财富效应比价格效应显著时，整个经济内外均衡调整过程将服从财富效应机制。当国内供过于求、国际收支顺差、人民币升值压力增大时，财富效应进一步改善贸易收支，导致顺差更大，人民币均衡汇率将上升，而实际汇率相对于均衡汇率而言向下运动，导致人民币低估更加严重，经济将远离内外均衡。而当供不应求、国际收支逆差、人民币存在贬值压力时，财富效应恶化贸易收支，导致国际收支进一步恶化，人民币均衡汇率下降，而实际汇率相对于均衡汇率向上运动，人民币高估更加严重，贬值压力进一步加大，整个经济进一步远离内外均衡。所以，当财富效应比价格效应显著时，总体经济将在萧条和繁荣之间进行交替但逐渐远离内外均衡，直至货币危机爆发。

综上所述，我们发现，（1）在当前国际货币体系失衡条件下，人民币汇率存在一定程度上的失衡。这种失衡很大程度上是由于我国内外经济失衡造成的。（2）虽然我国经济内外失衡而且人民币也存在着一定程度的失调，但是货币危机并没有在我国爆发，很大原因在于我国实行资本管制，财富效应的效果小于价格效应的效果。因此，为了防范货币危机的爆发，必须结合当前国际货币体系，从我国经济的内外失衡入手，探讨如何防止货币危机在中国爆发。

主要参考文献

1. 马克思:《资本论》(第1卷),人民出版社1975年版。

2. 马克思:《资本论》(第2卷),人民出版社1975年版。

3. 马克思:《资本论》(第3卷),人民出版社1975年版。

4. 凯恩斯:《凯恩斯文集》(上、中、下),改革出版社2000年版。

5. 蒙代尔:《蒙代尔经济学文集》,中国金融出版社2003年版。

6. 麦金农:《美元与日元》,上海远东出版社1999年版。

7. 麦金农:《美元本位下的汇率》,中国金融出版社2005年版。

8. 吴念鲁、陈全庚:《人民币汇率研究》(修订本),中国金融出版社2002年版。

9. 张晓朴:《人民币均衡汇率研究》,中国金融出版社2001年版。

10. 张纯威:《人民币名义汇率超稳定研究》,经济管理出版社2005年版。

11. 赵登封:《人民币市场均衡汇率与实际均衡汇率研究》,社会科学文献出版社2005年版。

12. 孙立坚:《开放经济中的外部冲击效应和汇率安排》,上海人民出版社2005年版。

13. 方文:《国际收支危机的比较研究》,中国人民大学出版社2003年版。

14. 陈学彬:《近期人民币实际汇率变动态势分析——兼谈分析实际汇率应注意问题》,《经济研究》1999年第1期。

15. 卜永祥、Rod Tyers:《中国均衡实际有效汇率,一个总量一般均衡分析》,《经济研究》2001年第6期。

16. 卜永祥、秦宛顺,关税:《货币政策与中国实际均衡汇率》,《经济研究》2002年第5期。

17. 陈建良:《评人民币汇率调整的理论依据——兼评实际汇率分析法》,《经济研究》2000年第1期。

18. 陈平、王曦:《人民币汇率的非均衡分析与汇率制度的宏观效率》,《经济研究》2002年第6期。

19. 金中夏：《论中国实际汇率管理改革》，《经济研究》1995 年第 3 期。

20. 金中夏：《论转轨时期的均衡汇率形成机制》，《经济研究》1996 年第 3 期。

21. Chou, W. L. and Y. C. Shin (1997), "The Equilibrium Exchange Rate of Chinese RMB", *Journal of Comparative Econmics* 26, pp. 165-174.

22. Clark, P. and MacDonald, R. (1998), "Exchange Rates and Economic Fundamentals: A Methodological Comparison of BEERs and FEERs", IMF Working Paper, No:98/67, May, IMF.

23. Edwards, S. (1989), "Real Exchange Rates in the Developing Countries: Concepts and Measurement", National Bureau of Economic Research Working Paper No. 2950. April.

24. Elbadawi, I. A. (1994), "Estimating Long Run Equilibrium Exchange Rate", in John Williamson, ED. , *Estimating Equilibrium Exchange Rates*, pp. 93-133.

25. Flood, Robert P. and Nancy P. Marion (1996), "Speculative Attacks: Fundamentals and Self-Fulfilling Prophecies", NBER Working Paper, No. 5789. Oct.

26. Granger, C. W. J. (1980), "Testing for Causality", *Journal of Economic Dynamics and Control*, Vol 2, pp. 329-352.

3 构建我国存款保险制度

存款保险制度作为金融安全网上的最后一环，其最终目的就在于通过保护中小储户的存款安全，稳定民心，防范银行挤兑，从而遏制危机在本身就具有内在不稳定性的银行体系内部蔓延开来，避免金融系统的震荡进一步冲击实体经济。20世纪30年代的经济大萧条后期，美国为了重树民众对金融体系的信心，首次在全国范围内建立了存款保险制度，在此之后，各国纷纷效仿。早在2003年，全球建立显性存款保险制度的国家就有87个，建立隐性存款保险制度的国家就有83个。① 在次贷危机的冲刷下，这个数字还在不断攀升。譬如我国，就在为显性存款保险制度的建立做积极的筹备。

但是，存款保险制度绝不是包治百病的万灵丹，其具体作用的发挥还受到整个金融体制完善与否的制约。在法律环境和监管环境不同的国家里，存款保险制度对金融脆弱性和金融发展的影响是不确定的。总的来说，法律制度越是完善，金融监管越是有效的国家，存款保险制度的正面效应越容易得到最大程度的发挥。反之，在相关法律不完善、金融监管缺位的大环境下，存款保险制度非但起不到稳定金融体系的作用，反而可能加剧金融体系的不稳定性。Asli Demirguc-Kunt 和 Enrica Detragiache 就曾在1999年撰文阐释了他们的观点：显性存款保险制度有损害银行稳定性的倾向，在银行利率越是盲目放开和监管机构越是软弱无力的系统环境下越是明显。②

近年来，为了更好地融入全球金融市场，加快金融发展，我国实施了

---

① 数据来自 Asli Demirguc-Kunt, Baybars Karacaovali and Luc A. Laeven, "Deposit Insurance A-round the World: A Comprehensive Database", World Bank Research Paper, No. WPS3628, p. 16。

② 详见 Demirguc-Kunt, Asli, Detragiache, Enrica, "Does Deposit Insurance Increase Banking System Stability? An Empirical Investigation", World Bank Policy Research Working Paper, No. 2247, p. 1。

一系列金融市场化改革，特别是在银行改革与转型方面，成绩斐然，这为我国由隐性存款保险制度转型为显性存款保险制度做了很好的铺垫。首先，四大国有银行都已先后成立股份有限公司，目前已全部上市，[①] 逐步由主要为国营企业提供融资服务的国家专业银行转变为自主经营、自负盈亏、自担风险的商业银行；其次，在资本约束和市场竞争的推动下，股份制银行发展迅猛，它们在逐步打造各自的经营特色和核心竞争优势的同时，还在积极寻求外资的入股和海外上市机会；再次，农村金融改革发展顺利，农村信用社改革试点工作取得重大进展，同时一些在特定专业领域有丰富经验的外资银行也在积极尝试进入农村金融市场；[②] 最后，从2007年开始，外资企业在中国获得全面经营权，之后进一步扩大在中国的经营，其整体市场份额必将逐步增大，这不仅是对中资银行的威胁，更是对监管部门的挑战。新的形势要求有新的调整，脱胎于计划经济体制的监管制度很多方面已经不能满足市场经济体制的发展需要，隐性存款保险制度就是其中的一例。

中国建立显性存款保险制度可谓大势所趋，但也不能盲目追求形式，如果没有完善的法律体系和有效的监管环境与之配套，反而有可能不利于整个银行体系的稳定。

3.1　存款保险制度简介

和所有成熟的制度一样，存款保险制度并非一朝一夕建成的，它有着

---

① 2006年6月1日及7月5日，中国银行先后在香港证券交易所和上海证券交易所成功挂牌上市，成为首家A+H发行上市的国有商业银行。2006年10月27日，中国工商银行成功在上海、香港两地同步发行上市。中国建设银行H股于2005年10月27日在香港联交所主板上市，2007年9月25日其A股在上海证券交易所上市。中国农业银行股份有限公司于2009年1月15日依法成立，于2010年7月15日和16日正式在上海和香港两地上市。

② 2006年7月，荷兰合作银行（Rabobank Nederland）与国际金融公司入股杭州联合银行，分别持有杭州联合银行10%和5%的股份。这是外资首次进入中国的农村合作银行。

漫长的演化和发展过程。起初，只是美国国内的几个州为了促进本地区的金融稳定，在探索中试行了这一制度。虽然最后无一例外都归于失败，但其为后人积累的经验是相当宝贵的。20世纪30年代初期，美国发生了席卷全国的大萧条，银行大规模倒闭，挤兑现象严重，为了重拾国民对银行体系的信心，美国政府在全国范围内建立了存款保险制度，承诺对中小储户的存款负责，在国家层面上开辟了这一制度的先例。之后，多个国家纷纷仿效。

3.1.1 存款保险制度的起源及演化——以美国为例

一、美国存款保险制度简介

美国是世界上最早建立存款保险制度的国家，早在19世纪早期，纽约州就实行过银行负债保险计划，此后经过100多年的探索与尝试，终于在1933年正式建立了联邦范围内的存款保险制度。美国的存款保险模式最核心的有三点：一是存款保险机构会对吸收存款的金融机构进行风险评级，然后根据其风险大小，实施有差别的保险费率；二是存款保险机构有足够的监管权力，可以迅速采取行动，迫使有潜在风险的金融机构增强其透明度和改正其风险防范上的过失；三是存款保险并非一种全能式的"统保"，而是在保险机构和储户之间进行"风险责任上的分成"。联邦存款保险公司全额承担25万美元的赔付（对应的是该储户在某家金融机构里所有账户的总金额），[①] 高出25万美元的部分为"比例承担"。这一做法的本质是保护大多数中小存款人，因为他们的"自我保护能力"较低，而那些拥有很多钱财的富人则可以利用其资源（例如在理财专家的帮助下）通过选择风险低、质量好的金融储蓄机构来规避存款风险。

美国存款款保险制度不论在理论研究方面，还是在实践运作方面，都为世界其他国家探讨和建立存款保险制度提供了有效的借鉴。

---

① 根据2009年5月19日美国国会通过的家庭住房援助法案（the Helping Families Save their Homes Act of 2009（S. 896）），所有存款的保险上限临时提升至25万美元，直至2013年为止。2014年1月1号起，除了个人退休账户（Individual Retirement Accounts）和特定退休账户（Certain Retirement Accounts），其他存款的保险上限都将恢复至10万美元。

二、美国存款保险制度的发展历程

受 20 世纪 30 年代经济危机的影响，1929—1933 年美国近万家商业银行破产。为了重新树立存款人对银行体系的信心，防止银行挤兑，美国政府于 1933 年建立了联邦存款保险公司（FDIC），随后建立了联邦储蓄与贷款保险公司（FSLIC）。存款保险制度的建立，极大地稳定了存款人的信心，有效地防止了银行挤兑。20 世纪 40—70 年代间，每年银行破产、倒闭的数量都不超过 15 家。倒闭破产的银行，其存款者绝大部分都得到了相应偿付，没有引起大的社会动荡或风波。

（一）1933 年以前的初步探索阶段

1809 年罗德岛州的格洛斯特农民银行（Farmers Bank of Gloucester）的破产使美国人认识到银行也有倒闭的风险。五年后出现的第一次银行连锁失败浪潮，则使得越来越多的人意识到一家银行的倒闭有可能酿成一个地区的连锁事件。在银行改革的呼声下，1828 年纽约州建立了全美第一个由政府经营的存款保险计划，进行州银行负债保险计划的实验。此后，又先后有 5 个州相继引入了存款保险计划。[①] 但是，由于保险基金不足，再加上许多已经在州政府注册的银行为了避税转向联邦政府注册，结果使得州存款保险计划成员骤减，最终导致 6 个州的存款保险计划全部破产。到此，负债形式的存款保险也宣告终止。

1863 年，美国国会通过《国民银行法》，规定用统一的货币代替银行券。此后银行券在银行负债中所占的比重大幅下降，存款比重不断上升，使得对存款进行保险的意义更为重大。从 1908 年到 1917 年，美国共有 8 个州相继进行了存款保险计划的尝试。[②] 这一时期的存款保险计划，保险范围仅限于存款而不包括银行券，较之以往更为成熟，可惜终因基金严重赤字划归失败。此后，美国银行甚至曾一度被迫使用暂停支付的手段来对付银行挤兑，解决金融恐慌问题。必须指出的是，20 世纪初美国八州存款

---

① 分别为：佛蒙特州（Vermant）、密歇根州（Michigan）、印第安纳州（Indiana）、俄亥俄州（Ohio）和爱荷华州（Iowa）。

② 分别为：俄克拉荷马州（Oklahoma）、得克萨斯州（Texas）、内布拉斯加州（Nebraska）、密西西比州（Mississippi）、堪萨斯州（Kansas）、华盛顿州（Washington）、南达科他州（South Dakota）和北达科他州（North Dakota）。

保险计划的失败，除了第一次尝试曾经暴露的原因以外，还向人们展示了州存款保险制度另一个局限性，即抗拒自然风险的能力不足。因此，存款保险制度要发挥更大的积极作用，既要避免与国家宏观经济政策相抵触，又要具有能够在更大范围内提高抗拒自然风险的能力，必须在国家层面上建立存款保险制度。

20 世纪 30 年代的经济大萧条最终催生了美国联邦保险制度的建立。1929 年 10 月，美国经济崩溃，股市崩盘，个人财富大幅缩水，数以千计的企业、银行一夜之间倒闭，银行恐慌犹如瘟疫一样迅速扩散。1929 年 10 月至 1933 年 3 月之间，有近万家银行破产，直接导致了美国经济大萧条。为了遏制金融危机的进一步扩散，1933 年 3 月美国国会宣布了"银行假期"。但短期的停业并不能从根本上解决金融危机，公众仍难重拾对银行的信心。于是，长久以来争执不下的存款保险议题又一次浮出水面。1933 年 6 月 6 日，罗斯福总统签署《格拉斯—斯蒂格尔法案》（Glass-Steagall Act），这标志着美国联邦存款保险制度的正式确立。紧接着 1933 年 9 月，联邦存款保险公司（Federal Deposit Insurance Corporation，FDIC）也正式成立。70 多年过去了，FDIC 不断完善自身的结构体系，在实践中不断对存款保险制度进行改革与完善，虽然还存在不少为人所诟病的地方，但它在维护公众对银行体系的信心、保持美国金融体系稳定方面，始终起着不可替代的作用。

（二）1934—1983 年的稳步发展阶段

在 FDIC 成立后的最初 50 年里，银行倒闭数量一共不过 800 余家，还远不及大萧条时期一年倒闭的数量。一方面，这要归功于美国经济的平稳发展，金融机构的破产率整体偏低；另一方面，也得益于存款保险制度正面绩效的充分发挥，整个金融业在其引导下得以健康稳定的发展。这段时期，美国的存款保险制度在实践中不断完善，做了不少重大修改。

1935 年银行法对存款保险所作的修改中，一方面，扩大了 FDIC 的监管权限；规定了更加严格的准入标准；修改了保险费率；授权 FDIC 可以通过直接结算或现有银行结算给客户，进行破产处理。另一方面，取消了投保银行必须认购股本和会员必须具有联邦储备会员资格的要求，使规模较小的州银行也依法享有存款保险的权利。

1950 年，FDIC 成为法律认可的独立法人，归还了成立之初的总计 2.89 亿美元的原始资本，并支付相应利息。另外，返还投保银行一部分保险费，并规定损失发生时，由 FDIC 和投保银行以 60/40 的比例分担风险，这样即使在损失发生的波动期也可稳定 FDIC 的收入。

进入到 20 世纪 70 年代，国际环境巨变，布雷顿森林体系解体，汇率制度的改变加大了商业银行在开展国际业务过程中的汇率风险。石油危机使世界经济增长速度放缓，银行经营趋于全球化，竞争日益激烈。一系列的重大事件导致国际金融局势紧张，建立于 20 世纪 30 年代的监管体系和金融安全网已不能适应金融业的发展需求，造成了严重的监管失灵。美国存款保险制度的弊端也开始浮出水面。

（三）1984—1991 年的动乱危机

20 世纪 80 年代中后期，存款保险制度的弊端不约而同地暴露了出来，引发了储蓄信贷危机。20 世纪 70 年代开始的"兼管宽容"，使得大量银行过度从事高风险业务，银行破产数量再度回升，美国也随即进入了第二阶段的经济长期衰退。

为应对银行和储贷机构倒闭以及变化了的金融环境，布什总统于 1989 年签署了《金融机构改革、恢复和强化法》（*Financial Institution Reform*, *Recovery and Enforcement act*）。主要内容是：为储蓄和贷款机构建立一个新的存款保险基金——储蓄协会保险基金（SAIF），银行存款保险基金改名为银行保险基金（BIF）；设立重组信托公司，处置倒闭和将要倒闭的储贷机构，并管理处于接管状态的储贷机构。

更重要的是，在国内舆论的压力下，美国国会根据当时的局势，于 1991 年底通过了《1991 年联邦存款保险公司改进法》（The FDIC Improvement Act of 1991）。这次改革对美国的存款保险制度来说具有转折性意义。它结束了实行近 60 年的单一保险费率，引进了基于风险的差别保险费率；进一步加强监管力度和提高透明度；制定对问题银行的处理原则，限制了"大而不倒"政策的使用；明确了最低成本处置要求，尽可能减少银行破产对基金的影响。《1991 年联邦存款保险公司改进法》的颁布与实施，犹如给美国的存款保险制度进行了一次大手术，使其焕发出新的生命活力。

（四）1992 年以后的完善阶段

自 1992 年起，美国经济开始复苏，持续好转。随后美国国会又连续推出几项法规，使得 FDIC 对金融机构的监管更加严密，对问题机构处理方式更加合理，保证金融体系更加稳定。这些法规包括：

（1）1993 年《公共预算协调法》，明确了倒闭受保存款机构资产的统一清算分配顺序。

（2）1996 年《存款保险基金法》，要求对储蓄协会保险基金保险的所有存款征收特别保费，保证基金充实。

（3）1999 年《格雷姆—里奇—比利雷金融服务现代法》（*Gramm-Leach-Bliley Financial Services Modernization Act of 1999*，也称格雷姆—里奇—比利雷法，*Gramm-Leach-Bliley Act*），打破了《格拉斯—斯蒂格尔法》对商业银行、投资银行和保险公司分业经营的限制，为三者混业经营铺平了道路；同时建立了全国保险专员联合会（NAIC）。

（4）2001 年，FDIC 又通过了联邦存款保险公司改革方案，提出将 BIF 和 SAIF 两个基金合并，另外要避免保险费的大幅度波动。

受次贷危机的影响，美国银行业目前仍挑战不断，FDIC 需要尽全力履行其使命，保障美国金融系统的安全性和健全性，同时也为别国建立存款保险制度提供有效参考。

3.1.2　存款保险制度的作用原理

一、存款保险的主要功能——防止银行挤兑

防范银行挤兑是存款保险的首要目的。当存款人对某个银行或者银行系统失去信心时，银行挤兑就可能发生。而挤兑威胁的存在易于将银行体系置于系统性危机之中，一旦某一银行出现挤兑就会使流动性不足、甚至本来没有流动性问题的银行破产，这样就有可能使系统性风险转化成现实银行危机。因此，建立防范银行挤兑与系统性危机发生的制度安排非常必要。而存款保险，作为防止或应付银行挤兑的三种传统方法之一（其他的两种分别为暂停兑现和最后贷款人机制），自诞生以来就一直发挥着不可替代的重要作用。

这里通过研究一个存款保险下银行、存款人之间的博弈模型来说明存

款保险预防挤兑的功效，其中存款保险程度用 β（这里假定 $\beta = 0.90$）表示。有三个时期 $t = 0$，1，2，三个参与人：银行 B、存款人 1、存款人 2。N 表示虚拟参与人自然。在时期 0，银行吸收资本 C（$= 0.08$）和存款 D（$= 0.92$），将这些资金用于支付存款保险费 P（$= 0.001$）和风险贷款组 $F - P$（$= 0.999$），$(F - P) + P = C + D = 1$，博弈进入时期 1。银行共有 2 个存款人，每个存款人有 $D/2$（$= 0.46$）单位存款。存款人存款的到期时间为第 2 期。银行承诺对存款人的支付利率为：若存款人在第 2 期取款，则支付利率为 r_2（$= 3\%$）；若存款人在第 1 期取款，则支付利率为 r_1（$= 2\%$）。假定银行有两个风险贷款组合 θ_1（低风险贷款组合）和 θ_2（高风险贷款组合）可供选择，贷款组合在第 2 期到期。贷款组合 θ_1 成功概率为 p_1（$= 0.995$），收益率为 R_1（$= 1.065$）；贷款组合 θ_2 成功概率为 p_2（$= 0.90$），收益率为 R_2（$= 1.1778$）；两种贷款组合失败的收益率均为 0。如果银行在第 1 期提前收回贷款，银行能够收回的贷款比率为 b（$= 0.8$）。

在时期 1，存款人 1 和存款人 2 同时决定是否取款。存款人 1 和存款人 2 认为银行选择贷款组合 θ_1 和 θ_2 的概率分布是 x 和 $1 - x$（$0 < x < 1$）。无论存款人 1 决定取款，或者存款人 2 决定取款，或者两个存款人同时决定取款，银行将宣告破产，博弈结束；如果存款人 1 决定取款而存款人 2 决定不取款，则存款人 1 的支付为 $D(1 + r_1)/2$（$= 0.4692$），存款人 2 的支付为 $\beta D(1 + r_1)/2$（$= 0.4223$），银行的支付为 0。如果存款人 1 和存款人 2 同时决定取款，则存款人 1 和存款人 2 的支付 $\beta D(1 + r_1)/2$（$= 0.4223$），银行的支付为 0。如果存款人 1 和存款人 2 同时决定不取款，博弈进入时期 2。

在时期 2，由自然 N 选择行动，即银行贷款组合取得成功或失败。如果在时期 0 银行选择的贷款组合是 θ_1，在时期 2 假定该贷款组合取得成功，存款人 1 和存款人 2 的支付均为 $D(1 + r_1)/2$（$= 0.4738$），银行的支付为 $(F - P)R_1 - D(1 + R_2)$（$= 0.1167$）；在时期 2 假定该贷款组合失败，存款人 1 和存款人 2 的支付由存款保险公司进行补偿，其支付均为 $\beta D(1 + r_2)/2$（$= 0.4264$），银行的支付为 0。因此，如果银行在时期 0 选择的贷款组合是 θ_1，则银行的期望支付为 0.1161，存款人 1 和存款人 2 的期望支付为 0.4736。如果在时期 0 银行选择的贷款组合是 θ_2，在时期 2 假

定该贷款组合取得成功，存款人 1 和存款人 2 的支付均为 $D(1+r_2)/2$
（ $=0.4738$ ），银行的支付为 $(F-P)R_1-D(1+r_2)$ （ $=0.2290$ ）；在时
期 2 假定该贷款组合失败，存款人 1 和存款人 2 由存款保险公司进行补偿，
其支付均为 $\beta D(1+r_2)/2$ （ $=0.4264$ ），银行的支付为 0。因此，如果银
行在时期 0 选择的贷款组合是 θ_2 ，则银行的期望支付为 0.2061；存款人 1
和存款人 2 的期望支付均为 0.4691[①]。

我们采用逆向归纳法求解有存款保险（存款保险程度为 $\beta=0.9$ ）情况
下博弈模型的纳什均衡解。

（1） $t=2$ 时由自然 N 行动，在决策结（1）（即银行在 $t=0$ 选择贷款
组合 θ_1 ，存款人 1 和存款人 2 在 $t=1$ 同时选择不取款的情况）银行、存款
人 1 和存款人 2 的期望支付向量为（0.1161，0.4736，0.4736）；在决策结
（2）（即银行在 $t=0$ 选择贷款组合 θ_2 ，存款人 1 和存款人 2 在 $t=1$ 同时选
择不取款的情况）银行、存款人 1 和存款人 2 的期望支付向量为
（0.2061，0.4691，0.4691）。

（2） $t=1$ 时由存款人 1 和存款人 2 同时行动。此时，存款人 1 和存款
人 2 之间的博弈如表 3-1 所示：

表 3-1　存款人 1 和存款人 2 之间的博弈

		存款人 2	
		w	u
存款人 1	w	0.4223，0.4223	0.4692，0.4223
	u	0.4223，0.4692	$0.4736x+0.4691(1-x)$，$0.4736x+0.4691(1-x)$

在完全信息情况下，存款人 1 和存款人 2 的最优选择是不取款，子博
弈精炼均衡为（ θ_1 ，（ u ， u ））。

在不完全信息情况下，当 $0.4736x+0.4691(1-x)>0.4692$ 时，即
$x>0.0307$ 时，存款人 1 和存款人 2 的纳什均衡策略为（ u ， u ），即两个存
款人均在 $t=1$ 时选择不取款。

---

① 考虑到贷款组合 θ_2 成功概率为 $P_2=0.90$ ，计算后求得。

考虑没有存款保险的情形。若存款人之一决定在时期 1 取款，则其支付为 $D(1+r_1)/2$（0.4692），另一存款人决定不取款，他的支付设为 $\alpha D(1+r_1)/2 = 0.4692\alpha$（此时银行破产，其回报 α 小于有存款保险时的状况，即 $\alpha < \beta$），银行的支付为 0。如果存款人 1 和存款人 2 同时决定取款，则存款人 1 和存款人 2 的支付 $\alpha D(1+r_1)/2 = 0.4692\alpha$，银行的支付为 0。如果存款人 1 和存款人 2 同时决定不取款，博弈进入时期 2。

在时期 2 假定该贷款组合取得成功，存款人 1 和存款人 2 的支付均为 $D(1+r_2)/2 = (0.4738)$；在时期 2 假定该贷款组合失败，存款人 1 和存款人 2 的支付为 $\alpha D(1+r_2)/2 = (0.4738\alpha)$，银行的支付为 0。结合两个风险贷款组合 θ_1 和 θ_2 的成功概率及银行选择贷款组合 θ_1，θ_2 的概率分布 x 和 $1-x(0<x<1)$，则两存款人的期望支付为：$(0.4738 \times 0.995 + 0.005 \times 0.4738\alpha)x + (0.4738 \times 0.90 + 0.1 \times 0.4738\alpha)(1-x)$，只有当该支付大于 0.4692 时，才得到存款人 1 和存款人 2 的纳什均衡策略为 (u, u)。

令 $(0.4738 \times 0.995 + 0.005 \times 0.4738\alpha)x + (0.4738 \times 0.90 + 0.1 \times 0.4738\alpha)(1-x) > 0.4692$，得到 $x > 1 - (223 + 237\alpha)/(4501 - 4501\alpha)$，显然 α 与 x 是成反比关系，而 $\alpha < \beta$，则 x 的取值必须大于有存款保险时的取值才会产生存款人同时不取款的纳什均衡，即存款保险的存在相对而言可容许银行采取更具风险的投资策略而使存款人不在时期 1 取款。这表明存款保险有利于减少银行挤兑的可能性。

二、存款保险与经济发展

Friedman 和 Schwartz 将美国 20 世纪 30 年代到 60 年代银行业的稳定性归功于存款保险制度，认为联邦存款保险减少了由于传染效应的银行挤兑给银行稳定性带来的威胁。无独有偶，Diamond 和 Dybig 也认为，在银行的稳定性受到自我实现的储户挤兑威胁时，存款保险是一个最优的政策。

现在，我们利用哈罗德—多马模型对存款保险制度与储蓄行为的关系进行分析，进而探讨存款保险对于经济发展的影响。

居民的储蓄行为受许多因素的影响，其中最主要的影响因素是收入。为了使所讨论的问题简化，在分析中将影响居民储蓄行为的其他因素如利息率、储蓄习惯等合并为收入因素 Y。这样，综合了其他影响因素的收入

Y 与居民储蓄额 S 之间的数量关系，即储蓄函数可以表示为：$S = f(Y)$。相应的，如果设有收入的增量为 ΔY，边际储蓄倾向为 s，则 $s = f(\Delta Y)$。

哈罗德—多马模型假定产出—资本比例 σ（$\sigma = \Delta Y/K$）是稳定的常数，储蓄能够无障碍的全部转变为具有相同收益率的投资，即 $S = I$。这样，在均衡经济增长状态下，经济增长率 g 为：$g = s\delta$，即经济增长率是产出—资本比例与边际储蓄倾向的乘积。现在，引入存款保险制度因素 θ，储蓄倾向函数变为：$s = f(\Delta Y, \theta)$。式中，$0 < s < 1$；（$\partial f/\partial \Delta y) \rangle 0$；（$\partial f/\partial \Delta \theta) \rangle 0$，即 s 与 ΔY、θ 呈正向变动关系。一旦存款保险制度因素 θ 被外生确定，则哈罗德—多马模型可以被引申为：$g = f(\Delta y, \theta)\sigma$。

存款保险制度因素 θ 对居民储蓄行为的影响和经济增长的作用如图 3-1 所示。

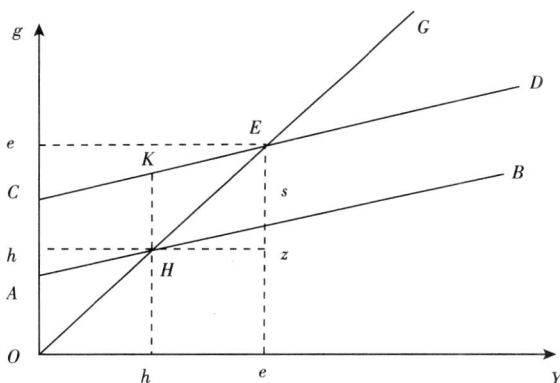

图 3-1　存款保险制度因素 θ 对居民储蓄行为的影响和经济增长的作用

在图 3-1 中，OG 为 45 度线，AB 为没有设立存款保险制度时的储蓄函数，CD 为引入存款保险制度后的储蓄存款函数。在没有引入存款保险制度以前，由于居民的储蓄存款不能得到安全保障，除了必须存到银行的储蓄存款 Hh 以外，处于可存可不存状态下的游移存款 KH 是没有保证的，一有风吹草动，这部分存款很快就会被挤兑，因而不可能转化为稳定的投资。在这种情况下，经济增长被局限在 Oh 的水平上。

在引入存款保险制度以后，情况发生了较大变化。由于存款保险制度给居民提供了安全保证，储蓄函数从 AB 线被提升为 CD 线，稳定的储蓄存款从 Hh 变为 Ee，不仅将原来可存可不存的储蓄存款变为了稳定的存款，而且还由于存款环境的改变产生了"引致存款"sz。经济增长水平也由原来的 Oh 被提高为 Oe。

由此可见，单从理论分析角度，存款保险对整个经济增长是有贡献的。

三、存款保险制度的金融深化效应

为了进一步检验存款保险制度在不同环境下对金融深化的影响，Cull（2000）把存款保险制度本身，还有存款保险制度与银行稳定性之间的相互作用作为两个单独的解释变量引入方程进行检验。这样就把存款保险制度对金融深化的作用分解为直接影响和间接影响两个部分，其中存款保险制度本身与金融深化正相关，而存款保险和银行稳定性之间的关系对金融深化起到负面作用。最根本的原因在于不同环境下建立起来的存款保险制度会对存款人的预期产生作用，进而引发存款人不同的反应：仅从存款保险制度本身看，将有助于金融深化，而一旦由于银行不稳定而促发显性存款保险制度建立，那么此时存款人将得到银行业整体不稳定的信号，不利于金融深化。

存款保险和法律传统的相互作用同样对金融深化产生影响，延续上面的做法，得到的检验结论也很相似：法律体系较弱的环境下建立起来的存款保险制度在存款人看来信誉度不高，与银行不稳定一样将对金融深化产生负效应。

总的来看，在稳定的金融体系、健全的法律传统背景下建立的显性存款保险制度的金融深化效应在统计上显著；在金融波动性较小的情况下，建立显性存款保险制度的国家的真实经济增长率也相对较高。

四、存款保险制度与中小银行的发展

存款保险制度有利于中小银行与大型银行公平竞争。一般而言，中小银行在单一地区或狭窄领域经营，资产组合规模相对较小，没有大银行分散化，而且在品牌、市场形象等方面与大银行有差距，因而风险较大。没有存款保险的保护，储户更倾向于将存款放在低风险的大银行，而非高风险的中小银行。在存款保险制度建立后，存款市场不再完全以机构的规模大小为导向，从而有利于中小银行的发展。

同时，存款保险制度还有利于提高中小银行的收益率。由于大银行的

经营范围更大，资产更分散，在没有存款保险的条件下，为了吸引一定数量的存款，只在一个市场上经营的小银行比参与多个市场经营的大银行需要为单位资产持有更多的资本。在投资收益相同的情况下，中小银行的收益得到更大的摊薄，其资本收益率更低。在存款保险制度建立后，中小银行将不再需要为单位资产保持更高的资本，从而有利于中小银行提高收益率。

3.1.3　存款保险制度的内在弊端

一、道德风险问题

道德风险（Moral Hazard）泛指交易双方在合约签订之后因存在信息不对称所导致的问题。在没有存款保险的情况下，存款人必然会慎重地选择银行，将存款存入经营稳健的银行，并主动去监督银行的经营状况，以确保存款安全。银行为避免存款流失会尽量减少高风险投资以维护存款人信心。同时，银行一般会保留较多头寸以应对存款的日常及突发性提取，从而在客观上起到了抑制银行从事高风险投资的作用，降低了整个金融体系的风险。存在存款保险的情况下，存款人更关心存款保险机构的经营状况，而非存款所在银行的经营状况，只要存款保险机构不出现问题，存款人便会继续存入资金。由于存款人对存款保险制度的信任，即使银行出现运营管理问题，挤兑风险出现的可能性也会大大降低，这在一定程度上减少了存款人对银行的监督，许多投保银行会将存款投资于高风险高收益的银行业务。由于从事高风险的投资往往具有高收益，一旦投资成功银行会获得巨额收益，投资失败却由存款保险机构承担大部分损失，银行仅仅损失少量自有资本，这种风险与收益的不对称性必定会加大银行道德风险发生的几率。此外，由于不必保留较多头寸应对存款的突发性提取，银行可动用资金必然增多，这也为银行从事高风险投资创造了物质条件。这些都使得金融体系整体风险水平增加。

存款保险的风险具体表现如下：

一是存款人的道德风险。存款保险制度因为降低了存款人审慎选择银行、监督银行经营活动的积极性，使得一些低效率甚至是资不抵债的银行，只要能提供较高的存款利率，就还能继续吸收存款，实际上更加剧了银行的系统风险。

二是存款机构的道德风险。存款保险制度对银行提供的稳定救助功能，反而增加了银行进行冒险活动的激励，加大了银行道德风险发生的几率。这样的冒险行为产生两个方面的不良后果，首先是一段时间内那些资金实力弱、风险程度高的银行往往获益，而那些实力雄厚经营稳健的银行反而在这种竞争中受到损害，这显然是不合理的。其次，一家银行过度偏好风险，意味着其资产波动性超出了社会最优风险水平。如果存在许多这样的银行，银行体系会变得更加不稳定。因此，银行的冒险活动在整个金融体系中注入了不稳定因素，与建立存款保险制度的初衷相悖。

三是金融监管机构的道德风险。金融监管机构依赖存款保险制度从而放松监管的职责，对投保银行的冒险行为失察、纵容，甚至掩盖问题。这就可能使得金融监管当局延误了解决危机的时机，导致风险不断积累，加大解决问题的成本。存款保险还会使银行投资活动偏离社会最优水平。从本质上说，当银行风险增加与金融不稳定降低了总体银行价值时，存款保险的存在就降低了总体金融活动规模。因此，存款保险制度中的道德风险在总体上导致了金融体系不稳定，也不利于金融发展。

四是存款保险公司的道德风险。对存款保险公司而言，它的目标是维护整个金融体系的稳定，但它的政府背景以及非盈利性质，可能会存在管理者不尽职尽责的情况。对存款机构的欺诈、对有问题银行的处置采取宽容的态度来掩盖金融风险，形成所谓的"官僚性延误"，最后为推托自己的失职，宁愿采用保险基金来赔付储户的存款损失，从而导致存款保险基金的损失。

一些颇具说服力的研究文献也表明，存款保险体制的道德风险是显著的。Keeton 和 Morris（1987）调查了第十联储区的银行，以检验20世纪80年代银行贷款损失的经验。他们发现20世纪80年代中期那些经历较高贷款损失的银行大多在20世纪80年代早期有超高回报，并且银行的风险行为存在一定的规律。一家银行在一种贷款组合上遭受了较大损失，则在其他贷款组合上也可能有较大损失；最终遭受较高贷款损失的银行在其他指标上也显示出了较高的风险，如杠杆比例、货币资金购买，以及贷款/资产的比率。这些风险行为与道德风险的经验预测相吻合。

Saunders、Strock 和 Travlos（1990）发现所有权结构与银行风险行为有关，特别在 1978—1985 年期间，股东控制的银行比管理层控制的银行更具风险偏好，这与存款保险道德风险和管理层合约矛盾两个问题相吻合。通过利用 FDIC 合同，股东可以在增加银行风险的同时增加自身收益，而相反的是，经理人更愿意通过减少银行风险来保护其在人力资本市场的名誉资本。上述研究者还发现在管制削弱期间股东控制和经理人控制的银行会出现更大的风险差异。

20 世纪 80 年代的储贷危机是道德风险问题最具说服力的经验证据。Kane（1985）和 White（1991）按年序研究了 20 世纪 80 年代储贷机构的行为。他们的研究结果与道德风险吻合，在 1980 年和 1981 年的利率大幅上扬时，极大一部分的储贷机构无法满足（经济）清偿力要求，即净值为负。当时的监管措施是放松资本充足标准，延缓债务履行，同时也取消了储贷机构投资住房抵押贷款的资本限制。该道德风险研究揭示，当净值减少时，机构会加倍地利用固定费率的保险合同，其经验预测就是清偿力最低的储贷机构会选取最具风险性的组合策略。Barth、Bartholomew 和 Labich（1989）发现在 1988 年受到联邦储蓄贷款保险公司（FSLIC）处理的储贷机构的扩张速度远高于 1983—1985 年的储贷机构的扩张速度。并且，这些破产储贷机构拥有比行业平均水平更高的房地产贷款和直接投资。

Cole Mckenzie 和 White（1991）也发现在 1986—1989 年间受到联邦家庭贷款银行董事会（FHLBB）处理的储贷机构的新投资与传统资产比率也较高。资本水平较低的银行会更依赖非传统的资产，如各种金融衍生产品，且比资本水平较高的储贷机构更倾向于购入资金。与道德风险相符的另一个特征是，股权型机构与互助型机构的风险行为是泾渭分明的。股权类储贷机构会更倾向于投资风险资产，而不是家庭抵押贷款、抵押证券以及速动资产。

上述实证分析的回顾印证了前述道德风险的两个基本原因：即股东投入资本的有限和费率体系的低效率。彻底根除存款保险体制的道德风险，就必须有效消除这两个缺陷。

二、逆向选择问题

存款保险制度中的逆向选择问题（Inverse Selection）指存款保险体系

因过多吸收脆弱银行加入而将稳健银行排斥在外的情形，是金融机构向存款保险机构投保之前发生的信息不对称问题，这在自愿加入存款保险体系、支付固定保费的情况下尤为突出。金融机构对自身实力、经营规模、信誉、盈利能力及资金运用的风险程度都了如指掌，同时也完全了解这种风险和收益对自身信用的影响，而存款保险机构却没有能力对此做出准确的判断。在现实金融环境中，风险偏好型的金融机构在加入存款保险机构之后，会倾向于将存款投入到高风险高收益的项目上去，因为如果投资成功就会获得高收益，而如果投资失败则有存款保险机构的保险做支撑，所以加重了风险偏好性金融机构的逆向选择风险。在存款保险机构能够准确认识要求参保的金融机构的经营能力和信誉的情况下，稳健经营的金融机构必然能以较少的保费取得保险，但在存款保险机构无力区分要求参保机构的经营能力和信誉的情况下，稳健经营的金融机构将与风险偏好的金融机构面对相同保费，因此稳健经营的金融机构将会因为运营成本提高而丧失一部分市场份额，而风险偏好的金融机构却由于投资于高风险高收益项目而增加收益进而扩大市场份额，这样不仅会导致稳健的金融机构退出存款保险体系，而且会刺激风险偏好性的金融机构继续投资于高风险项目，最终只有风险最大、最脆弱的银行保留在存款保险体系中，使得存款保险制度难以为继，银行业风险增大，脆弱性增加。

三、存款保险的制度成本

实证检验的结果表明，很多国家的存款保险机制并没有如想象中那样显著的降低存款机构系统性失败的概率，如果包含所有国家的数据，这个现象更加突出，由此得到一个主要结论：在缺乏足够的银行监管和法律规则的国家，实行覆盖面过宽的存款保险机制，不仅无助于金融体系的稳定，反而有可能阻碍一国的金融发展进程。关于保险资格的获得壁垒，Cull、Senbet 和 Sorge（2000）的论述和检验与传统相反，他们认为对受保险银行保险费用的厘定根本不会影响银行的风险选择态度，理由在于费用的缴纳早在银行获得存款的时候就已发生，之后银行才决定将存款投向不同风险的领域，时间上的不一致显然使得银行将保险费率当成一种沉没成本来看待。为了最大化可能收益，在存款被保险后势必增大高风险高收益资产的投资比重，这么一来自然就加大了银行系统的脆弱性。Laeven

（2002）的相关研究表明很多银行事实上支付的保险费率和他们获得的保险远远不成比率，这也从另一个侧面证明了保险费率的高低和银行涉险程度是割裂开的。

四、存款保险制度的不确定性

Demirguc-Kunt 和 Detragiache（2002）基于 61 个国家从 1980 年到 1997 年的实证研究发现保险范围、存款保险机制的融资和管理等方面的变动是发生银行危机的显著决定变量，在放松利率管制和金融机构框架较弱的国家尤其明显，进而得到若干关于存款保险设计特征与金融脆弱性的检验结论：

（1）从整体上看，存款保险制度与银行危机之间的相关系数显著为正，存款保险制度增加了银行体系的脆弱性。存款保险制度的保险范围越广，银行脆弱性越大。

（2）有限担保、排除银行同业存款和外币存款、采用共同保险等措施有助于降低银行危机发生的概率。

（3）不同类型的存款保险基金产生的道德风险水平不等。事先设立基金的存款保险制度比事后征收基金的制度产生更大的道德风险；由政府出资的保险制度引发最严重的道德风险，其次是政府和私人联合出资，完全由参保银行出资的道德风险最小；存款保险费率依据风险调整能有效地降低银行风险水平。

（4）存款保险制度管理权的划分与涵盖范围的大小将直接影响银行系统脆弱性的大小。有资料表明，完全由政府管理的存款保险显著增加了银行系统脆弱性，而银行参与存款保险管理则有助于减缓系统波动性。强制加入要求客观上降低了银行的逆向选择，使存款保险对银行体系不稳定的影响较小。

（5）良好的制度监管环境在抑制存款保险负面影响上发挥重要作用。与不良制度环境相比，良好制度环境中的银行监管要审慎得多，银行体系风险自然也较低。

Cull、Senbet 和 Sorge 在 2000 年和 2003 年，对存款保险制度对金融发展的问题做了实证研究，相比而言，Cull 等人的研究着眼于存款保险在长期稳态中的金融发展效应，而不仅仅是讨论金融业或者银行业陷入危机时建立存款保险制度的作用。

对各国存款保险制度，Cull 等人依据宽泛度和进入门槛为标准进行分类。根据理论分析，Cull 等人提出了存款保险制度金融发展效应实证检验的基本框架：

（1）金融不稳定性和道德风险：在管制不严的环境中，银行存在从事高风险的投资活动的激励，使得整体风险水平高于社会最优水平，金融系统由此变得不稳定。所以，道德风险不解决的话，存款保险可能只有负效应，它引发更高而不是更低的金融系统不稳定性。

（2）经济低效率：存款保险的激励效应不仅导致银行过度承担风险，而且使实体投资活动偏离社会最合意的投资组合。事实上，存款保险的存在导致经济总体质量下降，因为除了银行业价值随着风险变大和不稳定性增强而下降以外，实体经济中超过合意风险水平的高风险投资获得过多的融资，必然侵占其他稳健投资的资金来源。

（3）资本管制和进入门槛效应：较高的银行自有资本虽然有助于减轻银行投资于高风险领域的激励，但是存款保险所产生的激励扭曲和过度风险从未被消除。保险费即便基于银行风险进行调整，也因为在时间上不一致，使得银行的资产选择可能完全偏离了保险费所希望设定的水平。

（4）最优管制和法规：在缺乏规制的环境下，存款保险制度容易产生激励扭曲，资本规制作为一种解决方法，作用有限。John、Saunders 和 Senbet（2000）则认为使用诸如薪水、红利和股权分享等银行管理层补偿的激励特征能够达到一个有效的管制机制，基本思想是增加银行管理层对存款者和银行股东利益的敏感性。

分析结果显示：存款保险制度越宽泛，金融部门的波动性越大。相对来说，稳健的监管环境将有助于减轻这一联系。在法律指数较高的国家，即使宽泛的存款保险也没有显著地增大银行系统脆弱性。对于进入门槛来说，无论监管水平和法律制度如何，这个变量不会对随后的金融脆弱性产生显著的影响。把两者结合起来看，一国如果采取宽泛的存款保险制度，就不能寄希望于进入门槛来降低金融波动性。监管质量有助于限制与存款保险相关的波动性，但进入门槛（如自有资本要求、保险费率依据风险厘定等）可能由于时间不一致而不起作用。

宽泛的存款保险制度对于金融发展有积极作用，前提是具备适当的监管措施。当存款人对存款保险制度信任程度较高时，虽然宽泛的保险制度所引起的波动性会延缓长期金融反展，但是稳健的监管环境可以替代存款人发挥监督功能，进而消除这种负面影响。例如，具备良好法律传统的国家在引入宽泛的存款保险之后，把更多的储蓄导入金融体系，由此将经历较快的长期金融发展；而监督措施不严的国家，如法律指数较低的发展中国家，过于宽泛的存款保险制度在消除存款人监督激励的同时，没有相应的部门替代或恢复对银行的监督，金融波动性增强，金融发展进程减缓。

存款保险对私人信贷增长和流动负债增长的影响在不同法律传统的国家差异十分明显。除了法制传统最薄弱（法律指数接近 0）的国家以外，引入显性存款保险制度以后，流动负债增长明显。然而，只有那些法律指数较高（达到 5 或 6）的国家，才伴有私人信贷的明显增长。由此可见，宽泛的存款保险除了在制度环境极端混乱的国家之外，都将促使更多的资金流向银行，但只有法律制度稳健的国家才出现存款和私人信贷同时增加的现象，制度环境较差的国家，存款保险所吸引的额外资金的中介效率不高。

3.2 世界范围内的存款保险制度

每个国家都有它自己的具体国情。在进行存款保险制度的具体构建时，由于需要兼顾本国的现状和习俗，即使是经济状况和政治背景都很相似的国家，最后采取的结构形式也不尽一致。本章旨在通过分析几个典型国家在存款保险制度的运行过程中遇到的不同问题，来探视存款保险制度在具体实施过程中的弊端及其解决方法。本节选取的三个样本国家各有其特点。第一个样本国家美国，是世界上最先建立存款保险制度的国家，关于它的存款保险公司 FDIC，前文已有比较系统的介绍，这里就不再赘述，只对近 20 年来美国金融安全网所受到的最大挑战——储贷危机和次贷危机做了两个专题论述，以此对 FDIC 的承保范围、监督职责和面对危机的处理方式等方面存在的不足进行探讨。第二个样本国家德国，其存款保险机构有着十足的"德国特色"。与政府建立的 FDIC 不同，德国的存款保险制度是完全由私人出资和管理的，政府只有在爆发系统性危机时才有可能介入。因此，银行体系内的市场纪律不是靠储户监督而是靠银行同业间的相互监督而实现的。这在一定程度上削弱了道德风险，有利于保持整个银行业的稳健经营，但是也客观上提高了银行业市场准入的门槛，不利于公平竞争。最后一个样本国家日本，其建立的存款保险制度完全由政府主导，不论是在监督环节还是在处理环节，存款保险机构都没有自主权，发挥的功效相对也就有限。为增强民众信心，日本于 1996 年开始实行全额存款保险。后来由于种种原因迟迟未能调回限额保险，以致带来了严重的道德风险。

3.2.1 美国：两次危机的洗礼

存款保险制度诞生于美国，最初的目的在于重树民众对银行系统的信心，遏制大萧条的颓势。在其漫长的发展过程中，考验一直不离左右，其中影响最大的莫过于 20 世纪 80 年代的储贷危机和如今席卷全球的次贷危机。两者发生时间虽然间隔十多年，但现在看来，均为盲目放松管制后，监管不力导致的恶果。下文试图通过对这两次危机的起因和处理手段的描述，来分析其中的经验和教训。

一、储贷危机（The Savings and Loan Crisis）

存款保险公司 FDIC 在 20 世纪 80 年代末 90 年代初期经历了第一次严峻的考验：储贷危机。1986—1995 年间，总资产逾 5000 亿美元的 1043 家储贷协会受储贷危机的冲击而倒闭。失败机构的总量是如此庞大，以致储贷协会的保险机构 FSLIC 的资金被迅速耗竭，[①] 在赔偿约 1250 亿美元后，

---

① 联邦储蓄贷款保险公司（FSLIC），最初依据《1934 年国民住房法案》（*The National Housing Act of 1934*）创立，用来为储贷协会提供存款保险。它成立的前一年 FDIC 成立，为商业银行的存款提供保险。FSLIC 的出现填补了储贷协会的保险真空。它成立后，受 FHLBB（The Federal Home Loan Bank Board）的监管。在储贷危机中，FSLIC 被数次注资，1986 年被注资 150 亿美元，1987 年被注资 107.5 亿美元，但都挡不住储贷协会大批破产的颓势。最终，连同 FHLBB 一起，依据 1989 年的《金融机构改革、复兴与强化法》废除了早已资不抵债的 FSLIC，将对储贷协会的保险责任移交给了受 FDIC 监管的 FSLIC Resolution Fund（FRF）。

资不抵债的 FSLIC 最终被废弃。1989 年，依据《金融机构改革、复兴与强化法》（*The Financial Institution Reform，Recovery and Enforcement Act*）成立了 RTC（Resolution Trust Corporation）来清偿遇到困难的储贷协会。在支付约 3940 亿美元后，RTC 在 1995 年底将其剩余的资产与负债悉数交接给了 FSLIC Resolution Fund（FRF），结束了其历史使命。储贷危机总损失超过 1600 亿美元，其中有 1264 亿美元是由政府直接支付的，这直接导致了美国 20 世纪 90 年代初期财政赤字猛增。

美国储贷协会，又称互助储蓄银行，曾是美国存款机构中仅次于商业银行的第二大类存款机构。它的主要业务是吸收短期储蓄存款，发放长期住房抵押贷款和其他类别的贷款，靠存贷差来盈利。依照法律，储贷协会的贷款中，至少有 65% 必须用于发放个人住房抵押贷款和其他消费类贷款，这导致其特别容易受到房地产市场的冲击，譬如说正在说的储贷危机和后来肆行的次贷危机。

互助储蓄银行业（The Thrift Industry）的本意是服务大众、促进社会进步，其根源可以追溯到兴起于 18 世纪晚期的英国社会建房运动（The British Building Society Movement）。美国的互助储蓄银行（原先称为 Building and Loans，建房贷款协会，简称"B&Ls"）和英国的房屋抵押贷款协会都共享着一个根本宗旨：帮助工薪阶层存钱以在未来购置房产。所以，B&Ls 最初是完全非营利性的合作机构。虽然银行会发放各种类别的贷款，但 B&Ls 只针对工薪阶层发放住房抵押贷款。事实上，其组织者认为 B&Ls 是社会改革的一部分，而非金融机构。他们的活动基于这样一个理念，由于系统性的储蓄习惯和共同合作有利于提升个人道德素质，因此 B&Ls 通过助人购房可以帮助培养更好的公民。

第二次工业革命掀起的购房高潮导致 B&Ls 的数量猛增，于是 19 世纪 80 年代诞生了一种新型的互助储蓄银行：全国建房贷款协会（The "National" B&L）。它们通常是营利性机构，为了高额利润不惜以高于一般金融机构四倍的利率来吸引存款，甚至雇人来推销自己的股份，最终在 1893 年的经济萧条中受到重创，差不多全部倒闭。这催生了一系列指导 B&Ls 的监管机构来规范 B&Ls 的行为。同时，还产生了全国范围内的贸易协会，其作用不仅在于保护 B&Ls 的利益，更在于推进商业的发展。商业协会致力于会计制度、评估制度和贷款流程的标准化，并在大范围推广"储贷协会"这一称谓。20 世纪 30 年代，B&Ls 的叫法逐渐消失。储贷协会作为金融机构的专业职能逐步被强化。在第二次世界大战过后的头二三十年里，互助储蓄银行业迎来了其最辉煌的时代。第二次世界大战归来的人们急于恢复其战前的正常生活，这导致新的家庭数量猛增，房贷量随之高攀。这一时代的"婴儿潮"（1946—1964 年间第二次世界大战后的生育高潮）掀起了城郊建房的高潮。而建房的贷款主要由储贷协会提供。储贷协会的这一黄金时期从 20 世纪 40 年代持续到了 60 年代早期。

储贷协会和商业银行为了争夺储户，曾周期性的相互提高利率。这种"利率战"愈演愈烈，以致于后来国会干脆于 1966 年采取高压手段，明文限制储贷协会和商业银行的存款利率上限。从 1966 年到 1979 年，利率管制给储贷协会带来了一系列前所未有的挑战。在以低增长、高利率、高通胀为特征的"滞胀"经济形势下，诞生了一系列新的金融工具。它们可以绕过利率管制，给储户提供高于商业银行和储贷协会利率上限的利率。于是，市场利率被客观提高，大量储蓄资金流向了货币市场基金，产生了所谓的"金融脱媒"现象。储贷协会的储贷差在缩小，由于滞胀的缘故，房贷的申请人也在锐减，这一切都导致储贷协会的利润滑坡，其主营业务收到严重挑战。同时，储贷协会的资金又不能进入除存款和房贷外的其他领域增加其他的收入流，于是储贷协会遇到了自第二次世界大战以来的第一次经营难题。

这一时期，为了应对复杂的经济形势，储贷协会的经营者也进行了一系列的产品创新，譬如说开发可转换抵押贷款工具（Alternative Mortgage Instruments）和付利息的支票账户。这一系列的努力虽然使得互助储蓄银行业继续保持稳定的资产增长率和利润率，然而储贷协会的总量事实上是下降的。20 世纪六七十年代也通过了一些法案，开始逐步放松对储贷协会的管制，但总体而言都是小范围的修正，真正的大手笔要等到 20 世纪 80 年代。前所未有的监管宽容埋下了新的祸根。

1979 年油价骤然翻番再次引发了高利率和高通胀，互助储蓄银行业再次面临重大挑战，数百储贷协会甚至面临倒闭风险。针对这一局面，1980 年国会通过了《存款机构解除管制与货币控制法案》（*Depository Institutions*

Deregulation and Monetary Control Act，简称 DIDMCA），废除了针对储贷协会和商业银行的存款利率上限（即美联储 Q 条例），放宽了储贷协会的经营范围。同时，还将存款保险的上限由 4 万美元提高到 10 万美元。《1981年税收改革法》（*Tax Reform Act of* 1981）的颁布，为个人投资于房地产业提供了强有力的税收支持，这掀起了新一轮的房地产热，但也为后来的建设过量提供了诱因。储贷协会得益于这一时机，开始迅猛发展。同年，联邦住房贷款银行委员会（Federal Home Loan Bank Board）开始允许经营困难的储贷协会发行资本收益证券（Income Capital Certificates）并将它卖给 FSLIC 以充实其资本金。这样，一些资不抵债的机构也可能在账面上表现为是有清偿力的。1982 年出台的《加恩—圣杰曼存款机构法》（*Garn-St. Germain Depository Institutions Act of* 1982）本意上是放松储贷协会的管制，进一步给予储贷协会更多的权限，授权其经营多元化以提高其盈利能力，"让储贷协会自己走出经营困境"。但事实上，对于储贷协会来说，这种放松管制是一把"双刃剑"，在一定程度上刺激了部分储贷协会片面追求"高风险－高收益"项目，引发了道德风险问题。1983 年市场利率开始下降，这一趋势使得大量储贷协会回归稳健状态，但仍然有 35% 的储贷协会保持亏损，按照 GAAP 的标准，有 9% 的储贷协会资不抵债。

　　虽然几部法令的通过最终制造了监管宽容的环境，但部分有责任心的监管者并没有放松其监管职责。1983 年，Edwin Gray 成为新的联邦住房贷款银行委员会主席。在任期内，他一直积极扭转监管放松过度的态势。1983 年 11 月，银行委员会将新成立的储贷协会的净资产比例提高到了7%。1984 年，银行委员会和 FDIC 联手，试图降低经纪存款①的存款保险，但被联邦法院驳回。相应地，银行委员会转而要求储贷协会的管理层遵从既定政策和规范操作流程，来管理利率风险。1985 年，由于 FSLIC 承保的机构有许多未达到净资本要求，FSLIC 规定经纪存款不能超过总量的 5%。银行委员会同时规定，即便存款机构达到了净资本要求，其对于股市、房地产、服务类公司和运营子公司的直接投资不能超过其总资产的 10%，或

---

　　①　经纪存款（Brokered Deposit），被经纪人拉来的存款，而非普通储户的自发存款。存款机构付费给经纪人拉存款，这种做法曾经盛极一时。

者其净资本的 2 倍。可惜的是，这些努力收效甚微。整个行业采取漠视的态度。1987 年银行委员会调查发现，储贷协会的这类直接投资事实上超过了其有形资产的 2.5 倍不止。

在监管宽容的大环境下，互助储蓄银行业迅猛增长。1982—1985 年间，整个银行业的资产增长了 56%。1982—1986 年间，得克萨斯州的 40 家储贷协会在规模上增长了 3 倍，加利福尼亚州的储贷协会也出现类似的扩张情况。但 1985 年马里兰州的储贷机构纷纷倒闭，最终耗费了纳税人 1.85 亿美元，这开始给人们敲起了警钟。1986—1989 年间，更多的储贷协会倒闭，由于损失额过于巨大，很多机构被允许重新开门继续冒险扩张，寄希望于这些机构能自我恢复，但最终造成的是更加高额的亏损。到了 1986 年，FSLIC 的净损失已达到 200 亿美元左右。1987 年，这一数字已猛窜到至少 380 亿美元。储蓄协会的政治说客们到国会山请求增资，反而控诉银行委员会的监管过于严厉和主观。1987 年 4 月，Edwin Gray 在其离任前被五个议员（后被查出收受了 Keating 的贿赂而被戏称为 "Keating Five"）质询银行委员会对于 Charles Keating's Lincoln Savings and Loan 调查的合理性。而 Lincoln 其后的倒闭耗损了纳税人至少 20 亿美元。在 Gray 离任前一个月，银行委员会开始取消 RAP 最初规定的一些会计准则，并规定储贷协会必须和银行一起遵从 GAAP 会计标准。但是银行委员会新的主席上任后，将这一规定的执行期推迟到了 1989 年的 1 月 1 日。

总的说来，储贷危机的发生是由多方面原因共同发力的恶果。

首先，Q 条款废除后，形成了利差监管的真空。虽然许多储贷协会进入 20 世纪 80 年代后都出现了净资本不足的问题，但由于净资本的监管非常不到位，这一问题并未及时得到重视并解决。在高通胀和市场利率攀升的双重压力下，Q 条款在保持资本成本与资产收益率间合理利差的有效性被大打折扣，这导致 Q 条款在后来被废除。但其他的有效条款始终未能出台，形成了利差监管的真空。

其次，同业间的恶性竞争加大了经营风险。存款利率不断被抬高，而储贷协会没有办法使资产收益率保持同样的增幅，储贷差在缩小，进而是利润的缩水；新的科技手段和金融工具的诞生，使得金融机构，特别是按揭贷款业务，可以按照完全不同以往的方式来经营，这加剧了存款招揽和按揭贷款业务间的竞争。为了应对竞争，储贷协会开始盲目增发风险贷款。

再次，在监管不到位的情况下，放松管制的政策优惠诱发了各方面的道德风险。《存款机构解除管制和货币控制法案》和《加恩—圣杰曼存款机构法案》这两条法案通过后，储贷协会赢得了更广泛的投资权。而很多储贷协会的管理层缺乏相应的专业技能和经验来量化新的风险和新的投资机会，他们同样没有能力来管理大量的非住宅建设贷款。很多管理者盲目投机，最终导致所在机构的经营失败。放松监管的本意是想防范借贷过度，最小化金融机构的倒闭数量。但是，监管宽容使得储贷协会可以在高收益的承诺下直接地或通过金融媒介间接地向远期贷款市场发放贷款。而这些贷款者却不熟悉这些远期市场。监管宽容同样赋权给储贷协会涉足投机性的建设项目，而开发商在这些项目中本身投入甚少，有的开发商甚至完全未投入任何资金，完全就是在利用储贷协会的资金来"空手套白狼"；在危机发生的头三年，欺诈行为和内部人交易是20%的储贷协会倒闭的主要原因。FSLIC曾改变规定，将储贷协会的持股人数的下限由400人减少到了1人。这一条款催生了储贷协会一批新的管理者和所有者，这群机会主义者大都是利用新条款通过欺诈手段上位的；而有些储贷协会委员会董事的职责被降低了。权力与责任的不对等，使得一些管理人员无所顾忌地滥用权力。同时，委员们在控制支出、防范直接的利益冲突等方面也未能恪尽其责。这一时期，美国的通胀率基本回落。而许多城市的房地产业建设过度，在许多依靠能源出口的州（如得克萨斯州、路易斯安那州、俄克拉荷马州）里，由于油价的下跌，房价开始崩溃。在矿产和农业等领域也出现了类似的情况。在大的经济形势萧条的背景下，房地产泡沫的破灭直接引发了系统性危机。在这一形势下，许多储贷协会的管理者开始认识到恢复资本充足率的必要性。因为急于增加收入，这些管理者不惜偏离传统的借贷渠道，转而将资金投向了更高风险的证券市场。可惜的是，他们在这一领域没有经验。即使大部分储贷协会已开始亏损，但是会计公司、证券分析员和金融行业却未能对它们进行精确、合理有效的评估。因此，储贷协会的问题长时间一直未能及时浮出水面。

最后，监管部门未能及时处置大部分问题协会，造成了时机上的延误。虽然监管部门的组织结构和相关的监管法律，对于监管和组织 20 世纪六七十年代的金融活动是有效的，但在处理 20 世纪 80 年代的新状况时，却一直犹豫不决，所导致的处理延迟是致命的，因为许多垂死挣扎的管理者往往不惜冒前所未有的风险将资金投入证券市场来"放手一搏"，却产生了更为巨额的亏损。在处理新形势下的储贷协会问题时，联邦和州立的监管人员在数量、经验和能力上是严重不足的。事实上，从 1982 年到 1985 年，监管人员的数量一直在削减。平均每个监管人员的在职经验只有 2 年。很多储贷协会在问题出现 1 年甚至更长时间后才被勒令关闭，经常会有所谓的政治上的考虑延误了监管机构及时采取正确的行动。

储贷危机的影响是深远的。它引发了继第二次世界大战以来最大规模的储贷机构的倒闭。除了储贷协会外，从 1980 年到 1994 年，超过 1600 家商业银行接受了 FDIC 的救助。房地产业和金融领域的相继低迷大概也成为 1990—1991 年经济萧条的诱因之一。从 1986 年到 1991 年，新房的建筑量从 180 万套降到 100 万套，创第二次世界大战后的最低记录。

一些评论家认为，政府用纳税人的钱对储贷协会进行的全力救助引发了新的道德风险。而十多年后的投资银行家犯了同样的错误，产生了次贷危机。

二、次贷危机（Sub-prime Crisis）

和储贷危机一样，次贷危机从某种意义上也可以说是监管不力、纵容金融机构不顾风险、盲目逐利的恶果。自 2006 年起，美国的房价猛跌，这成了次贷危机产生的直接诱因。但是，冰冻三尺非一日之寒，更深层次的结构化因素是多年以来陆续埋下的。

2008 年 11 月 15 日，20 国集团的金融市场和世界经济峰会宣言（*Declaration of the Summit on Financial Markets and the World Economy*）对次贷危机的根源做了一个总括：最近一二十年来全球经济总量增长强劲，资本流动量不断扩大，经济超长期平稳发展，在这种环境下，许多市场参与者片面追求高利润，却没有对风险进行准确评估，也没有进行适合的尽职调查。① 同时，承销降低了标准，风险管理不到位，不断创新的复杂而难懂

---

① http://www.whitehouse.gov/news/releases/2008/11/print/20081115-1.html.

的金融产品，和随之而来的杠杆率过度加大，这一切联合导致了金融系统的脆弱。某些发达国家金融政策的制定者、监督者与管理者却未能精确的评估和提出金融市场上逐步累积的风险，未能跟上金融创新的步伐，在制定国内政策时也未能将其可能产生的系统性影响考虑在内。

"居者有其屋"，这是美国政坛上的数任总统（如罗斯福、里根、克林顿、布什）不约而同所追寻的目标。为了使更多的人有能力贷款买上房子，也为了进一步开拓房贷市场，20 世纪 80 年代涌现出了一批新的按揭贷款形式，如可调整利率式按揭贷款、气球贷和还款初期仅要求支付利息的按揭贷款等。这些新形式的贷款逐步抢占了传统的固定利率、按期支付的住房贷款的市场。它们的确是触发储贷危机的外因之一，但它们产生恶劣的外部影响的根源却在于，监管部门未能施行有效的监管措施来防止此类借贷形式被利欲熏心的贷款者所滥用。这一事实不幸在次贷危机中又重演了一次。据统计，80% 的次贷产品都是可调整利率的按揭贷款。

1995 年，政府支持企业（如房利美（Fannie Mae））受政府税收政策的激励开始大量购买抵押担保证券，这些抵押贷款里就包含了发放给低收入借款者的次级贷款。从此，房利美和房地美（Freddie Mac）踏入了次贷市场。1996 年，HUD（The United States Department of Housing and Urban Development 的简称，美国房产与都市发展部）给房利美和房地美定了一个标准，它们购买的按揭贷款中，至少应该有 42% 的借款人的收入需低于他们所在地区的平均水平。2000 年后，这一标准被提高到了 50%，2005 后更是提高到了 52%。从 2002 年到 2006 年，美国的次贷市场较之以往增长了 2.92 倍。房利美和房地美平均每年购买的次贷证券总额从 380 亿美元陡增到 1750 亿美元，后期跌倒了 900 亿美元。这其中包含了 3500 亿美元的 Alt-A 级别按揭抵押证券。不过房利美因为高违约率，在 20 世纪 90 年代早期就开始减持 Alt-A 级别按揭抵押证券。到了 2008 年，通过直接投资或其赞助的资产池，房利美和房地美的住房按揭贷款大概占了美国按揭贷款市场总值的一半。房利美和房地美这类 GSE 的杠杆率总是很高，它们在 2008 年 6 月的净资产仅为 1140 亿美元。2008 年 9 月起公众开始质疑 GSE 是否有违约风险，政府被迫迅速采取措施，将两者纳入财政局监管，用纳税人的钱买单，将其国有化。

《格拉斯—斯蒂格尔法案》（*The Glass-Steagall Act*）是大萧条后制定的，它规定了商业银行、投资银行和保险业间必须实行严格的分业经营。1999 年，克林顿政府提交由 1991 年布什政府推出的《监管改革绿皮书》并经国会通过，形成了《金融服务现代化法案》（*Financial Services Modernization Act*），亦称《格雷姆—里奇—比利雷法案》（*Gramm-Leach-Bliley Act*），废除了 1933 年制定的《格拉斯—斯蒂格尔法案》有关条款，从法律上消除了银行、证券、保险机构在业务范围上的边界，结束了美国长达 66 年之久的金融分业经营的历史。其结果是商业银行开始同时大规模从事投资银行的活动，如花旗集团（Citigroup）和摩根大通（JP Morgan）。随着商业银行开始从事全能银行的业务，在美国，金融企业的利润占全部上市公司利润的份额从 20 年前的 5% 上升至 40%。金融扩张的幅度明显大于其所服务的实体经济，而且随着监管的绊脚石被移走，越来越多的商业银行加入到衍生品的盛宴当中，从而使隐患一步步扩大。这种放松管制的爆发性增长是不可持续的，一旦房地产泡沫破裂，多重委托代理关系的链条便从根本上断裂，危机便不可避免地发生了。

经济学家约翰·斯蒂格利茨（Joseph Stiglitz）严厉批评了这一法案的废除。他将这一法案的废除称为"银行机构和金融服务行业斥资 3 亿美元游说参议员 Phil Gramm 冲击国会的结果"，他认为法案的废除助生了这次的次贷危机。因为投资银行风险爱好者的本性盖过了商业银行稳健保守的文化传统，导致经济繁荣期金融机构风险投资升级，杠杆率大幅上升。另外，在 20 世纪 80 年代政府对储贷危机的救助也滋生了道德风险。借贷者认为反正只要事态发展到一定程度，政府一定不会坐视不管，为了防止系统性危机的蔓延，不得不让纳税人买单来救助问题金融机构。在这种心理的影响下，贷款机构更加肆无忌惮的发放风险贷款。

2009 年，IMF 估计全球金融机构的累积损失超过 4 兆美元。Francis Fukuyama 提出这场危机代表了以低监管、小政府和低税收为特征的里根主义在金融领域的终结。金融监管领域将因此而发生大规模的变革。2008 年 7 月 21 日的《华尔街日报》发表评论员文章，认为 FDIC 在次贷危机的处理中扮演了不光彩的角色。美国联邦政府官员认为，放贷机构需要承担次级抵押贷款危机的主要责任，因为正是他们不计后果地面向无力还贷的客户发放了太多高成本住房贷款。但一份向联邦法院递交的政府文件显示，美国政府本身也是一个高息次级抵押贷款的放贷人，其中有些贷款甚至可被划归为掠夺性贷款。关于次贷问题，FDIC 事实上在 2001 年就指出：虽然次级贷款通常伴有更高的风险等级，但是在合理的管理下它也能成为利润丰富的业务。因为其风险等级较高，次级贷款资金池的质量极易受到外界影响而在瞬间下滑，这在经济突然拐向萧条的时期尤为明显。而稳健的承销惯例和有效的控制体系有助于赢得面对经济形势恶化的反应时间，同时充足的备用资金和资本金水平，有利于减少外界条件的不利影响。由此看来，监管机构的监管人员并非未能及时看清问题，但是为何屡犯行动不及时的老毛病，那恐怕就是深层次的管理问题了。

为了改变这一现象，在次贷危机中美联储影响力得到扩大，开始代行更多 SEC 和 FDIC 的职能。对于曾经一度为商业银行所支配的领域，美联储政策制定者正重新定义，规定哪些公司对信贷流动性是至关重要的，哪些机构一旦关闭将对整个经济造成威胁。2008 年，贝尔斯登（Bear Stearns）的几乎崩盘，使得美国金融系统面临自大萧条以来最大的调整。为了避免贝尔斯登倒闭而使信贷风暴恶化，美联储高调协助摩根大通展开收购，更破例成立了一家新公司，管理和出售贝尔斯登的 300 亿美元资产，事实上行使了 FDIC "银行清算师" 职能。美国财长保尔森曾表示，美联储应拓宽金融机构监管范围，华尔街的投行也应被包括其中，而这原本也是由 SEC 所调节的。

投资银行被戏称为 "影子银行"，因为通过金融创新工具它事实上行使了商业银行的职能，但同时却逃避了相应的金融监管。按理说，投资银行本属于 SEC 的调节范围，不过既然它客观上发挥了商业银行的作用，FDIC 也应该有资格将其纳入其监管范围内。事实上，早在 2001 年初期，FDIC 就在其网站上发表了对于次贷的指导性意见。① 可惜的是，多头监管导致职责不明反而形成了一片监管真空。这片监管真空最终酿成了次贷危机，造成了难以估算的损失。

---

① "Expanded Guidance for Subprime Lending Programs"，http://www.fdic.gov/news/news/press/2001/pr0901a.html.

FDIC 在次贷危机中的行动及时性为人诟病，后来采取的稳定性措施也颇具争议。譬如说，根据 2009 年 5 月 19 日美国国会通过的《家庭住房援助法案》（the Helping Families Save their Homes Act of 2009（S. 896）），将 FDIC 所有存款的保险上限临时提升至 25 万美元，直至 2013 年为止。Sebastian Schich 在 2009 年表示了对其可能产生道德风险的忧虑，[①] 而其提出的一些关于存款保险的建议，则是很具有参考性的：[②]

第一，就承保范围而言，覆盖范围低或仅仅为部分覆盖的存款保险体系，可能在防范挤兑方面有效性不足。第二，显性存款保险制度要想发挥其有效作用，必须确保存款者知晓现有存款保险计划的承保范围和上限。第三，当不同的机构被赋予处理危机形势的相关职责时，事前对各个机构对应职责和相关权利的严格界限也许不利于其相互间的紧密合作与相互协调，而这又是解决问题所必需的。第四，是否应该对银行专门设置一个破产清查机构，这仍然是个尚待解决的重要问题。最后，Sebastian Schich 甚至对于 FDIC "银行清算师" 的职能产生了质疑。

3.2.2　德国：存款保险制度的私人俱乐部属性

德国的存款保险制度是由德国银行委员会在 1975 年创办的。虽然早在 20 世纪 50 年代，德国就出现了一些地区性存款保险组织，用以扶持陷入困境的成员机构，但直到 1974 年，德国银行业出现了清偿力不足的问题，赫斯塔特银行（Herstaff Bank）的倒闭导致建立存款担保的政治压力日益高涨，这之后，三大银行系统为了规避强大的政府干预，才分别建立起了各自的自愿存款保险机制，并逐步发展为现行的存款保险体系。德国存款保险体系具体由三部分组成：

一、储蓄银行业的存款保险系统

该系统是 1975 年由联邦德国储蓄银行和汇划银行联合会共同建立的，并在全国 12 个地区设立地区保护基金。在此之前，储蓄银行也建立过储蓄

---

①　"Challenges Associated with the Expansion of Deposit Insurance Coverage during Fall 2008"，http://www. economics-ejournal. org/economics/discussionpapers/2009-16.

②　"Financial Turbulence：Some LessonsRegarding Deposit Insurance"，*Financial Market Trends*，ISSN 0378-651X，OECD，2008.

银行扶持基金，目的是为其成员机构提供保险，从而间接地保护存款人。新基金的建立可以在会员银行遭受损失且无力支付时对其进行一定限额的援助，最高额度为基金总额的15%。一般情况下，基金总额会保持在会员银行总资产的0.3%左右，而基金主要来源于会员银行每年按资产的0.03%缴纳的保险费。

二、私人商业银行业的存款保险系统

为了抗衡储蓄银行国有性质的竞争优势，私人银行业很早就建立了一些存款保险性质的基金。1951年建立的巴伐利亚银行基金是最早的私人商业银行业存款保险基金，而建立于1966年的"共同基金"是跨区域性的救急基金，这些基金都给存款者提供了一定的保护。为了进一步增强基金的保护作用，这些基金根据《德国银行业联邦协会存款保险基金章程》，于1976年进行重组，建立现行的私人商业银行的存款保险制度，并制定了相应的存款保险的基本原则。该基金除了可为商业银行提供存款保护外，也为自愿投保的储蓄银行和合作银行提供保护。保护的具体内容为，德国境内的不超过银行核心资本30%范围内的非银行客户存款，会员银行应按其存款总额的0.03%缴纳保费。

三、合作银行业的存款保险系统

合作银行保护系统正式成立于1976年，由基层信用合作社形成的保障基金和联邦协会形成的保障协会基金构成。其职能在于：当会员银行陷入流动性危机时，保护基金可以通过贷款、担保等方式对其进行援助。基金的主要资金来源于各会员缴纳的保险费，每年缴纳的保险费用按存款的0.05%计算，如有必要可调高到0.15%，基金没有设定具体的保险金额，但对会员的援助不超过100万德国马克。

与其他国家的显性存款保险制度相比，德国私人银行的性质使其格外与众不同。作为一个完全自发的计划方案，德国的存款保险制度是由私人筹资并管理的，完全独立于政府的监管范畴之外。但是，在审计、银行执照的颁发和危机解决等方面，它还是与政府当局密切合作的。虽然它提供了几乎是无上限的存款保险，但公众并没有法定的清偿权。在这一制度下，虽然储户不会有动力来监督银行的运作，贯彻市场纪律，但是制度本身的私人性质和几乎无上限的保险范围似乎促进了银行相互间的密切监管，于是市场纪律得以由银行自身贯彻实施。德国存款保险制度现在已存在 30 余年，它不仅平息了数次较小规模的金融危机，而且在席卷全球的次贷危机下也表现强势。

德国存款保险制度是私人部门和公共部门有效合作的一个典范。危机发生后首先担负赔偿责任的是私人部门。事实上，德国从法律上禁止了德意志联邦银行（Bundesbank）为存款保险制度实施最后贷款人的援助。只有当危机扩大到不可遏制的系统性范围后政府才可能会介入。其诞生根源与德国独特的银行体系有关。德国金融体系最大的特点是以综合性银行为主体，其他多种金融机构并存，形成商业银行、储蓄银行和合作银行三大银行集团。商业银行一般是规模较大的私人银行。储蓄银行是公立的银行，主要定位于中小客户的存贷款业务。合作银行也是公立银行，主要为中小企业及建筑公司提供中长期贷款，同时它也吸收储蓄存款。三大银行体系之间的竞争甚至超过了各体系内部银行间的竞争。最终三大银行体系建立了各自的存款保险制度也就不足为奇了。

德国模式说明，在特定的体制和竞争环境下完全由银行自身出资并管理的存款保险制度也是可行的。这种制度的俱乐部性质，严格的审计和强有力的自律监管，再加上与政府部门审慎监管的密切配合，都是德国存款保险制度得以成功的不二法门。它们在一定程度上抵消了德国模式的负面影响，譬如说无上限的承保范围——这导致了储户没有足够的动力来监视银行——最终化为了银行内部彼此监督的动力，因为成员银行倒闭引起的任何损失最终都是由其他成员来买单的。因此，在提高市场纪律、防范道德风险方面，并非是各种激励因素简单加总的效益表现，而是各个不同的设计要素间相互作用相互博弈的结果。

德国存款保险制度的成功，与其良好的制度环境也是分不开的。德国是一个法规严谨、制度健全的国家，其内在的契约精神和有法必行的制度环境有效遏制了腐败的概率。要是换一个制度不健全的环境，自愿的会员制可能会导致逆向选择。因为大的银行可能会选择不参加。高额的存款保险可能会使银行所有者和经营者滥用存款保险。在薄弱的制度环境下，只是部分注资的存款保险基金可能会诱使成员银行有意的注资不足，而寄希望政府能在危机发生时伸出额外的援手。虽然存款保险基金的运作情况对外保密有助于加强储户的信心，让他们不致于总被短暂的波动所惊扰，但是在透明度不高且腐败率较高的社会里，这会降低基金经理的可信度。

德国模式的成功同样不能忽视德国独特的银行系统构成。高度集中的商业银行部门加上较少数量的银行分支，容易营造一种俱乐部的氛围，在发生危机时也容易快速决定。但是，这也可能会阻扰新的具有开拓精神的市场参与者的准入，从而使这一俱乐部演变为一种卡特尔。在德国，经济上和法律上回避破产的偏好，虽然有助于避免道德风险，但也会遏制企业家精神。更多的经营者会将目标定位于稳健经营，而牺牲掉产品的创新和市场的开拓。

对于像我们这样的发展中国家而言，德国模式是值得借鉴的。首先，我国也是由四大国有控股银行占主导，容易形成一种"俱乐部"的氛围，因此同业间的相互监督是切实可行的，这样可以提高整个社会对银行业的监管力度，抵消储户"搭便车"从而导致的监管不力。其次，基于审计结果得出的风险溢价的保费，有利于保险的保护程度和它想避免的道德风险之间的有效链接。最后，事先建立一个基金来向储户保证存款保险制度的信誉，事后再让银行补充注资，以此来激励银行间的相互监督从而减少成本，这两者的结合也可能是一个值得推荐的模式。

3.2.3 日本：政府过度干预下的存款保险制度

与德国刚好相反，日本存款保险制度与政府的依附关系非常深厚。这与日本独特的金融体系是分不开的。战后日本金融体系的轮廓形成于1950年前后。从本质上讲，它是一种"限制性的支持体系"。其主要目标是从金融方面支持在战后废墟中开始的日本经济复兴和自立，并且维持稳定的信用秩序。该体系的主要特征包括：金融业务部门间严格分工；实行利率管制；国内市场与海外市场严格分离；"主银行"体制下，主银行持有企业股份，企业集团间企业相互持股；政府在金融活动中占有主导地位。在这一体制下，政府通过制定各种管制政策和"窗口指导"对民间金融活动进行干预，对金融业的发展进行积极的干预，逐渐形成了"护送舰队方式"。所谓"舰队船团"，原指在海战中为保护行进速度最慢的舰船，整个船队的行进速度以最慢的舰船为标准。这种金融体制一方面维持了稳定的信用秩序，促进了战后经济和金融领域的迅速发展，但另一方面也限制了竞争，不管有无实力，任何金融机构都能够生存，都可以获得一定的超额利润，由此便产生了一家银行也不会倒闭并且也不会让其倒闭的"银行不倒"神话。这种体制在某种程度上可以算是一种隐性存款保险制度。

20世纪70年代初，日本经济进入战后复兴和高速成长期，当时的金融状况是资金不足与企业资金需求旺盛并存。在这种情况下，金融体制研究委员会认为，为了提高金融市场效率，应该引入金融机构竞争机制，但同时也不能损害存款人的利益，因而有必要建立一种存款者保护制度以维护金融的稳定。1971年，大藏省向国会提交了《存款保险法》，当年4月在众、参两院通过后正式公布实施。当年7月1日，日本存款保险机构（Deposit Insurance Corporation of Japan，简称 DICJ）成立，这标志着日本存款保险制度正式确立。1973年又制定了《农水产业合作社储蓄保险法》，以农协和渔协为保护对象，对存款保险制度进行了补充。同年9月设立了农水产业合作社储蓄保险机构。

DICJ成立之初，其组织结构相当简单。存款保险机构的理事长由日本的中央银行——日本银行的副总裁担任；审议和决定业务运营的决策机构是营运委员会，由理事长、理事和具有专业金融知识和经验的人组成。DICJ的初始资本金为4.5亿日元，其中，日本政府（大藏省）、日本银行和民间金融机构各出资1/3。DICJ成立之初，其业务仅限于收取保险费和支付保险金。日本的存款保险制度规定实行限额保护。根据1971年日本《存款保险法》的规定，存款上限最初仅为100万日元。1974年提高到了300万日元。1986年进一步提高到了1000万日元。可实际上，一直以来实施的都是全额保护。在1990年之前，破产处理费用由有能力的大银行作为救济金融机构来负担；1991—1995年期间，则通过DICJ的资金赠与对"偿付成本"之内的存款予以保护，而超过部分通常由救济金融机构或关系密切的金融机构来负担，二者组合实现了存款的全额保护。

在1992年以前，日本的存款保险制度几乎都处于休眠状态。这是因为，为了引导经济向政府制定的方向发展，在金融监管政策上，大藏省长期采用限制金融业内竞争的措施来达到稳定金融秩序的目的。这样确保了金融机构的垄断利润，银行倒闭的数量非常之少。即使有银行倒闭，也是采取同业兼并的方法。对于兼并银行而言，兼并其他问题银行可以规避竞争限制，扩大经营规模和增加机构网点，社会、政府支付的成本极低。所以，虽然建立了存款保险制度，但日本的金融机构还是缺乏规范的市场退出机制，信息披露制度不完善，存款保险制度有名无实。

在这种不透明的金融机制下，风险是慢慢积聚的，终于在 20 世纪 90 年代得到了大爆发。在经历了 20 世纪 80 年代的泡沫经济后，20 世纪 90 年代泡沫破裂，开始了漫长的善后处理。特别是 1994—1995 年间，日本处置了大量的破产金融机构。这一时期金融机构破产呈蔓延之势，接盘金融机构在承接破产金融机构时，强烈要求 DICJ 提供资金援助，而 DICJ 找不到救助金融机构的情况越来越多，用财务救助方式进行破产处理面临重大制约。面对这一困境，为了维护信用秩序和金融体系的稳定，1996 年日本第三次调整存款保险限额，决定从当年 6 月 29 日起开始实施全额保险，为期 5 年。为了弥补资金缺口，普通存款保险费率增加了 3 倍，加上特别保险费率，总体保险费率水平达到原来的 7 倍。

在金融危机的情形下，全额保险的承诺有利于维护信用秩序，但是长久发展又慢慢滋生了道德风险。日本银行与企业关系密切，一般的大公司都有银行持股，政府机构中的官员在退休后到私人银行、企业中担任职务。政府、银行和企业之间这种错综复杂的联系，严重影响了金融体制内有效监管的发挥。市场纪律不能被切实贯彻，存款保险制度虽有形式但收效甚微。

实施全额保险后，资金需求的压力骤增。虽然总体保险费率水平提高，但 1997 年以后日本金融破产案件的数量和规模急剧上升，存款保险保费收入已远不能满足需求。在此压力下，1998 年《存款保险法》再次被修订，DICJ 从此可以从市场融入必要的资金，并由政府提供担保。起初，DICJ 主要是向金融机构借款。但随着市场和公众对日本银行业信心的弱化，金融机构存款被大量提取，日本在国际银行间外汇市场的交易骤减，内外筹资面临困难，DICJ 这才开始利用债券融资，且金额不断增加。这一趋势直到 2003 年才有所缓解。

1996 年起为期 5 年的全额保险本应于 2001 年结束，但当时市场出现了剧烈反应，银行存款出现了异常流动，突出表现于：从定期存款向活期存款流动，从中小银行和地方银行向城市银行等大型金融机构流动，从日资银行向外资银行流动。其中，中小金融机构向大型金融机构的存款流动尤为迅速。鉴于此，日本政府于 2000 年 5 月决定，延长全额保险 1 年至 2002 年 4 月。在此之后，部分恢复限额保险制度，除支付专用存款和特定存款仍享受全额保护外，其他存款均从 2002 年 5 月起由全额保险改为限额 1000 万日元的保险；2005 年 4 月以后，结束特定存款全额保护过渡措施，仅对支付专用存款及支付债务实施永久性的全额保险。

取消全额保险是否有利于市场纪律的加强，有些学者以日本为例做了相应的探讨。Masami Imai 认为答案是肯定的。[①] 首先，实施限额保险后增强了银行违约风险与存款利率及存款质量之间的相关性。其次，违约风险高的银行，其限额保险的大额定期存款和全额保险的存款之间的利差提高了。这些都意味着存款保险改革提高了日本的市场纪律。但同时，Masami Imai 也指出，日本政府默认的"大而不倒"的政策在限额改革后更有力的决定了利率的高低和存款的流向，即受政府隐性保护的大银行事实上博得了公众更高的信任从而获取了不公平的竞争优势，这在一定程度上抵消了限额保险积极作用的发挥。

Akihito Asano 和 Takaharu Eto（2006）也撰文指出，虽然实施限额存款保险后，存款人将会有动力来监督存款银行的行为，从而加强市场纪律，但是这一效应的发挥将会受到日本"Amakudari 高官下凡"现象（政府机构中的官员在退休后到私人银行中担任职务）的严重制约。[②] 银行将会通过雇佣前政府官员来拉拢和政府的关系，同时也向存款人发出信号，表示自己银行的风险是有保障的。这可能削弱监管部门的审慎监管。

自有权限的不足和市场纪律的松弛严重制约了日本存款保险制度作用的发挥。DICJ 没有独立行事权，只能依附于大藏省的决策。是否让银行破产、采取何种破产处理形式等决策权都在大藏省手中，DICJ 只负责具体执行，仅仅根据大藏省的指示开展提供资金等工作，在金融机构破产处置中

---

① Masami Imai（2006），"Market Discipline and Deposit Insurance Reform in Japan"，*Journal of Banking and Finance*，Vol. 30，pp. 3433-3455.

② Akihito Asano，Takaharu Eto（2006），"The Paradox of Limited Deposit Insurance under the Amakudari Practice in the Japanese Banking System"，*Journal of Asian Economics*，Vol. 17，pp. 126-143.

只起辅助作用。此外，虽然《存款保险法》赋予了 DICJ 一定的监管权力，使它可在处理破产金融机构时，以监管者的身份追究当事人的民事和刑事责任，但日本对银行业的监管职能分别由金融厅和中央银行履行，这样的多重监管势必引发冲突，不利于有效监管的实施。既没有处置问题银行的自主权，又不能有效的对银行业进行监管，日本的存款保险制度可谓有名无实。

3.2.4　小　结

从德国和日本这两个国家存款保险制度具体的实施情况可以看出，作为存款保险制度的实施主体，金融机构的独立性的大小直接关系到其既定效应的发挥。另外，审慎监管是否到位，市场纪律是否严格，这些都是存款保险制度能否有效运行的基石。德国和日本的存款保险制度之所以能够获得成功，就在于这两个国家都把其国内存款保险制度的实施主体作为一个有自主权和对应义务的独立主体来看待，政府与之的分工明确，定期执行严格的审计，通过审慎监管来确保市场纪律的严格履行。其中，德国还通过促进银行业内的同业监督来有效遏制了道德风险的发生。日本存款保险制度效用有限的一个重要因素就在于，从它诞生起 DICJ 就只是大藏省的执行机关，并不能自主的决定破产银行的处理，虽然拥有法定监督权，但日本对银行业的监管职能分别由金融厅和中央银行履行，这样的多重监管势必引发冲突，不利于有效监管的实施。既没有处置问题银行的自主权，又不能有效的对银行业进行监管，日本存款保险制度收效甚微也就不足为奇。

我国的国情与日本比较相像，都有一个在经济生活中扮演强大角色的政府。因此，要建立存款保险制度的话，就一定要注意实施部门的自主性。虽然不可能像德国一样建立私人性质的存款保险制度，但是它内部的银行同业监督机制值得我们学习。毕竟，除非发生大的金融动荡，大部分中小储蓄者没有动力也没有渠道来监督银行的运行。银行同业间消息灵通，且都具有专业知识，这样有助于更好的判断彼此的财务状况。德国实施几乎无上限的存款保险，有效的保护了其国内的信用秩序；日本在金融危机中为了稳定民心而采取的全额保险，反倒是进一步诱发了道德风险，由此可见市场纪律严格履行的重要性。这也是我国在建立存款保险制度的过程中最不容忽视的问题。

3.3 存款保险制度的"显隐"之别

3.3.1 显性存款保险制度的本质

显性存款保险制度是在存款保险法令条例的指导下建立的，这些法令条例为存款保险制度的操作运转制定了运作规则和具体程序。而且，法令会明确说明适用于存款保险的储蓄存款机构的类别，会规定加入存款保险计划是强制的还是自愿的，会说明储户存款的保险范围。同时，还会建立一个存款保险基金，明确规定动用基金的条件。总之，存款保险制度把对困难银行的救助制度化，用法律条文的形式明确规定了整个过程的关键细节，使之有章可循，有法可依。

3.3.2 隐性存款保险制度的本质

在隐性存款保险制度下，政府对困难银行施行救助，不是出于法律强行规定而履行的程序，而是为了实现某些公共政策目标（如维持金融体系的稳定）而采取的措施，或是因为困难银行的困境部分是出于行政负担造成的（如政府指定对特定部门强制性的贷款）而不得不伸出援手，或是因为政府觉得从长远看此时采取措施成本最小所以才及时采取行动。因此，政府对储户的保护具有很强的随意性。所保护的存款份额和具体采纳的保护方式都是由政府主观决定的。尽管也许有先例可以指导下次出现类似状况时政府如何救助困难银行，但是没有既定规则和例定程序能让政府在做行政决定时有章可循。为了保护储户安全，政府要么从政府的本期预算中拿出资金来救助困难银行，要么通过中央银行的再贷款，这两种方式实际上都是对全体公民的变相课税，会影响政府实施财政政策和货币政策的独立性，也容易引发通货膨胀。

在隐性存款保险制度下，政府可以通过三种基本方式保护储户。第一，当资不抵债的银行被迫关闭后，政府可以直接拿出资金来补偿失败银行的储户，或者安排别的银行接纳这些储户。第二，政府可以鼓励其他银行兼并困难银行，并对其进行财政补贴。这样可以避免困难银行的倒闭，达到保护储户的目的。第三，政府可以直接对困难银行注资，从而将其从破产的边缘挽救回来。或者，政府可以直接接手困难银行账面的部分或全部不良资产。这种做法等同于直接注资，其好处在于可以让困难银行获得一个以健康的资产负债表重新开始的机会。如果受助银行原为私有制股份制银行，那无论采取哪种方式，政府都可趁机成为银行的主要股东，从而成功地将其收归国有；如果受助银行原本就是国家所有的银行，那么对其进行救助则会被视为政府的应尽义务。

3.3.3 显性存款保险制度和隐性存款保险制度的区别

隐性存款保险制度和显性存款保险制度的目标其实都是一样的：促进银行体系的稳定与发展，通过在银行倒闭时保护小储户来维护社会公平。但是，这两种制度的制度特征和运行绩效却又不尽相同。设计特征方面的差异是评估两种保险制度绩效的基础，因而至关重要，具体见表3-2。

表3-2 显性存款保险制度和隐性存款保险制度的主要特征区别

特征	显性存款保险制度	隐性存款保险制度
是否受法律约束	是	否
保护储户的责任	法律规定需要在保险范围内保护存款者，保险公司也可以考虑是否保护未投保储户	没有法律规定，由政府主观决定
保险覆盖范围	部分保险或全额保险	未规定范围
保险基金	主要来源于参保银行支付的保费，政府可能会提供初始启动金	无
银行破产时的援助主体	保险基金，政府也可能提供贷款或额外资金援助	政府

在运行绩效上，显性存款保险制度和隐性存款保险制度的区别如下：

一、银行挤兑的防范方面

存款保险制度防止银行挤兑的能力高低取决于储户对于自己存款在银

行破产时受保护程度的信任程度。显性存款保险制度在某种程度上，对存款保护的可信度要高于隐性存款保险制度。因此，在防止银行挤兑方面，显性存款保险制度要比隐性存款保险制度更为有效。而且，显性存款保险制度的覆盖面越大，这种区别越为明显。

拉美国家20世纪90年代中期的危机经历对此做了很好的证明。在1994—1995年的拉美银行危机中，阿根廷由于没有存款保险制度的保护而遭受了普遍的挤兑。其实，阿根廷在1979年就建立了显性的存款保险制度，但于1991年将其取缔。墨西哥危机的发生使市场对阿根廷银行体系的预期突然改变，从而导致一时间存款人对阿根廷所有的银行产生信心动摇并恶化为广泛的挤兑。与此形成鲜明对比的是，始作俑者的墨西哥因为存在存款保险制度的保护，而没有遭到存款人的严重挤兑。最终，这次金融危机促使得阿根廷在1995年8月又重建了显性存款保险制度。

当然，显性存款保险制度比隐性存款保险制度更能防止银行挤兑，但这并不意味着显性存款保险制度能够完全消除银行挤兑。如果显性的存款保险制度不可信或存在较大的不确定性，如果从经营失败的银行重新获得存款时支付的成本较高，如果由于经营不善或先前赔偿额过大等原因，使得存款保险基金受到重创，即使是被保险的存款人也还是会去挤兑银行。20世纪80年代，美国俄亥俄州存款保险基金出现危机时，就发生过存款人挤兑的情况。

二、保护小存款人方面

保护小存款人是存款保险制度的传统目标之一。不管是隐性存款保险制度，还是显性存款保险制度，都有保护小存款人的能力。但是，显性存款保险制度更为有效。显性存款保险制度对储户利益的保护是在既定的法律规则下进行的。存款保险机构对存款人提供保护是一种法定责任，具有较强的约束力。而且这种法律责任一般是有存款保险基金在背后支持的。隐性存款保险制度下，由于政府对储户利益的保护没有明确的法律约定，政府是否、何时以及怎样保护存款人等问题均具有不确定性。

同时，显性存款保险制度往往比较迅捷有效。在显性存款保险制度下，保险机构根据既定的规则和程序对失败银行的储户利益提供保障，以保险基金直接对储户进行赔付，整个过程有条不紊。而隐性存款保险制度下，其担保主体——政府往往受制于各种政治压力而难以及时采取措施。在没有事前确定的规则和程序作保证的前提下，只能在事后进行相机抉择。由于没有存款保险基金做后盾，只能靠政府解决资金来源问题，要么从政府的本期预算中拿出资金来救助困难银行，要么通过中央银行的再贷款，这两种方式实际上都是对全体公民的变相课税，会影响政府实施财政政策和货币政策的独立性，同时也容易引发通货膨胀。这些情况都会导致隐性存款保险制度下，对储户提供保护时行动缓慢，其结果难以预料且具有时间的不一致性。

三、促进银行公平竞争方面

在两种存款保险制度下，规模不同、所有制不同的银行所能获得的保护也不尽相同，由此导致了银行间的不公平竞争。一般而言，在隐性存款保险制度下，政府倾向于向国有银行和大银行提供更多的保护，因而导致非国有银行和中小银行的发展处于不利的位置。而在显性存款保险制度下，存款保险机构对各类投保银行的保护在法律上是平等的。如果能够征收相对公平的保险费率，就不会导致对投保银行的补贴或征税。因此，在显性存款保险制度下，各类银行更容易获得公平发展的空间，有利于金融体系的长远发展。

四、道德风险的防范方面

不管是隐性存款保险制度还是显性存款保险制度，由存款保护导致的激励因素的扭曲都会引发道德风险问题。存款保护的存在会影响有关经济主体的行为，特别是他们冒更大风险的意愿程度。银行和储户双方可能都会遭受道德风险。如果是通过救助困难银行及其股东来实行存款保护的，银行股东可能会认为自己有政府或保险机构的救济金做后盾，从而引发道德风险。在这种情况下，银行可以取得更大的收益，而不必承担因为采取高风险策略而可能遭受的损失。但是，必须认识到，这种风险在没有存款保护的情况下也客观存在，因为有限责任导致了风险/收益的不对称。如果存款保护的设计使得银行股东和经营者不能从存款保护中受益，存款保护的引进就不会提高银行的道德风险。

储户同样会发生道德风险，因为他们不再认为遭受风险的高低与他们选择的储蓄机构经营状况的好坏紧密联系。如果投资决策不再基于储蓄机构经营状况的好坏，市场就不再对银行有约束效应。论述存款保险的文献中有很大部分是关于道德风险的。当存款保险明确地导致了道德风险时，道德风险的主要作用通常被夸大其词了。在评价由于存款保险而引发的道德风险时，所作比较应该基于隐性保护和有限责任这两个先决条件，而它们都会引发高程度的道德风险。因此，有效测度因子应该放在由隐性存款保险制度向显性存款保险制度转变后引致的道德风险的增量上，而非只关注由显性存款保险制度引发的道德风险程度的绝对量。

比较隐性存款保险制度和显性存款保险制度，每种制度引发的道德风险的程度都直接取决于：（1）存款保护的受益者是否扩大到银行经理和股东；（2）存款保险让储户感觉到的安全程度。显性存款保险制度是按照一系列既定规则经营的，可以（也应该）完全消除银行经理和股东会受益于银行救助的预期。隐性存款保险制度没有消除这种预期，所以会更容易引致银行经理人的道德风险。储户安全感的高低取决于存款保险覆盖面的高低和公众对于存款保险制度的信心。比起隐性存款保险制度，显性存款保险制度更容易引发存款者的道德风险。在显性存款保险制度下，所有的储户至少都获得了某种程度上的保险。与此形成对照的是，在隐性存款保险制度下，所有的储户都没有获得会得到保护的明确承诺。保险范围高的显性存款保险制度，比起同样可靠的隐性存款保险制度而言，会引致更高的道德风险。结论就是，不可能确定从隐性存款保险制度到显性存款保险制度的转变，会对银行体系的道德风险起多大决定影响量。但是总体而言，这种转变似乎会减少银行经理人方面的道德风险，都会增加储户方面的道德风险。

五、承担损失的能力方面

存款保险制度作为金融安全网的组成部分之一，其关键特征就在于，它具有在银行失败时对其损失进行偿付的能力。如果金融安全网下没有一个机构可以自行偿付失败银行的损失，监管部门就不得不允许失去清偿能力的机构继续经营，至少这样可以暂时安抚一下储户。实际经验已经证明，延迟关闭问题银行或给予资本宽容将给整个银行业带来不稳定的隐患，因为问题银行已经资不抵债，为了提高清偿力，它们通常不惜冒更大的风险。

在隐性存款保险制度下，银行倒闭的损失要么由政府预算买单，要么由中央银行承担。政府和央行都具有庞大的潜在资金资源，远远超过任何一家资金充裕的显性存款保险机构。但是,政府预算通常还有其他方面更为迫切的需求,而央行救助还隐含着通货膨胀的风险。因此,隐性存款保险制度吸纳损失的实际能力其实远远小于其潜力。

在显性存款保险制度下,银行倒闭的损失将由投保金融机构缴纳的保险费形成的保险基金承担,该基金主要用于存款保险体系内的紧急救助以及投保机构倒闭后对存款人的偿付。一般而言,投保基金承担损失的能力取决于基金规模、解决失败银行的支付规模以及在基金资源耗尽时借取或者获得额外资金援助的能力三方面。

综合而言,比起隐性存款保险制度一味依靠政府和中央银行,显性存款保险制度主要由保险基金实施救助,而保险基金的资金主要来源于参保银行缴纳的保费,实际上就是由参保银行承担经营失败的成本,这更加符合效率和公平的原则。因此,就本质而言,显性存款保险制度比隐性存款保险制度更有能力承担银行失败的损失。

六、市场退出机制方面

在隐性存款保险制度下,政府主要靠合并、收购的方式处理失败银行,这形成了风险积累的巨大隐患。同时,金融机构倒闭的风险完全由政府承担,既增加了财政成本,又使得应该退出市场的机构得以继续经营。而一旦建立了显性存款保险制度,存款保险机构通过分担部分监督职能,有助于及早发现有问题的机构,并采取矫正措施。同时,还可以根据相应的规则和程序保证金融机构正常的市场退出。因此,显性存款保险制度是建立银行市场退出机制的重要保障。

七、对银行经营的影响方面

隐性存款保险制度实际上对银行进行补贴,这增加了银行的利润。而显性存款保险制度要么对银行进行补贴,要么对其征税。通过给储户提供某种形式的保护,隐性存款保险制度降低了储户的风险,这又会降低支付给储户的利率。银行的成本降低,其利润也随之提高。在隐性存款保险制度下,为了保护储户而引致的损失则完全由政府(纳税人)或中央银行承担。结果,由于银行从中取得了收益,但又无需支付成本,隐性存款保险制度实际上变相地对银行实行了补贴。相反,显性存款保险制度对银行的影响不确定。通过保护储户的安全,显性存款保险制度降低了银行的资本成本。但是，保护储户引致的成本，最初虽然是由保险机构承担，但最终会以保费的形式分摊到银行头上。从长远看，隐性存款保险制度对银行实行了补贴，代价是增加纳税人的负担，或提高通货膨胀的压力。而显性存款保险制度则是把资源在整个银行系统中再分配，是健康银行对问题银行实行了补贴，但不会将损失转移到银行以外其他经济主体的头上（当然，银行发生系统性危机，保险基金已不能满足现实需求，不得不靠政府或央行救助的极端情况除外）。

3.3.4　小结及政策建议

前一部分对显性存款保险制度和隐性存款保险制度做了一个比较和评价。显性存款保险制度有很多优于隐性存款保险制度的地方。显性存款保险制度在防止银行挤兑、保护小存款人、促进银行公平竞争、承担损失的能力、处理问题银行的有效性等方面都优于隐性存款保险制度。另外，显性存款保险制度还有隐性存款保险制度所缺乏的一个功能：建立市场退出机制。但显然，无论是显性存款保险制度还是隐性存款保险制度都避不开道德风险的困扰。实施显性存款保险制度的国家一定要注意满足以下几个条件：一是银行系统相对稳定；二是有一套行之有效的审慎监管规则和银行监督体系；三是愿意给予存款保险机构充分的支持，在必要时政府愿意提供援手帮助银行系统渡过难关。

我国要建立显性存款保险制度，客观上已经满足第一个和第三个条件，但仍然需要在塑造有效监管环境上下功夫。

3.4　构建我国的显性存款保险制度

3.4.1　从隐性到显性：金融体制改革的必由之路

我国事实上一直实行以国家信用为担保的隐性存款保险制度。这种制度脱胎于过去的计划经济体制时代。从1953年到1978年，我国实行高度集中的银行体制。当时，中国人民银行作为国家金融监管和货币发行的机构，既是管理金融的国家机关，又是全面经营银行业务的国家银行。与之相对应，实行集中统一的综合信贷计划管理体制。全国的信贷资金，不论是资金来源还是资金运用，都由中国人民银行总行统一掌握，实行"统存统贷"的管理方法，将银行计划纳入国家计划。中国人民银行担负着组织和调节货币流通的职能，统一经营各项信贷业务，在国家计划实施中具有综合反映和货币监督功能。因此，在计划经济时代，是不存在银行倒闭问题的。银行机构相当于国家机关，政府既是它的经营者，也是它的监管者和担保者。即便银行经营出现了问题，也是由国家直接出面解决。存放于银行里的居民存款是不存在任何违约风险的，因为事实上政府已经用国家信用对其进行了全额保险。

但是，在市场化改革的浪潮中，这一背景在悄然改变。从1979年到1992年，中央银行体制开始逐步建立。1983年9月7日，中国人民银行颁布的《关于中国人民银行专门行使中央银行职能的决定》规定，中国人民银行专门行使中央银行职能，分设中国工商银行、中国建设银行、中国银行、中国农业银行等专业银行，中国工商银行主要办理工商信贷业务，中国建设银行以基本建设投资为主要业务，中国银行以涉外信贷为主，中国农业银行主要服务于农业开发和建设，逐步形成了以中央银行为核心、以专业银行为主体的银行体系。尔后的十几年中，随着经济体制改革的深入，各专业银行的业务界限逐步被打破，几家专业银行均在"专业"业务的基础上，开设了其他各种金融业务，逐渐形成了在各有侧重的基础上又相互交叉的局面。1993年12月《国务院关于金融体制改革的决定》的出台，标志着我国银行体系的构架已基本形成。其主要构成要素包括：独立执行货币政策的中央银行宏观调控体系和以国有商业银行为主体、多种金融机构并存的金融组织体系。

国有银行改革是金融体制改革的重要一环。其改革的目标在于建立真正意义上的现代商业银行，使之成为具有自主行为能力的市场经济主体。为达到这一目的，我国采取了股份制改革的手段。在四大国有银行的上市过程中，中央汇金投资有限责任公司（简称汇金公司）先后为其注资，总额高达 765 亿美元。事实上，就是动用国家外汇储备为国有企业因制度和机制的原因而产生的亏损买单。亏损的部分原因在于财政在收入中比重下降从而补贴能力有限的情况下，利用国家对国有银行体系的控制能力，将国有企业产出增长的沉重负担完全甩给了金融部门。既然四大国有银行经营效益不佳的现状很大程度上根源于体制问题，那大额注资帮助其资本充足率达到国际标准也就成了理所当然的事情。但同时，以国家信用为后盾的隐性存款保险制度的存在，在四大国有银行所有者和经营者分离的情况下，也成了滋生道德风险的"温床"。国有银行的经营者往往不以稳健经营和长期发展为主要目的，而总是喜欢采取一些能在短期内使指标数字上升而忽视公司长期发展的政策措施。其根本原因就在于，经营者任期有限，短期内的冒进如若成功，立刻就可以获得仕途上的升迁；即使失败，导致在当时或若干年后产生相应损失，那也是由国家买单，这就是在隐性存款保险制度下人们长年形成的自觉预期。现在，完成从隐性存款保险制度向显性存款保险制度的转型，就是为了打破这一预期，严格市场纪律，完善银行的市场退出机制，推动国有银行建立风险管理体制，使其对自己的经营举措负责。构建我国的显性存款保险制度，从某种程度上说，也就是在为国有商业银行成为真正意义上自主经营的行为主体做制度上的铺垫。

在金融体制改革稳步推进的同时，我国银行业发展迅猛。截至 2008 年 6 月末，银行业金融机构本外币资产总额为 57.7 万亿元，比上年同期增长 19%；负债总额 54.4 万亿元，比上年同期增长 18.4%。[①] 其中，国有银行的资产总额占 52.2%，股份制商业银行占 14%，农村合作机构占 11.1%，政策性银行占 8.8%，城市商业银行、城市信用社占 6.5%，邮政储蓄银行占 3.4%，外资银行占 2.3%，非银行金融机构占 1.8%。四大国有银行、政策性银行以外的其他银行类金融机构，虽然资产总量不到市场份额的一半，但是其数量却相对庞大。它们通常经营方式灵活，比较善于抓住市场

---

① 详见中国银行业监督管理委员会关于银行业金融机构间资金统计的相关数据：http://www.cbrc.gov.cn/chinese/home/jsp/docView.jsp？docID＝200711025B785FAE76192B31FFD3D3385278A400。

需求，因而竞争力在不断增强，但由于其资本总额较小，抗击系统性风险的能力有限。建立显性存款保险制度，明确将这类银行机构覆盖在内，一方面，客观上给它们提供了一个与四大国有银行公平竞争的平台，有利于塑造公平竞争的环境，推动银行业市场化进程；另一方面，也有利于在经济转轨的过程中，稳定储户信心，降低系统性风险，防范局部的银行失败恶化为大范围的银行挤兑。

因此，构建我国的显性存款保险制度，是在金融体制化改革进程中，加强我国金融安全的必然选择。

3.4.2 潜在挑战：“南橘北枳”的暗礁

任何一个制度，无论其设计如何精细具体，只有在现实中充分发挥其应有作用，才能称之为一个有效的制度。中国有句古话，“橘生淮南则为橘，生于淮北则为枳”。同样的制度，如果不考虑本国具体的国情盲目移植，其结果很可能适得其反。总的说来，我国在构建存款保险制度时，需要面对如下几个挑战：

一、挑战一：如何处理几个内在的道德风险

（一）“大而不倒”现象引发的道德风险

“大而不倒”的政策（The Too Big to Fail Policy）是指这样一种情况，当某个金融机构因为其规模过于庞大，或者其业务深入该国经济生活的方方面面，一旦倒闭可能会引发系统性风险，政府为了避免这种状况的发生，即使该机构已经资不抵债，但还是会注资以帮助其渡过难关。当大型金融机构的经营者有这样的预期时，在做经营决策时往往倾向于冒更大的风险，这就是“大而不倒”现象引发的经营者层面的道德风险。同时，当大型国有商业银行的储户也持有同样的预期时，就不会花精力关注该银行的经营状况，对其实施监督，这就是“大而不倒”现象引发的储户层面的道德风险。

我国构建存款保险制度，其目的之一就是强化市场纪律，推动国有金融机构，特别是四大国有银行，成为自主经营的主体。四大国有银行现在都已经改制成了股份有限公司，但是控股权和经营权仍然牢牢地掌握在国家手中，最容易引发“大而不倒”的道德风险。

（二）"委托—代理人"问题引发的道德风险

我国银行业中，国有银行占主体。银行的所有者和经营者分离，经营者并不以所有者的最大利益——利润最大化、风险最小化为经营目标，而是以自己的仕途为重，这就是委托—代理人问题引发的道德风险。可以说，这是我国国有银行一直以来存在的弊病。管理层一直盛行着官本位的思想。在这种思想的指导下，管理者好大喜功，急功近利，一心想的是怎样把指标数字提上去，甚至不惜采取不利于银行长期发展的战略来拔苗助长，置经营风险而不顾，盲目抢占市场。这样做事实上引发了银行业间的恶性竞争，增大了系统性风险。美国 20 世纪 80 年代爆发的储贷危机，追根究底就是储蓄机构间恶性竞争的结果。它们先是盲目提高存款利率来争夺客源，结果导致存贷差缩小，利润空间猛降，为了增加新的收入来源，储贷协会游说相关部门，获得了更加宽泛的投资权。在监管宽容的环境下，许多不负责任的经营者盲目冒险，最终导致经营失败。这个教训我们一定要牢记。市场化改革是要推动国有商业银行成为自负盈亏的经营主体，但这不是一朝一夕之功。

（三）逆向选择问题

逆向选择问题在固定费率和自愿参保的情况下比较容易发生。如果对所有的银行不加区分地统一征收相同的费用，那么经营稳健的银行相当于对高风险银行进行了隐性的存款补贴，这样经营稳健的银行就不会愿意继续购买存款保险。稳健银行的退出，会加大存保体系的整体风险，进而会增大其风险溢价；为了维持存保体系的正常运转，就需要提高保费标准；保费标准一旦提高，无疑又会使风险相对较低的银行退出。这样，就形成了一个恶性循环。其结果是留在存保体系内的都是高风险银行，存款保险基金会被迅速耗尽，最终导致存款保险制度的崩溃。

在我国银行业中，国有银行占主体，在过去一直享受着政府提供的隐性存款保险。即使在今天，公众对其也有着"大而不倒"的预期。就算是实行自愿参保的形式，四大国有银行在政府的强制要求下，也不太可能拒绝参保；但是，存款保险机构可能会制定对其有利的保费标准。在波兰就有过类似的例子。^① 1997 年底，波兰的三大国有银行控制了全国近一半的存款，但其资本充足率却最低。它们在低价位下享受了存款保险制度提供的全额保险，事实上相当于国家对其免费额外附加了隐性存款保险。因而与其他储蓄机构相比，它们可以较低的成本来吸收资金。这使它们获得了高于私营银行和其他国有银行的竞争优势，也同时成为了其懒于改革的诱因之一。我国的存款保险制度若是也对国有银行定价过低，使其获得事实上的隐性存款保险，也会出现类似的问题。到时候被过度保护的国有银行很可能就会成为存款保险市场上的"柠檬"，其他经营稳健竞争力强的民营银行可能会考虑退保。

二、挑战二：必须处理的几个关系

（一）与资产管理公司的关系

我国的资产管理公司是在特殊背景下建立起来的，其主要任务是处理国有银行的不良资产。经过多年的实践操作，已经探索完善了诸如债务重组、资产重组、企业重组、司法诉讼、资产拍卖等多种处置方式，拓展了不良资产处置运作的国内和国际空间。但是，随着四大国有银行的逐步上市，可供处置的不良资产越来越少，其历史任务已基本完成。事实上，根据国务院最初的设计方案，我国的金融资产管理公司存续期原则上是不超过 10 年的。现在，随着存款保险制度被日渐提上日程，资产管理公司处置不良资产的职能与之发生了重叠，更是引发了业界对于资产管理公司未来的思考。资产处置部门本身就是存款保险制度的一个重要组成部分，它的设立有两种方案可以选择：一是新建方案，二是兼并方案。资产管理公司是直接转为市场化商业机构，还是并入未来的存款保险机制，这是不久的将来必须解决的问题。中国人民银行郑州培训学院院长王自力就认为，我国在设计存款保险制度时，可优化整合已有资源，将四家金融资产管理公司重组合并后纳入存款保险体系，使之成为存款保险机构内设资产处置部门，专门负责问题银行市场退出的清理和清算工作。但也有人建议引进外

---

① 详见 Thomas S. Mondschean and Timothy P. Opiela（1999），"Bank Time Deposit Rates and Market Discipline in Poland：The Impact of State Ownership and Deposit Insurance Reform"，*Journal of Financial Services Research*，Vol. 15：3，pp. 179-196。

资，帮助将资产管理公司改造成真正意义上的投资银行。事实上，已有研究表明，资产管理公司由于信息不对称，在处置国有资产时存在"寻租"行为。而且，在资产管理公司拥有了"用投资来提升不良资产"权力之后，已经介入到投资银行领域。同时，资产管理公司担负起了对问题券商的托管工作，这使得它们可以介入到整个金融领域的坏账问题。权力的扩大也带来了新的经营风险。不管其最终是被兼并到存款保险公司，还是走投资银行路线，潜在的经营问题都会成为未来存款保险体制的隐患。

（二）与银监会、保监会等监管部门间的关系

储贷危机和次贷危机是FDIC近20年来遭受的两次最大的挑战，但是其始作俑者（储贷协会与投资银行）却都不在FDIC的承保范围内。储贷协会最初由受FHLBB监管的FSLIC承保。后者在储贷危机爆发后资本金被迅速耗尽，虽然被数次注资，但都挡不住储贷协会大批破产的颓势。最终，连同FHLBB一起，FSLIC被1989年的《金融机构改革、复兴与强化法》所废除，对储贷协会的保险责任被移交给受FDIC监管的FRF。虽然储贷协会不在FDIC的承保范围内，但受储贷危机的影响，从1980年到1994年，FDIC的保户中有超过1600家的商业银行申请破产或请求救助，FDIC因此损失严重。十年后次贷危机的爆发，一方面商业银行滥发次级贷难辞其咎，但另一方面正是投资银行将这个毒瘤酿成全球性的金融风波。投资银行被戏称为"影子银行"，因为通过金融创新工具，投资银行事实上行使了商业银行的职能，但同时却逃避了相应的金融监管。有人指责《格雷姆—里奇—比利雷法案》废除了1933年制定的《格拉斯—斯蒂格尔法案》有关条款后，从法律上消除了银行、证券、保险机构在业务范围上的边界，从而打开了次贷之门。但是，在金融业混业经营的形势下，监管部门未能顺应潮流开展有效的"混业监管"，反倒是多头监管的局面形成了监管真空，这难道不应该受到指责么？可以说，被金融工程复杂化了的次贷危机其实是历史在反复重演：一旦金融监管跟不上时代，产生了过度的监管宽容，风险便产生了。

我国的监管部门还是典型的分业监管的模式。银监会监管银行业，保监会监管保险业，证监会监管证券业。在新的经济形势下，可能会像美国一样形成监管真空。我国建立的存款保险制度，如果只把它当做"支付

箱"来使用，那它最终会沦为又一个财政支付的工具，发挥不了其应有的职能。要使存款保险制度成为金融安全网的重要一环，就必须加强其监管职能。而处理好与银监会、保监会和证监会的关系，加强相互间的合作，防止形成监管真空，又是重中之重。

（三）与人民银行的关系

FDIC 不是美联储的下设机构，它与美联储是相互独立的。这对于保持FDIC 监管的有效性非常重要。我国建立存款保险制度，也应该保证其独立性，而不能成为央行的附属。

三、挑战三：警惕"中国式次贷"

虽然我国住房按揭贷款发展比较晚，但已具有了美国次级按揭贷款问题的某些特征。不容忽视的事实是，一方面，随着中国房地产价格出人意料的上涨，中国住房抵押贷款的风险已经越来越大，随着央行基准利率的下调，引发了个人贷款的新高潮，一旦央行提高贷款利率，借款人的偿付压力增大，银行业很难预测未来偿付现金支出会发生什么样的变化；另一方面，商业银行对住房抵押贷款的风险准备是相当不足的，监管当局对商业银行住房抵押贷款风险程度的评价又相对较低，这些使得商业银行一旦被暴露在住房抵押贷款违约风险面前时，其应对的能力就可能会相当脆弱。

为应对外部需求急剧萎缩，从 2008 年底至今，中国政府推行 4 万亿的财政投资计划，2009 年前六个月，银行新增贷款总额达 7.4 万亿元，约为 2008 年上半年的 3 倍，是有史以来最强劲的半年度信贷增速。2009 年上半年，四大国有银行出现了信贷井喷：中行新增 9019 亿元，位居各银行之首；农行新增贷款同比增幅近 3 倍，达 8589 亿元，位居第二；工行新增贷款为 8255 亿元，增幅为 19.3%，位居第三；建行贷款新增 7085 亿元，当年新增 19.77%，位居同行业第四。这意味着四大行上半年新增贷款约在 3.2 万亿元，占银行新增贷款总额的 43%。央行数据显示，全国金融机构个人住房按揭贷款于 2009 年二季度之后开始猛增，上半年新增量达 4661.76 亿元，同比增幅超过 150%，四大国有银行成为放贷主力军。在房贷市场的激烈竞争下，各大银行争相放低门槛，盲目抢夺市场份额，在一定程度上刺激了房市的虚假繁荣。银监会主席刘明康曾表示，随着我国银行业贷款规模迅速扩张，银行业金融机构经营活动中的不审慎行为和冲动放贷、粗放经营的倾向有所抬头。2009 年 8 月 1 日，北京大学张维迎教授在接受香港《大公报》专访时也指出，2009 年上半年中国新增 7 万亿的信贷规模远超出预期，从长远来看，信贷扩展过快，货币增量过快，将带来通胀压力，政府须将结构调整放在首位。

历史上调整过头（Overshooting）的经济政策比比皆是。这几年不审慎的房贷热潮会不会引发"中国式次贷"，恐怕将是我国存款保险制度建立之初即将面临的一个现实性难题。

主要参考文献

1. 安启雷：《金融机构市场退出机制的国际比较与我国的制度选择》，《金融研究》2003 年第 10 期。

2. 巴塞尔银行监管委员会：《统一资本计量和资本标准的国际协议：修订框架》，中国金融出版社 2004 年版。

3. 巴曙松：《金融监管与商业银行的发展空间》，《当代财经》2004 年第 1 期。

4. 陈建华：《金融监管有效性研究》，中国金融出版社 2002 年版。

5. 陈国进：《日本存款保险制度的演变及其借鉴意义》，《国际金融研究》2002 年第 5 期。

6. 丁邦开、周仲飞：《金融监管学原理》，北京大学出版社 2004 年版。

7. 德沃特里庞·泰勒尔：《银行监管》，复旦大学出版社 2002 年版。

8. 董小君：《金融风险预警机制研究》，经济管理出版社 2004 年版。

9. 何光辉：《存款保险制度研究》，中国金融出版社 2003 年版。

10. "A Brief History of Deposit Insurance", http://www.fdic.gov/bank/historical/brief/index.html.

11. Adao Bernardino, Temzelides Ted(1998), "Sequential Equilibrium and Competition in a Diamond-Dyhvig Banking Model", *Review of Economic Pynamics*, Vol. 24, Iss. 4, pp. 859-877.

12. Aggarwal Raj, Kevin T. Jacgues, "The Impact of FDICIA and Prompt Corrective Action on Bank Capital and Risk: Estimates Using a Simultaneous Equations Model", *Journal of Banking and Finance*, Vol. 25, pp. 1139-1180.

13. Aghion P. Bolton(1992), "An incomplete Contracts Approach to Financial Contracting", *Review of Economic Studies*, Vol. 59.

14. Akerlof, George A., Romer Paul M. (1993), "Looting: The Economic Underworld of Bankruptcy for Profit", *Brookings Papers on Economic Activity*, Vol. 21, Iss. 2, pp. 1-50.

4 金融衍生品市场的宏观分析

4.1 金融衍生品市场的产生与发展

4.1.1 金融衍生品市场的产生背景

第二次世界大战后，各国的经济政治实力发生了重大变化，美国登上了资本主义世界盟主地位。在这一背景下，1944 年 7 月，44 个国家或政府的经济特使在美国新罕布什尔州的布雷顿森林召开了一次具有历史意义的会议，旨在商讨战后的世界金融和国际贸易问题。会议通过了《国际货币基金协定》，决定成立国际复兴开发银行（即世界银行）和国际货币基金组织，以及一个全球性的贸易组织。然而尤为重要的是，这次会议确立了美元作为世界储备货币的地位。其基本内容是美元与黄金挂钩，其他国家的货币与美元挂钩，实行固定汇率制度，实质是建立一种以美元为中心的国际货币体系。在布雷顿森林体系下，美元可以兑换黄金和各国实行可调节的钉住汇率制，是构成这一货币体系的两大支柱，根据协定成立的国际货币基金组织则是维持这一体系正常运转的基本运行机构。布雷顿森林体系的建立，在战后相当一段时间内，促进了国际贸易和投资空前发展和世界经济的快速增长。但布雷顿森林体系存在着自己无法克服的缺陷，主要有两点：一是国际经济发展对清偿能力的需求与各国对美元信心之间的矛盾，即"特里芬难题"；二是汇率过于僵化，国际收支失衡调节的责任不对称。

从 20 世纪 50 年代后期开始，随着美国经济竞争力逐渐削弱，其国际收支开始趋向恶化，出现了全球性"美元过剩"情况，各国纷纷抛出美元兑换黄金，美国黄金开始大量外流。1971 年 7 月，第七次美元危机爆发，尼克松政府于 8 月 15 日宣布实行"新经济政策"，停止履行外国政府或中央银行可用美元向美国兑换黄金的义务。美元与黄金脱钩后，各国货币与美元间的固定汇率难以维持，布雷顿森林体系终于于 1973 年 3 月解体。

布雷顿森林体系崩溃之前，金融衍生品市场极不发达。如远期外汇交易产生于第一次世界大战以后，但当时主要国家均实行固定汇率制，对于远期外汇市场的需求并不强烈，所以这一阶段的远期外汇市场只是处于起步阶段。布雷顿森林体系崩溃之后，国际范围内的汇率体制以浮动汇率制为主，汇率波动加剧，使得金融风险剧增。为化解或分散金融风险，规避金融监管的各种金融创新随之兴起，进而迫使政府放松金融管制。20 世纪 80 年代初，随着金融自由化浪潮的兴起，利率管制逐步放松，汇率和利率的变动使得市场经济主体投资经营活动的风险加大，客观上存在着对规避市场风险的金融创新的需要，金融衍生品市场从美国开始蓬勃发展起来。

4.1.2　金融衍生品市场的发展历程

从场内交易来看，1972 年 5 月，在芝加哥商品交易所（CME）诞生了首份外汇期货合约，这同时也成为金融期货诞生的标志。外汇期货的出现带动了整个衍生工具市场的发展，出现了更多创新金融衍生品，如利率期货、股指期货等。1975 年 10 月，芝加哥交易所（CBOT）率先推出第一张利率期货合约（GNMA）——政府国民抵押协会抵押凭证期货合约，不久之后，为满足市场管理短期利率风险的需要，美国芝加哥商业交易所的国际货币市场（IMM）在 1976 年 1 月 6 日推出了 90 天期的美国国库券期货合约。1981 年后，里根政府为治理经济的"滞胀"，实行紧缩的货币政策，引起利率大幅上升，使美国的股票市场遭受重创，股价大跌。在这种情况下，股市参与者迫切需要一种新的能规避股市系统风险的金融工具，于是股票指数期货应运而生。1982 年 2 月，美国堪萨斯期货交易所（KCBT）开办首支股指期货品种——价值线综合指数期货的交易。这标志着金融期货三大类别的结构初步形成。金融期货推出之后，相应的期权、互换陆续推出，到 20 世纪末期，美国金融衍生品市场品种繁多，金融衍生品市场一片繁荣景象。

美国金融衍生品市场的发展给相关国家起到了示范作用。从发达国家来看，1982 年英国伦敦国际金融期货和期权交易所（LIFFE）成立并推出了货币期货。1984 年 1 月，该交易所推出了两种股指期货交易，即金融时报 100 指数期货和金融时报欧洲股票价格指数。1985 年开始引入金融时报指数期权，1989—1990 年期间，引进了 3 个月欧洲马克利率期货和期权交易，这也是第一个 3 个月欧洲货币利率期货。2001 年 1 月 29 日推出了全球股票期货（USF）。其他如法国、荷兰、日本等发达国家也陆续建立起自己的金融衍生品市场。从发展中国家来看，新加坡 1986 年首先开始交易日经 225 指数期货合约，很快又推出了各种利率、股票衍生品，它的一大特点是多数衍生品都是以国外指数和利率为标的，在 2006 年 9 月 5 日又推出以我国内地 A 股市场 50 种股票为标的的新华富时 A50 指数期货合约的交易。中国香港于 1986 年 5 月在香港期货交易所推出香港恒生指数期货合约，1990 年 2 月推出港元利率期货，1993 年 3 月推出恒生指数期权合约。韩国于 1996 年推出了第一个期货品种——KOSPI200 股指期货，于 1999 年推出了 KOSDAQ50 指数期货、外汇期货、货币期权等。从交易所市场的交易品种看，主要交易期货、期权等标准化合约，包括利率期货与期权、外汇期货与期权、股票指数期货与期权以及股票期货与期权等品种。利率期货合约与股票指数期权合约是主要交易品种。从交易的区域分布看，欧美发达国家一度集中了世界上绝大部分的金融衍生品交易。美国是全球交易所金融衍生品交易的主要市场，其交易的金融衍生品成交量基本占据了全球交易量的 1/4 强。2000 年后，亚太地区急起直追，在期权市场取得了惊人的成绩，特别是在 2003 年其成交量达到全球成交量的 75%。① 根据美国期货业协会（FIA）的统计，从交易的合约张数看，2007 年全球衍生品成交合约张数为 152 亿张，较 2006 年的 119 亿张增长 28%，较 2005 年的 100 亿张增长 52%。事实上，自 2005 年以来，全球衍生品成交量的增长一直很快。按统计数字而言，衍生品市场出现的增长，部分是由于向 FIA 汇

---

① 陈晗：《金融衍生品：演进路径与监管措施》，中国金融出版社 2008 年版，第 67 页。

报统计数字的交易所数目有所增加，但主要是源自现有产品及新产品交投的增加。从交易的合约类型看，全球交易所共提供 1920 个衍生产品，其中 1039 个（54%）为金融类产品，881 个（46%）为非金融类产品。以数目计，股票指数产品排名首位（504 个，占产品总数的 26%），其次为能源（359 个，占 19%）及农产品（336 个，占 18%）。从单个产品的成交张数看，2007 年股票指数产品是交投最活跃的产品，占全球衍生品成交合约张数的 37%，其次是个别股票产品（27%）及利率产品（25%）。以总数计，2007 年金融类产品占全球衍生品成交合约张数的 91%，而非金融类产品所占比率则不足 10%，反映出金融类产品更加迅速的发展势头。根据国际清算银行（BIS）的调查，从合约价值来看，2007 年 12 月底全球场内金融期货未偿付合约价值达到 28 万亿美元，金融期权未偿付合约价值达到 51 万亿美元。从交易量来看，2007 年 12 月底全球场内金融期货交易量达到 376 万亿美元，金融期权交易量达到 163 万亿美元，远远超过全球同期 50 万亿的 GDP 数量。

表 4-1　场内金融衍生品未偿付合约价值与交易量

单位：10 亿美元

衍生工具	未偿付合约价值				交易量			
时间	2005 年 12 月	2006 年 12 月	2007 年 12 月	2008 年 6 月	2005 年 12 月	2006 年 12 月	2007 年 12 月	2008 年 6 月
期货								
所有市场	21600.4	25683.1	28059.7	28634.0	243894.5	310353.7	376213.1	429777.4
利率	20708.7	24476.2	26769.6	26874.2	225314.8	285309.9	334405.5	390796.5
货币	107.6	161.4	158.5	175.9	3044.1	4291.3	5325.9	6703.3
股票指数	784.1	1045.4	1131.6	1583.9	15535.6	20752.5	36481.7	32277.6
期权								
所有市场	35659.6	43723.6	51039.4	54183.7	99106.6	120597.9	163025.2	170659.8
利率	31588.2	38,116.4	44281.7	46905.0	76831.1	95790.7	123919.4	135361.6
货币	66.1	78.6	132.7	190.6	234.4	317.7	654.7	822.4
股票指数	4005.3	5528.5	6625.0	7088.0	22041.1	24489.5	38451.1	34475.8

资料来源：参见 BIS 网站，*BIS Quarterly Review*，December 2008。

　　在场外市场方面，由于交易在交易主体间直接进行，没有了交易所相关规章制度的限制，加上交易的不透明等因素的刺激，其交易更为活跃，成交金额比交易所市场更庞大。场外市场的参与机构主要是投资银行、商业银行等金融机构，交易产品主要是货币类与利率类产品。根据 BIS 的调查，截至 2007 年 12 月底，全球金融市场上各种未偿付的 OTC 衍生品名义金额（Notional Amounts Outstanding）为 596 万亿美元，较 2006 年 12 月底的 414.8 万亿美元增长 43.7%。其中利率类衍生品名义金额为 393.1 万亿美元，货币类衍生品名义金额为 56.2 万亿美元，股票类衍生品名义金额为 8.5 万亿美元，仅三种金融类衍生品就占全部合约比重的 76.8%。衍生品总的市场价值（Gross Market Values）在 2007 年 12 月底达到 14.5 万亿美元，比 2006 年底的 9.7 万亿美元增长 49.5%。其中，利率类衍生品市场价值为 7.2 万亿美元，货币类衍生品市场价值为 1.8 万亿美元，股票类衍生品市场价值为 1.1 万亿美元，仅三种金融类衍生品合约就占全部合约比重的 69.7%。信用衍生品近年来发展速度惊人，根据英国银行家协会（BBA）和国际互换和衍生品协会（ISDA）的调查报告，1996 年末，全球信用衍生品市场交易规模为 0.18 万亿美元，而到 2006 年上半年，信用衍生品市场交易规模已达到 26 万亿美元。

表 4-2　场外（OTC）金融衍生品交易量与市场价值

单位：10 亿美元

衍生品类别	未偿付名义数量				总市场价值			
时间	2005月12日	2006月12日	2007月12日	2008月6日	2005月12日	2006月12日	2007月12日	2008月6日
合约总计	297666	414845	596004	683726	9748	9691	14522	20353
外汇合约	31360	40271	56238	62983	997	1266	1807	2262
远期与掉期	15873	19882	29144	31966	406	469	675	802
货币互换	8504	10792	14347	16307	453	601	817	1071
期权	6984	9024	12748	14710	138	196	315	388
利率合约	211970	291582	393138	458304	5397	4826	7177	9263
远期利率协议	14269	18668	26599	39370	22	32	41	88
利率互换	169106	229693	309588	356772	4778	4163	6183	8056
期权	28596	43221	56951	62162	597	631	953	1120
股权类合约	5793	7488	8509	10177	582	853	1142	1146
远期与互换	1177	1767	2233	2657	112	166	239	283
期权	4617	5720	6276	7520	470	686	903	863

续表

衍生品类别	未偿付名义数量				总市场价值			
商品合约	5434	7115	9000	13229	871	667	753	2209
黄金	334	640	595	649	51	56	70	68
其他商品	5100	6475	8405	12580	820	611	683	2142
其中：远期与互换	1909	2813	5629	7561				
期权	3191	3663	2776	5019				
信用违约互换	13908	28650	57894	57325	243	470	2002	3172
单名互换	10432	17879	32246	33334	171	278	1143	1889
多名互换	3476	10771	25648	23991	71	192	859	1283
未归类的合约	29199	39740	71225	81708	1659	1609	1642	2301

资料来源：参见 BIS 网站，*BIS Quarterly Review*，December 2008。

4.2 金融衍生品市场的演变

4.2.1 金融衍生品市场中的实体性交易

布雷顿森林体系崩溃以后，包括外汇市场、利率市场与股票市场在内的金融市场风险增加，在这种背景下诞生的金融衍生品市场可以说是历史的必然。金融衍生品市场的发展之初是与实体经济联系在一起的。实际上，除了金融衍生品交易之外，借贷、债券、股票、外汇等金融交易都是从商品生产和交换中发展起来的。正是源于商品生产和交换对资金融通的需要，特别是商品流通中的商品信用和货币信用的形成和发展，使货币越出商品流通领域，而进入到一个新的领域，即各种有价证券交易的金融交易领域。从金融衍生品交易来说，一类交易是与实体经济直接或间接相联系的，可以划归实体经济的范畴，称之为实体性交易；而另一类交易则与实体经济完全脱钩，无论交易对象为何物，它们都可以划入虚拟经济的范畴，称之为虚拟性交易。①

我们认为，布雷顿森林体系崩溃以后到 20 世纪 80 年代初之前的这段时间的金融衍生品交易以实体性交易为主，其原因有两点：一是客观上这一时期的金融衍生品交易是因经济主体为满足避险的需要而产生；二是金融市场有一系列监管制度的约束，虚拟性交易难以大规模发展。从中可以看出金融监管的意义所在。

一、避险市场与实体性交易

衍生品的发展历史源远流长。据文献记载，衍生品的起源至少可以追溯到古美索不达米亚时期，距今已有将近 4000 年的历史。当时的古美索不达米亚地区就有了涉及衍生品的法典《汉谟拉比法典》和谷物远期合约的交易。在古希腊和古罗马时期也有相关的衍生品交易的记载，如古希腊的"船舶抵押契约"，就是一种具有投机性质的高利率贷款，用于对购买远期交割的重要商品的融资；在古罗马时期也出现了政府与谷物商人签订的为期数年的粮食供应合约。1848 年，82 位美国商人发起组建了芝加哥交易所，在交易所内进行规范化的远期合约交易，并于 1865 年进一步改进远期合约，推出标准化远期合约，同时实行保证金制度，这标志着现代意义上的期货交易的诞生。在此之后，有关保证金、结算方式和违约处罚等市场规则相继制定，商品期货交易在许多发达国家发展起来。然而，衍生品市场的大发展，则是在布雷顿森林体系崩溃之后才开始的。金融衍生品的出现，彻底改变了衍生品的市场地位。正如斯旺（Edward J. Swan）所说："衍生品已经有了 4000 年的历史，但是其中的大部分时间，衍生品都是默默无闻，直到 20 世纪 70 年代后，衍生品才从幕后走上前台，成为了风险管理的重要工具。"②

从现有的资料看，无论是商品衍生品还是金融衍生品，其产生的根本原因都是为了实体经济避险的需要。在布雷顿森林体系崩溃之前，实物货

---

① 关于金融交易划分的详细讨论可参见方兴起：《美国霸权衰落时期的全球金融失衡》，中国经济出版社 2009 年版，第 9—20 页。方兴起教授将金融交易分为实体性金融交易与虚拟性金融交易两类，本文将其应用于金融衍生品市场的分析之中。

② Edward J. Swan（2000），*Building the Global Market：A 4000 Year History of Derivatives*，London：Kluwer Law International Ltd.

币或实行固定汇率制度的纸币规避了影响经济主体的利率和汇率风险，限制了货币投机，加上经济的不发达以及人们的传统观念，衍生品市场的发展相对缓慢。在布雷顿森林体系崩溃之后，经济主体追求货币增殖的环境复杂化了。货币价值的变动牵动了货币控制下的经济主体的神经，在以实体经济为主体的经济条件下，大多数企业（特别是非金融企业）不具备预测利率、汇率等资产价格走向的能力，当有风险暴露的迹象时，这些企业就有动力通过寻求金融衍生品来对冲风险，避免资产价格波动所造成的损失。风险对冲后，企业就可以集中精力发挥自己的特长。因此，在金融市场大幅波动的情况下，运用金融衍生品来对冲相关基础产品的风险是经济主体的内在要求。金融衍生品交易的杠杆性、价格波动与基础资产的关联性使得这种避险方法既节约了成本，又具有现实的可行性。例如，一公司采用期货合约来规避现货市场价格波动的风险。假定期货的价格波动率为 σ_f，而标的资产的价格波动率为 σ_s，进一步假定期货合约价格变化与标的资产价格变化的相关系数为 ρ，则可以推出最佳对冲比率：

$$H = \rho \sigma_s / \sigma_f \qquad (4.1)$$

随着组合投资理论的发展，构造投资组合来规避风险暴露所可能带来的损失已经成为越来越多的经济主体的理性选择。假定某一投资组合由 m 种资产构成，即 S_1，S_2，$\cdots$，S_m。该投资组合的价值可以表示为：

$$P = n_1 S_1 + n_2 S_2 + \cdots + n_k S_k + \cdots + n_m S_m \qquad (4.2)$$

其中，n_k 为组合中资产 S_k 的比重。可以通过构造对冲头寸，选择适当的 n_k，使得当影响组合价值变化的特定资产价格变动时，组合价值 P 保持不变。假设风险为一阶风险，则选择 n_k，令下式为 0，即：

$$\partial P / \partial x = n_1 . \partial S_1 / \partial x + n_2 . \partial S_2 / \partial x + \cdots + n_k . \partial S_m / \partial x = 0 \qquad (4.3)$$

于是，当 x 发生微小变化 Δx 时，组合的价值变动为：

$$\Delta P = \partial P / \partial x . \Delta x = 0 \qquad (4.4)$$

上述投资组合被称为 Delta 中性。Delta 中性保证了投资组合价值不受资产价格微小变化的影响。可见，构建适当的投资组合结构可以避免资产价格变化的风险。另外，如果标的资产的价格经常会发生较大变动，也可构造投资组合的 Gamma 中性，使投资组合的价值不受标的资产价格的较大变化的影响；经济主体还可通过构建 Vega 中性的投资组合，使该组合避免标的资产价格波动率变动的影响等。

二、监管与实体性交易

金融衍生品交易既有实体性交易，又存在虚拟性交易。虚拟性交易之所以能够得到遏制，是与严格的金融监管分不开的。一般认为，真正意义上的金融监管是与中央银行制度的产生和发展相联系的。早在1844年英国就产生了最早的中央银行法——《英格兰银行法》，1863年美国诞生的《国民货币法》第一次在世界范围内确立了法律上的金融监管制度，随后又确立了联邦政府对银行业监督干预制度。而证券交易自16世纪在西欧萌芽后，基本上依靠自律管理，没有专门的证券立法。可见，受当时经济自由主义思潮的影响，20世纪30年代大危机之前的金融监管很少对金融机构的经营行为进行直接干预，而是尊重市场选择，强调自律，较为松散。西方国家经历的20世纪30年代前后的经济大萧条使人们深刻地认识到必须加强对货币制度、商业银行的管制，于是各国先后成立了以中央银行为中心的各种金融监管机构，并相继出台了一系列的金融监管法规和措施。大萧条事实上成为金融业从自由竞争走向全面监管的分水岭，标志着商业银行与投资银行分业经营、分业监管的开端。例如，美国制定了《格拉斯—斯蒂格尔法》、《证券交易法》、《银行控股公司法》、《社区再投资法》，构建了美国的金融监管体系和分业经营体制。其中的《格拉斯—斯蒂格尔法》在商业银行和投资银行之间设立了业务分离的"防火墙"，禁止商业银行从事证券业务。根据该法案，美国成立了证券交易委员会，其目标是维护市场的公平和秩序，特别强调证券发行人和经纪商必须充分披露信息，不得有欺诈行为。在专门针对衍生品的法律上，美国于1936年通过了《商品交易所法》，该法加强了联邦政府对期货交易的直接管理，增加期货交易所的监管责任，赋予期货交易所对诸如操纵市场、价格垄断等违法行为的处罚权力。另外，政府可通过收集个人交易者头寸的有关信息，禁止对受管制的商品进行期权交易，禁止预定交易、融通交易等不在交易所公开竞争的一切交易。1974年，美国国会根据金融市场的动荡状况，在修订《商品交易所法》的基础上颁布了《商品期货交易法》，该法将期货品种从实物商品扩展到金融领域，增加了外汇、利率、股价指数等金融期货品种。同时，还设立全国性的商品期货交易委员会，取代原来的政府监管机构对期货市场行使专属监管权力；授权成立全国期货协会作为期货行业的自律性监管组织。除了对场内衍生品进行严格的监管之外，监管机构对于场外衍生品也进行必要的机构型监管，限制机构对场外衍生品交易的不当行为，如银行的所有金融业务必须反映在资产负债表和利润表中，必须符合央行的监管制度等。所有这些制度对于金融衍生品虚拟性交易的发展无疑起到极大的抑制作用，特别是实物交割制度与金融业务的表内反映制度等效果更是十分直接。因此，在这一时期，金融衍生品交易的发展主要是实体性交易的发展。

4.2.2　从实体性交易到虚拟性交易

一、金融自由化是金融衍生品虚拟性交易发展的直接原因

（一）金融自由化的理论基础与政策主张

（1）金融自由化的理论基础

20 世纪 70 年代末期，经济政策中的凯恩斯主义的主流思想，由于没能解决 1973 – 1975 年的"滞胀"问题，反而使这个问题恶化，最终失势，新自由主义经济思想开始抬头。新自由主义的经济思想主要是强调市场的和谐与效率功能的一种经济学说，批判国家干预主义思想和政策，主张经济活动的"自由选择"、"自由放任"和"自由贸易"等。新自由主义经济理论包含众多学派的思想，其中有代表性的学派如伦敦学派、货币学派、理性预期学派等。伦敦学派的代表人物冯·哈耶克的经济自由主义思想对 20 世纪 80 年代英国首相撒切尔夫人的私有化改革和经济自由主义政策产生了重要的影响。他在 1944 年出版的《通往奴役之路》一书中表述了自己的主张，认为市场机制可以自动调节，具有"自发秩序"，国家对经济的任何干预和调节都将会阻碍经济进步。即使国家干预和调节能够暂时稳定经济，那也是不值得的、得不偿失的。芝加哥学派兴起于 20 世纪 50 年代，其代表人物是货币主义经济学的奠基人米尔顿·弗里德曼。货币主义是货币数量学说的一种现代表现形式，反对凯恩斯主义的运用财政政策来调节经济的首要作用，提倡以一定的货币存量（货币增长率与经济增长率趋于一致）作为唯一因素支配的货币政策，即"单一规则"的货币政策，主张在国内经济生活中实施经济自由主义政策，而在国际经济活动方面抨击固定汇率制，主张实行自由汇率制。理性预期学派的代表人物有罗伯特·E.卢卡斯、托马斯·萨金特、罗伯特·巴罗等人。该学派承认经济生活存在一定的不确定性，但又假定经济行为主体对经济生活预测的主观概率与经济体系的客观概率是一致的，认为每个人都能及时地搜集整理各种经济信息，有效地利用这些信息，从而做出理性的预期和决策，使得市场能够迅速出清。政府在"理性预期"条件下制定的各种政策是无效的，必须彻底回到市场自动调节的自由主义经济秩序上来。

（2）金融自由化的政策主张

为摆脱凯恩斯主义经济政策的窘境，主张放松管制的新自由主义政策成为发达国家金融改革的主流。于是，金融自由化就成为了世界金融改革的主流。在20世纪80年代初，由美国共和党总统里根和英国保守党首相玛格丽特·撒切尔夫人带头，发起了一场波及全球、意义深远、具有鲜明经济自由主义色彩的经济改革运动。正是在这种背景下，新自由主义伴随美国总统里根和英国首相撒切尔夫人的上台，在否定凯恩斯主义的声浪中，占据了美英等国主流经济学地位。

就美国而言，自20世纪80年代初里根政府执政以后，美国一直通过制定和修改法律、放宽对金融业的限制推进金融自由化和所谓的金融创新。例如，1982年，美国国会通过《加恩—圣杰曼储蓄机构法》，给予储蓄机构与银行相似的业务范围，但却不受美联储的管制。根据该法，储蓄机构可以购买商业票据和公司债券，发放商业抵押贷款和消费贷款，甚至购买垃圾债券。另外，美国国会还先后通过了《1987年公平竞争银行法》、《1989年金融机构改革、复兴和实施方案》，以及1999年《金融服务现代化法》等众多立法，彻底废除了1933年《格拉斯—斯蒂格尔法》的基本原则，将银行业与证券、保险等投资行业之间的壁垒消除，从而为金融市场的所谓金融创新、金融投机等打开方便之门。

在美国等发达国家的积极推行下，金融自由化变革也进入了许多发展中国家。这些国家纷纷效仿，放松金融管制，采取金融自由化的发展政策。其标志性事件是1990年由美国政府炮制的包括十项政策工具的"华盛顿共识"。它是由世界银行、国际货币基金组织、世界贸易组织等美国主导的国际金融与贸易组织协商一致，为拉美债务国家摆脱经济困境而设计的一套经济自由化改革思路和方案。内容包括：配合各种债权转股权的计划，在国内经济中实行私有化；实行贸易和金融自由化政策，取消或放松对外汇和进口的管制；实行投资上的自由化，对外国投资者给予更大的优惠，从经济上对国际商业开放；使官方汇率贬值；实行严厉的反通货膨胀计划；取消各种形式的价格控制，推动自由市场经济的发展等。后来这一思路和方案逐步演化成一种世界性的范式，正如美国著名学者诺姆·乔姆斯基在他的《新自由主义和全球秩序》一书中明确指出的："新自由主义的华盛顿共识指的是以市场经济为导向的一系列理论，它们由美国政府及其控制的国际经济组织所制定，并由它们通过各种方式进行实施。""其基本原则简单地说就是：贸易经济自由化、市场定价、消除通货膨胀和私有化。"新自由主义的政治化和向全球蔓延，在全球范围内极大地弱化了对金融业的监督和限制。

（二）金融自由化导致虚拟性交易的发展

如果说在金融监管较为严格的时期，金融衍生品交易主要是以实体性交易为主，那么金融自由化对金融业各种限制条款的取消，则极大地刺激了金融衍生品虚拟性交易的发展。在市场经济中，投机和价格操纵行为是与货币控制联系在一起的，经济主体对之具有内在的要求。在马克思的资本总公式 M－C－M'（以较低价格买入商品希望能以较高价格卖出的行为）中已经表明，即使是产业资本家，他们也总是准备获得投机收益机会的。当某种商品的价格预期看涨时，所有资本家都会考虑买入，以期在将来价格上涨时抛出获利。当条件具备时，投机交易会典型地显现出来，并大规模地增长。金融衍生品虚拟性交易的发展正是金融自由化的直接后果。具体来说：

（1）交易透明度的降低为虚拟性交易的发展提供催化剂

金融自由化下的监管宽松加快了金融衍生品虚拟性交易的发展。从场内交易来看，金融衍生品交易的主体和资金头寸表面上是公开的，但是实际上公开的信息常常并不可靠，而且复杂的信息处理令普通投资者无能为力；从场外交易来看，在金融创新中，各金融机构都把其金融产品的创造过程看成是商业机密，加上这些产品本身设计的复杂性，即使专业的投资者也往往感觉眼花缭乱。场外衍生品交易多为协商确定，产品结构复杂多样，这种非标准化的产品增加了投资者的认知难度，导致产品流动性低，从而难以准确估值。这样一些不透明的状况却是虚拟性交易发展的必要条件，给了投机者直接通过金融市场分割他人财富的机会。

考虑一家股份制公司，股东和债权人将资金交给公司经理人员代为管理，这样就产生了典型的委托—代理关系。詹姆斯·范霍恩（James C. Van Horne）运用期权理论来说明股东可以从这种关系中通过损害债权人的利益而获得好处，[①] 即股东会选择更愿冒险的经理人从事风险较大的投机活动，为金融衍生品虚拟性交易的发展提供了证据。

公司股东可以将公司股票当成是公司总价值的买入期权，而期权的签发者为公司的债权人。假定债务都是到期一次支付的贴现债券，则此时的股东相当于将公司卖给了债权人同时持有以特定价格买回的期权。期权的执行价格为债券的面值，期权的到期日与债券的到期日相同。期权的到期价值为：

$$V_0 = \max \ (V_f - D, \ 0) \tag{4.5}$$

其中，V_f 是公司在期权到期日的价值，D 是债券的面值即期权的执行价格。（4.5）式表明期权的价值为 0 与公司价值和债券面值中的较大者。债券的到期日价值可以表示为：

$$V_d = \min \ (V_f, \ D) \tag{4.6}$$

即公司价值与债券面值中的较小者。从上面两公式可知：当 $V_f > D$ 时，债权人只能得到债券面值，而股东则可执行期权；如果 $V_f < D$ 时，债权人获得公司的价值而股东所得为 0。因此，股东从追求货币增殖的角度出发，必然会寻求增加期权价值的办法。根据 Black - Scholes 期权定价公式，买入期权 V_0 的价格主要取决于五个基本的经济变量，即股票当前价格、期权执行价格 D、期权的有效期、无风险利率和股票价格的波动性。在前四个变量确定的情况下，增加股票价格的波动性就会增加期权的价值，从而给股东带来利益，这就给股东及所聘请的经理人以冒险的激励。事实上，美国华尔街金融衍生品泛滥与这种公司制度缺陷紧密相关，在金融自由化背景下的金融创新特别是金融衍生品的创新利用并放大了公司治理制度所存

---

① 参见易纲、海闻：《国际金融》，上海人民出版社 1999 年版，第 294—298 页。

在的问题。难怪美国人普遍认为，"是华尔街的投机商一手造成了油价高涨、房价虚高和诱骗世界各国投资人上当受骗的金融衍生产品泛滥，这是金融危机的根源。对于华尔街的投机大亨，他们用储户的钱去冒险，却为自己挣得大量的收入，这对美国储户是一种精神侵害。"①

（2）金融资产价格的波动为虚拟性交易的发展提供基本生存空间

虚拟资本的发展由来已久，其投机的性质与价格的波动性是联系在一起的。在传统的以工商业为主及金属货币的时代，按马克思的价值理论，商品价格是价值的货币表现形式，价值是价格的内容和客观基础，商品价格以价值为中心，围绕价值上下波动。然而到了垄断资本主义时代，金融资本为了索取更多的货币增殖，逐渐摆脱价值规律的束缚而变得虚拟化了。马克思在《资本论》中以公用事业、铁路、矿山等等的所有权证书为例，说明了这种现象。马克思说："作为纸制复本，这些证券只是幻想的，它们的价值额的涨落，和它们有权代表的现实资本的价值变动无关。"于是，"由这种所有权证书的价格变动而造成的盈亏，以及这种证书在铁路大王等人手里的集中，就其本质来说，越来越成为赌博的结果。赌博已经代替劳动，而且也代替了直接的暴力，而表现为夺取资本财产的原始方法。"② 随着时代的前进，虚拟资本在形式和数量上都获得了空前的发展。金融自由化后的借贷、货币以及股票等金融资产的价格波动加大了。这种波动既可以是虚拟性交易发展的前提，也可以是虚拟性交易发展的结果，而且往往是虚拟性交易发展的结果。游离于实体经济之外的巨额资金常常制造并利用这种波动而"以钱生钱"。在一种简单的赌博游戏中，输赢的概率相同。但是在金融衍生品的参与下，情形却会大不相同：不但增加了信息的不对称，从而具有欺骗的性质，而且由于使用杠杆交易使得可以动用的资金量大大增加，操纵市场变得可能。具体来说，一方面，如前所述，在公司内部的委托—代理机制中可能出现的内部人控制会损害债权人的利益；另一方面，大的金融机构所独有的信息、行为与资金等优势使得

---

① 《华尔街大亨冒险失败收益不减　华盛顿流行"愤怒"》，中国新闻网，2008 年 10 月 11 日。

② 马克思：《资本论》（第 3 卷），人民出版社 1975 年版，第 540—541 页。

它在博弈中处于有利地位，赢的可能性更大。在 1934 年的美国《证券交易法》中，将市场操纵分为两类：一类是基于行动的操纵（Action-Based Manipulation），即操纵者通过行动改变资产的真实价值或可观测的价值；另一类是基于信息的操纵（Information-Based Manipulation），即通过制造、传播虚假或错误的信息，利用信息非对称来影响市场价格，误导投资者。由于目前对金融衍生品市场监管的松懈甚至缺失，这类行为并不少见。除上述两种市场操纵类型之外，Jarrow（1991，1992）、Allen 和 Gale（1992）提出了基于交易的操纵（Trade-Based Manipulation），即操纵者只需通过买卖交易策略就可达到操纵市场的目的，这种市场操纵完全凭借交易者资金的实力就可实现。

考虑一个证券现货市场和以证券现货为标的的衍生品市场的跨市场操纵模型。① 证券市场中的具有资金优势的一方交易者通过串谋或购买等手段得到该证券市场供给量的主要部分，然后报出很高的卖价，由于现货市场与衍生品市场的联动性，卖空者受到头寸、期限、法律等原因的制约，被迫平仓，从而使得拥有大资金一方由此获利。假设操纵者在期初（$t = 0$）时持有货币资金、N 份股票现货和 1 份看涨期权合约。该合约的行权价为 K。在第一期末（$t = 1$ 时），期权合约到期，操纵者要求履行其持有的期权合约，由于操纵者已持有占主导地位的现货，此时看涨期权合约的空头被迫要向其买入现货进行交割或者平仓，因此在 $t = 1$ 时刻，操纵者持有股票现货的数量变为 $N - 1$，并且在第二期末（$t = 2$）时，将所有的股票现货和期货合约结清。整个操纵过程中，操纵者在 $t = 0$，1，2 时刻持有股票现货和期权合约的数量分别呈如下变化。

股票资产（α_2，α_1，α_0）= （0，$N - 1$，N）

期权合约（γ_2，γ_1，γ_0）= （0，1，1）

由于股票价格由大额交易者的交易行为（包括现时持仓和历史持仓）所决定，因此在 $t = 1$ 时刻，股票的现货价格由 $t = 1$ 和 $t = 0$ 时分别持有股票资产和期权合约的头寸所决定，可表示为 g_1（ω；$N - 1$，N；1，1）。同

①　可参见张雪莹：《现货与衍生品市场的跨市场操纵研究——基于大额交易者的分析》，《经济论坛》2008 年第 1 期，第 66 页。

理，在 $t=0$ 和 $t=2$ 时的股票现货价格可分别表示为 g_0（N；1）和 g_2（ω；0，$N-1$，N；0，1，1）。对于这一操纵过程，*Jarrow*（1994）认为操纵者在操纵期结束（$t=2$）持有资产的真实价值可表示为：

$$V_2(\omega) = N \cdot [g_2(\omega;0,N-1,N;0,1,1) - g_0(N;1)]$$
$$+ g_1(\omega;N-1,N;1,1) - K/B_1$$

其中，g_2（.）和 g_1（.）分别表示 $t=2$ 和 $t=1$ 时刻的股票现货价，B_1 代表资金的时间价值。

由于操纵者可任意调节 g_1（ω；$N-1$，N；1，1），因而可以保证操纵者在操纵期结束（$t=2$）持有资产的真实价值 V_2（ω）大于 0，从而达到市场操纵的目的。

（3）全球化使虚拟性交易的发展从国内迈向国际

按照索罗斯的定义，全球化是指全球金融市场的发展、跨国公司的扩张，以及它们对各国经济日益加强的支配。[①] 全球化得益于对国际资本流动限制的逐步取消。全球金融市场在 1973 年石油危机的推动下获得迅速发展；20 世纪 80 年代后美国及英国政府采取新自由主义的政策主张，全球化因此而进一步发展；1990 年后随苏联的解体，金融市场的全球化基本得以实现。全球化的突出特点之一是允许金融资本自由流动，根据马克思的货币理论，当货币突破国内流通而进入世界范围内流通成为世界货币后，则该货币在全球范围内实现了人的社会关系向物的社会关系的转化，人的能力向物的能力的转化，使得不同国家和地区的个人之间的广泛社会联系或相互依赖关系，转化为全面的物的依赖关系，即对世界货币的依赖关系。这样，货币在一国作为社会权力载体也就被世界货币扩展到全球范围。经济的全球化使拥有世界货币发行权的国家获得了支配别国财富的权力，而以世界货币作为载体的金融衍生品的全球化更是加强了这种趋势，它为金融衍生品虚拟性交易的发展提供了广阔的空间。包括对冲基金在内的发达国家的金融机构利用金融衍生品市场从其他国家卷走了巨额的财富，使处于国际金融体系边缘的国家深受其苦。

另外，信息技术革命所产生的先进信息技术也为虚拟性交易的发展提

---

① 索罗斯：《索罗斯论全球化》，商务印书馆 2003 年版，第 1 页。

供了技术支持条件。先进的硅晶体集成电路技术极大地提高了计算机处理信息的能力，再加上不断发展的电子通信技术，使得数据处理和信息获得的成本大大下降，证券交易变得快捷便利。与此同时，交易技术的改进，也为金融衍生品交易的开发创造了条件。例如，利用相关产品的价格差异进行套利的思想一个多世纪之前就被运用于谷物交易，但是要将其运用于股票现货与股指期货上则要求复杂的数学建模、高速运算以及电子交易系统等条件才能变成现实。总之，信息革命使金融系统不但能够扩展业务范围，而且能够提高效率。然而，基于信息革命所带来的金融衍生品市场交易成本的下降，非但没有促进该市场的健康发展，反而为经济主体提供了更加广阔的纯粹的投机空间，虚拟性交易越发膨胀。

从现实情况看，金融机构在衍生金融交易中扮演了最终用户（End-User）和交易商（Dealer）两个角色。当金融机构在衍生品市场扮演最终用户角色时，主要是对冲（Hedge）自己因利率、信用等风险而暴露的头寸的需要。而在作为交易商进行交易时，主要是起到一个中介的角色，媒介衍生品的买卖双方，赚取价差及手续费。名义交易总金额中，金融机构作为衍生品最终用户的名义交易金额较小且保持稳定，而作为交易商的名义交易金额持续上升，反映出虚拟性交易快速发展的一面。

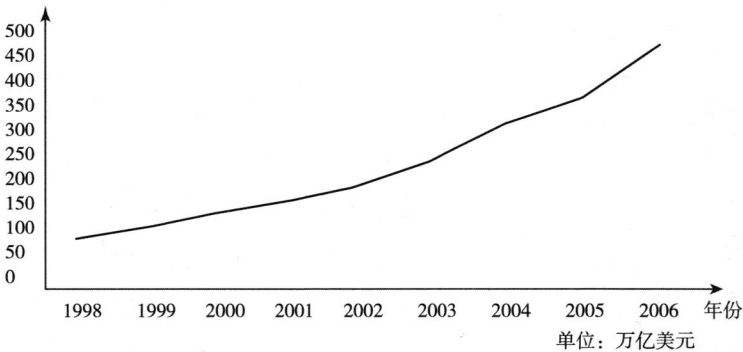

图 4-1 美国商业银行衍生品总的名义交易量增长示意图（1998—2006 年）

资料来源：根据 OCC's Quarterly Report on Bank Derivatives Activities Third Quarter 2007 相关数据整理得到。

表 4-3 是美国通货监理局（OCC）调查的全美商业银行参与金融衍生品交易的情况（信用衍生品交易量未包括在内）。其中，总的名义交易量

分为交易商交易量和最终用户交易量，而交易商的交易量无论绝对数量还是增长速度都远远超过最终用户交易量。

表4-3　美国商业银行金融衍生品交易用途分类表

单位：万亿美元

年　度	1998	1999	2000	2001	2002	2003	2004	2005	2006
总名义交易量	119.4	135.2	154.3	186.9	203.5	262.0	322.5	369.4	458.2
交易商交易量	113.7	129.2	148.3	181.4	195.1	252.1	312.3	359.2	447.2
最终用户交易量	5.7	6.0	6.0	5.5	8.4	9.9	10.2	10.2	11.0

资料来源：根据 OCC's Quarterly Report on Bank Derivatives Activities Third Quarter 2007 相关数据整理得到。

从表4-3可以看出，在1998年到2006年的9年时间里，总的名义交易量从119.4万亿美元增长到458.2万亿美元，增长了3.8倍。最终用户交易量从5.7万亿美元增长到11.0万亿美元，增长了1.9倍。而与避险无关联的交易商交易量则从113.7万亿美元增长到447.2万亿美元，增长了3.9倍，增长速度是最快的。从绝对数量来比较，交易商交易量更是远远大于最终用户交易量。2006年前者达到447.2万亿美元，而后者只有11.0万亿美元，前者是后者的40.7倍，虚拟性交易量占压倒优势。

二、美元泛滥是金融衍生品虚拟性交易发展的内在动力

（一）美元泛滥产生的背景

货币资本逐利是不变的本性。当一国工商业崛起的时期，相对高的利润会吸引国内外的货币资本流入商品的生产和流通领域，而当其工商业达到一定水平和规模时，部分货币资本在利润的驱使下会越出商品交易领域，而进入金融交易市场。而一旦其工商业衰落，则货币资本会大量脱离商品的生产和流通领域，流向国内外的虚拟性金融交易市场。历史上，荷兰与英国都出现过这种现象，美国也出现过同样的情形。从美国的制造业来看，其就业和产出的收缩已经持续很长时间了。在20世纪60年代中期，制造业的产出占GNP的27%，就业占24%。到2004年，这些数字分别下降到大约13.8%和10.1%。[①] 由于美国制造业的衰落，要维持美国人的物

---

① 多米尼克·萨尔瓦多等：《欧元、美元和国际货币体系》，复旦大学出版社2007年版，第74页。

质生活水平的提高，就必须依赖外国的储蓄向美国的转移。这从美国的国际收支平衡表中可以体现出来。

表 4-4　2000—2007 年美国国际收支平衡表

单位：百万美元

时间	2000 年	2001 年	2002 年	2003 年	2004 年	2005 年	2006 年	2007 年
经常账户	−417426	−384699	−461275	−523399	−624993	−728993	−788117	−731214
出口货物与服务	1421515	1295693	1255663	1338213	1574326	1819016	2142164	2463505
进口货物与服务	−1780296	−1629097	−1651990	−1789819	−2114837	−2458225	−2838254	−3082014
单方面转移	−58645	−51295	−64948	−71794	−84482	−89784	−92027	−112705
资本账户	−1010	−1270	−1470	−3480	−2369	−4036	−3880	−1843
金融账户	477701	400254	500515	532879	532331	700716	839074	774345
统计差错	−59265	−14285	−37770	−6000	95030	32313	−47078	−41287

资料来源：美国经济分析局（Bureau of Economic Analysis）。

从表 4-4 可知，美国的经常账户赤字有不断增长的趋势。事实上，美国自 1982 年以来一直维持经常账户逆差，依靠金融和资本账户的顺差来弥补。在经常账户差额中，商品贸易差额起着决定性的作用，美国通过发行美元从世界各地源源不断地进口商品以满足国内的需要，使美国成为世界上最大的债务国。自 1973 年美国宣布美元停止兑换黄金后，开启了美元的一种缺乏相应约束力的新时代。失去了黄金兑换美元的硬约束，大大减轻了美元流出境外的兑换压力，大量的美元流出美国，世界各国央行所持有的美元储备不断增加，美国经常项目逆差也一路攀升。1982 年美国经常项目逆差为 55 亿美元，到了 2007 年已经达到 7312 亿美元，25 年间增长了 133 倍。从国际收支的结构论观点出发，国际收支逆差尤其是长期性的国际收支逆差，是源于长期性的供给小于长期性的需求的产物。而长期性的供给不足，往往源自经济结构的问题，即造成这种现象的根本原因在于作为全球第一大经济体的美国以制造业为主体的实体经济已经衰落了。

（二）美元泛滥的原因

如前所述，虚拟性交易的发展常常是与实体经济的衰落联系在一起的。在美国实体经济衰落的背景之下，以货币增殖为唯一目的的资本便会从实体经济中游离出来，进入到虚拟经济领域。这种资本的流动一方面使得虚拟经济得到加强，美元开始泛滥起来，另一方面也使得实体经济加速下滑，形成实体经济与虚拟经济相互背离的二元经济的局面。所以，马克思说："……信用制度，就是一个巨大的集中，并且它给予这个寄生者阶级一种神话般的、不仅周期地消灭一部分产业资本家，而且用一种非常危险的方法来干涉现实生产的权力——而这伙匪帮既不懂生产，又同生产没有关系。……就是这伙包括金融业者和证券投机家的匪帮的权力日益增加的证据。"①

但是，美元泛滥还有其特殊的历史原因，即美元货币的国际本位。布雷顿森林体系崩溃之后，美元脱离了与黄金挂钩的限制，成为世界的主要储备货币，所有的国家都需要将美元作为最后的清算手段，美元也是全球经济交易的计价货币。考虑到全球经济、贸易、以及其他国家对国际储备资产的依赖性，必然会导致美元及美元定价资产的供应不断增加。这意味着，每一个国家都需要储备美元，储备美元意味着一国的多卖少买或贸易顺差，或者向美国或其他国家借入储备货币，但最终不得不靠贸易顺差来偿还这些借入的储备货币。如果将美国作为一方，世界上其他国家作为另一方，那么美国必定是贸易收支逆差或国际收支逆差的国家。在这个意义上，美国持续地产生贸易逆差，成为全球经济正常运行的必要条件，美国的贸易逆差就具有其内在的必然性。但是，作为国际本位货币的美元本质上是一个国家的私人货币，从国家角度来讲，它是私的。而现在被全球当做一个公共产品在用的时候，就会产生美国可能为了自己的私利，而多印钞票使得全球风险加大的问题。事实上，由于美元的特殊地位，美国没有了先储蓄、后消费或先生产、后消费的任何负担，完全可以靠政府和私人部门的举债进行消费。美元的背后并没有黄金的支持，同样美国政府债券的背后也没有美国国内储蓄的支持。美国的债务在不断扩大，图4-2显示2008年美国总的联邦政府债务达到66万亿美元（包括美国政府债券和政府承诺需要支付的国内社会保险等），是当年的14万亿美元GDP的4.6

---

① 马克思：《资本论》（第3卷），人民出版社1975年版，第618页。

倍。与世界其他国家合计的 48 万亿美元的 GDP 以及近 30 万亿美元的债务相比，美国的负债消费额是十分巨大的，如此高的政府债务是不可持续的。由于美国次贷危机导致经济形势恶化，2009 年政府债务继续扩大，这必然会导致美元进一步贬值和通货膨胀。

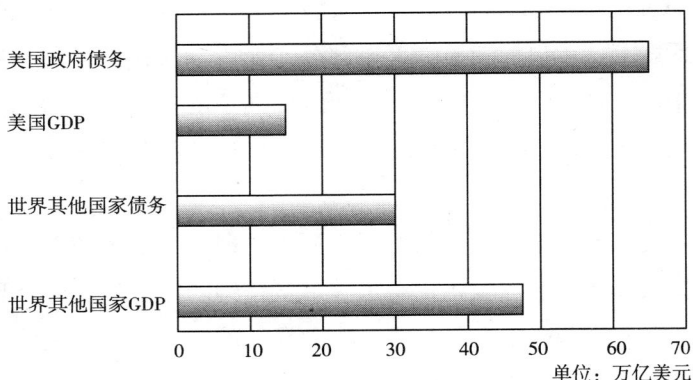

图 4-2　政府债务与 GDP 的比较（2008 年）

资料来源：www. prudentbear. com（戴维·L. 泰斯有限责任公司）。

总的来说，美元这种仅由纸币而不是黄金支持的信用创造，其结果不仅是作为价值符号的美元货币的信用问题凸显出来，而且不可避免地导致全球范围内以经济过热和资产价格暴涨为特征的信用泡沫。美国则可以凭空造出各种金融工具来达到其平衡国际收支逆差的目的，享受美元本位所带来的不劳而获。

从货币的发展史看，货币历经实物货币、贵金属货币到现代的信用货币，是与商品经济的发展分不开的。通过解决商品使用价值与价值之间的矛盾对立，货币成为"财富的随时可用的绝对的社会形式"①，成为财富的一般代表。在实物货币和贵金属货币的年代，货币作为商品在进入流通之前已经具有价值，构成交换价值的基础。但是，在信用货币流通的情形下，货币本身并没有价值，只是由于有了国家的信用作后盾后才强制推出的，它的可靠性总是值得怀疑。

---

① 马克思：《资本论》（第 1 卷），人民出版社 1975 年版，第 151 页。

值得一提的是，货币作为商品的实现形式，使得货币具有质的无限性与量的有限性。所谓质的无限性，是指货币是社会财富的一般代表，能够直接转化成任何商品，能够满足任何需要。因此，质的无限性意味着货币对商品具有无限可兑换性，或称为货币的"质的无限可兑换性"。量的有限性是指每一个现实的货币额又是有限的，因而只是作用有限的购买手段，这体现在价格上。所以，马克思说："价格，即商品向货币送去的秋波，表明货币可以转化的限度，即指明货币本身的量。"[①] 从货币根源于商品的角度出发，不难看出在商品流通中货币量与商品量在客观上必然存在内在的量的比例关系。因此，无论是金属货币还是纸币，其被商品流通所吸纳的量都是有限的。当进入流通中的货币量符合这种量的比例关系时，货币对商品才具有可兑性。这样，货币对商品的可兑性存在着两种情况：质的无限可兑性与量的有限可兑性。如果无视货币的质的无限可兑性与量的有限可兑性之间的差别，将质的无限可兑性与量的有限可兑性混为一团，把货币超比例地投入流通，就会使货币制度出现问题，甚至引起货币制度的崩溃。美元的现状正是这一问题的现实写照。

历史上，由于美元的超比例投入流通曾引起多起"美元危机"的爆发。1960 年，美国的短期外债陡增至 210 亿美元，大大超过其黄金储备 178 亿美元，使美国偿债能力信誉发生大滑坡，最终酿成了 20 世纪 50 年代末以来的"美元灾"和美元贬值，导致国际金融市场发生抛售美元、抢购黄金和其他货币的风潮，并于 1960 年 10 月爆发了第二次世界大战后第一次"美元危机"。到 1972 年底，美国的短期外债已增至 810 亿美元，这在当时简直是一个天文数字，美国的黄金储备只够抵偿其 1/8，使美国的国际收支信用下跌到最低点，触发了国际金融市场大规模抛售美元，买进德国马克、日元和瑞士法郎的风潮。1973 年 2 月 12 日，美国继 1971 年 12 月宣布美元对黄金贬值 7.89% 后，再次宣布美元对黄金贬值 10%，但这仍无助于缓解"美元危机"。1973 年 3 月，抛售美元、抢购黄金和其他货币的风潮再度发生，伦敦黄金市场金价一度由官价一盎司 42 美元涨至 96 美元，西欧和日本的外汇市场被迫关闭 17 天之久。接着，一些主要资本主义

---

① 马克思：《资本论》（第 1 卷），人民出版社 1975 年版，第 129 页。

国家纷纷改行联合浮动汇率制度或单独浮动汇率制度，美国也宣告停止世界各国以美元兑换黄金。至此，布雷顿森林体系彻底崩溃了。布雷顿森林体系崩溃之后，美元一直没有停止贬值的步伐，从美元对黄金的比价看，1975 年，美元对黄金的比价就达到了 161 美元兑 1 盎司黄金，1985 年美元对黄金的比价冲破 300 美元关口，达到了 317 美元兑 1 盎司黄金，到了1995 年，美元对黄金的比价为 384 美元兑 1 盎司黄金，2005 年美元对黄金的比价为 444 美元兑 1 盎司黄金，2009 年美元对黄金的比价一度突破 1000元大关。[①] 2007 年开始爆发的美国次贷危机又一次引发人们关于美元危机的讨论。

(三) 美元泛滥催生金融自由化

在新自由主义思想的支配下，世界各国纷纷取消了金融市场的管制措施，开始了金融自由化和经济全球化的时代。但是，新自由主义目标并非其标榜的全球经济增长和福利增进，这从信奉新自由主义国家的实践中可以清楚地看到。美国在全世界推行新自由主义的结果是为美元全球泛滥扫除障碍，"向世界输出大量美元，并吸收外国的物资输出，从而提高了国内的消费水平和对外国资产的所有权。这些外国资产都是外国经济的制高点，它们以私有化的国有企业、石油与矿产、公共设施和主要制造业公司为代表。"[②] 美国国内实体经济则持续萎靡，虚拟经济过度膨胀，依靠巨额国际收支逆差和债务维持高消费。这说明新自由主义只不过使美国把自身的消费建立在别国创造的财富的基础之上，加强了美国经济的寄生性而已。对于大多数发展中国家而言，推行新自由主义"结构调整"改革的结果，都是民族工业的发展遭到了致命的打击，政府控制国内经济和金融活动的能力大大削弱，经济安全、民族独立和国家主权不断弱化，与发达国家的经济差距越来越大。以新自由主义在发展中国家的"实验田"——拉美国家为例，[③] 20 世纪 70 年代以来，在新自由主义影响下，智利、阿根

---

① 详见 www. gold. org。

② 迈克尔·赫德森：《金融帝国：美国金融霸权的来源和基础》，中央编译出版社 2008 年版，第 4 页。

③ 参见程恩富：《新自由主义的起源、发展及其影响》，《求是》2005 年第 3 期，第 39—42 页。

廷、乌拉圭等国先后实行了对外开放的贸易自由化政策，加快进行国营企业私有化，减少甚至取消国家对价格、汇率、利率、租金、工资等的全面干预和控制，开放金融市场，放宽对外资的限制。但是，阿根廷、乌拉圭的新自由主义改革"试验"，均以失败告终。智利的新自由主义改革虽取得了一定成效，但也付出了高昂代价。1976—1983年，破产企业增加了7倍，银行业几乎崩溃，失业率达30%，特别是金融政策的失误，导致国家在20世纪80年代初几乎无法偿还外债，国家用80%的出口收入偿债，经济陷入了严重的危机之中。20世纪90年代的10年间，整个拉美地区贫困人口数上升到总人口数的44%。拉美占世界贸易的份额1970年为8%，1980年降为5%，1990年只有3%。1982—1991年，拉美地区经济增长率仅为1.8%，大大低于世界3.3%的平均增长率，甚至低于2.25%的非洲地区的经济增长率。2002年，斯蒂格利茨指出，最近10年拉美的经济增长率，仅是20世纪60年代和70年代的一半。从1982年墨西哥金融危机引发的拉美债务危机，到1994年墨西哥再次爆发金融危机，再到1999年巴西发生金融危机，最后到2001年阿根廷爆发金融危机，实行新自由主义改革的拉美地区社会经济危机不断。

从新自由主义实施的结果可以看出，它实质上是为了拓展了资本主义生存和发展的空间，建立以美国为主导的全球经济秩序和资本主义的全球扩张。在美元泛滥的条件下，金融管制以及政府对经济的干预是不合时宜的。对美国国内而言，其产业部门的生产能力严重过剩和利润率的大幅度下降使经济增长陷入"滞胀"的困境，实体经济领域的产业资本增殖走到了它历史发展的尽头，过剩美元不可能进入实体经济领域，只能寻求一种新型的资本增殖方式和资本增殖途径，即虚拟资本增殖的途径。金融管制和政府干预与虚拟资本增殖形成内在冲突。对于美国之外的其他国家而言，庞大的美元资本要在世界市场上满足增殖的需要，同样与各国政府金融管制相抵触，因为它限制了美元的自由流动，而自由流动是美元虚拟资本最大化收益的必要条件。因此，为了解决美元泛滥与金融管制之间的矛盾，美国政府凭借其国际霸权地位一手推动了金融自由化。所以，迈克尔·赫德森说："美国要在一国建立起美元霸权，一定先要使该国中央银行保持高度的相对于一国政治的独立性，其实就是剥夺该国的货币主权和金融主权，使该国不能有效地稳定经济，也不能为一国的长远经济发展计划融资，从而使该国经济成为西方资本的附庸。"①

（四）金融衍生品虚拟性交易的发展——泛滥美元与金融自由化结合的产物

泛滥美元与金融自由化的结合，使得虚拟经济逐渐走向全球经济活动的中心位置，极大地促进了金融衍生品市场的全球发展。美国作为全球金融市场最发达的国家推出许多令人眼花缭乱的金融衍生品创新品种，向全球渗透。从全球来看，无论是在场内市场还是场外市场，金融衍生品交易规模都飞速扩张。可以说，为了虚拟资本增殖的需要，就必须实行金融自由化，就必然会有一系列的金融衍生品创新。同样，为了虚拟资本在更广阔的空间有更大的活动舞台从而获取更多的价值增值，就必须把金融自由化和自己的虚拟经济制度强加于世界上每一个可以获取利润的地方，这样就有了虚拟经济全球化。于是，"金融及其衍生品的发展使金融资本在时间上和空间上，对资本的使用价值的生产实现了全面的、不间断的、有效的控制，从而实现了资本的增殖，即资本利润的最大化。"②

4.3　金融衍生品市场与宏观经济运行

金融衍生品市场的发展对宏观经济运行产生深远的影响，这种影响来自微观经济主体利用金融衍生品市场为自身谋利的经济活动。在货币控制的作用下，微观经济主体既可以通过金融衍生品市场规避生产经营活动过程中的各种风险，促进自身经营环境的稳定以获取收益，也可以利用或操纵金融衍生品价格的涨落，单纯追求价差收益。前者为金融衍生品实体性

---

① 迈克尔·赫德森：《金融帝国：美国金融霸权的来源和基础》，中央编译出版社2008年版，第5页。
② 引自李其庆："马克思经济学视域中的金融全球化"，转自迈克尔·赫德森：《金融帝国：美国金融霸权的来源和基础》，中央编译出版社2008年版，第9页。

交易活动，后者为金融衍生品虚拟性交易活动。两种不同性质的交易活动对于宏观经济的影响是有区别的，前者有利于宏观经济的稳定增长，而后者的负面效应要远大于正面效应，常常会导致社会财富的错配和宏观经济的波动。从根本上看，金融衍生品存在的价值在于相互联系的两个方面，即风险转移和价格发现。正是微观经济主体对金融工具价格风险的转移，才促成金融工具交易的增加和投机活动的出现，并在一定程度上促进价格的理性化。然而，虚拟性交易的过度发展对于这两方面的价值有着颠覆性的改变，从宏观的角度看，金融市场并没有因为金融衍生品的出现而实现风险可控和价格向均衡回归，反而是价格越来越不稳定，风险扩大了。

4.3.1　实体性交易与宏观经济运行

一、金融衍生品的风险转移功能与经济效率

在市场经济条件下，经济主体面临诸如信用风险、经营风险、价格波动风险等各种风险，金融衍生品的主要功能之一就是为经济主体提供转移风险的工具。Jurgen von Hagen 和 Ingo Fender（1998）认为金融衍生品创造了一个更完美的金融系统。它使得风险能够被合成和分解，这种风险重新打包的特性为投资者根据自己的风险偏好来选择与之匹配的证券提供手段。另外，金融衍生品也可以使得资产的个别风险能够被定价和交易。[1] Santomero 和 Trester（1998）的研究表明通过金融衍生品的风险分散，为银行的资产管理制造了流动性，这使得银行愿意增加对实体经济的贷款，其自身的风险并不会因贷款增加而提高。[2] GAO（1994）认为不断增加的市场之间的关联以及交易集中在少数机构手里增加了"连锁反应"的风险，一个市场的危机会传染到其他市场。[3] 一般地，实体性交易通过降低经济

---

[1]　Jurgen Von Hagen，Ingo Fender（1998），"Central Bank Policy in a more Perfect Financial System"，ZEI Policy Paper，B98 - 03，May.

[2]　Santomero，Trester（1998），"Financial Innovation and Risk Taking"，*Journal of Economic Behavior and Organization*，Vol. 35，pp. 25-37.

[3]　Financial Derivatives（1994），*Actions Needed to Protect the Financial System*，Washington D. C：General Accounting Office.

主体的交易成本而实现风险转移，从而促进资源的优化配置。这反映在冗余证券（Redundancies）理论中。

冗余证券用于指称那些在金融市场上看起来显得多余的证券，该类证券可以经由交易已有的金融产品拟合而来，其支付与已经存在的金融产品的支付线性相关（不考虑交易成本差异时）。具体地看，设有样本空间 $\Omega = (l, \cdots, \omega, \cdots, \Omega)$ 种自然状态，存在 $S = (l, \cdots, s, \cdots, S)$ 种线性无关的基础金融产品，市场不完全时 $S < \Omega$。R 是证券 s 在状态 ω 下的支付，所有基本证券的支付空间 $R = \{R\}$ 可由一个 $S \times \Omega$ 矩阵表示：

$$R_{Sx\Omega} = \begin{bmatrix} R_1^1 & \cdots & \cdots & \cdots & R_\Omega^1 \\ \cdots & \cdots & & \cdots & \cdots \\ \cdots & \cdots & R_\omega^s & \cdots & \cdots \\ \cdots & \cdots & & \cdots & \cdots \\ R_1^S & \cdots & & \cdots & R_\Omega^S \end{bmatrix}$$

现在金融市场中出现第 $S+1$ 种证券（金融产品创新），该证券的依状态支付集合可由支付空间 R 中的 n（$1 \leq n \leq S$）行线性计算得到，称该证券为冗余证券。从构造完全金融市场的角度看，这类拟合产品的出现毫无意义，然而理解冗余证券为何存在却是理解金融衍生品之所以出现的关键。

Pesendorfer（1995）构建了一个解释金融中介以标准证券为质押品发行新证券的模型。[①] 模型认为金融产品创新缘于：（1）寻求风险分担和对冲的机会，以及可以在时空分布中连续转移财富的技术；（2）降低交易成本的努力。一般地，金融中介购入一个证券组合，然后根据组合的未来收益发行一系列新的金融产品，市场均衡时消费者有最大效用，金融中介获最大利润，同时市场出清。因存在证券交易成本，金融中介通过构建新的证券使得投资者能以较为经济的办法买卖和持有现有的基础证券，于是冗余证券就不可避免地出现了。Pesendorfer（1995）的模型解释了即使在资产结构均衡的情况下，由于金融市场存在交易成本，金融市场上的"冗余

① Pesendorfer, W.（1995）,"Financial Innovation in a General Equilibrium Model", *Journal of Economic Theory*, Vol. 65, February, pp. 79-116.

证券"现象也相当普遍。人们创新和交易冗余证券是为了以更加低廉的成本达成合意的金融交易。事实上，只要金融衍生品相对于证券复制策略具有成本优势，就可以创新金融衍生品。

默顿（Merton，1990）从金融市场交易成本角度阐释了金融衍生品创新和衍生品交易的集中化。① 规模较大的金融中介机构类似于证券市场中的批发商，其交易现货市场证券的成本低于规模小的金融中介，可以低成本复制出状态依存证券（Contingent Securities）。由于低交易成本和可持有或有权利证券，大机构面临着接近完善的市场，因而这些大机构就可以向市场上的其他投资者（这些投资者面对的是不完善市场）出售其合成的证券，即各类金融衍生品。这个过程的结果就是形成金融衍生品市场少数大金融机构与众多小投资者共存的格局，该特征在场外衍生品市场中尤为明显。默顿的讨论从理论上证明了衍生品交易向少数大机构集中是金融衍生品市场固有的特征，同时意味着金融衍生品创新可以降低整个金融市场的交易成本，即提高了金融市场的交易效率。

因此，考虑到金融市场的交易成本，具有冗余证券性质的金融衍生品就具有其存在的经济意义，变得"非冗余"了。金融衍生品交易通过降低交易成本为人们提供风险分担的机会，从而增进经济的效率。

二、金融衍生品的价格发现功能与经济效率

市场经济中的基本问题就是通过价格机制配置资源，合理的价格可以促进资源的优化配置，提高经济效率。然而，资产如何定价的问题正变得越来越复杂化，一直以来也是现代金融学的核心问题。在现货市场上，从实物产品的定价来看，并不完全取决于实物产品生产过程中要素投入的数量和价值，还得参考产品和要素的时间价值。随着时间和空间的变换，利率与汇率的变动将使实物产品的价格产生波动。因此，引入时空因素之后，在现货市场上确定的价格将不再具有确定性。从金融产品的定价来看，无论是货币的利率、汇率，还是股票和股价指数等，在市场经济条件下的波动更为频繁，虽然金融产品的价格主要取决于经济基本面的变动，但是人们的预期与政府的干预对金融产品的供求状况产生重要的影响，而

---

① 参见默顿.米勒：《默顿.米勒论金融衍生工具》，清华大学出版社1999年版。

且涉及面远远超出了金融机构自身的范围，扩展到整个经济体。金融市场
上现货产品的定价主要是通过集中或者非集中交易场所的现货交易来实现
的。但是，由于交易价格随时间的变动产生很大的波动，现货价格与未来
的价格可能出现极大的差异，因此金融市场的交易往往带有很大的风险。
为了维持市场的稳定以及从规避风险的目的出发，都需要采用具有价格发
现功能的金融衍生工具。

一直以来，关于衍生品的定价功能颇多争议。Stein（1992）通过引入
理性预期建立了一个定价模型，分析现货市场与期货市场的关系。[1] 在不
存在期货市场的条件下，对于实物商品而言，现货市场参与者只能将预期
建立在过去价格行为的基础之上，就会产生蛛网周期，导致产量和价格的
长时间的波动。如果加入期货市场，参与者基于期货价格来引导生产活
动，变价格的滞后调节为预先调节，蛛网形成收敛式波动，稳定了现货价
格。但是，对于金融市场却不成立。Stein（1992）研究了股票和外汇市
场，与商品市场有所区别的是，股票的理性预期价格是未来股息的折现
值，取决于宏观经济环境、公司所在行业发展状况、企业自身的表现及市
场利率等多方面的因素。获得此类信息的成本和信息集的异质性都较商品
市场高；而汇率则与经常账户、投机资本和非投机资本账户、各国名义利
率、经济条件、财政与货币政策等许多不同因素相关，相比商品市场这些
因素差异大，变动更频繁。因此，现货价格难以因期货市场而实现稳定。
Cohen（1996）的实证研究认为衍生品市场的出现并未对现货市场产生额
外的变动性。[2] Board（1995）观察到远期市场价格一般来说总是引领现货
价格的变动，原因是由于远期市场与现货市场中存在大量的套利者，他们
会利用各种新的信息影响现货价格，使得现货市场价格在面对未预期的市
场状况时不致于产生极端反映。[3] 国际清算银行（1994）的结论认为在异

① Jerome L. Stein(1992),"Cobwebs,Rational Expectations and Futures Markets",*The Review of Economics and Statistics*,Vol. 74,No. 1,pp. 127-134.

② Cohen,Benjamin H. (1996),"Derivatives and Asset Price Volatility:A Test Using Variance Ratios",BIS Working Paper,No. 33,Basle:BIS.

③ Jurgen Von Hagen,Ingo Fender(1998),"Central Bank Policy in a more Perfect Financial System",ZEI Policy Paper,B98-03,May.

常情形下衍生品交易会导致基础证券市场不稳定，如在市场价格下跌时会增加卖出行为，从而引起市场价格的加速下跌。[1] Mayhew（2000）统计了43 份关于股指期货与股票现货价格之间关系的实证研究结论，其中 23 份结论认为股指期货与股票现货价格变动无关，8 份结论认为股指期货的推出使得股票价格变得更稳定，7 份结论认为股指期货会加剧股票价格的波动，另有 5 份研究结论为二者的关系不确定。[2]

实际上，只有在区分金融衍生品交易类型的基础上，才能对其定价功能作出分析判断。如果不对实体性交易和虚拟性交易进行区分，衍生品的定价功能会依据两种类型交易相对市场地位而定，结论就是多样性的，实证结果证明了这一点。在一个以实体性交易为主的金融衍生品交易市场，交易双方对供需情况、通货膨胀情况以及利率、汇率和股价的未来走势进行充分分析和预期的基础上竞价成交，其价格反映了市场的供求关系变化，可以为现货市场价格提供重要参考。

三、金融衍生品两种功能发挥促进经济稳定增长的机制分析

金融衍生品的风险转移和价格发现功能有利于宏观经济的稳定增长。从微观经济主体的角度看，企业的风险厌恶行为会降低产量；把宏观经济作为一个整体看，考虑到产出函数的凹函数特性，企业的资产价值的波动也会降低总产出水平。通过引入金融衍生品市场可以减少企业面临的风险和宏观经济的不利波动，使得总产出增加。我们结合斯蒂格利茨的产出模型，对此进行分析。[3]

由于金融衍生品交易具有远期性的特点，考虑一个动态分析模型。在一个动态分析框架中，今天的决策会通过状态变量对未来产生影响。考虑最重要的三个状态变量现金 c、存货 N 和资本存量 K：

$$C_{t+1} = p_{t+1}Q_{t+1} - B_t (1+r) - d_t \tag{4.7}$$

---

① "Macroeconomic and Monetary Policy Issues Raised by the Growth of Derivatives Markets", Basle：BIS，1994.

② Stewart Mayhew（2000），"The Impact of Derivatives on Cash Markets：What Have We Learned?"，University of Georgia，Feb. 3.

③ 斯蒂格利茨：《斯蒂格利茨经济学文集（第四卷）》，中国金融出版社 2007 年版，第 250—263 页。

其中：
$$B_t = w_t L_t + I_t - c_t \tag{4.8}$$

$$K_{t+1} = K_t + I_t - u_1 K_t \tag{4.9}$$

$$Q_{t+1} = f\,(p_{t+1},\ u_2) \tag{4.10}$$

$$p_{t+1} = f\,(e_t,\ z) \tag{4.11}$$

$$r = f\,(\alpha_t,\ \rho,\ e_t,\ z) \tag{4.12}$$

而且
$$N_{t+1} = N_t + u_3 \Phi\,(L_t,\ K_t)\ - Q_{t+1} \tag{4.13}$$

其中，B 为债务总量，Φ 是生产函数，Q 表示销售量，r 为企业必须支付的利率，p 为销售价格，d 为企业支付给股东的红利，I 为资本投入，L 为劳动力数量，w 代表工资水平，e 为金融衍生品使用状况，ρ 为无风险利率，α 为企业财富净值，z 为企业环境变量，u_1、u_2、u_3 分别是影响企业折旧率、需求和生产的随机变量。

对（4.11）式进行分析可以发现，由于基于规避风险目的的金融衍生品的使用，可以促进未来销售价格的稳定，即价格的波动 σ_p 变小了。在（4.12）式中，企业必须支付的利率是企业初始财富净值、无风险利率、金融衍生品使用状况等的函数，只考虑 e 对 r 的影响，则有 $f'_{et} < 0$，即因为金融衍生品的合理使用，r 变小了。[①] 对（4.7）式进行考察可以发现，企业的现金收入取决于产品销售数量与价格的乘积减去负债和分红数量。在企业前期负债和分红比例不变的情形下，p_{t+1} 的微小变动会导致 C_{t+1} 大幅波动。例如，在 p_{t+1} 减少5%的条件下（与期望值相比），如果企业的期望现金收入为10%（即包括利息支付在内的生产成本占价格的90%），那么此时利润就会下降50%。使用金融衍生品后，σ_p 变小可以减少价格 p_{t+1} 的波动，从而相应减少 c_{t+1} 的波动，即 σ_{c+1} 减少。同时，由于企业支付的利率 r 的下降，可以增加 c_{t+1} 的数量，因此金融衍生品的使用可以带来企业现金收入的稳定增加。另外，如果企业的杠杆比率很高，那么 c 的微小变化就会使产出和员工雇佣数量这些决策变量的最优值发生较大变化。假设

---

① 相对于不采用金融衍生品的状况，金融衍生品的增加使用会降低企业面临的市场风险，考虑到企业借款利率与风险的正比关系，则风险的降低必然会降低借款成本。但是，过度使用金融衍生品的情况却相反。当然，金融衍生品的使用会增加企业的交易成本，（4.5）式也有此类问题。但相对于收益而言，成本较小，这是金融衍生品交易改善金融效率的体现。利率互换就是典型的例子。

企业生产的目的是使期末财富的期望值减去预期破产成本后的值最大化。

$$\max Ea(\pi, B) - xP \qquad (4.14)$$

其中，a 为企业的期末价值，它是利润 π 和企业的债务总量 B 的函数；x 是破产成本；P 为破产的概率，它是企业决策变量、必须支付的利率以及初始财富净值的函数。考虑只有员工雇佣数量是决策变量的简单情形，并且不考虑破产成本，对于生产函数 $y = \Phi(L)$，企业会增加产出直到劳动力的实际工资等于劳动力的边际产品。即：

$$w/p = \Phi'(L) \qquad (4.15)$$

然而，根据（4.14）式，企业需要考虑破产的影响，则（4.15）式可变为：

$$p\Phi'(L) - w = \psi \qquad (4.16)$$

其中，ψ 为边际破产成本，在实际工资通常变动较小的情况下，产出的波动主要与 ψ 相关。假设：

$$\psi = f(c, B, z) \qquad (4.17)$$

即企业的边际破产成本由企业的现金收入、负债和外生参数决定。这里，ψ 与 σ_{c+1}（收入的变动率，用收入标准差表示）的关系为正相关，且 $f'_{c+1} < 0$，$f'_B > 0$。即现金收入越大，负债越小，则边际破产成本越小。结合（4.7）式、（4.11）式、（4.12）式的分析，采用金融衍生品后可减少企业的边际破产成本，从而增加产出。图 4-3 显示企业由于应用金融衍生品来规避风险，使得其边际破产成本由 ψ_2 减少到 ψ_1，产出则由 y_2 增加到 y_1。

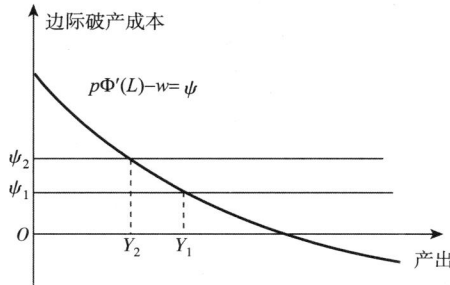

图 4-3　企业产出决定与金融衍生品应用

从宏观的角度看，微观经济主体的产出波动会产生宏观效应。考虑将单个企业的生产函数进行加总，生成总的生产函数。在标准的新古典模型中，许多扰动因素对经济的影响会相互抵消：一个部门的收益会被另一个部门的损失所抵消，从而使得产出波动不大。而且在新古典理论中，价格上升对生产者有利而对消费者不利，反之则反是，其净效应取决于哪方面的影响占主导地位，如果从总体上看价格上升的净效应为负，那么价格下降的净效应就为正。但是，结合企业风险厌恶的特点来考虑，情况则并非如此。

假设经济中只有一种资产 c（不考虑存货 N 和资本 K），两家企业。在通常条件下，产出是 c 的凹函数：$y = \Phi(c)$，这就意味着，虽然对经济产生扰动的因素似乎只是将需求在不同部门间进行重新分配，从而使得一家企业的产出增加，另一家企业的产出降低，但是这些扰动因素却具有实际效应。从初始的均衡状态开始，资产价值的上升或下降都会对经济产生不利影响，而通过应用金融衍生品交易来减少干扰因素的冲击则会使总产出增加。图4-4表明资产的价值波动使得平均产出下降，而减少波动则可以增加产出。如图所示，经济中初始资产为 c_0，对应的产出为 Y_0，扰动因素使得资产价值发生改变，一家企业资产下降为 $c_0 - \Delta_1$，而另一家企业资产上升为 $c_0 + \Delta_1$，则平均产出为 Y_1，小于未受扰动时的产出水平 Y_0。企业应用金融衍生品后减少了扰动，一家企业资产下降为 $c_0 - \Delta_2$，而另一家企业资产上升为 $c_0 + \Delta_2$，平均产出为 Y_2，高于未使用金融衍生品的产出 Y_1。

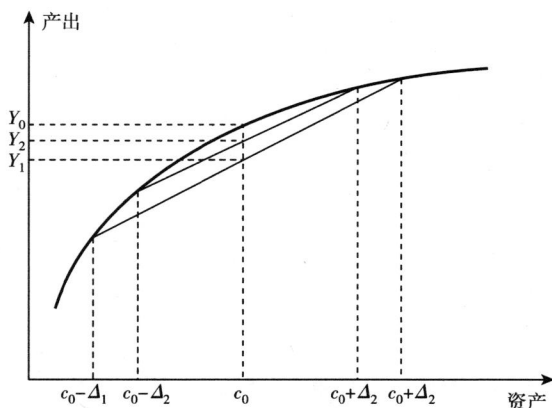

图4-4　产出与企业资产价值变动

4.3.2 虚拟性交易与宏观经济运行

如果说金融衍生品实体性交易的发展有利于经济的稳定增长，那么虚拟性交易的过度发展则会对经济造成损害。在以虚拟性交易为主的市场，大量货币完全脱离了与物质生产的联系，脱离了财富的创造过程，变成了直接"以钱生钱"的工具，金融衍生品的经济功能是得不到发挥的，不但增加了各种风险，而且扭曲了定价机制，破坏了实体经济的运行。具体来说，体现在如下几个方面：

一、冲击实体经济运行

在社会资金总量一定的情况下，虚拟经济的规模扩大往往会引起实体经济资金供应的减少，削弱经济发展的动力。在实体经济与虚拟经济的关系问题上，实体经济创造了物质财富，是经济发展的主导力量；而虚拟经济则与物质财富的创造活动无关，从事的是财富的分配活动。大量资金聚集于虚拟经济当中，就会制约实体经济的资金投入，影响物质财富的创造。

所谓财富创造，从马克思的劳动价值论出发，可以归结为物质财富和价值财富创造的统一，它是在实体经济中完成的。马克思在《资本论》第一卷中指出，商品具有使用价值和价值二重属性，这是由劳动的二重性决定的。具体劳动创造使用价值，抽象劳动创造价值。没有具体劳动创造的使用价值（即创造物质财富），商品价值就失去依托。因此，实体经济物质生产过程是物质形态财富创造与价值形态财富创造的统一。而且价值形态的财富就是指商品的价值，是通过商品交换在实体经济领域实现的，虚拟经济中无法产生价值的实现。在商品交换过程中，由具体劳动而生产的物质产品，必须经过交换转化为货币，才能实现其价值。因此，不仅物质财富的和价值财富的创造不能脱离实体经济，价值财富的实现也是在实体经济领域中。事实上，实体经济中的企业，并不一定都能获得价值形态的财富，一些企业可能因为其产品不能实现其价值而破产。总之，在市场经济条件下，财富创造是实体经济的一个过程，脱离物质生产过程谈财富创造是错误的。

货币资本投向何处是与货币增殖紧密相关的，一般来说，它总是从利润率低的部门流出，进入到利润率相对较高的部门。这表明尽管实体经济创造了物质财富，但是在物质财富的分配上却受制于虚拟经济，这也构成实体经济衰落而虚拟经济日益庞大的原因。根据国际清算银行的调查，从合约价值来看，2007 年 12 月底全球场内金融期货未偿付合约价值达到 28 万亿美元，金融期权未偿付合约价值达到 51 万亿美元。在场外市场方面，截至 2007 年 12 月底，全球金融市场上各种未偿付的 OTC 衍生品名义金额为 596 万亿美元，衍生品总的市场价值达到 14.5 万亿美元。虽然金融衍生品的巨额合约价值及交易量并不必然意味着巨额资金量的流动，但是即使考虑到杠杆与头寸轧平等因素对于资金量的节约，其占用的资金依然十分庞大。从场内市场来说，如果按 20 倍的杠杆比率来计算，那么 2007 年金融期货与期权资金占用量为 39.5 万亿美元。从 OTC 衍生品市场来说，衍生品的市场价值要远远小于名义金额，杠杆比率达到数十倍，用市场价值来衡量资金占用更为合理，因为它是含有实际的资金支持的，如果再考虑到交易者头寸轧平因素，实际占用资金约为市场价值一半左右。如 2007 年的 OTC 衍生品市场价值为 14.5 万亿美元，则实际资金占用约为 7.3 万亿左右。正如 Strange（1999）所提到的，全球衍生工具交易"名义价值"达到了天文数字，但是提供衍生工具交易的银行的实际信用只有这个数字额的 5%。即便如此，这依然是相当大的数额，差不多是全球最大的 75 家银行总资本的 3 倍。[①]

另外，从金融衍生品的风险转移和定价功能来看，由于虚拟经济处于对实体经济的控制地位，为了获得更多的货币增殖，常常会扭曲价格机制，使实体经济面临的经济环境更加动荡，风险有增无减。金融自由化以来，无论是利率、汇率还是股票价格都在大幅波动之中，投机活动使得实体经济的套期保值和风险对冲无所适从，成了投机活动的牺牲品。其根本原因就在于过度的虚拟性活动使得价格经常性地脱离基本面，这种脱离也会从金融动荡的路径对实体经济产生不利影响。集中的或者巨大的衍生品交易风险可能通过市场联系机制，从金融市场波及整个经济体系，最终使实体经济面临严峻挑战。特别是在开放经济条件下，与国际

① 张晓晶：《符号经济与实体经济》，上海三联书店、上海人民出版社 2002 年版，第 199 页。

资本相联系的衍生品跨境交易，将大大增加宏观经济运行风险。如在金融危机时，货币流动性丧失、信用恶化、预期和羊群效应等对实体经济都会形成全面冲击，不但影响实体企业的现金流运转，而且影响产品的供销。

二、破坏金融系统稳定

金融衍生品市场既是一个转移和规避风险的市场，也是一个风险积累与放大的市场。在虚拟性交易泛滥的条件下，由于价格的频繁波动和巨额资金投入，投机性的公司可能会产生重大损失，甚至破产清盘。表 4-5 显示了 20 世纪 90 年代以来所发生的机构损失情况。

表 4-5　金融衍生工具投资的损失

机构	年份	金融衍生工具	损　失
东京证券	1994	债券期货	320 亿日元
LTCM	1998	利率差	40 亿美元
巴林银行	1995	日经指数期货	8.6 亿英镑
大和银行	1995	美国国库券期货	14 亿美元
万国证券	1995	国债期货	10 亿人民币
中信泰富	2008	外汇期权	155 亿港元

资料来源：《衍生品市场风险案例总结》，中国金融期货网，2006 年 7 月 5 日；及其他媒体公布资料收集所得。

企业在微观层面的风险可以转化为宏观层面的风险，这是与经济一体化条件下企业之间越来越密切的联系分不开的。企业之间的密切联系加强了风险在市场之间传播，因此也增强了风险在各市场之间的连锁反应。鉴于市场间联系具有系统性含义，一旦某个衍生品市场发生重大风险或者大规模违约，问题就会通过市场之间的对冲和套利活动或者通过市场供求的重新平衡机制蔓延开来，造成"多米诺骨牌效应"，从而破坏金融系统的稳定。

根据"三十国集团系统问题专门委员会"（Group of Thirty's Systemic Issues Subcommittee，1993）的定义，将可能导致金融危机的金融衍生品的系统性风险划分为八类：[①]（1）风险暴露规模和复杂性；（2）交易过于集

---

① 转自田超：《金融衍生品：发展现状及制度安排》，中国金融出版社 2006 年版，第 95 页。

中；（3）降低市场透明度，交易脱离监管；（4）对冲市场上的流动性不足；（5）结算风险；（6）信用风险；（7）更强的市场间联系；（8）法律风险。纽约联储主席威廉·麦克唐纳（William J. McDonough）将其概括为四个方面的问题：工具风险（复杂性）、对机构的风险（规模、信用风险、透明度）、对市场的风险（流动性问题、市场关联问题）、风险的演化（集中问题）。

（1）从金融衍生品的工具风险来看。金融自由化后的大量金融创新开发出众多令人眼花缭乱的金融衍生品，金融衍生品呈现出复杂化趋势，即使专家有时可能也难以衡量其全部结果。金融衍生产品如果超出了参与者估算和管理的能力必然会引发交易风险。

复杂衍生品通常是为应对交易方的特定要求而设计的，其个性化使得基本不存在流动性，没有市场定价，因而进行有效的风险度量与控制较为困难。而且由于产品的特定目的所造成的灵活性与特定性使得传统的以通用交易工具评价市场的监管方法实际上处于失灵状态。例如，导致中信泰富亏损的主要衍生产品是"含敲出（Knock Out）障碍期权及看跌期权的澳元/美元累计远期合约"，以及更复杂的"含敲出障碍期权及看跌期权的欧元－澳元/美元双外汇累计远期合约"。① 这类被称为累计期权（Accumulator）的衍生品，在销售时就具有欺骗性：客户可以在此后几十个月以低于签约时市场价格的价格买入澳元，而客户只需送给投行一个"敲出障碍期权"与一系列"看跌期权"。客户往往受引诱而上当。中信泰富主要的澳元合约内容大致如下：首先，中信泰富与汇丰、花旗和法国巴黎百富勤等外资银行签约承诺，在此后两年多内，每月（部分是每日）以 0.87 美元/澳元的平均兑换汇率，向交易对手支付美元接收澳元，最高累计金额可达约 94.4 亿澳元。市场普遍认为，签约时的澳元市场价要高于 0.87 美元。这些合约对中信泰富向上利润有限，但向下亏损却要加倍而无限：假如澳元高于 0.87 美元/澳元，中信泰富会获得利润，但其总利润被"敲出障碍期权"封顶，最多只能有 4 亿多港元。更糟糕的是，一旦每月利润超过一定额度，则交易对手可选择取消合同，导致仅有的利润也化为乌有。

---

① 黄明：《防范复杂衍生品陷阱》，长江商学院网，转自《财经》2008 年第 22 期。

但是，一旦澳元低于 0.87 美元/澳元时，中信泰富需要加倍以 0.87 美元的高价接澳元仓位，而且没有相应敲出条款给亏损封顶。这些极不对称的条款，在合约签订的一刻就已经注定了中信泰富盈利极其有限，但有可能蒙受巨额亏损。中信泰富签订的这类合约，含有复杂的"敲出障碍期权"、"双外汇选低期权"与"看跌期权"。这些产品，从定价到对冲机制上都较为复杂，一般实体企业或机构投资者根本不知道这类产品应如何估值，不知道如何计算与控制风险，因此很容易在高价买进这类产品的同时，低估其潜在风险。而作为交易对手的投资银行或商业银行，则由于是自己设计，了解产品的特点。因此，交易双方之间存在严重的信息不对称，中信泰富的失败可以说是必然的。

（2）从金融衍生品的机构风险来看。金融衍生品交易对于中介机构的公信力要求极高。由于市场参与者对信用风险的担心，造成了金融衍生业务集中于大型金融机构，然而大型金融机构同样面临包括信用风险、市场风险、流动性风险、操作风险、清算风险、法律风险在内的所有风险，业务的集中使得风险更加集中起来。事实上，大量复杂而高风险的金融衍生品创新正是来自于大型金融机构。就交易的集中性而言，无论是场内交易还是场外交易都有这种趋势。从场内交易来说，大型交易所的交易量占有市场份额的比例非常高，如表 4-6 所示，在全球金融衍生品成交合约张数最多的五家交易所集中了大部分的金融衍生品交易。

表 4-6　2007 年个别金融衍生品类别成交合约张数最多的五家交易所

股票指数产品			个别股票产品		
排名	交易所	占全球成交合约张数的百分比	排名	交易所	占全球成交合约张数的百分比
1	南韩交易所	47.9%	1	美国国际证券交易所	19.3%
2	欧洲期货及期权交易所	13.4%	2	芝加哥期权交易所	12.2%
3	芝加哥商业交易所	12.0%	3	费城证券交易所	9.8%
4	芝加哥期权交易所	7.9%	4	欧洲期货及期权交易所	9.2%
5	印度国家证券交易所	3.4%	5	BOVESPA	9.0%
合计		84.6%	合计		59.5%

续表

利率产品			货币产品		
排名	交易所	占全球成交合约张数的百分比	排名	交易所	占全球成交合约张数的百分比
1	芝加哥商业交易所	25.0%	1	芝加哥商业交易所	43.0%
2	芝加哥商品交易所	21.8%	2	巴西期货交易所	35.7%
3	欧洲期货及期权交易所	20.6%	3	Rosario 期货交易所	7.5%
4	Liffe – 英国	13.9%	4	布达佩斯证券交易所	4.0%
5	巴西期货交易所	7.1%	5	特拉维夫证券交易所	2.9%
合计		88.4%	合计		93.1%

资料来源：《转自全球交易所的衍生产品组合》，香港交易所研究报告，2008 年 4 月。

在场外交易方面，交易量也集中在大型金融机构，在美国，主要的金融衍生产品交易商屈指可数。表 4-7 显示 2007 年第三季度美国前五大商业银行与其他商业银行的衍生品交易量的对比，其中前五大银行的交易量占总交易量的 97.2%，而其他银行只有 2.8%，二者相差近 34 倍。

表 4-7 美国衍生品交易的集中化（2007 年第三季度）

单位：10 亿美元

	前五大银行	衍生品比例（%）	其他银行	衍生品比例（%）	合计	衍生品比例（%）
期货与远期	15020	8.7	2182	1.3	17202	10.0
互换	109769	63.8	1631	0.9	111400	64.7
期权	28698	16.7	886	0.5	29584	17.2
信用衍生品	13931	8.1	58	0.0	13989	8.1
合计	167418	97.2	4757	2.8	172175	100.0

注：数据指名义交易量。

资料来源：详见 OCC's Quarterly Report on Bank Derivatives Activities Third Quarter 2007，Washington，D. C，20219。

机构风险还包括金融衍生品交易的透明度问题，它是就金融衍生品的内部管理报告、外部财务报告和行业数据的收集方面而言的。金融衍生品和相关交易技术的迅速发展降低了市场参与者资产负债表的透明度，使企业和金融系统的风险衡量复杂化。以前人们一看资产负债表，就可以很快知道银行的风险所在，而现在只看资产负债表不足以了解银行面临的风险。由于透明度不够，金融机构在确定和监控金融衍生产品交易商引致的风险程度时面临着很大的困难，一旦发生突发事件，容易出现盲目跟风从而引发系统问题。

（3）从金融衍生品的市场风险来看。当市场出现危机或风险扩大的苗头时，投机或借贷活动就会大幅减少。另外，金融衍生品通过微观经济主体之间的联系增加了市场的关联度。事实上，金融衍生产品不仅和现货市场有着密切的关系，而且在不同的现货和金融衍生品市场之间建立了密切的关系，这就为金融波动的传播开辟了新的渠道，使得金融动荡可以在不同国家与地区之间迅速传播。

（4）从金融衍生品风险的演化来看。金融衍生品风险的演化是指交易商承担的风险不仅更加集中而且总的来说更大。因为金融衍生品市场的对手风险通常集中于几家大的跨国金融机构，相对于小型机构而言，一家金融机构的倒闭将对其他市场参与者产生更为重要的影响。而且在市场中金融资产价格出现大幅波动时，大型金融机构可能也难以承受而出现破产倒闭现象，在杠杆比率较高的情况下，其风险甚至大于小型金融机构。

表 4-8　美国前五大商业银行及其他商业银行持有的衍生品合约
总的合约价值与总资产比较（2007 年第三季度）

单位：百万美元

排名	名称	总资产	总衍生品合约
1	摩根大通银行	1244049	91734451
2	花旗银行	1233325	34004072
3	美洲银行	1290376	32074527
4	美联银行	557018	5165545
5	汇丰银行美国分行	181811	4439684
前五家商业银行合计		4506579	167418279
其他商业银行合计		4794888	4757053
总计		9301467	172175332

资料来源：详见 OCC's Quarterly Report on Bank Derivatives Activities Third Quarter 2007，Washington，D. C 20219。

表 4-8 是 2007 年第三季度美国前五大商业银行及其他商业银行的总资产与持有的衍生合约总的合约价值的比较，从中可以看出，美国前五大商业银行的资产要远远小于合约价值，前五家商业银行所持衍生品的合约价值是总资产的 37 倍。由于这种高杠杆性，衍生品价格的波动很容易使得银行资产大幅缩水，风险急剧上升。而对于其他商业银行来说，总资产与衍生合约价值大致相当，风险要小得多。

三、导致财富非正常转移

虚拟资本可以分享剩余价值，能带来收入，人们在这个意义上将金融衍生品也看成是"财富"。然而，由于虚拟资本本身并没有价值和使用价值，也不能直接进入生产消费或个人消费，虚拟资本也存在着向物质形态财富和服务转化的需要，因此这种看法是错误的。当它们能够转化为物质财富时，才具有价值；当它们不能转化为物质财富时，一钱不值。从这个意义上看，虚拟资本无论基础性的还是衍生性的，如果不能转化为物质财富，就连价值符号的功能也丧失了。表面上看，虚拟性金融衍生品交易是一种所谓近似"零和博弈"的交易活动，它推动物质财富在社会成员之间的转移，尽管不同成员有不同的收益或损失，但是作为一个社会整体并不会出现财富的增减。这里，虚拟资本本身并不是财富，也不能创造财富，但是它却可以带来财富的转移。这种物质财富的转移既可以是实体经济与虚拟经济内部的转移，也可以是相互之间的转移。财富的转移常常会引起经济主体收入的波动，从而造成经济的波动。特别是实体经济通过金融衍生品交易过度向虚拟经济转移财富，形成对实体经济的利润分割，是不利于实体经济增长的，最终会形成经济整体的空心化。如果从虚拟经济承接实体经济所转移的风险角度来看，实体经济中的财富向虚拟经济转移就具有一定的合理性，即由于虚拟经济的存在使得实体经济的生产经营减少了不确定性，从而增加产出，是应该获得相应的补偿的。但是，如前所述，虚拟经济的过度膨胀使得实体经济与虚拟经济的关系本末倒置，已远远超出了承接实体经济所转移的风险的范畴。

虚拟经济的发展始于金融业的发展。根据 OECD 的统计，OECD 国家金融业加权平均劳动力雇佣量占总就业量的比重由 1970—1974 年的 3.1% 上升到 1990—1993 年的 4.1%，而加权平均金融投资则由 1970—1974 年的

2.3%上升到1990—1993年的5.4%。伴随着金融业就业与投资量的增加，其产出占GDP的比重也在上升。以美国为例，1996年美国金融部门的产出达到1.4万亿美元，超过生产性单位的1.3万亿美元产出。另外，从回报看，美国食利者阶层从企业利润中瓜分的份额在20世纪50年代约为20%—30%，而到了90年代则达到60%。[①] 金融衍生品产业作为发展最为迅速的金融子行业，其赚取收入的能力也是很强的，表4-9就说明了这一状况。从表4-9可以看出，首先，在衍生品收入构成中，金融衍生品占绝大部分。2007年第三季度的总收入23.37亿美元中金融衍生品之外的衍生品收入只有700万美元，占总收入比为0.3%。从2007年往前的12个第三季度的平均收入来看，除信用衍生品外的衍生品平均收入为28.51亿美元，而商品及其他类衍生品只有1.63亿美元，占总收入比为5.7%。其次，收入呈不断增长趋势。在交易量较大的利率与外汇衍生品中，不但2007年第三季度的收入要大于第二季度的收入（收入由第二季度的42.25亿美元增长到第三季度的50.68亿美元，增长20%），而且从较长期间的季度平均来看，2007年第二、三季度的收入也要高于过去12个第三季度平均与过去8个季度平均。最后，由于2007年第三季度美国次贷问题开始爆发，对资产的风险溢价要求上升，信用价差急剧扩大，商业银行在信用衍生品交易中收入大幅下降。

表4-9　美国所有投保的商业银行衍生品交易收入情况（2007年第三季度）

单位：百万美元

交易收入	2007年第三季度	第2007年第二季度	过去12个第三季度平均	过去8个季度		
				平均	高	低
利率类衍生品	3063	2961	1056	1733	3063	552
外汇类衍生品	2005	1264	1239	1852	2675	1264
股票类衍生品	（83）	1024	393	1059	1829	（83）
商品及其他类衍生品	7	25	163	147	789	（292）
信用衍生品	（2655）	883	无	无	883	（2655）
总交易收入	2337					

注：信用衍生品自2007年第一季度起统计。

---

① 张晓晶：《符号经济与实体经济》，上海三联书店、上海人民出版社2002年版，第220—223页。

资料来源：详见 OCC's Quarterly Report on Bank Derivatives Activities Third Quarter 2007, Washington, D. C 20219。

另外，从居民的角度考虑金融衍生品对财富分配的影响，食利者阶层往往向高收入者集中，即高收入者获取收益的能力更强，因为通常他们持有的金融资产更多。例如，美国的对冲基金持有人就限于富有阶层，而且回报很高。美国证券法规定，以个人名义参加对冲基金，最近两年内个人年收入至少在 20 万美元以上；如以家庭名义参加，夫妇俩最近两年的收入至少在 30 万美元以上；如以机构名义参加，净资产至少在 100 万美元以上。1996 年作出新的规定：参与者由 100 人扩大到了 500 人，参与者的条件是个人必须拥有价值 500 万美元以上的投资证券。1990 年 1 月至 1998 年 8 月间年平均回报率为 17%，远高于一般的股票投资或在退休基金和共同基金中的投资（同期内华尔街标准普尔 500 股票的年平均增长率仅 12%）。据透露，一些经营较好的对冲基金每年的投资回报率高达 30%—50%。[①] 这种局面拉大了社会各阶层的收入差距，进一步鼓励了财富分配而不是财富创造活动，有损经济的健康发展。

德国乔纳丹·泰纳鲍姆在其所写的《金融癌症：世界金融和经济秩序总危机》一文中指出：世界经济的巨大财富价值，其形式是一个倒置的"金字塔"。[②] 在"金字塔"的底层是物质产品，在其上是商品和真实的服务商业贸易，再在其上是各种债务、股票、通货、商品期货等的结构，最后在顶层是衍生期货以及其他纯粹的虚拟资本。以金融衍生品为代表的虚拟经济的无限膨胀以及对实体经济的不断挤压正使得这个倒置的"金字塔"底部越来越收缩，顶部越来越扩展，这种宏观经济结构的稳定性越来越遭到质疑。由于财富的创造归根结底是由位于底端的实体经济活动完成的，而财富的分配却主要地流向了处于相对顶部的虚拟经济，实体经济的萎缩可以说是必然的结果。当萎缩的实体经济再也无法向更上一级结构输送财富的时候，"金字塔"就会倒掉。

---

① 易纲、赵晓、江慧琴：《对冲基金 金融风险 金融监管》，《国际经济评论》1999 年 1—2 期，第 16—23 页。

② 陈学彬等：《当代金融危机的形成、扩散与防范机制研究》，上海财经大学出版社 2001 年版，第 92—93 页。

4.3.3 美国金融衍生品市场对 GDP 影响的实证分析

美国的金融衍生品市场是全球最为发达的，虚拟经济规模已远远超过了实体经济，对 GDP 的影响十分显著。在 GDP 的统计中，根据收入法原则，虚拟经济对 GDP 的贡献来自其所分配到的工资、利润、分红以及租金收入等，其实质是对实体经济利润的分割。即尽管虚拟经济并不创造物质财富，但是却分享财富，并推动了 GDP 的增长。这反映出美国经济的寄生性质。考虑到全球经济的自由化，这种寄生不但是针对美国国内的实体经济，而且是针对世界其他国家的实体经济。本节通过对美国衍生品主要交易方式之一——期货交易对 GDP 的作用分析来说明这种情况。

一、数据准备

选取美国自 1980 年至 2004 年的 GDP、个人消费支出、国内私人总投资及期货交易量数据，[①] 以 GDP 与期货交易量为主变量，投资与消费为控制变量，考察期货交易量的变化对 GDP 的影响。数据如表 4-10 所示：

表 4-10　美国 1980—2004 年 GDP、消费、投资及期货交易量数据

年度	GDP（10 亿美元）	个人消费支出（10 亿美元）	国内私人总投资（10 亿美元）	期货交易量（百万张）
1980	2789.5	1757.1	479.3	82.7
1981	3128.4	1941.1	572.4	101.1
1982	3255	2077.3	517.2	107.6
1983	3536.7	2290.6	564.3	136.1
1984	3933.2	2503.3	735.6	148.8
1985	4220.3	2720.3	736.2	152.6
1986	4462.8	2899.7	746.5	193.1
1987	4739.5	3100.2	785	213.5
1988	5103.8	3353.6	821.6	241.8
1989	5484.4	3598.5	874.9	267.7

---

① 由于资料来源问题，未对金融与非金融类期货作出区分，但是二者均是以虚拟性交易为主，金融类期货交易量占主导地位。GDP、消费、投资的单位按现价计算，因金融类期货交易量包含价格变动因素。

续表

年度	GDP（10亿美元）	个人消费支出（10亿美元）	国内私人总投资（10亿美元）	期货交易量（百万张）
1990	5803.1	3839.9	861	272.3
1991	5995.9	3986.1	802.9	261.4
1992	6337.7	4235.3	864.8	289.5
1993	6657.4	4477.9	953.4	325.5
1994	7072.2	4743.3	1097.1	411.1
1995	7397.7	4975.8	1144	409.4
1996	7816.9	5256.8	1240.3	394.2
1997	8304.3	5547.4	1389.8	417.3
1998	8747	5879.5	1509.1	500.7
1999	9268.4	6282.5	1625.7	491.1
2000	9817	6739.4	1735.5	477.8
2001	10128	7055	1614.3	581.1
2002	10469.6	7350.7	1582.1	790.1
2003	10960.8	7703.6	1664.1	986.1
2004	11685.9	8195.9	1888.6	1225.6

资料来源：GDP、个人消费支出及国内私人总投资数据来自美国经济分析局（U. S. Bureau of Economic Analysis），期货交易量数据来自美国商品期货交易委员会（CFTC）各年年报。

二、单位根检验

先对各序列取对数以消除量纲的影响。以时间序列为依据的实证研究都必须假定有关的时间序列是平稳的，否则会导致伪回归问题的出现，因此要对时间数列的平稳性进行检验。利用 Eviews3.1 按照变量的对数序列和对数差分序列进行 ADF 检验，检验结果如下：

表4-11 变量平稳性的单位根检验结果表

变量	原始序列		一阶差分序列		结论
	ADF 统计量	5%临界值	ADF 统计量	5%临界值	
LGDP	(c,t,3) -2.0375	-3.0114	(c,t,0) -4.7868	-2.9969	I(1)
LXF	(c,t,3) -1.934	-3.0114	(c,t,0) -3.1658	-2.9969	I(1)

变量	原始序列		一阶差分序列		结论
	ADF 统计量	5% 临界值	ADF 统计量	5% 临界值	
LTZ	(c,t,0) − 0.8454	− 2.9907	(c,t,1) − 4.5137	− 3.0038	I(1)
LYS	(c,t,1)0.4121	− 2.9969	(c,t,0) − 3.6954	− 2.9969	I(1)

注：(c,t,n)分别表示单位根检验中的截距项、时间趋势项和滞后阶数，n 是根据 AIC 和 SC 准则所选择。

从表 4-11 的数据可知，各变量的对数系列（GDP、消费、投资与期货交易量的对数分别以 LGDP、LXF、LTZ、LYS 来表示）的 ADF 统计量均大于在 5% 的显著水平下的临界值，不能通过 ADF 检验，时间序列含有单位根，是非平稳序列。但各变量对数一阶差分序列（记为 DLGDP、DLXF、DLTZ、DLYS）的 ADF 值均小于在 5% 显著水平下的临界值，是一个平稳序列。

三、向量自回归分析（VAR）

由于各变量的对数一阶差分序列是平稳序列，可以对其进行脉冲响应和方差分解分析，以检验期货交易量变化对 GDP 变化的影响。

（1）脉冲响应分析。脉冲响应函数（Impulse Response Function，简称 IRF）反应了来自随机扰动项的一个标准差大小的信息冲击（Innovation）对内生变量当前和未来取值的影响，以及其影响的路径变化。图 4-5 是模拟的脉冲响应函数曲线，横轴代表冲击作用的滞后期间数（单位：年度），纵轴代表因变量 GDP 的增长率的变化，实线表示脉冲响应函数，虚线表示

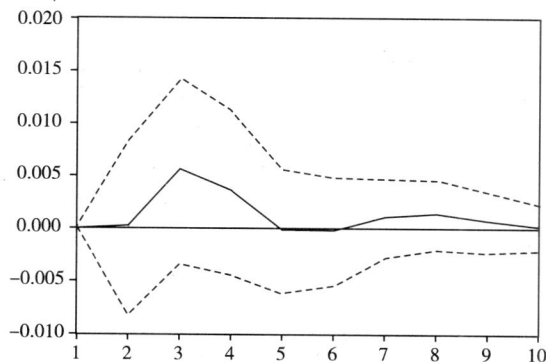

图 4-5　期货交易量的结构冲击引起的 GDP 的响应函数

正负两倍标准差偏离带。由图4-5可知，给期货交易量变化一个正的冲击，当期的 GDP 增长率没有发生变化，从第 2 期开始转为正值，第 5 期以后影响趋于消失。这表明期货交易量变化对 GDP 的影响存在滞后期，从总体上看对经济增长起到促进作用。

（2）方差分解分析。与脉冲响应分析相比，方差分解分析是将系统中的均方误差分解成各变量冲击的贡献。由表4-12可知，从长期来看，期货交易量的增长变化对 GDP 增长率的贡献度在 12.5% 左右。

表4-8　各变量变化对 GDP 变化的方差分解结果

期间	S. E.	DLGDP	DLXF	DLTZ	DLYS
1	0.015022	100.0000	0.000000	0.000000	0.000000
2	0.017079	91.22176	7.784122	0.973070	0.021049
3	0.018179	80.70414	8.817427	0.913571	9.564862
4	0.018682	77.15001	8.493625	1.584277	12.77209
5	0.018762	76.82983	8.671716	1.831237	12.66721
6	0.019043	76.85604	9.014643	1.822245	12.30707
7	0.019222	76.37661	9.332031	1.889504	12.40186
8	0.019292	75.84886	9.436042	1.875750	12.83935
9	0.019315	75.67006	9.465532	1.907555	12.95685
10	0.019330	75.63343	9.501136	1.916198	12.94923

四、结论

本节利用 VAR 模型，通过脉冲响应和方差分解分析对美国 1980—2004 年的 GDP 与消费、投资、期货交易量之间的数据进行检验，通过脉冲响应函数分析可知，一个单位的期货交易量增长率的正向冲击，将会对 GDP 增长率产生正效应，导致增长率提高。方差分解的结果同样显示期货交易对 GDP 增长的正向效应。这表明美国期货交易虽然以虚拟性交易为主，但是交易量的扩大却可以对美国的经济增长起到积极作用。进一步分析，有两点结论：

（1）在实体经济不断萎缩和空心化的条件下，美国 GDP 的增长可以由虚拟经济推动。但是，虚拟经济是建立在财富分配的基础之上的，本身并不能创造财富，而只是收入的转移。从美国国内来看，实体经济衰落而虚拟经济膨胀。理论上讲，实体经济衰落导致财富创造的减少，在封闭的条件下，无论财富如何在实体经济和虚拟经济二者之间进行分配，必然会有 GDP 的下降。但在金融自由化的背景下，情形会有所不同，美国成为全球资金活动的聚散地，美国 GDP 的增长不过表明美国经济的掠夺与寄生性质而已。

（2）虚拟经济的膨胀对美国经济具有有利的一面，这表明美国放松金融监管、推动金融自由化有一定的利益基础。

4.4　金融衍生品市场与货币政策调控

货币具有内生性与外生性并存的二元性质。其外生性是指货币是由独立于经济运行之外的各国中央银行所提供，这种外生性使得中央银行通过货币政策干预经济成为可能。货币政策是指中央银行为实现特定的经济目标而采取的各种控制和调节货币、利率等变量的方针和措施的总称。布雷顿森林体系崩溃之后，货币与黄金的联系彻底消失，各国中央银行在货币政策上的自由度大大加强。一般来说，货币政策通过金融市场，作用于投资、消费和进出口等变量，影响实体经济，发挥其调节宏观经济的功能。在金融衍生品市场快速发展的背景下，货币政策面临复杂的调节环境，传导机制将发生变化，并影响货币政策操作。

4.4.1　货币政策环境的复杂化

货币政策不能直接作用于最终目标，必须先作用于中介目标，再由中介目标影响与间接作用于最终目标，从而实现最终目标。通常中介目标的选择要具备可测性、可控性、与最终目标的相关性三方面的要求。根据这三方面的要求，被选取的中介目标一般有两类：一类是数量目标，即货币供应量，如 M_0、M_1、M_2、银行信贷规模等；另一类是价格目标，如利率、汇率等。随着衍生工具市场大规模发展，传统的较为理想的中介目标的质量大为降低，各类中介变量的稳定性均程度不同地受到冲击。

一、金融衍生品对数量型目标的影响

货币供应量一直以来作为中央银行调节经济的一个重要中介目标而存在。但是，由于金融创新的发展，特别是金融衍生品市场的发展，使得货币供应量这一中介目标的重要性降低了。从直观上看，金融衍生品交易的存在增加了货币需求。但是，从其他方面来看，金融衍生品既可以直接改变经济主体对货币的需求，也可以将那些风险资产改造成无风险而又具有流动性的资产，使其具备货币的特性从而减少货币需求。这样，从总的效应看，货币需求就会出现不稳定性，为满足货币需求而对货币供应量的控制就会出现困难。

（1）从狭义的货币需求来看。微观经济主体的货币需求按动机可以分为交易动机、预防动机和投机动机的货币需求三种。交易动机的货币需求是为应付日常支付需要的货币需求，它取决于经济主体的交易次数与每次的交易量。金融衍生品由于具有杠杆特性，只需较少资金就可进行交易，减少了用于交易的货币数量。例如，某种短期债券通过利率期货合约锁定价格风险后，其可接受性增强，流动性与相同期限银行存款不存在显著区别，使之成为一种潜在的交易媒介。再如，某企业在未来的一段时间里有本币与外币的收付业务，通过进入货币期货市场抛出本币购进外币，到期进行差价结算，就可节约大量的货币流通。预防动机的货币需求是为应付意外事件发生而提前准备的货币需求，它取决于利率水平的高低、未来净支付损失的大小及货币短缺的不确定性的大小。金融衍生品可以减少经济主体未来的不确定性，降低未来财富与收入的变动性，从而使得预防动机的货币需求减少。投机动机的货币需求是产生于对其他资产形式的实际货币价值不确定性的货币需求，它取决于对其他资产的风险收益的衡量。利用金融衍生品的杠杆效应进行投机活动可以节约大量的资金。

值得一提的是，随着虚拟性金融交易的泛滥，金融衍生品交易的数量越来越庞大，它会增加货币需求。即使考虑到杠杆因素对货币的节约，从总的效应来看，还是扩大了对货币的需求。事实上，金融衍生品市场业已成为过剩货币供应的吸收器。

（2）从广义的货币需求来看。金融衍生品可以为经济主体提供低成本的对冲市场风险的工具，使得其所持有的资产风险被转移。除此之外，金融衍生品还可以将不具有流动性或流动性较低的金融资产转化成流动性高的资产（如银行抵押贷款的证券化实践）、创造低风险与高流动性的合成证券（如同时持有股票组合及以此组合为基础的股指期货的空头）等。金融衍生品的这种降低资产风险与提高资产流动性的功能将使大量资产组合与广义货币中的附息票据、储蓄存单等极为类似，成为货币总量的构成部分。可见，金融衍生品的出现使得货币的内生性增强了。

从实践来看，金融衍生品的这种提高资产流动性和降低资产风险的功能是否能将该资产或资产组合转化为货币取决于微观经济主体如何对待该资产或资产组合。如果将其用于交易，则会转化为货币。但是，如果用于控制投资风险、改进资产配置的目的则并不能简单地将其归于广义货币的范畴。因此，传统货币数量的统计会面临失效的问题，中央银行很难判断经济体中究竟有多少货币在发挥作用，给货币政策调控带来困难。

（3）从银行信贷规模来看。商业银行信贷规模是指银行体系对各经济单位的存贷款总额度。信贷规模与货币供应总量直接相关，改变信贷规模是改变货币供应量的重要途径，会对货币政策的最终目标产生直接的影响。金融衍生品对信贷的供求都会产生影响。

从信贷的供给来说，商业银行在经营过程中常常担心会出现资产与负债的类型或期限不能互相匹配的问题，因为二者的不匹配不符合银行经营的安全性原则，这样就限制了贷款规模的扩大。金融衍生品由于增强了资产之间的可替代性，可以很容易地处理银行的资产负债之间的错配问题，从而使得商业银行可以为客户提供更灵活更能满足需要的贷款，扩大了贷款的规模。商业银行还可以借助金融衍生品绕开资产负债表的束缚而增加负债来源或进行投资活动而投放货币，因此信贷规模目标的可测性与可控性大打折扣。

从信贷的需求来说，微观经济单位借助金融衍生品管理现金流的易变性会削弱与现金不足相关而产生的临时贷款需求。另外，如果微观经济单位利用金融衍生品对冲了经营风险，促进了经营环境的稳定，那么就更能承受借款的增加而带来的财务负担，因而会引起信贷需求的增加。两者综合起来看，总的效应并不明确。

二、金融衍生品对价格型目标的影响

价格型目标主要包括利率与汇率。从可测性来看，货币市场与资本市场上的众多利率水平和利率结构易于为中央银行所得到，汇率水平也反映在日常的外汇交易之中；从可控性来看，中央银行借助于公开市场操作可以影响商业银行的准备金供求从而改变短期利率，进而引导长期利率及汇率的变化；从与最终目标的相关性来看，利率对投资和消费、汇率对进出口都有显著的影响。

金融衍生品对于利率和汇率产生了重大影响。对利率而言，由于利率衍生工具可以锁住金融资产的利率风险，从而使得中央银行公开市场操作所导致的基准利率的变动不能迅速影响其他市场利率，使得中介目标的利率缺乏可控性。市场利率变得更具惯性，这样也使得货币政策的时滞更为明显。对汇率而言，由于经济全球化的发展，微观经济主体在全球配置资源以期获取最大利益，这会导致资金的国际流动，而金融衍生品市场的发展将提高国内外资产的替代性，使得资本流动规模越来越大。与此同时，它还加大了资本对汇率变动的敏感性，增强了资本流向的易变性，从而使得维持汇率目标的难度增大。因而汇率作为中介目标的可控性、可测性均大大下降。从总体上看，金融衍生品市场可使货币政策中介目标偏离其根本的质量要求，加大了中央银行实施货币政策的难度。

4.4.2 金融衍生品市场与货币政策传导机制

一般来说，传统的货币政策传导主要是通过中央银行调节商业银行的法定存款准备金率、对商业银行的再贴现率及公开市场业务来改变经济体系中的货币供应量与货币价格，从而影响经济运行。金融衍生品市场的发展削弱了商业银行的传导中介角色，非银行金融机构的中介作用日益显现出来。随着金融衍生品市场的发展，商业银行在金融市场中的作用与地位受到来自投资银行的挑战，传统的以商业银行为主的金融关系发生变化，商业银行为了在激烈的竞争中求得生存和发展，被迫向非中介化方向发展，不得不加大其证券业务、表外业务、服务性业务等。与此同时，非银行金融机构大量介入金融衍生品市场，其信用供给能力也不断扩张，因而

非银行金融机构承担着重要的货币政策传导角色，在很大程度上影响着货币供给调控机制的性能。从金融市场的角度看，无论是商业银行还是投资银行都深深地卷入金融衍生品交易之中，金融衍生品市场作为全球交易量最大及信息传播最快的金融市场组成部分，货币政策的传导机制不能不受到影响。

一、实体性交易对货币政策传导机制的影响

在以实体性交易为主的情形之下，金融衍生品市场对货币政策传导机制的影响主要体现在金融衍生品的特殊经济功能，即它使得经济主体可以快捷和低成本地转移风险，当利率或汇率发生变化时，经济主体可以降低对它们的敏感性从而改变对货币政策行动的反应。Esteban Gomez、Diego Vasquez 和 Camilo Zea（2005）以哥伦比亚为例，实证分析了金融衍生品市场的发展对货币政策传导的影响。[①] 研究发现，从短期来看，由于金融衍生品完善了金融市场，利率与汇率衍生品对货币政策传导机制的削弱得到证实，货币政策不再能有效影响实体经济变量。另外，他们认为金融衍生品还提高了货币政策的传导速度，不但一般企业可以利用金融衍生品对冲经营风险，而且商业银行也可以利用它们对冲信贷风险，使得商业银行可以为客户提供稳定而低成本的信贷。但是，即便是金融衍生品市场再发达，在经济全球化的背景下，也不可能使得所有微观经济主体同步逃脱来自国内外货币政策的不利干扰，因此货币政策效应总是存在的。

一般地，货币政策的传导渠道可分为四种：利率渠道、汇率渠道、信贷渠道和资产价格渠道。在货币政策传导过程中，金融衍生品可以改变这四种渠道的相对重要性。

（一）利率渠道

货币政策传导的利率渠道是指货币政策通过影响利率和资产的相对回报率来影响宏观经济。中央银行可以改变短期利率，而短期利率的改变会通过市场预期和替代效应等对其他市场利率产生作用。例如，短期利率的提高会导致中长期利率的提高，当利率提高时，投资和消费的机会成本就

---

① Esteban Gomez, Diego Vasquez, Camilo Zea（2005），" Derivative Markets' Impact on Colombian Monetary Policy ", http：//www. banrep. gov. co/docum/ftp/borra334. pdf.

会增加，经济主体的投资和消费行为都会受到抑制，而且对于债务人来说，会减少债务人的净现金流；对于资产持有者来说，会减少财富价值。从总的效应看，最终减少总需求。金融衍生品对利率渠道产生影响的方式有两种：一是通过增加资产的可替代性和为风险对冲提供便利，金融衍生品可以影响短期利率变动在经济主体中传导的速度和程度；二是金融衍生品可以为不同风险偏好的经济主体改善收入与风险的匹配，从而改变它们的风险暴露，这会修正由于货币政策引起的经济主体的收入与财富效应。

货币政策作用于经济的速度和程度取决于经济主体对于利率变动的回应，即取决于经济主体在利率变动时会如何行动。另外，短期利率的变动对于整体市场利率及资产价格的影响也会对经济产生实际效应，它必然会改变经济主体的借贷行为和支出习惯。

货币政策影响整体市场利率及资产价格的传导快慢与替代及预期效应相关。金融衍生品增强了资产的可替代性，使得快速而低成本地调整资产组合成为可能。通过使用杠杆，预期对行为的影响也会扩大。当出现短期利率可能调整的预期时，金融资产的价格就会相应发生变动。在货币政策传导过程中，虽然从理论上说金融衍生品可以对资产价格产生影响，但是却对最终变量影响不大，因为即使没有金融衍生品，传导速度也是很快的。

另外，利率提高会增加贷款者的收入水平而相应减少借款者的收入水平，反之，利率下降则会减少贷款者的收入水平而相应增加借款者的收入水平。货币政策对短期利率的改变会引起市场利率和资产价格的反应，经济主体在作出决策时必然要考虑到这些变化的因素。通常，利率的提高会推高借贷成本，促使经济主体减少借贷行为，使总需求放缓，反之则反是。金融衍生品可以在一定时间和程度上锁定经济主体的借贷成本，从而减少对经营活动的干扰，促使其生产经营活动的平稳进行。但是，从总体上看，利率的改变还是会影响借贷成本，总需求也会随之而变，其原因是金融衍生品无法改变经济主体的正常借贷成本。

一般来说，无论是否存在衍生品市场，货币政策对经济总体上的影响是难以避免的。即使微观主体正确预见到货币政策措施，也不可能采取一致的行动而回避风险。例如，某经济单位可在利率上升之前将浮动利率负债转换为固定利率负债，在利率即将下降之前将固定利率负债转换为浮动利率负债，从而改变货币政策所引起的利息支出增加或净收入降低，但是其交易对手却要承担相应的损失。因此，从总体上看，货币政策必然会影响微观经济主体的支出决策及宏观经济状况。

从边际分析的角度来看，中央银行的利率政策无疑会对经济主体的新增投资和消费产生影响。因此，对于时间较长的支出计划，风险规避型的经济主体可能选择利用金融衍生品来对冲利率的波动，从而使得它在一定期间内对货币政策不敏感。当然这需要经济体中有大量异质的主体，包括进行虚拟性交易的经济主体，它们有不同的风险与收益偏好，从而可以比较容易地达成交易。

（二）汇率渠道

在开放经济体和浮动汇率情形下，货币政策可以对汇率产生影响，从而影响总需求。根据利率平价条件，在两国利率存在差异的情况下，资金将从低利率国家流向高利率的国家来牟利。但投资者在比较两国金融资产的收益率时，除了考虑利率因素，还得考虑汇率变动对收益水平的影响，因此为避免外汇风险，需要进行抛补套利，使得低利率货币出现远期升水，高利率货币出现远期贴水，直到两种货币的利率差距与汇率的远期升水或贴水相等时，抛补套利活动才会停止，即预期汇率的变化主要取决于本国利率与相关国家利率之间的差额。从短期看，当本国利率相对于别国利率上升时，货币将趋向于升值；反之，货币则趋向于贬值。货币贬值有利于出口，使总需求增加；货币升值则有利于进口，使总需求减少。而从长期来说，这种效应会降低。

金融衍生品对汇率渠道有两方面的影响：其一是对汇率渠道起到加强作用。由于金融衍生品增加了国内外资产的替代性，当国家间利率发生相对变化时，抛补套利活动进行得更为迅速，汇率的变动更快从而对进出口的影响降低。其二是对汇率渠道起到减弱作用。对于有境外资金往来的微观经济主体可以利用外汇衍生品（主要有货币远期协议及货币互换协议等）来锁定汇率变动的风险，从而使得它们的经济活动免受汇率波动的影响。但是，从长期来看，由于汇率变动所引起的国家之间的商品相对价格的变化必然要对进出口产生影响，也会影响相关企业的生产经营决策。

如上所述，利率与汇率渠道相互影响，相互作用。金融全球化改变了原来封闭经济条件下货币政策的作用方式、作用渠道和作用效果，国内外经济周期的变化、国内外投资者对本国经济和金融市场的信心与预期、国外资金价格水平、资本的国际流动都成为影响货币政策传导的重要因素。金融衍生品使得国家之间的以不同货币表示、不同期限的资产的可替代性增强，将整个世界的联系变得更为紧密，一国针对自己国情的货币政策也可能会对其他国家的经济产生更大的影响。考虑到汇率预期对一国经济的影响，金融衍生品则会增加预期变为现实的速度，使得这种影响得以更快传导。

（三）信贷渠道

中央银行的货币政策可以通过信贷渠道来传导。经济主体的外部融资有银行贷款和其他非贷款渠道两种方式，在信息不对称的条件下，这两种方式不能完全替代。商业银行的贷款具有特殊的地位，商业银行在评估、筛选借款人以及资金的使用方面所拥有的优势使得它们可以向那些难以在债券或股票市场获得资金的借款人提供贷款服务，货币政策则由于可以影响商业银行的贷款投放从而影响宏观经济。其基本原理是，银行存款需要上缴法定准备金，当中央银行调整法定准备金率时，准备金就会发生变化，准备金的变化导致商业银行的可贷资金的变化，引起贷款的扩张或收缩，最终对总需求产生影响。

金融衍生品对信贷渠道的影响体现在两方面：一是通过解决与企业外部融资相联系的信息不对称的问题来为企业的融资提供条件，从而拓宽企业的融资渠道；二是通过转移风险来增加企业融资。

一般来说，在信息不对称的条件下，银行甄别企业的信用风险变得困难，从而会减少对企业的信贷投放。与企业相关联的金融衍生品（如股票期货、期权等）可以向市场传达该企业的有关信息，减少信息不对称的干扰。金融衍生品的潜在和现实投资者会加强对企业的信息收集与分析，较为透明的信息对于扩大企业融资会起到促进作用。

金融衍生品还可以转移与信贷相关的风险从而增加银行的信贷规模。对于非金融企业，可以利用金融衍生品稳定生产经营活动，降低经营风险；对于银行和其他投资者，可以利用金融衍生品将其持有的资产风险进行分解和对冲。就前者而言，金融衍生品能为它们对冲金融环境的改变对经营业绩可能造成的不利后果（例如，使用外汇远期合约规避汇率变动风险），从而为得到银行信贷创造条件；就后者来说，如果银行借助金融衍生品将风险分解和证券化，将有能力管理的风险留给自己，而将其他风险出售给其他愿意承担的投资者，则会有利于信贷的扩大，这可以对冲紧缩货币政策对于经济的紧缩效应，使扩张的货币政策效应增加。对企业发行的证券风险进行分解，不同的投资者根据风险管理能力的不同而购买不同特性的风险，也有利于企业证券的发行，这样也就降低了企业对银行信贷的依赖。

（四）资产价格渠道

（1）资产价格渠道简述

资产价格渠道是指货币政策通过对资产价格的影响来作用于实体经济，其中包括对投资和消费两方面的作用。从投资来看，可以以托宾的 q 理论来说明，该理论是美国经济学家托宾 1969 年提出的，托宾 q 理论的核心是：企业的投资决策是建立在对企业重置资本的边际效益和股票持有者所要求的回报率的比之上的，这一比率即 q 值也相当于股票的市场价格同重置成本的比。当 q 值大于 1 时，企业将增加投资；当 q 值等于 1 时，企业将停止增加投资。该理论提供了一个货币政策通过影响股权价值来作用于经济的传导机制。当货币供给减少时，货币的价格利率就会上升，导致股价跌落。当股价下跌后，托宾 q 值随之降低，从而造成投资减少，总产出下降。反之，当货币供给增加时，利率下降，从而使得股价升高和托宾 q 值的上升，最终导致企业增加投资，推动经济增长。

从消费来看，货币政策通过资产价格传导是基于财富效应，通过财富对消费的影响来实现。这一传导机制的理论基础是美国经济学家莫迪利安尼的生命周期理论。根据该理论，每个人都根据他自己一生的全部预期收入来安排他的消费支出，货币政策的变化会导致预期收入或财富的变化，从而影响消费支出，最终影响经济增长。例如，货币供应增加或利率下降会提高资产（包括股票、债券及房地产等）的价格，进而提升消费者的财富总量，这样他们的消费支出就会增加。

（2）金融衍生品市场对资产价格渠道的影响

金融衍生品市场实体性交易的发展在一定程度上提高了金融市场的效率，使得金融市场上的信息传递更快，减少了市场的摩擦性。由于金融衍生品的加入，金融市场资产规模不断扩大，结构日趋多样化、复杂化，参与主体也不断增多，风险能单独估价并被广泛分散，因而使得金融市场的价格形成质量得以提高。这使得货币政策传导中风险—收益评价能准确进行，提高了货币政策意图传递的有效性。从对托宾 q 理论的作用来看，由于金融衍生品市场的发展，股票价格及企业的重置资本对货币政策的反映更为迅速从而增强了托宾 q 理论效应；从对消费的作用来看，受货币政策的影响所引起的居民财富的变化与金融衍生品市场也是相互关联的，无论是持有股票、债券还是房地产，其价格会更快达到均衡，因而也增强了消费的财富效应。

二、虚拟性交易对货币政策传导机制的影响

在金融衍生品市场上，更多的机构并不是出于风险对冲的目的而进入市场的，他们大多是投机者。虽然其中的少部分作为实体性交易主体的对手方活跃了市场交易，促进了交易的顺利进行，但是从总体来说，过量的虚拟性交易对货币政策传导机制形成干扰，使得货币政策难以达到预期效果。

（1）从利率渠道来看，收入和替代效应体现为投机者之间的盈亏，其所产生的收入的转移也会有实际效应。在金融衍生品市场中，一些从事实体性活动的经济主体从其原来的业务中游离出来，进入到虚拟经济领域。由于人才、经验、信息等的不足，其失败的概率更大，这会使得它们的财富减少，对实体经济形成冲击。

（2）从汇率渠道来看，一般来说，实行浮动汇率制度可以维护国内货币政策的自主性，不再被动地从国外输入通货膨胀，汇率的灵活调整也有利于各国在总需求发生变动时，维护内部和外部平衡。但是，如果受外汇市场衍生品投机冲击的影响，汇率的波动过大，就会使进出口的未来收益变得极不确定，这种不确定性使国际贸易的成本增加，从而使得参与国际贸易的各方收益降低。同样，国际投资的收益不稳定也会影响生产性国际资本的流动。当汇率过度波动形成对经济的损害时，货币政策不得不考虑对其进行干预，这会使得货币政策的自主性难以实现。在固定汇率的情形下，金融衍生品难以通过利率平价关系对汇率渠道产生影响，它反映在政府稳定汇率的能力上。为了稳定汇率，中央银行常常会进入金融市场干预货币供应和外汇买卖。在资本自由流动的国家，如果中央银行的干预能力不强，即使经济基本面良好，固定汇率制度也会受到威胁。金融衍生品的投机攻击可以导致一国固定汇率制度的崩溃。

（3）从银行信贷渠道来看，金融衍生品的投机炒作使得相关企业面临更高风险，场外衍生品与企业表外业务加大了信息不对称的程度，银行的贷款回收面临较高的不确定性，这会促使银行减少信贷的投放，对经济起到紧缩的作用。而对那些因运用金融衍生品交易从而可以对高风险资产进行风险转移的银行来说，在一定时期可以起到扩大信贷的作用。但是，从根本上来说，高风险的转移并不是容易的事情，一方面，它会使得银行支付过高的成本，信贷变得无利可图；另一方面，试图掩盖风险以降低支付成本的欺诈行为迟早会暴露。从实践上来说，金融衍生品市场的保险效应会鼓励银行更为冒险的冲动，风险的转移和扩散会产生系统性金融风险，对经济造成全面的冲击。

（4）从资产价格渠道来看，金融衍生品的过度交易及投机操纵等行为使得资产价格的变化与货币政策的关系难以预测，投资的托宾 q 理论效应和消费的财富效应发生改变，削弱了该渠道的作用。

另外，金融衍生品市场的发展对货币政策传导的影响还体现在对货币政策时滞的改变上。一般地，金融衍生品市场使得外部冲击对金融市场的影响更快的体现出来，并为中央银行所掌握，因此可以缩短货币政策的内部时滞中的认识时滞。对于外部时滞而言，虽然可能加快了政策在金融市场中的传递，但是考虑到实体经济的对冲和风险转移行为的扩大化，可能会减弱政策在实体经济中的传递，实际效果难以判断。在当前金融衍生品市场虚拟性交易为主的条件下，衍生市场增大了货币政策时滞的不确定性。一方面，金融衍生品交易导致金融市场运动更加复杂化，资产价格也更具易变性，这就加大了中央银行执行货币政策的认识时滞和行动时滞；另一方面，对利率和外汇的过度投机使得利率与汇率处于多变状态，从而加大了传导时滞的不确定性，最终使得货币政策的传导在时间上难以把握，给货币政策效果判定带来较大困难。

4.4.3　金融衍生品市场与货币政策操作

金融衍生品市场的发展使得货币政策中介目标的有效性下降，货币政策传导机制发生变化，从而使得货币政策操作变得困难。但是，作为根据经济与金融发展现状进行适应性调整的货币政策，在一定程度上也可能利用金融衍生品市场来改善货币政策的有效性，然而金融衍生品市场中虚拟性交易的过度发展使得这种"利用"变得困难。

一、金融衍生品市场对信息的传递

（一）金融衍生品市场为货币政策操作提供信息源

金融衍生品市场对于中央银行在测定市场敏感性方面构成新的信息来源，对于评估市场预期的作用也很有意义。① 例如，根据期权定价理论，期权市场就为金融资产未来价格的变动提供了预测数据。金融市场的参与者在进行金融交易时已经越来越多地将金融衍生品市场所形成的价格作为资产未来的市场价格并以此来评估价格变动对自己经济活动的影响，这种行为本身就可以作为中央银行监控此类价格的理由。

在金融远期、期货及期权市场中，包括利率、汇率、股票指数等许多在不同到期期限内的价格信息都可以反映出来。从利率来看，评估未来短期利率的信息有短期政府债券期货、银行间放款利率期货（如联邦基金利率期货）、3个月期欧洲美元定期存款期货等，而了解市场对长期利率的预测可以通过中长期国债期货、远期利率协议等走势变化来获得；从汇率来看，评估未来汇率的信息有外汇期货及远期外汇交易等；从股票价格来看，股票指数可以传递企业未来赢利能力的变化、通货膨胀预期及资产泡沫等信息，中央银行也要给予必要的关注。例如，如果股票的泡沫越大，则泡沫破裂对经济的危害就越严重。所以，美国经济学家欧文·费雪在其1911年出版的《货币的购买力》一书中首先提出了这种观点：政策制定者

---

① "BIS Macroeconomic and Monetary Policy Issues Raised by the Growth of Derivatives Markets", BIS Working Paper, Basle, November 1994.

应致力于稳定包括股票价格等资产价格在内的广义价格指数。① 期权市场上期权价格的变化则是通过反映未来市场价格与期权执行价格的差异性来提供价格变化的信息的。通过期权价格计算得出的基础资产未来价格变动的隐含波动率可以对基础资产价格的波动性进行估计，从而评估市场风险的变化趋势。

另外，远期价格与期货价格所包含的信息略有不同，远期价格不具备期货价格那样的公开性、交易连续性、灵活性，而且二者并不总相等。当利率的变化无法预测时，远期价格就与期货价格不相等；当标的资产价格与利率正相关时，期货价格高于远期价格，反之则相反。

（二）金融衍生品市场所传递的信息质量问题

虽然中央银行可以利用金融衍生品市场所传递的信息来为决策服务，但是信息质量十分重要。如果信息质量不佳，则会对货币政策产生误导。这主要体现在以下几方面：一是虚拟性交易泛滥，市场投机和操纵行为盛行，导致价格与实体经济活动的正常供求关系脱离；二是市场的流动性、深度不够，交易量少，使得形成的价格容易发生扭曲；三是金融衍生品场外交易具有一定的隐蔽性，信息难以获得或得到的信息不够全面；四是金融衍生品的定价模型存在问题，使得由模型计算后得到的价格出现偏差。例如，美国长期资本管理公司（LTCM）的战略指导理念和秘密武器分别是"不同市场证券间不合理价差生灭自然性"和"交易模型"。LTCM 的最终失败是由于其他公司在金融风暴中不理性地纷纷套现使得市场流动性大幅降低乃至丧失而导致的。马尔隆·斯科尔斯表示，LTCM 所运用的模型没有纳入"恐惧压力下的市场流动性丧失因素"②，是非常遗憾的事情。但是，模型如何纳入这样的因素还是一个新的问题。以布莱克—斯科尔斯期权定价模型为例，该模型被用于 LTCM 的最主要的业务之一——股票波动幅度交易，其原理是根据期权与股价的联动效应，用于对股票未来价格波动幅度的趋势作判断。但是，该模型所考虑的因素仅包括股票当前价

---

① 李扬、王国刚、何德旭：《中国金融理论前沿 II》，社会科学文献出版社 2001 年版，第 408 页。

② 洛温斯姆：《营救华尔街》，孟立慧译，上海远东出版社 2002 年版，第 277 页。

格、期权的执行价格、无风险利率、期权到期日时间、股票过去收益率的标准差、红利或股息等少数几个变量，而市场价格的变动显然是几个变量所无法全部涵盖的，如人性的弱点、政府的行为、信息反映速度等都可对价格产生影响，如果这些未考虑的因素发生了作用，模型的判断就会发生偏差。

二、金融衍生品为中央银行提供潜在的政策工具

金融衍生品市场的发展不但可以为中央银行制定和实施货币政策提供信息源，而且也可以为中央银行提供新的货币政策工具。考虑到金融衍生品市场与其他金融市场的密切联系，中央银行可以通过影响金融衍生品价格传导政策信息，导致其他金融产品价格的变化，从而达成政策目标。张晓晶（2002）认为，公开市场操作可以通过金融期权的动态交易策略来达到。[1] 通过发行低于市场价格的期权，并伴随更低的波动性，中央银行可以降低市场波动性。他指出，这种做法代表着一种自动的、预先设计的、预告性的公开市场政策，它可以随时对市场波动作出反应，并影响私人部门的参与者。安毅（2007）将这一问题进行了扩展，认为国债远期、外汇远期、外汇互换、外汇期权、金融期货等都可以作为中央银行的公开市场操作工具。[2] 但是，这一机制有三个问题：一是中央银行有效资助了针对过度波动的市场保险，二是中央银行可能要承担潜在的交易损失，三是直接的价格操纵降低了价格包含的信息，大大扭曲了市场。

三、货币政策操作的现实考察

在金融衍生品市场实体性交易为主的条件下，中央银行利用金融衍生品市场进行货币政策操作是有利于经济的稳定发展的，因为金融衍生品市场所反映的信息是较为真实可信的，这使得中央银行的干预会收到一定的实际效果。但是，在当前金融衍生品市场以虚拟性交易为主的条件下，金融衍生品市场加剧资产价格的波动，并削弱整个金融市场的稳定性。这种不稳定状况将削弱以市场为媒介的货币政策的传递基础。由于资产价格的

---

① 张晓晶：《符号经济与实体经济——金融全球化时代的经济分析》，上海三联书店 2002 年版，第 155 页。

② 安毅：《衍生品市场发展与宏观调控研究》，中国市场出版社 2007 年版，第 251 页。

波动加大，相关的信息质量恶化，中央银行要对信息进行处理，更多的是依靠自身的分析判断来决定政策的选择。

值得注意的是，美国长期以来一直采取扩张的货币政策，增加货币供应量，造成了虚拟经济不断膨胀的局面（见本章4.2节的有关分析），这反过来却对货币政策操作形成干扰，无疑具有讽刺意味。货币因交换而产生，交易的多少决定货币的量。因此，从理论上讲，货币供应要依经济运行情况的变化而变化。也就是说，在经济扩张时增加货币供应，而在经济收缩时则要减少货币供应，以便于经济的稳定增长。但是，美联储不顾经济形势，无论经济扩张还是收缩，都要增加货币供应，通货膨胀和虚拟经济的过度发展就是难以避免的事情。

4.4.4 小　结

货币政策作用的发挥在很大程度上取决于经济中存在着摩擦，即资产转换和资产组合的成本，以及信息不对称对于融资的成本。从总体上看，金融衍生工具的运用减少了这种摩擦，提高了资产之间替换的方便程度，增强了资产的流动性，并且降低了交易成本，从而削弱了货币政策作用的基础。另外，它的存在使得货币定义进一步泛化，增加了中央银行货币管理的难度；使得货币政策传导过程复杂化，政策时滞改变，从而导致货币政策效果难以评判等问题。

在金融衍生品交易以实体性交易为主的条件下，一方面它创造了高效率的风险配置市场，可以帮助需要避险的微观经济单位抵御货币政策变动所带来的系统性风险，从而削弱货币政策的有效传导。风险的存在会影响信贷规模的扩大，金融机构为保持资产的安全性，就会紧缩信贷，并提高放款成本。而风险管理则可以改变这种状况，而且保持其资产负债表的优良品质。金融机构可以运用金融衍生工具来避开不利影响，即使中央银行实行紧缩的货币政策，借贷能力也不会受到很大的冲击，这违背了货币当局的政策意图。另一方面，金融衍生工具的发展为货币政策操作提供了新的信息和可利用的工具。金融衍生品市场能够减少信息的不对称，为中央银行提供超前的信息，其价格发现功能更强更快，使货币当局在制定货币政策时就已纳入了经济中的未来变化信息，从而加强了货币政策的作用效果。金融衍生工具的运用在某种程度上丰富了货币政策的调控手段,增强了调控能力。总的来说,货币政策调控的效果是无法确定的。

在金融衍生品交易以虚拟性交易为主的条件下,货币政策面对市场变化的调控则更显力不从心。从场内交易来看,大量的投机行为使得利率、汇率及各种金融资产价格波动频繁,并偏离其均衡价值,这会导致货币政策信号作用无从体现,货币政策传导机制扭曲。从场外交易来看,它的过度发展避开了金融监管当局的监管,使得巨额资金流动丧失了透明度,不但没有减少金融市场的信息不对称问题,反而使得该问题更为严重,货币政策难以应对。金融全球化也削弱了货币政策的效果,巨额资金的全球自由流动扩大了本币和外币的沟通渠道,增加了本外币政策的互动途径,并滋生出庞大的国际投机资本,造成虚拟资本的失控。虚拟资本的过度膨胀进一步削弱了各国中央银行对货币的控制能力。

主要参考文献

1. 安毅:《衍生品市场发展与宏观调控研究》,中国市场出版社 2006年版。

2. 陈晗:《金融衍生品:演进路径与监管措施》,中国金融出版社2008 年版。

3. 陈学彬等:《当代金融危机的形成、扩散与防范机制研究》,上海财经大学出版社 2001 年版。

4. 程恩富:《新自由主义的起源、发展及其影响》,《求是》2005 年第3 期。

5. 多米尼克.萨尔瓦多等:《欧元、美元和国际货币体系》,复旦大学出版社 2007 年版。

6. 黄明:《防范复杂衍生品陷阱》,长江商学院网,转自《财经》杂志 2008 年第 22 期。

7. 李扬、王国刚、何德旭:《中国金融理论前沿 II》,社会科学文献出版社 2001 年版。

8. 洛温斯姆：《营救华尔街：一群投机天才的崛起与陨落》，上海远东出版社 2002 年版。

9. 马克思：《资本论》（1—3 卷），人民出版社 1975 年版。

10. 迈克尔·赫德森：《金融帝国：美国金融霸权的来源和基础》，中央编译出版社 2008 年版。

11. 默顿·米勒：《默顿·米勒论金融衍生工具》，清华大学出版社 1999 年版。

12. 《全球交易所的衍生产品组合》，香港交易所 2008 年第 4 期。

13. 斯蒂格利茨：《斯蒂格利茨经济学文集》（第 4 卷），中国金融出版社 2007 年版。

14. 索罗斯：《索罗斯论全球化》，商务印书馆 2003 年版。

15. 田超：《金融衍生品：发展现状及制度安排》，中国金融出版社 2006 年版。

16. 易纲、赵晓、江慧琴：《对冲基金　金融风险　金融监管》，《国际经济评论》1999 年第 1—2 期。

17. 易纲、海闻：《国际金融》，上海人民出版社 1999 年版。

18. 张晓晶：《符号经济与实体经济》，上海三联书店 2002 年版。

19. 张雪莹：《现货与衍生品市场的跨市场操纵研究——基于大额交易者的分析》，《经济论坛》2008 年第 1 期。

20. Cohen, Benjamin H. (1996), "Derivatives and Asset Price Volatility: A Test Using Variance Ratios", *BIS Working Paper* No. 33, Basle: BIS.

21. Edward J. Swan(2000), *Building the Global Market: A* 4000 *Year History of Derivatives*, *London*, Kluwer Law International Ltd.

22. Esteban Gomez, Diego Vasquez, Camilo Zea (2005), "Derivative Markets' Impact on Colombian Monetary Policy", http://www.banrep.gov.co/docum/ftp/borra334.pdf.

23. "Financial Derivatives: Actions Needed to Protect the Financial System", Washing D. C: General Accounting Office, 1994.

24. Jerome L. Stein Cobwebs (1992), "Rational Expectations and Futures Markets", *The Review of Economics and Statistics*, Vol. 74, No. 1, Feb. 1992,

pp. 127-134.

25. Jurgen Von Hagen. Ingo Fender(1998), "Central Bank Policy in a more Perfect Financial System", *ZEI Policy Paper*, B98-03, May.

26. "Macroeconomic and Monetary policy Issues Raised by the Growth of Derivatives Markets", Basel: BIS, November 1994.

27. "OCC's Quarterly Report on Bank Derivatives Activities", OCC, Third Quarter 2007.

28. Pesendorfer, W. (1995), "Financial Innovation in a General Equilibrium Model", *Journal of Economic Theory*, Vol. 65, February, pp. 79-116.

29. Santomero, Trester (1998), "Financial Innovation and Risk Taking", *Journal of Economic Behavior and Organization*, 35, pp. 25-37.

30. Stewart Mayhew(2000), "The Impact of Derivatives on Cash Markets: What Have We Learned?", University of Georgia, Feb. 3.

5 住房抵押贷款证券化及其
金融风险问题研究

5.1 住房抵押贷款证券化实质上
是一项金融专业分工

20 世纪 60 年代末期以来，全球兴起了一股金融创新浪潮，其中以住房抵押贷款为源头的资产证券化以其精妙的构思、独特的功能而成为金融创新浪潮中一颗璀璨的明珠。

5.1.1 住房抵押贷款证券化的基本运作原理

一般认为，证券化（Securitization）包括宏观、微观两个层次。宏观层次上，证券化指金融市场证券化，又称融资证券化（Financing Securitization），它是指机构融资者脱离对银行业的依赖而转向从证券市场上融资，从而使金融市场结构由间接融资为主逐步转向直接融资为主的过程。融资证券化多为信用融资，只有政府和信誉卓著的大公司才能以较低的成本采用这种方式融资，它属于增量的证券化。微观层次上，证券化指资产证券化（Asset Securitization），是将缺乏流动性但能够产生可预见的稳定现金流的资产，通过一定的结构安排，对资产中风险与收益要素进行分离与重组，进而转换成能在金融市场上发行与流通的证券的过程。资产证券化是从已有的信用关系基础上发展起来的，强调资产运作，属于存量的证券化。

资产证券化按照其标的资产（Underlying Assets）的不同，可以分为三种类型：如果证券化的基础资产是住房抵押贷款，那么相应发行的证券就是抵押支持证券（Mortgage-Backed Securities，简称 MBS），这一过程被称为住房抵押贷款证券化（Mortgage-Backed Securitization）；如果基础资产是除住房抵押贷款以外的其他资产，那么相应发行的证券就被称为资产支持证券（Asset-Backed Securities，简称 ABS）；而如果相应发行的是商业票据，那么这种票据就叫做资产支持商业票据（Asset-Backed Commercial Paper，简称 ABCP）。

从资产证券化的发展历史看，资产证券化首先就是从住房抵押贷款证券化开始的。因为住房抵押贷款证券化最能满足证券化对基础资产的基本要求：（1）住房抵押贷款预期的现金流收入稳定、违约率低，是银行等金融机构的优质资产；（2）住房抵押贷款的历史资料、信用记录完整，并保持了相对稳定的坏账统计记录，从而有利于预测未来类似损失；（3）具有相同或相似的偿还期或到期日。

可见，住房抵押贷款证券化实质上是资产证券化的一种形式，是由商业银行等原始贷款机构将流动性较差的住房抵押贷款出售给证券化特设机构（Special Purpose Vehicle，简称 SPV），特设机构对抵押贷款进行汇总和结构性重组，以其可预见的未来现金流作抵押，在资本市场上将住房抵押贷款以证券形式发售给投资者的一种结构性融资行为。

图 5-1 为住房抵押贷款证券化的基本结构流程。运作原理可以简述为：

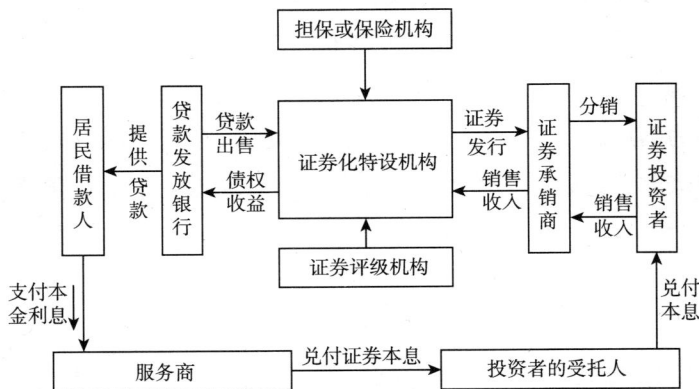

图 5-1　住房抵押贷款证券化运作基本结构示意图

首先，发放贷款的银行按"真实出售"方式将资产出售给证券化特设机构。证券化对于基础资产的要求是：资产可以产生稳定的、可预测的现金流收入；资产信用表现良好，违约率低；资产具有较高的同质性，抵押贷款合同标准化；资产抵押物的变现价值较高；借款人的地域和人口统计分布广泛；资产的相关数据容易获得。

其次，证券化特设机构将购买到的基础资产组建成资产池（Asset Pooling），并经信用增级（Credit Enhancement）、信用评级（Credit Rating）后，委托证券承销商向投资者发行证券。在进行信用评级之前，SPV 要聘请信用评级机构对所设计的证券化结构进行考核，以确定需要进行的信用增级的程度。然后，SPV 可以通过选择合适的信用增级途径，如内部信用提升或外部信用提升等，对基础资产进行信用增级。再由 SPV 聘请信用评级机构对将要发行的证券进行正式的发行评级，并将评级结果向投资者公开发布。此后，证券承销商将根据其与 SPV 签订的承销合同，负责向投资者发行证券，并将证券发行收入支付给 SPV。SPV 在优先向其所聘用的各专业机构支付相关费用后，按事先约定的价格向银行支付购买证券化资产的价款。

最后，资产管理与还本付息。证券发行后，服务机构（一般是抵押贷款发放银行承担）将负责资产池的管理，管理的主要内容是收取、记录资产池所产生的现金流，并把全部收入存入 SPV 事先指定的受托银行。受托银行按约定建立积累金账户，并负责在每一个规定的证券偿付日，按 SPV 的委托，向投资者偿付证券本息。

5.1.2 住房抵押贷款证券化的动力机制分析

住房抵押贷款证券化具有十分复杂的结构和现金流转关系，为了从本质上认识和把握其运作机理，有必要分析一下证券化背后的动力机制问题。

一、诱因：分散风险

单个经济主体所能承受的风险是有限度的，为了使风险控制在与收益对称的范围内，实现安全与盈利的统一，一个有效的办法就是将风险分解、分散，并由多个经济主体共同承担。住房抵押贷款证券化的诱因正是银行基于转移和分散发放住房抵押贷款所面临的各种金融风险而实施的一项金融工程，通过证券化操作，将借贷风险由银行独家承担分散给多家投资者承担。

二、动力：追求利润

住房抵押贷款证券化可以为参与这一过程的各专业机构提供利益源泉，这正是各方参与者积极参与和推动证券化运作的驱动力，也是其目标所在。就银行来说，住房抵押贷款证券化提高了资产的流动性，分散了抵押贷款风险，改善了资本结构，更好地进行资产负债管理，实现了在可用资金规模不变的条件下住房抵押贷款业务的数倍增长；就证券化特设机构而言，可以通过收购抵押贷款，发行抵押贷款证券，赚取扣除掉发行费用之外的差价；承销、评级、担保等市场中介也从抵押贷款证券化中扩展了业务，创造出新的利润增长点；投资者也可以获得更多的投资机会和稳定的较高收益；金融市场效率的提高以及住房金融业的繁荣，也可以理解为政府为实现公共利益的成本节约了，政府也是住房抵押贷款证券化的受益者。

三、基础：资产组合

住房抵押贷款证券化需要将具有相似特征的资产汇集成资产池，根据大数定律，资产池尽管不能消除单笔资产的个性特征，但其提供的资产多样性可以抑制单笔资产风险，整合总体收益与风险。因此，尽管预测单笔贷款的现金流是不现实的，但人们却可以基于历史数据对整个组合的现金流做出可信的估计，从而使对风险的预测变成可能。可以看出，住房抵押贷款证券化运作中通过组合资产，不仅实现了对债权、债务的重新组合、分割，而且实质上是对债权、债务关系中包含的风险与收益要素进行分离与重组，使资产的定价和风险控制更为有效。

四、实质：职能分工

住房抵押贷款证券化实际上是对整个信用过程进行分工，即对集中于原始贷款银行的金融职能进行分工的过程，使各专业金融机构能够专注于信用过程中的某一部分，从而提高金融机构的专业化水平和金融市场的效率。在未证券化的情况下，抵押贷款的发放、管理现金流和抵押财产、资金的融通等金融职能及所面临的各种风险都集中于原始贷款银行一家。而在证券化的情况下，这些金融职能和风险由多家机构分担。住房抵押贷款证券化在实现专业化分工、发挥专业分工的比较优势、提高金融市场效率的同时，实际上也把抵押贷款风险分散到各个专业机构中去。信用分工与风险分散其实是同一过程的两个不同方面，风险分散是信用分工的诱因，信用分工是风险分散的保障及手段。

五、功能：资金配置

住房抵押贷款由于期限长，资产缺乏流动性，发放抵押贷款的银行将直接面临流动性风险，也难以根据市场的变化及时调整其资产组合；再加上抵押贷款经营具有明显的区域性，资金在地区间的流动受到很大制约。因此，在缺乏资产证券化的情况下，住房资金很难实现在时间上和空间上的优化配置。资金优化配置的特性客观上要求从平衡全社会资金供求的角度，将资金的供应方与需求方在更广阔的范围内联结起来，从而使分散、闲置的资金得到更有效的利用。住房抵押贷款证券化不仅为资金供求双方提供了巧妙的联结途径，使资金实现在全社会范围内的优化配置与利用，而且优化了金融市场结构，使间接融资与直接融资联系起来，最大限度地发挥了金融市场的资金配置效率和融资功能。

5.1.3　从新兴古典经济学看，住房抵押贷款证券化实质上是一项金融专业分工

杨小凯等创立的新兴古典经济学把经济学界定为研究经济活动中各种两难冲突的学问。它不但研究个别决策人如何权衡各种两难冲突作出决策，并且研究不同个人的决策之间如何交互作用产生某种全社会的两难冲突；研究在不同的社会制度下，这些社会上的两难冲突又如何由某种制度权衡折中，产生个别人不得不接受的局面。新兴古典经济学认为，专业化与社会分工所产生的好处与分工产生的交易费用是一对两难冲突，分工和专业化程度越高，生产效率就越高。但分工越发达，则交易成本就越高。故分工水平取决于交易效率的高低，交易效率越高，分工水平也就越高，不同的交易效率决定了不同的分工水平。新兴古典经济学采用超边际分析，即对每一角点进行边际分析，然后在角点之间比较总效益和费用。其中，对每个角点的边际分析，解决给定分工结构时的资源分配问题；

而角点之间的总效益与费用分析，则决定专业化水平和模式（经济组织结构）。

从新兴古典经济学看，住房抵押贷款证券化实际上是一个专业化分工过程。在没有证券化时，银行既是抵押贷款的"生产者"，又是抵押贷款的"购买者"（持有者），这相当于一种"自给自足"经济。当商业银行将抵押贷款出售给 SPV 持有或将其证券化时，它就变成一种"分工经济"。根据新兴古典经济学的超边际分析理论，这两种情况即两个角点，这两个角点之间的总效益与费用比较，则决定了住房抵押贷款证券化这种制度创新是否会出现。至于制度创新后的"分工经济"，又可分为各种程度的分工水平和结构，即住房抵押贷款证券化的制度深化存在各种不同程度和相应的结构，各种分工水平和结构又是各个不同的角点，专业化水平和模式则取决于这些角点总收益和费用的比较。在新兴古典经济学看来，专业化分工与交易成本会形成一个两难冲突，分工越发达，则交易成本就越高。这意味着住房抵押贷款证券化制度越深化，在带来住房金融效率提高的同时，也导致了更高的协调成本。

从经济学的角度看，住房抵押贷款证券化的优势及效益相当程度上归因于专业化分工，在证券化整个流程中，各个环节都由最擅长该项业务的机构在经营。

首先，专业化提高了效率。住房抵押贷款证券化中，抵押贷款的发起者、MBS 的发行者、MBS 的承销者、担保机构、评级机构等都可发挥各自的专业优势，提高了住房金融效率。在发放住房抵押贷款方面，商业银行具有专业优势。发放贷款是商业银行的传统业务，其在人才、技术、设施、经验上都具有比较优势，无论是在市场开拓、营销手段方面，还是在获取借款人信息、确保贷款质量方面，商业银行的优势明显。证券化后，商业银行可以更加专注于抵押贷款市场的开拓，健全和完善抵押贷款的审批、发放制度，规范操作程序和文件，提高标准化水平，确保在贷款质量提高的同时增大贷款规模，促进了住房抵押贷款一级市场的发展。住房抵押贷款市场规模的扩大和运行质量的提高将带动其他服务机构的发展并促进其运作效率的提高。

特设机构 SPV 专门负责从商业银行或其他金融机构那里购买住房抵押贷款，并根据一定的标准将这些抵押贷款划分为若干个资产池，并以此为基础发行 MBS。由独立的 SPV 发行 MBS 可以使发行规模相对集中，提高 SPV 专业化水平。由 SPV 集中发行一方面可以增加每次发行的规模，降低发行费用；另一方面由于专业发行机构可以将来自不同商业银行的住房抵押贷款进行整合，这显然会提高金融效率，降低金融风险。此外，专业分工还允许商业银行出售自己抵押贷款资产的同时，根据自身经营需要，有选择地购买基于各种抵押贷款的 MBS，从而达到优化银行资产结构的目的。

与此同时，专业化还带来了直接成本的下降。根据信息经济学的原理，不同人获取信息的能力是不同的，占有信息的量也是不同的。商业银行在开发新的住房抵押贷款和搜集潜在借款人信息的能力较强，其关于住房抵押贷款客户的信息要多于其他金融机构；而 SPV 搜集潜在投资者信息的能力较强，其关于 MBS 投资者的信息要强于商业银行。其他专业服务机构也都在某一领域有自己的信息优势。因此，住房抵押贷款证券化所形成的专业分工有利于信息成本的节约。

其次，专业化降低金融风险，从而也降低风险溢价。MBS 的创立动力之一就是基于回避风险，特别是违约风险和流动性风险。通过专业分工，一方面提高金融效率，另一方面其实也是将风险分散到证券化各环节之中，这不仅使风险的破坏力下降，而且提高了整个证券化体系的抗风险能力。证券化通过将抵押贷款进行组合，相当程度上使各类贷款的风险互相抵消；购买 MBS 的投资者众多，客观上使风险具有分散化的特征；证券化过程中采取了信用提升技术等等，这些都有效地降低了 MBS 的信用风险和流动性风险。如美国住房抵押贷款的风险权重为 3%，而联邦机构担保发行的 MBS 风险权重只有 0.3%。金融投资理论告诉我们，只要风险能够被降低，投资者要求的收益率就会降低，即风险溢价就可以降低。这有利于商业银行进一步降低住房抵押贷款利率，进一步扩大住房抵押贷款的市场规模。

5.2 住房抵押贷款证券化的金融
风险分散与扩散功能

资产证券化作为一种结构性融资，具有金融风险分散与扩散两方面的功能。美国是住房抵押贷款证券化最发达、最有代表性的国家，其在住房金融制度设计上，更多的是希望通过证券化这种制度设计来分散住房金融风险并解决住房融资问题。但从美国次贷危机爆发的机理看，证券化除具有金融风险分散功能外，其金融风险积聚和扩散功能也表现得淋漓尽致。

5.2.1 美国住房抵押贷款证券化制度安排

美国的住房金融体制形成于 20 世纪 30 年代。1929 年经济危机爆发后，大量银行破产倒闭，住房市场受到重创。为鼓励银行发放抵押贷款，稳定住房金融市场，美国联邦政府设立联邦住房管理局（FHA），向银行发放的抵押贷款提供担保。由于政府承担贷款风险，大大提高了银行发放贷款的积极性，贷款条件得到明显改善，首期付款比例由 30%—50% 降到最低的 5%，期限由 5—10 年延长到 30 年，贷款工具也由"气球式"贷款（借款人在还贷期间，只偿还利息，不偿还本金，本金在贷款到期时一次还清，最后一次还款的数额特别多，像气球一下子鼓起来，故叫"气球式"贷款）转为本息均还的固定利率贷款，促进了美国住房市场长达 40 年的繁荣。

20 世纪 70 年代后，美国经济走入滞胀，资金利率大幅度上升，为和基金等其他金融机构竞争，发放抵押贷款的储蓄和贷款协会、储蓄银行不得不提高存款利率。由于储蓄和贷款协会、储蓄银行发放的抵押贷款是固定利率贷款，贷款利率无法调整，存款利率上升，贷款利率却没有上升，资产和负债出现不平衡，造成大批储蓄和贷款协会破产倒闭。为挽救住房金融体系，扩大抵押贷款资金供应，在 20 世纪 60 年代末期，联邦政府设

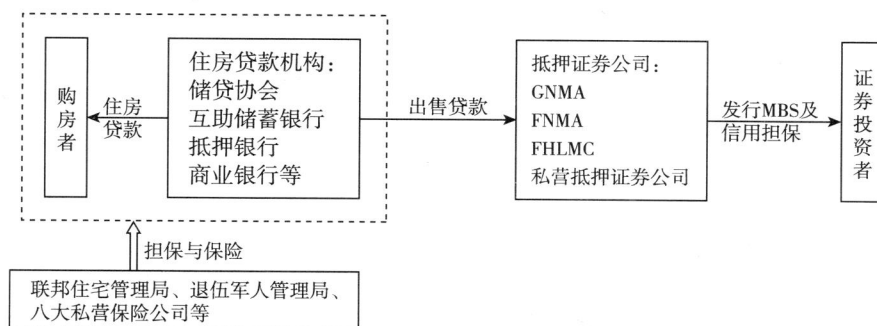

图5-2　美国抵押贷款证券化制度安排示意图

立 Fannie Mae、Ginnie Mae 、Freddie Mae 三个公共机构，实行抵押贷款证券化。其中，Ginnie Mae 是联邦政府机构，主要职责是向以 FHA 担保的抵押贷款为基础的抵押证券提供担保。Fannie Mae 和 Freddie Mae 主要职责是以所收购抵押贷款为基础，自己在资本市场上发行抵押证券。抵押贷款证券化的实行，使流动性很低的贷款资产，特别是房贷资产得以流动，扩大了贷款机构的资金来源从而扩大了贷款业务；作为解决贷款机构资产负债期限错配问题的一种有效工具，它减少了贷款机构的流动性风险；通过把贷款变成一种可以交易流通的证券，它使众多投资者能够间接地参与信贷市场，不但拓宽了投资渠道，还分散了信用风险。正是由于资产证券化的这种作用，30 多年来，美国的资产证券化得到迅速发展，证券化产品在固定收益证券市场上的比重不断上升，达到 30% 左右，其规模仅次于国债，成为资本市场的第二大种类。证券化对美国住房金融市场结构也产生了巨大影响，抵押贷款资金主要来自资本市场，储蓄不再是主要资金来源。图5-2 反映了美国住房抵押贷款证券化的制度安排。

5.2.2　美国 MBS 产品创新的诱因：对各种风险的回避

美国拥有十分强大的 MBS 金融产品开发能力，从动力机理分析，MBS产品创新的诱因是对各种风险的回避，创新的基础是市场上存在大量的具有不同风险偏好的投资者。

一、抵押传递证券（Mortgage Pass-Through Security，简称 MPT）

抵押传递证券是最基本的 MBS 产品。在美国，最初的传递证券由政府国民抵押协会（GNMA）于 1968 年推出进入市场，随后联邦住房贷款公司（FHLMC）于 1969 年推出了一种称为抵押参与证（Participate Certificate，简称 PC）的抵押传递证券，这些证券很快成为市场上的热销产品，其发行量一直占抵押证券市场的 50% 以上。抵押传递证券巧妙地通过一系列目的性极强的转换，把原来期限长、流通性差的抵押贷款，转变为一种或若干种期限不同、流动性强的证券，并相应将原来由银行单独承担的金融风险，分散到尽可能广的范围上，从而使传统间接融资机制中抵押信贷的多种风险被大大降低了。其运作方式是将若干种类的抵押贷款组合成为一个集合（pool），以这个集合所产生的现金流量为基础发行证券。证券发行商在扣去一定担保费和服务费后，将该组合中抵押贷款本息收入所形成的现金流转交给抵押贷款证券的投资者，实现了传递（Pass-Through）。图 5-3 为 MPT 的流程图。

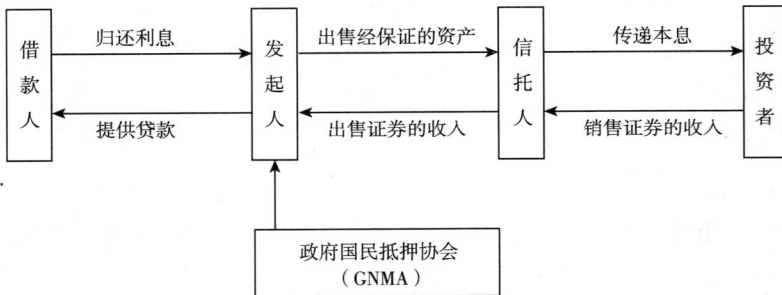

图 5-3 MPT 流程图

抵押传递证券存在着各类风险，除了存在一般固定收益证券所具有的信用风险、利率风险、税收风险、流动性风险、通货膨胀风险以外，还存在着一种特殊的风险，即提前还款风险。为了消除某一类风险，就需要对抵押传递证券进行某些创新，由此产生了大量的抵押传递证券的衍生品种。可以说，防范和化解风险是抵押传递证券创新的动力。

二、担保抵押证券（Collateralized Mortgage Obligations，简称 CMO）

担保抵押证券是美国联邦住宅抵押公司于 1983 年发行的，CMO 是在抵押传递证券的基础上创新的一种证券投资工具。与抵押传递证券不同的是，CMO 不是单个证券，而是一组具有多种期限、多种利率、多种组合的抵押证券。美国市场上存在着各种类型的 MBS 投资者，不同的投资者对提前还款的风险承受能力是不同的，如存款金融机构由于拥有短期负债，因而一般需要那些期限短、抗利率风险强的抵押证券；而养老基金和保险公司一般拥有长期资金，因此偏爱期限稍长、收入稳定的抵押证券。CMO 由于具有期限、利率和种类的多样性，因此较好地适应了不同负债投资者的选择。

美国开发的 CMO 种类很多，主要有：按次序支付的担保抵押证券（Sequential Pay Classes，简称 SEQ），按计划支付的担保抵押贷款证券（Planned Amortization Class，简称 PAC），按预定目标支付的担保抵押证券（Target Amortization Class，简称 TAC），按浮动利率支付的担保抵押证券（Floating-Rate CMO），准确偿还期限证券（Very Accurately Determined Maturity Bonds）等。这些产品都是根据投资者对风险回避的要求而开发的。

三、本息切块抵押贷款证券（Stripped Mortgage-Backed Securities）

本息切块抵押贷款证券也是 MPT 的衍生产品，到目前为止，切块抵押贷款证券已经发展了三代。

第一代切块抵押贷款证券是由 Fannie Mae 于 1986 年创造出来的。由于 1986 年春夏之际，美国住房抵押贷款的提前还款速度显著上升，为了满足部分投资者规避提前还款风险的需要，Fannie Mae 对传递证券中的本金与利息重新作了切割与组合，从而创造出最初的切块抵押贷款证券。它有两种类型：合成折价抵押贷款证券（Synthetic Discount MBS）和合成溢价抵押贷款证券（Synthetic Premium MBS）。这两种证券的现金流都切割自原始的抵押传递证券，所不同的是，合成折价抵押证券的现金流构成中含有的原始传递证券的本金较多，但利息较少，因而其本身的息票率就远远低于原始传递证券的息票率，需要折价发行；相反，合成溢价抵押贷款证券的现金流构成中含有的原始传递证券的本金较少，但利息较多，具有较高的息票率。这样，通过对传递证券现金流中本金和利息的重新分割组合，就可以满足不同投资者对不同风险规避的需要。具体来说，合成折价抵押贷款证券适合希望规避提前还款风险的投资者，而合成溢价抵押贷款证券则对规避利率上升所导致的扩张风险比较有效。

第二代切块抵押贷款证券是 1987 年被创造出来的，属于合成折价、合成溢价抵押贷款证券的一种极端，即将传递证券的本金和利息完全剥离。其中由本金部分为基础而发行的切块抵押贷款证券被称为本金证券（Principle Only，简称 PO），而由利息收入流为基础发行的切块抵押贷款证券被称为利息证券（Interest Only，简称 IO）。两种证券的收入流具有不同特点：本金证券的收入流在还贷初期比较小，但随着贷款余额和利息支付的下降而呈现增长的趋势；利息证券的收入流在还贷初期比较大，并随贷款余额的下降而下降。正是这种收入流的差异，使两种证券对市场利率变化和提前还款比率变化有不同的反应。

第三代切块抵押贷款证券是一类在本金证券和利息证券之上创造的有附属担保品抵押贷款证券 CMO（Collateralized Mortgage Obligation），这类切块证券可以是按计划支付的，或者是按指定目标支付的。

从美国市场上 MBS 产品创新的过程及产品的开发原理可见，MBS 产品创新的诱因都来自对各种风险的回避。MBS 与其他固定收益证券一样存在着各类风险，如信用风险、利率风险、税收风险、流动性风险、通货膨胀风险等，并且 MBS 还存在着一种特殊的风险，即提前还款风险。为了消除某一类风险，就需要对 MBS 进行某些创新，由此产生了大量的 MBS 创新品种。具体来说，抵押传递证券的产生本身就是一种产品创新，其在回避信用风险、流动性风险、税收风险方面表现尤为突出，而抵押传递证券的各种衍生产品的创新则在回避提前支付风险方面有其独特的功能。从这个意义上讲，回避风险是抵押支持证券创新的动力和主要原因。通过对金融产品创新，哪怕是降低了其中某一类风险，也会降低 MBS 的风险溢价，而这一溢价将由金融创新的参与者来分享，这是金融创新主体从事金融创新的动力。

5.2.3　住房抵押贷款证券化中的金融风险分散功能

如上所述，抵押贷款证券化及其产品创新的诱因是基于对金融风险的回避，这实质上是通过对证券化的风险分散功能来实现的。住房抵押贷款证券化作为一种结构性融资，分散了本来由银行承担的风险，与传统的间接融资相比，结构性融资在承担金融风险方面有以下区别：（1）结构性融资是以传统的银行贷款为基础发行资产证券，通过资产证券化降低了金融中介机构的信用风险，提高了资产的流动性。（2）结构性融资是将资产按其特点（期限、利率、信贷品种）分解后重新组合、重新定价和重新分配风险与收益，这是对金融中介初级产品的深加工，以实现提高金融产品质量、信用等级和分散风险的目的。（3）结构性融资不仅对银行的资产分解，也对银行的中介功能进行分解，将过去由银行一家承担的发放贷款、持有贷款和回收贷款本息等多项业务，转化为多家存款金融机构和机构投资者共同参与的活动。通过对中介机构功能的分解，它将传统的由借款人—金融中介机构—储蓄者的信用链条，延长为一个由储蓄者、借款人、中介机构、保险机构、投资机构和众多中小投资者组成的更长的信用链，从而使金融风险分散给众多的市场参与者。住房抵押贷款证券化中金融风险分散功能主要表现在：

一、证券化结构所具有的金融风险分散功能

在市场经济条件下，任何一个经济主体都面临着盈利、亏损、破产的可能，经济主体必须承担相应的利益风险。单个经济主体所能承受的风险是有限度的。如果将风险由多个经济主体共同承担，使每个主体都能把风险控制在与收益对称的可接受范围内，将会实现安全与盈利的统一，这便是风险分散机理。风险风散机理是住房抵押贷款证券化的出发点。从一级市场借款人为购买住房向商业银行或抵押贷款公司申请按揭贷款开始，到二级市场中按揭贷款被打包证券化成 MBS，再到投资银行不断推陈出新的各类基于 MBS 的衍生产品，形成了美国住房抵押贷款市场的庞大资金信用链。通过证券化，抵押贷款的风险不再集中在贷款发放部门，而是分散到了愿意通过承担风险获得更高收益的投资者手中。

可见，证券化巧妙地通过一系列目的性极强的转换，把原来期限长、流通性差的抵押贷款，转变为一种或若干种期限不同、流动性强的证券，并相应将原来由银行单独承担的金融风险，分散到尽可能广的范围上，从而使传统间接融资机制中抵押信贷的多种风险被大大降低了。

二、资产组合所具有的金融风险分散功能

从 MBS 的基础资产看，证券化的运作方式是将若干种类的抵押贷款组合成为一个集合，以这个集合所产生的现金流量为基础发行证券，资产的组合一定程度上使单笔贷款的风险得到抵消。

而从投资的角度看，房地产投资具有如下特点：（1）房地产位置的固定性，要求其地理分布分散化。（2）行业景气的变化，要求其投资类型分散化。（3）资金来源的制约因素，要求投资工具分散化。在实践中，一般投资者很难同时参与多个房地产项目，并就其规模、地点、投资额、业绩水平等进行合理的配置。证券化却可以不受实物资产的时间、空间限制，通过将巨额房地产组合、细分，投资人可以小额资金进入，以较低的投资成本迅速构建出一种合理的资产多样化组合，通过资本大众化和经营专业化来降低和分担房地产投资的经营风险，改变风险过多集中于商业银行等金融机构的状况。

三、风险隔离所具有的金融风险分散功能

证券化的一项重要制度是风险隔离。住房抵押贷款尽管拥有抵押担保，但事实上它仍是一种投资风险较大的资产，面临着提前还贷风险、信用风险、流动性风险、利率风险等，容易造成发放抵押贷款银行资金来源上的困难，甚至破产的风险。为了确保证券化的基础资产所产生的现金流的稳定，有效防范银行可能出现的破产风险，有必要在作为发起人的银行与证券投资者之间设置一个特设机构，在制度上保证发起人的资产与特设机构的资产有效隔离，以确保抵押贷款证券化目标的实现。在完成风险隔离后，证券投资者只承担基础资产的风险，不承担基础资产原持有人其他资产的风险。也就是说，证券的风险只与该证券本身的风险相关，而与基础资产持有人的风险无关。风险隔离在基础资产出售方、证券发行方和投资者之间构筑了一道"防火墙"，这实际上也是一种风险分担或分散的机制。

5.2.4 住房抵押贷款证券化中的金融风险扩散与放大功能

住房抵押贷款证券化尽管有降低、分散金融风险的功能，但从美国爆发的次贷危机看，证券化甚至变成了次贷危机爆发的平台和加速器，这说明抵押贷款证券化还有它的另一方面功能，即对金融风险的扩散和放大功能。

次贷危机最终升级为一场系统性的金融危机，并且向全球金融市场扩散，向实体经济渗透。为更好理解证券化在次贷危机中的风险扩散和放大功能，有必要对次贷危机爆发的基本过程进行简单梳理：

2000年网络泡沫破灭之后，美国为防止经济衰退，采取了宽松的经济政策，从而带来房地产业的迅猛发展，房价节节攀升；房价的上涨引发有钱人的房地产投资，并形成投资与房价的相互刺激；当有钱人房地产投资潜力发挥到极限后，房地产商开始游说穷人买房，通过银行提供按揭，并且调低首付，穷人也加入疯狂的购房大军中，于是次级贷款大量形成；银行为转移次贷的风险，将这些劣质贷款设计成债券，出售给美国市场上大量的风险投资者；随着房地产市场的持续火暴，风险投资者获得大量投资回报，银行为进一步分享暴利，于是又向风险投资者推出次级债券保险，这样，大量风险又向银行集聚；为获取更大收益，银行、风险投资者又利用前面的获利作为担保金继续推出各种金融衍生品，借助房价的继续上涨，衍生品在被抢购的同时，金融风险迅速向社会扩散；这一过程一直持续到穷人支付不起房贷、房价停止上涨时为止，随后市场逆转，房价回落，资金链中断，银行和各投资机构开始急剧亏损，金融机构多倍收缩金融资产，引起连锁反应，次贷危机全面爆发，最终引发了全球性经济大危机。

可见，次贷危机发生有两个主要原因：一是宏观层面上，信贷条件的放松，过剩的流动性刺激了以房屋为代表的资产价格的快速攀升，引发了房地产泡沫和房地产投机。二是微观层面上，金融监管的放松和过于复杂的衍生工具的过度使用，加剧了危机的程度和危害。监管的放松，使得金融机构的竞争过于激烈，使根本不具备能力的消费者获得了住房，杠杆率大幅提高，金融资产过度膨胀，信息披露不充分，信用评级机构失职，风险承担者与控制者严重分离。过于复杂的衍生工具，使得风险评估变得困难，风险无从控制。

次贷危机的爆发及蔓延也充分证明，金融衍生品具有两面性，是一把双刃剑，正确利用其发现价格和套期保值的功能可以起到规避风险的效果；但如果投机过度，则金融衍生品又会带来莫测风险。住房抵押贷款证券化作为一种工具，尽管不是次贷危机发生的根源，但其作为次贷危机的平台和加速器却相当程度上使得危机的能量更大、传播更快、破坏性更强。可见，证券化既具有规避风险、分散风险的一面，同时也有使金融风险放大并迅速扩散的另一面，这就看人们如何运用了。证券化的风险扩散与积聚功能发生的机理包括以下几个方面：

一、金融产品的过度创新对金融风险的积聚和扩散起到了推波助澜的作用

从次级抵押贷款到次贷危机直至演变为一场全球性金融危机，是一个风险积聚、爆发并蔓延的过程，其中住房抵押贷款证券产品的过度创新扮演了至关重要的角色。MBS 被创新出来后，又以 MBS 为基础衍生出了 CDO 产品，之后更多基于 CDO 产品的衍生品如 CDS、合成 CDO 等被创新出来。以资产证券化为代表的信用衍生品被过度滥用，形成系统性风险，使标的资产（次级住房抵押贷款）的信用风险扩散到信用衍生品市场，进而传递到全球金融市场，金融衍生品在这场危机中起到了助推器、加速器的作用。

据国际货币基金组织（IMF）的统计数据，截至 2006 年末，美国次贷占美国整个房地产贷款的 14.1%，大约在 1.1 万亿到 1.2 万亿美元之间，而其中的坏账，据高盛的测算是 4000 亿美元左右，而当年美国的 GDP 约为 15 万亿美元，简单从数据来看，次级贷款的坏账并不会对美国经济产生多大影响。次贷危机之所以酿成如今全球性金融危机，是因为次级贷款的风险通过证券化的金融创新产品得到大规模放大、传递和扩散，从而得以弥漫到整个美国乃至全球金融领域。

二、证券化结构为金融风险的聚集和扩散提供平台

从本次金融危机看，当房价不断上涨时，信用资金链上的所有产品都显示出高收益低风险的状态，MBS 及其衍生品受人追捧。市场繁荣促使放贷机构发行更多次级贷，越来越多的本无力购房的消费者加入次级贷款行列，MBS 的发行商也乐于发行更多 MBS。当市场处于繁荣阶段时，资金链在利益驱动下不断衍生，风险大量积聚，证券化结构成为金融风险高度聚集的平台。

然而一旦由于某些因素导致资金链的断裂，多米诺骨牌效应则立即出现，风险通过资金链迅速传递，并向整个金融市场扩散，证券化结构又成了风险扩散的坚实平台。证券化是以基础资产所能带来的现金流为基础。房地产泡沫一旦破灭，房价下跌，这些经过"打包"的债券的现金流便中断，信用评级也随之下降，价格下跌，致使机构投资者遭受损失。为提高自己资产组合中的流动性水平，他们的理性对策就是出售一部分非流动性资产，以应对未来的风险和赎回压力。一旦资本市场上所有机构投资者都抛售非流动性资产，就会造成全球固定收益产品市场和股票市场大幅下跌。本次危机就是次级房贷违约率增加，造成资产化证券现金流中断，引起投资于次贷债券市场的对冲基金和共同基金亏损，然后影响到国际大投资银行，进一步传导至资本市场从而导致整个金融市场波动的风险积聚过程。

三、金融监管制度的缺失使金融风险积聚和扩散未受有效抑制

金融监管和金融创新是一对天生的矛盾体：没有金融创新，市场就会失去活力，停滞不前；缺乏金融监管的约束，市场就容易出现金融风险。次级贷款及其证券化是融资形式的创新，但美国监管部门对金融创新的监管存在缺失。美国金融监管体制是在分业经营时代形成的，重点仍是机构监管。自实行混业经营以来，美国功能监管没有得到强化，投资银行以外的金融机构在证券市场上的活动，几乎没受监管。监管部门对于占次级贷款发放量45％左右的银行类机构尚有较严格的监管，但对于占次级贷款发放量55％左右的金融控股公司分支机构和房贷公司则缺乏严格的监管，尤其是对房贷公司，而他们恰恰是危机中最早出现风险且问题较多的机构。

5.3　住房抵押贷款证券化与我国住房金融制度选择

5.3.1　我国住房抵押贷款证券化制度创新的必然性

随着中国经济进入"全面建设小康社会"的新阶段，我国已进入了解决居民住房问题的关键时期，居民的住房需求在未来50年里将呈现持续快速增长。据有关专家估计，从现在起到2050年，随着我国城市化水平的上升，城镇人口将达到9.6亿，按人均居住面积达到36.4平方米计算，每年需新增住房3亿平方米，50年间净增150亿平方米。按现价计算，平均每年需要住房资金6000亿至7000亿元人民币，50年共需住房资金30多万亿元人民币。各国的理论和实践证明，住宅业的健康发展离不开一个发达而稳健的住宅金融体系的支持。如何在中国建立一个与我国国情相适应的住宅金融制度仍然是当前我国政府以及房地产、金融等相关部门和学术界正在努力探索的重要课题。一国住房金融制度的建设最主要的必须解决好两个问题：一是如何建立一个有效的住宅融资机制，二是如何防范住宅金融风险。在这方面，美国等国家所实行的住房抵押贷款证券化制度值得我们借鉴和研究。

目前我国住房融资是一种依靠银行体系吸收存款并发放住房抵押贷款的传统融资模式，这种模式为我国住房金融的建立和发展做出了重要贡献，是我国市场经济处于不发达阶段住房金融制度的必然选择。但是，这种融资模式的一个致命缺点在于其自身所无法克服的"短存长贷"矛盾，特别是在住房资金需求巨大的情况下很容易导致银行体系出现流动性危机而影响金融安全。因此，住房金融制度创新成了我们无法回避的选择。

新制度经济学指出，制度创新会在下列两种情况下发生：一是创新改变了潜在利润，二是创新成本的降低使制度变迁变得合算。总的来说，只要创新带来的潜在收益大于创新的成本，则制度创新就具有合理性。就我国整体而言，住房抵押贷款证券化有助于促进我国住房金融的良性循环，一定程度上化解了商业银行的流动性风险，缓解其资本充足率较低的压力；有助于深化我国金融体制改革，完善金融市场，推动金融创新，提高金融效率，并为投资者提供更好的投资场所；有助于发展住宅产业，提高我国居民的居住水平，促进我国经济结构调整和经济增长；有助于中央银行通过公开市场业务操作实现对住宅业的调节，并进而实现对相关产业的调节，这有可能为货币政策提供一种可行的结构性调节渠道，无疑将丰富货币政策的内容。此外，住房抵押贷款证券化是资产证券化的一项重要内容和切入口，其在我国的成功实施也将为今后银行不良资产的证券化提供制度基础和经验。可以说，住房抵押贷款证券化将对我国整个经济生活产生重要积极影响。

而另一方面，住房抵押贷款证券化显然也会带来相当的成本，作为一种新制度的建立，存在着制度变迁过程中的一系列交易成本，其中主要包括：（1）为适应住房抵押贷款证券化的产生和发展而进行的法律制度制定和实施成本，也包括政府对证券化进行监管所必须投入的成本；（2）住房抵押贷款证券化可能对我国金融体系造成新的金融风险压力；（3）各有关参与单位学习证券化知识和技术，进行必要的设备、人员投入的成本，等等。因此，从总体上说，我国住房抵押贷款证券化的潜在收益十分明显，而证券化所需的交易成本可以通过适当的方式将其降低到最小水平，特别是美国等国家住房抵押贷款证券化的运作已经相当成熟，积累了很多经验，如果我们能够注意学习和借鉴国外成功经验，并结合我国实际情况，设计出适合我国国情的住房抵押贷款证券化模式，我们完全有可能走出一条低成本的证券化路子。

按照制度经济学的观点，各国住房金融制度的选择都是制度竞争的必然结果，都是一种相对高效率的住房金融制度对一种低效率住房金融制度的替代。住房抵押贷款证券化模式能否取代传统的银行存贷款模式，是由两种模式的融资效率高低决定的。只要住房抵押贷款证券化可以给我国国民经济的宏观领域及有关的微观领域带来较高的收益，或者说在收益及成本比较中优于其他住房金融制度，则住房抵押贷款证券化必将成为我国住房金融模式的必然选择。

住房抵押贷款证券化制度创新主体方面，新制度经济学认为，制度创新可以分为市场推动的制度创新以及政府推动的制度创新。当制度创新的私人收益大于私人成本时，私人（市场）会推动该制度创新；而当私人收益小于私人成本，只要宏观和社会效益大于宏观和社会成本时，该制度创新就必须由政府来推动。住房抵押贷款证券化制度创新给各利益主体带来不同的成本和收益，从而决定了各利益主体在制度创新博弈中的意愿和态度。以下对此进行分析。

5.3.2 我国商业银行在住房抵押贷款证券化中的潜在收益与成本分析

根据制度经济学的理论，我国商业银行是否愿意成为抵押贷款证券化制度创新的推动主体，将完全取决于其潜在收益与成本的比较。

一、商业银行在住房抵押贷款证券化中的潜在收益分析

商业银行在住房抵押贷款证券化中是抵押贷款的供应者，在证券化中得到的利益是多方面的，这也正是国外商业银行积极推动抵押贷款证券化并成为住房抵押贷款证券化制度创新第一行动集团的原因。

（1）减少资金来源的约束。一般来说，在信用经济的初期，直接融资需要付出比较高的成本，间接融资的效率会高于直接融资，但是当信用经济达到比较高的程度和水平后，信息搜寻成本将大大降低，直接融资的效率将高于间接融资。这是当前融资证券化的内在动因。我国目前经济的发展阶段决定了间接融资在我国现有的金融体系中仍将处于基础地位。但应该看到的是，过高的间接融资比重以及融资方式单一化已经成为我国金融风险形成的一个制度性原因，这是一个不容忽视的问题。融资方式单一化，一方面赋予了银行在全社会的融资行为中绝对的控制力，容易造成商业银行在金融体系中的垄断经营，降低金融市场的效率，也不利于我国银行业竞争力的提高；另一方面，单一化的融资方式还容易使金融市场上各主体的资金来源受到严重限制。拓展资金来源渠道是银行生存与发展的重大问题，住房抵押贷款证券化实质上是建立了将市场中的短期资金转变为住房金融所需的长期资金的融资机制，可以有效减少银行在住房资金来源上的约束。

（2）提高了资金的流动性。一般来讲，商业银行只拥有短期资金，其经营的原则是安全性、流动性和盈利性。住房抵押贷款证券化虽未扩大银行资产规模，但却改变了资产形态，增强了资产的流动性、安全性，也将在一定程度上改善商业银行的资金约束。据测算，今后一段时期内，我国对住房抵押贷款的需求规模每年将达到 6000 亿至 7000 亿元人民币。发放这样大规模的长期资金，短存长贷的矛盾将是银行面临的一大问题。而化解这一问题的一个有效办法是银行将抵押贷款出售，并由特殊机构进行包装后发行证券，即抵押贷款证券化，从而在确保一定盈利水平的同时提高资金的流动性，并通过分散风险实现经营的安全性，最终达到商业银行稳健经营的目的。

（3）提高银行资本充足率。资本充足率不高是我国银行商业化改革和国际化经营的一大障碍，对提高我国金融体系应对金融风险的能力非常不利。由于资本充足率等于资本与风险资产之比，因此提高资本充足率可以用增大分子或者是减少分母两种办法。增大分子就是设法拓宽资本金的筹集渠道，如政府注资或股份制改造以增大分子。减少分母就是强制性地、适当地延缓其风险资产的增加速度，这可以通过增加抵押贷款的比例、减少信用贷款的数量、购置较多的国债资产等来解决，并通过抵押贷款的证券化，实现抵押贷款资金的良性循环。因此，住房抵押贷款证券化可以减少风险资产的比例，通过减少分母达到提高资本充足率的目的。

（4）分散银行经营风险。经营风险是指银行在经营中由于各种不确定因素的存在而招致损失的可能性。银行的经营风险既可能来源于外部经济因素变化，也可能来源于内部经营管理不善，具体表现为信用风险、利率风险、价格风险、汇率风险、流动性风险、结构风险等。而在市场经济下，单个经济主体所能承受的风险是有限度的。住房抵押贷款由于金额大、期限长，银行面临着巨大的信用和利率风险，因此必须将风险化解、分散，使风险控制在与收益对等的可接受范围内，实现银行经营的安全性、流动性和盈利性的统一。通过住房抵押贷款证券化运作，抵押银行将持有的抵押贷款转化为证券在市场上交易，这样就把原来由银行独家承担的借贷风险分散给多家投资者承担，实现了风险的分散。

（5）发挥银行在专业分工中的比较优势，提高银行的运营效率。抵押贷款的证券化，其运作过程实际上就是对集中于原始贷款银行的金融职能进行分工的过程，使各项金融职能和风险由多家机构来分担。这有利于发挥专业分工的比较优势，有利于提高银行等金融机构的运营效率，并通过扩大融资范围提高资金运用效率，从而带动整个金融市场效率的提高。

（6）为银行调整投资组合结构提供了渠道。在现代金融市场上，商业银行为达到自身经营目标，必须根据自身的风险承受能力、投资偏好以及市场的状况等，选择自己的投资组合，确定其投资组合中抵押贷款类资产的比例。抵押贷款的证券化，一方面使银行可以根据自身需要决定持有抵押贷款的数量和规模；另一方面也可以进行抵押贷款结构的调整，如将自己拥有的某一地区的抵押贷款出售或者证券化的同时，购入另一地区的抵押贷款或者抵押贷款相关证券，从而达到投资在区域结构上的多元化。

（7）增加银行的赢利水平。具体表现在：一是证券化减少了银行的管理成本。假设银行持有一笔 20 年的抵押贷款，对于 5 年期以上的住房抵押贷款，存贷差一般在 3% 左右，但扣除贷款管理费、坏账损失保证金、违约时发生的律师费、抵押品拍卖费等，银行持有贷款每年的收益率大约在 2.0%—2.5% 之间。如果银行持有这笔贷款 3 年后，在第 4 年将其进行证券化。由于管理费支出的规律是，离贷款到期日越近，管理费支出越高。从我国个人住房抵押贷款的运行情况看，前 3 年借款人违约的可能性较小，银行可相应地节约一笔律师费、诉讼费、抵押品拍卖费等，因而前 3 年银行持有这笔抵押贷款的实际收益率可以达到 2.5%—2.8%，比长期持有这笔贷款的收益率高出 0.3%—0.5%。

二是持续证券化的收益。对于提前收回的这笔贷款，如果市场上存在比发放抵押贷款更高的投资收益率，则银行将会把这笔提前回收资金投资于这样的高收益项目，这样在信贷资产总额不变的情况下，银行将获得较以前更高的收益。而如果银行找不到收益更高的项目，将提前回收的资金用于重新发放住房抵押贷款，并且重复前面的过程，即每一次都在第 4 年将其证券化，如此在 20 年内重复 6.67 次，则根据上面的分析，银行仍可比一直持有这笔贷款 20 年要高出年 0.3%—0.5% 的收益率。

三是资本利得。资本利得是指银行出售抵押贷款的价格高于根据现金流计算的理论价格所获得的溢价收入。如果贷款收益高于同期债券市场期限相同的债券的收益率，银行就可能以溢价出售抵押贷款。当然，能否溢价出售以及具体的溢价幅度同抵押资产的评级（主要反映抵押的风险高低）以及银行同 SPV 的贷款买卖谈判技巧有关。

四是中间业务收入。住房抵押贷款证券化中，银行经常充当服务商，负责向抵押贷款的借款人收取本金和利息，对抵押贷款进行管理。一般服务商可以获得债券总额 0.2% 左右的服务收入。此外，如果银行为 SPV 发行债券提供担保，也可以获得相应的担保收入。

二、商业银行住房抵押贷款证券化的成本分析

上述证券化中的收益只有在规范和发达的金融市场下才能实现，对于我国而言，当前实行住房抵押贷款证券化仍然需要付出相当的成本。

（1）证券化的运作成本较高。首先，由于我国现阶段证券化的制度环境还不成熟，证券化所需要克服的障碍比较多。其次，由于我国住房抵押贷款业务开展的时间并不长，现阶段不仅抵押贷款规模较小，而且在具体操作中尚未形成全国统一的、标准化的抵押贷款发放程序和贷款合同，尚缺乏相当规模的标准化的住房抵押贷款积累，难以形成具有相似条件、相似违约率及提前清偿率的抵押贷款集合，显然这将增加证券化的运作成本。最后，银行还必须为实施抵押贷款证券化进行人员培训、硬软件建设等。

（2）证券化带来的收益不明显。我国商业银行目前并不缺乏持有抵押贷款所需的资金，证券化在改善资产的流动性方面给银行带来的收益并不明显。我国金融机构存款的增长速度较快，在当前优质贷款项目不多的情况下，银行普遍出现存差，资金是有剩余的。此外，我国商业银行属于全国性银行，其商业网点遍布全国，不同地区的资金供求平衡可以通过资金在机构内部转移得以完成，也就是说，抵押贷款在全国的优化配置可以不通过二级市场也能实现。最后，住房抵押贷款证券化的一个重要作用就在于释放资本以从事具有更高边际收益的项目，在我国当前缺乏好的投资和贷款项目的情况下，商业银行实施住房抵押贷款证券化所带来的潜在收益不明显。

（3）证券化存在较大的机会成本。我国商业银行目前的资产质量总体较差，面对贷款质量比较严峻的形势，提高资产质量是当前的一项迫切任务，银行需要转移的是那些质量低下的资产。个人住房抵押贷款在国外一般被视为风险相对较高的资产，但在我国则是银行的一大优质资产，其坏账率最低。因此，各家商业银行都把它视为优质资产和新的利润增长点对待，将扩大住房抵押贷款规模当成改善资产质量的一种有效手段，在达到风险警戒线之前，商业银行是不会愿意出售这部分优质资产的。如果将这些优质的个人住房抵押贷款证券化，显然意味着银行要承担较高的机会成本。

从上述分析可以看到，尽管商业银行可以从住房抵押贷款证券化过程中得到一些收益，但证券化对商业银行来讲仍存在较高成本，目前进行住房抵押贷款证券化的微观成本可能大于微观收益。因此，像西方国家那样由商业银行充当证券化的第一行动集团，由商业银行积极推动住房抵押贷款证券化这一制度创新，现阶段将难以在我国出现。

5.3.3 政府在住房抵押贷款证券化中的宏观收益与成本分析

住房抵押贷款证券化制度创新离不开政府的支持，根据制度经济学的理论，政府对制度创新的态度及行为，取决于该制度创新对政府所带来的潜在收益与成本的比较。政府收益的目标函数既包括财政收入最大化也包括政治租金最大化，且前者往往服从于后者。因而对政府的收益成本分析不仅要考虑社会经济发展与社会成本的关系，而且要关注政府的政治收益和政治成本的关系及影响。

一、政府在住房抵押贷款证券化中的宏观收益

在次贷危机发生前，住房抵押贷款证券化作为一种金融创新理念，不仅成功地解决了美国住房金融的融资问题，并相应建立了一个比较有效的化解住房金融风险的市场结构体系，而且它还深刻地改变了美国等许多国家金融业发展的历程，引发了一系列的制度创新、市场创新与技术创新，其意义远远超出住房金融本身。对于我国来讲，住房抵押贷款证券化对于我国住房金融以及住房产业的长期可持续发展，对于推动我国金融市场创新和金融市场的国际化、提高金融市场效率，对于金融风险防范体系的建设等，都将发挥重要作用。

（1）为我国住宅产业发展提供充足资金，推动经济增长和产业结构优化调整。住房抵押贷款证券化能为我国住宅产业发展提供充足资金，促进住宅业的长期发展。随着社会经济的发展，人们收入水平的提高，居住、教育、医疗、交通等的支出将会增加（见表5-1），消费结构将进一步向高级化和多样化发展。消费结构的变化对经济结构的优化提出了要求，其中住宅产业的发展对经济结构的调节起着重要作用。在顺利实现了总体上小康之后，我国目前正向着全面建设小康社会迈进，这个时期除了注重一般物质生活外，还特别注意人们的精神生活以及生活环境的改善等方面，对居住条件和交通工具提出了更高的要求。我国已进入住宅建设和住宅消费快速增长时期，住房抵押贷款证券化不仅能为我国居民购房提供充足资金，缓解居民购房所面临的收入约束和流动性约束，而且有助于培育具有合理价格的房地产市场，这无疑将有力地促进居民的住宅消费，繁荣房地产市场，从而带动经济的增长，促进产业结构的整合、优化和升级，使国民经济结构朝着高级化、多样化、有序化方向发展。

表 5-1　按收入分组的消费结构（按购买力平价计算）

单位:%

	食品	衣着	居住	医疗	教育	交通	其他
1000 美元以下	48	8	10	3	6	7	18
1001—4000 美元	38	9	10	6	7	9	21
4001—10000 美元	27	8	14	7	7	9	28
10001—20000 美元	15	7	15	9	7	13	14
20000 美元以上	11	5	18	12	8	12	33

资料来源：The World Band(1997)，*World Development Indicators*，Published by The World Bank。

（2）住房抵押贷款证券化有利于提高我国金融市场效率。金融市场效率的提高是指金融市场促进产业投资增长和全社会资本产出系数的下降，其中一个关键是如何有效地把储蓄转化为投资。就我国目前来讲，我国通过金融市场将储蓄转化为投资的渠道主要有银行渠道、股票市场渠道、债券渠道和民间金融渠道等。因此，我国金融市场效率的提高就有赖于三个方面：一是银行效率的提高；二是资本市场效率的提高；三是资金由低效率的市场流向高效率的市场，即金融结构的调整。实施住房抵押贷款证券化有利于促进上述三方面金融市场效率的提高。

比如，资本市场效率方面，提升我国资本市场效率的一个关键在于提高市场竞争的程度和对上市公司施加强有力的约束。在这方面，住房抵押贷款证券化的发展将为我国股票市场提供一个强有力的竞争对手。它不仅能为众多投资者提供一个广阔的投资渠道，而且有利于我国资本市场的平衡发展，改善和优化资本市场结构。更为重要的是，它有助于提高证券市场的竞争程度，更好地约束我国上市公司的行为。住房抵押贷款证券化还可作为其他资产证券化的突破口，以进一步繁荣我国证券市场。借鉴国际经验，我国应该采取住房抵押贷款证券化优先发展于其他资产的证券化的策略，原因在于住房抵押贷款的资产质量更容易把握，国际上也有比较成熟的操作经验，潜在的金融风险较低，防范和化解风险的手段也比较有效。

根据戈德史密斯的金融结构理论，不同的融资结构对资源配置及其效率有着不可低估的影响。实证研究也表明，美国 1964—1991 年间金融结构的提升对推动经济结构的优化升级具有重要意义，而经济结构的变化是推动经济增长的重要因素。在我国目前的金融结构中，货币信贷市场占绝对优势而且扩张快，资本市场规模小并且发展较慢。虽然在这种金融结构下，货币信贷市场在国家信用的保护下保持稳定，但牺牲了过多的金融效率。理论上讲，发达的证券市场有利于降低整个金融系统的风险，提高系统稳定性。因为证券市场的波动对信用链条的影响要弱于银行支付结算系统对信用链条的影响，证券市场过小容易引发金融动荡及进一步引发整个经济的动荡。

改善我国金融市场结构，促进资金由低效率市场流向高效率市场将会很大程度上提升我国的金融市场效率。具体来说，我国应该鼓励资金由银行信贷市场流向证券市场，即由直接融资转向间接融资；同时，也应该鼓励证券市场中的资金流向高效率的子市场。对于第一种资金流向，我国目前已经有了一定基础，股票市场、债券市场等都初具规模。而对于第二种流向，由于有关子市场的发展缓慢，这方面目前滞后于第一种资金流向。发展住房抵押贷款证券化，不仅有利于促进第一种资金流向，而且也为资金的第二种流向提供高效率的子市场。此外，证券化还有利于形成全国统一的金融市场，使资金实现更广阔范围的优化配置，提高资金的配置和利用效率；有利于繁荣金融市场，培育市场主体，加快我国金融市场与国际接轨的步伐；有利于培育有关证券机构和市场中介机构，丰富居民投资渠道，活跃金融市场，推动金融创新。

（3）住房抵押贷款证券化有利于提高银行的竞争力。融资证券化是现代金融的发展趋势。融资模式发展分为三个阶段：第一阶段是以银行间接融资占主导地位的"银行主导"阶段；第二阶段是以市场直接融资占主导地位的初级证券化阶段，企业在金融市场上直接发行证券实现融资，产生所谓的脱媒现象；第三阶段是"强市场主导"阶段，它以资产证券化为主要特征。住房抵押贷款证券化代表着现代金融发展方向，证券化可以实现银行资产的流动，迅速获得所需资金，因而使银行可以进一步抢占住房抵押贷款市场，获得更多的市场份额，迅速扩大银行经营规模，并为银行发放更优惠的住房抵押贷款带来机会，从而也为继续实行抵押贷款证券化创造更好的条件。这一良性循环的建立，对于有关银行，无疑将带来竞争上的优势。

总之，住房抵押贷款证券化在促进我国住宅产业发展以及国民经济增长方面具有重要意义，在提高我国金融市场效率、建立现代金融体系、提升我国金融国际竞争力等方面可以发挥积极作用。

二、政府在住房抵押贷款证券化中的宏观成本

按照制度经济学原理，政府对住房抵押贷款证券化制度创新将采取什么态度及行为，还取决于证券化给政府带来的宏观和社会成本的大小。其中主要包括：

（1）证券化可能对我国金融体系造成新的金融风险压力。住房抵押贷款证券化本身会有一些负面作用，其中应该特别引起注意的是金融风险问题。住房抵押贷款证券化可能使银行扩大住房信贷规模，相应的信贷风险也会随着市场规模的扩大而加大；由于信息的不对称，住房抵押贷款证券化中也存在逆向选择和道德风险，商业银行可能会挑选质量较差的抵押贷款组合来进行证券化，也可能会为了达到提高资本充足率或财务杠杆比率等粉饰财务报表的目的而进行证券化；商业银行如果作为服务商，也可能存在对追收贷款本息不力等道德风险问题；我国目前金融市场和金融法制尚未健全和完善，金融投机行为仍然比较严重，投资者也尚未成熟，投资中的非理性行为大量存在，金融市场波动也较频繁，推行住房抵押贷款证券化的潜在金融风险不容忽视，发展不慎会对整个金融市场造成冲击。

（2）政府必须为住房抵押贷款证券化提供有关的配套服务与管理，特别是必须为此制定相关的专业法规以及优惠政策，也需要对证券化进行监管；各有关参与单位学习证券化知识和技术，进行必要的设备、人员投入等，这些都构成了政府的成本。

可见，相对于成本而言，住房抵押贷款证券化给政府带来的宏观和社会收益是巨大的，特别是如能实施有效监管，对证券化的金融风险实施有效控制，住房抵押贷款证券化的优势就能得到充分发挥。因此，在当前商业银行由于存在较高的交易成本而对住房抵押贷款证券化缺乏动力的情况下，政府必须责无旁贷地成为我国住房抵押贷款证券化的主要推动力量，特别是在启动阶段，政府的推动具有重要意义。可以预期，我国住房抵押贷款证券化在启动阶段只能是一场政府推动的制度创新，并且这场制度创新还应该是一场在政府间接推动下的制度创新。

5.3.4　我国建立住房抵押贷款证券化制度的主要障碍

从我国的情况看，住房抵押贷款证券化制度的建立还存在一些障碍，主要表现在：

一、住宅市场不健全

住宅市场是住宅金融市场的基础，其健全程度对住宅金融市场健康运行具有直接影响。我国现阶段的住宅市场，无论是开发商还是购房者都还很不成熟，中介机构也很不规范，而政府的监管也存在很多缺位，住宅市场还相当不健全。其中，政府在住宅产权管理方面的混乱使市场有序发展失去基础。市场交换的实质是权利的交换，其前提条件是必须建立一套界定清晰的、可转让的、在法律的保护和监督下的产权制度。我国的住宅产权制度显然没有跟上住宅产业以及住宅市场迅速发展的步伐，相当程度上已经成为居民购房和住宅市场深化发展的制约。我国住宅产权被赋予太多的含义，如市场价产权、成本价产权、标准价产权、乡镇产权等，五花八门。尽管当时区分这些不同产权都有其特殊的历史客观原因，都有过渡经济的色彩，但对住宅市场的发展却形成了很多障碍。我国房屋所有权与城镇土地国有的"两权分离"制度，更严重地制约着房地产所有权及收益的界定。商品住宅用地只拥有70年使用权的规定，相当程度上限制了居民的住宅投资行为并可能在到期后导致市场管理的混乱；土地供应形式的多样化，包括有偿出让、无偿划拨、农村居民宅基地、旧城改造用地等，客观上导致住宅产权管理上的混乱和效率的低下，增加了政府的管理成本，并加剧了住宅市场上的不平等竞争。

二、住房金融一级市场还很不成熟

住房金融一级市场是抵押贷款证券化的基础，抵押支持证券的风险控制和防范、证券的定价都离不开一级市场。证券化需要有一个成熟的抵押贷款一级市场，没有良好的一级市场，就不可能有稳健、发达的二级市场。目前，我国住房金融一级市场虽然有了一定程度的发展，但从总体上说仍属初级阶段，实行证券化仍然需要承担不少制度性成本：

一是我国个人住房抵押贷款标准不统一。在贷款标准中，贷款质量或者信用风险的控制标准不一致，会影响到住房抵押贷款证券化的深化和发展。我国目前各家银行的贷款合同并不统一，各行的贷款条款存在一定的差异，对这些贷款进行证券化操作，一定程度上会增加操作成本，降低证券化操作效率，不利于 MBS 市场的深化发展。

二是贷款方式比较单一。由于各种类型的借款人可用于还款的现金流不一样，这就需要有各种不同的抵押贷款方式来满足其要求，而我国目前的贷款方式主要是固定利率等额偿还抵押贷款，贷款方式比较单一，这一方面限制了贷款需求范围的扩大，另一方面也不利于降低抵押贷款的风险。

三是尚未建立完善的个人信用制度。这就给银行对贷款申请人的信用评估带来了困难，银行为确保贷款的安全，只能提高贷款条件，这客观上就造成了贷款手续繁琐，增加了贷款成本，降低了银行工作效率，严重制约了抵押贷款的发展。

四是抵押贷款的保险体系和担保体系不完善。一方面，住房抵押贷款保险体系不完善。目前我国为抵押贷款所开展的保险主要是抵押房屋的财产保险，缺乏抵押贷款寿险和抵押贷款保证保险，现有的保险制度根本无法满足抵押贷款一级市场上降低和分散风险的需要。另一方面，我国住房金融的政府担保体系尚未建立，这不利于促进住房抵押贷款市场的发展，也不利于我国 MBS 信用水平的提高。我国现阶段住房金融保险体系和担保体系不完善，尽管并不影响 MBS 市场的创立，但对 MBS 市场的深化将形成制约。

五是贷款利率形式不利于住房抵押贷款业务的发展。就我国当前住房抵押贷款的利率形式看，我国住房抵押贷款利率实行一年一定制，这种贷款利率形式，将贷款的利率风险、购买力风险完全转嫁给了借款人。表面上看，这对商业银行似乎是有利的，商业银行几乎不需要承担利率变化的任何风险；但从长期发展的角度看，这种做法对银行不一定是有利的，风险承担的不对称或者让借款人承担太多的风险显然会抑制住房抵押贷款规模的扩大并增加信用风险。借款人必须被赋予各种选择权来最大限度地避免有关风险，这些风险应该由商业银行或众多的投资者来分担，商业银行完全可以通过金融创新的手段化解和分散风险。风险的化解和防范有利于降低资产的风险溢价，从而有利于降低抵押贷款利率，扩大抵押贷款规模。

三、抵押贷款证券化仍然缺乏良好的市场环境保障

首先，缺乏抵押贷款证券化所需的相关法规。资产证券化是一种金融衍生产品，其发展需要有完备的法律规范作保障。我国目前直接针对资产证券化的法律框架还未形成，住房抵押贷款证券化所涉及的破产隔离制度、特设机构的法律监督以及担保、信用评估、信用增级、税收与会计制度等仍缺乏相应的法律规定。其次，抵押贷款证券化是一个高度专业化的市场运作过程，需要以健全的金融市场环境为基础。而我国目前金融服务基础设施不健全，金融运作的市场体制尚未理顺，证券经营机构实力不强，个人信用基础薄弱，金融监管方式落后，金融风险压力仍然较大等，都将制约着抵押贷款证券化的深化发展。再次，在利率管理体制上，我国目前利率尚未实现市场化，银行贷款利率主要还是由人民银行来确定，金融资产的利率高低还不能完全反映出该种资产的市场供求和风险高低，这使抵押贷款证券化的定价难以进行，也会阻碍证券化市场的发展和深化。这种官定利率对证券化的主要影响是：商业银行发放住房抵押贷款要按照官定利率办理，而投资者买卖住房抵押支持证券是按照市场利率进行。考虑到我国现行的官定利率很多情况下是实行低利率政策，如果商业银行按市场价格转让抵押贷款显然是十分不利的，这将强化商业银行转让抵押贷款的谨慎行为。

5.3.5　审慎推进我国住房抵押贷款证券化

住房抵押贷款证券化本身会有一些负面作用，其中应该特别引起注意的是金融风险问题，需要我们高度重视。住房抵押贷款证券化可能使银行扩大住房信贷规模，相应的信贷风险也会随着市场规模的扩大而加大。我国目前金融市场和金融法制尚未健全和完善，金融投机行为仍然比较严重，投资者也尚未成熟，投资中的非理性行为大量存在，金融市场波动也较频繁，推行住房抵押贷款证券化的潜在金融风险不容忽视，发展不慎会对整个金融市场造成冲击。住房抵押贷款证券化在我国的推行必须审慎。

5.4 住房抵押贷款证券化中的金融风险防范和化解体系建设

建立金融风险的防范与化解体系是一个系统工程，防范风险既要保持宏观经济运行的平稳健康，也要规范微观主体行为，确保市场有序。防范风险与化解风险各有侧重，但不能截然分开，要在防范中化解风险，也要在化解风险中建立防范风险的机制。对于当前的中国来讲，确保宏观经济的平稳运行非常重要，特别要防范房地产泡沫和注意房地产投资，规范金融行为，有效防范金融风险。

5.4.1 规范住房市场秩序，确保住房市场健康发展

住房市场的发展是住房金融建立和发展的前提和基础，住房金融的发展一方面可以促进住房产业的发展，但另一方面也有赖于住房市场的发展和完善。当前，我国居民的收入水平相对房价来说仍然偏低，这在很大程度上制约着居民的潜在购房能力的发挥。从长期来讲，居民住房条件的改善有赖于我国经济的发展和人民收入水平的提高。因此，我国必须继续深化经济体制改革，加快对外开放的步伐，积极调整产业结构和经济结构，加快我国工业化和城镇化的进程，以促进经济的持续快速发展。

经济发展是一个长期的过程，当务之急是下大力气降低商品住房的价格。这需要进一步规范住房市场秩序，建立合理的价格形成机制。具体地说，一方面需要从制度入手，不断地改革和完善我国的住房供给体制、财税体制，以有效地降低住房价格；另一方面也需要健全我国金融服务体制，提高居民的住房支付能力。

一、做好城市规划，加强土地市场管理，保障住房土地的供给

我国住房价格偏高的一个原因是地价偏高，深层原因在于土地市场运作不规范，土地投机现象比较严重。应该看到，我国目前正处在工业化、城市化的初级阶段，土地需求迅速增长，市场的供求关系决定了我国土地价格必然有一个上涨的过程。为此，我们有必要从住房产业长期、可持续发展的高度出发，做好城市规划，加强土地管理，制定出与住房产业发展相适应的土地政策，认真编制、执行城市规划和土地利用总体规划，从土地市场源头上杜绝违章占地、用地及土地的闲置浪费，以增加土地的有效供应。同时，要积极培育土地市场，促进土地交易的规范化和土地出让信息公开化，以有效抑制土地交易中的投机行为，从源头上消除住房价格不合理上扬中的土地因素。

二、改革住房产业的税费体制

规范市场秩序需要从规范政府行为做起，必须改革我国住房产业的税费征收项目与征收机制，政府部门应认真清理各种不合理的税、费和摊派，杜绝各种"有偿服务"；必须改革目前的税费征收机制，将税费多头制定、多头征缴、多头支配体制改为集中征收、集中管理的体制。与此同时，税费清理之后，有必要理顺市政基础设施的融资渠道，确保这些设施的资金来源。属于公共产品类的大型设施，应该由财政投资；某些与住房配套的公益性、经营性设施，应遵循"谁投资，谁受益"和"使用者付费"的原则逐步收回投资成本。

三、优化住房市场投资结构，提高住房有效供给能力

与我国大部分居民住房条件仍然比较紧张这一状况形成很大反差的是近年来我国房地产空置面积大幅度增长，这反映我国当前的住房投资结构与居民的住房需求结构存在很大的不一致。当前住房供应结构上的主要问题是高档楼房开发过多，大户型、大面积、豪华装修、室外配套奢侈的楼盘过多，而中低档住房以及经济适用房供应相对不足。应该看到，由于我国目前还是一个低收入的发展中国家，高档豪华住房的市场容量并不大，如果我国的住房业真正着眼于解决普通居民的住房问题的话，在开发结构上就必须坚持以大力发展普通商品房为主，适当开发中高档房的方针。此外，在优化住房投资结构的基础上，我国还必须注意提高住房建筑质量和

生产效率，要改变我国住房建设存在的"高速度、高投入、低质量、低效益"的粗放型增长方式，要推行住房产业的现代化，积极开发和推广节能、节约土地的新型建筑材料、新技术、新工艺、新设备，为市场提供高质量、低价格的住房，提高住房的有效供应能力。

四、从制度入手，加强住房产权建设，促进住房流通

根据新兴古典经济学的产权理论，产权的明确界定可以减少内生交易费用，但却需要增加外生交易费用，因此不难得出住房产权的模糊设定有时比清晰界定更有效率的结论，这有利于理解当前我国住房市场上产权的多层次性以及某些类型住房产权的模糊性现象。上述理论也说明，明确界定我国住房产权的主要障碍在于较高的外生交易成本，这意味着我国住房产权的明晰也有赖于我国市场经济体制的完善和健全。在我国的未来经济社会发展中，住房作为商品将融入社会化的大生产以及市场体系之中。因此，建立相应的住房产权制度是保障其健康发展的前提条件。在住房产权制度方面，我国现有的土地使用权和房产所有权这种房、地产权制度组合尚不足以形成一个完整的物权体系，有必要随着改革的深化而在条件成熟时进行与时俱进式的完善。但在现有的住房产权框架下，有关部门应该积极依据现有的法规，加强对住房产权的登记、建档，健全和完善住房产权管理，尽可能地在现有的法律框架下明晰土地、房屋产权，并根据不同的产权性质，制定相应的市场交易规则，促进住房流通市场的发展。当前，在规范和发展住房一级市场的同时，要大力促进二手楼市场的发展，降低其交易税费，消除已购公房进入市场的障碍，促进住房一、二级市场的互动和发展。

五、深化收入分配制度改革，健全社会保障体系

我国居民的购房能力除了受制于我国较低的经济发展水平之外，也同社会分配差距过大有很大的关系。当前，我国收入分配不公已经达到需要重视的程度，收入差距过大已经对社会稳定发展造成一定的影响，也相当程度上制约了住房需求的增长。为此，我国必须继续推进收入分配制度改革，理顺分配关系，完善以按劳分配为主、多种分配方式并存的分配制度，即要反对分配中的平均主义，又要防止收入过分悬殊。在初次分配中注重效率，发挥市场的作用；在再分配中注重公平，加强政府对收入分配的调节职能。要建立健全同经济发展水平相适应的社会保障体系，完善城镇职工基本养老保险制度和基本医疗保险制度，健全失业保险制度和城市居民最低生活保障制度，加快多层次住房保障体系建设。

此外，我国有必要对个人所得税进行适当调整。现行的个人所得税的征收并没有考虑住房支出因素，这对我国居民的购房能力形成极大的制约，住房金融的发展将缺乏应有基础。借鉴国外经验，为激励居民购房，提高居民购房能力，我国有必要对居民房款支出免征个人所得税，并对住房储蓄存款免征利息税。

除了上述长期政策措施以外，短期内还必须加强房地产市场的调控，防止房地产泡沫的产生和积聚，抑制房地产投机，确保房地产市场的健康稳定发展。

5.4.2 建立健全我国住房金融风险防范体系

住房金融是一项政策性较强、行业性和区域性比较明显的金融业务，有着其自身独特的运动规律。住房金融风险具有累积性，一旦爆发，便会迅速扩展，出现大面积的金融风波，危及整个金融体系的安全。可以说，防范住房金融风险，是我国住房金融发展过程中必须解决的首要问题，这显然也是我国住房抵押贷款证券化发展过程中必须解决好的一个关键问题。

我国住房金融风险除了借款人的信用风险以外，主要还存在下列原因所导致的风险：

一、宏观经济的周期性波动

住房产业对于经济周期具有高度的敏感性：当经济高涨时，住房产业随之繁荣；当经济萧条时，住房产业也步入低谷。由于住房金融所赖以存在的住房产业这种波动特征，使得经济周期的波动必然引起住房金融市场的波动，导致金融风险。特别是在新兴市场经济国家，由于市场机制的不完善，当经济高速增长时，大量银行信贷资金进入投机性较强的房地产市场和有价证券市场，使得房地产和证券价格猛涨并形成泡沫，然后又通过房地产抵押贷款或有价证券质押贷款的反复放大，最后使泡沫极度膨胀。当经济由于内在规律的作用而从繁荣走向萧条时，泡沫经济破裂，抵押品的市值猛跌，形成大量的房地产抵押贷款不良资产，引发银行危机甚至全面的金融、经济危机。

二、住房金融体系结构上的不合理性

合理的住房金融体系必须能够解决好两个问题，一是资金的来源问题，二是风险的防范问题。我国现有的住房金融过分依赖银行体系，没有发挥资本市场的长期融资功能，使银行的资产负债结构不对称性问题凸显。银行资金一般来源于储蓄，而储蓄资金所具有的短期性和随意性等特点决定了其满足不了住房信贷数量大和期限长的要求。银行住房资金供求结构的不对称表现在资金来源的短期性与资金投放的长期性等方面。因此，在银行持有大量房地产抵押贷款的情况下，随时都有可能引起资金流动性风险问题。严重时甚至引发"金融恐慌"而导致整个金融体系的危机。

三、住房金融主体的激励机制问题

住房金融市场主体主要包括银行、借款人和金融监管者三个方面，只有这几方面具有适当的激励机制以杜绝过度风险，住房金融风险防范机制才能发挥应有的作用。从产权经济学的角度看，激励机制的完善必须以明晰产权为基础。目前，我国商业银行股份制改革取得重要进展，但所有者缺位问题仍然没有得到完全解决，银行内部有效的金融风险防范机制仍未完全建立。我国的金融监管者也相当程度上存在对金融风险监管缺乏激励的问题，显然这同政府体制改革没有完全到位以及市场、法律环境不健全有关，对某些金融行为的限制和监管可能受到利益集团的压力，披露金融问题总会招致对监管者发现问题不及时的指责等，都在相当程度上限制监管职能的有效发挥。至于借款人，由于我国在金融市场建设方面目前尚未建立对借款人守信的激励机制，而不守信用、恶意拖欠或赖账的行为可能获得更多的收益，从经济学的角度看，借款人的贷款违约行为往往还是理性的。

四、住房金融中的政府不适当干预

政府对住房金融的有效干预是确保住房金融有效运行的前提，但如果政府以不恰当的方式干预住房金融，或者是在没有为住房金融提供足够的保障下却要求它承担过多的政策性功能，则有可能使住房金融承受多层政策风险。

一是住房金融承担了部分住房福利政策职能。帮助低收入家庭解决住房问题是现代政府的一个主要职能，但如果政府在没有对住房消费信贷提供贴息或政府担保的情况下，要求银行对用商业性信贷资金发放的住房贷款按法定贷款利率减档执行，无疑会使国家在减轻借款人还款负担的同时，降低银行的利息收入，并有可能使银行的利息收益与其风险不相匹配。

二是住房金融被赋予实现经济增长的政策性任务。应该说，住房业对一国经济具有较强的拉动作用，但这是一个长期的过程，居民的住房消费水平本质上不是取决于金融的社会资金配置能力，而是取决于社会经济的发展水平。如果为了对付宏观上属于短期性的通货紧缩而要求银行采取扩张性住房金融政策以扩大住房需求，以实现拉动经济的短期宏观目标，而不考虑居民偿债能力的提高实际上是一个长期过程这一现实的话，将不可避免地加大银行住房消费信贷的风险，也不利于我国住房金融的长期发展。

三是政府对金融业的介入方式。政府通过直接投资开办国有（控股）银行而高度介入金融部门，可能是很多国家银行业危机产生的一个重要原因。因为这种状况可能使政府的政治目标或银行内部人员的私人利益影响到银行经营的各个方面，降低银行的赢利能力和经营效率。在一个政府所有程度较高的金融体系中，银行资本的集中度更高，而向外国机构的开放度更低，竞争的缺乏无疑不利于一个健全金融体系的培育；国有控股银行的信贷管理更有可能直接或间接地体现政府方针，而使银行承担过多的政策性功能，银行也缺乏激励机制去发现和纠正放贷中的问题并进行成本控制；与此同时，机构庞大和人员臃肿现象也制约着国有银行经营效率和抗风险能力的提高。

防范住房金融风险，必须规范金融主体特别是商业银行自身的行为。因此，大力推进金融体制改革，建立现代银行制度，在银行内部形成有效的自我激励、自我发展、自我约束机制，是防范住房金融风险的基础和前提。在这个基础上，还必须做好以下工作：

（1）重视住房市场的景气循环和周期分析。由于社会经济的发展体现为周期性运动，相应的住房市场的发展也存在景气循环及周期特性。住房市场的发展要受到国家或城市的整体经济景气、人口变动、政策变化等因素的影响。不同国家、不同地方、不同时期、不同的市场环境都会使住房市场具有不同的特征，使住房价格出现相应波动。住房价格的波动是住房金融风险产生的一个主要因素，当住房价格回落时，住房作为住房抵押贷款的担保基础就会被削弱，抵押贷款风险就会凸显。因此，对金融机构来说，正确地预测住房市场的景气，并根据楼市的景气不同，确定不同的抵押系数是防范住房抵押信贷风险的重要手段。当楼市低迷时，可以适当提高抵押系数；楼市繁荣时，住房市场的泡沫成分提高，应降低抵押系数。

（2）建立合理的住房金融资金筹集机制，以解决住房金融机构的流动性问题。如何解决住房金融发展中所面临的长期资金问题是住房金融健康发展的关键，也是住房金融风险防范的基础。从我国的实际出发，要使短期的社会资金能够长期、稳定地进入住房金融领域，以解决住房金融的流动性问题。

（3）建立个人信用制度，以解决逆向选择问题。逆向选择是信息不对称下的一个必然结果，如果能够建立完善的个人信用制度，银行在发放贷款前就可以比较准确地掌握借款人的资信状况，一定程度上减少了信息不对称的状况。

（4）建立合理的激励机制，提高赖账的成本，以有效地规避道德风险的发生。道德风险存在于贷款合同发生后的信息不对称，银行无法观察到借款人的行为，无法随时掌握借款人经济条件、家庭等方面的变动情况。从个人的角度看，守信用是有成本的，如在理性违约风险中，守信意味着必须承担相应的损失。与此同时，不守信用对个人也是有成本的，比如受到法律的制裁和道德的谴责，或是丧失社会的信任等。因此，如果守信的成本小于不守信的成本，显然借款人会选择守信；如果守信的成本大于不守信的成本，则会选择不守信。对于后一种情况，解决的途径有两个：一是建立一种激励制度，给守信者以鼓励，在一定程度上弥补守信成本；二是提高不守信的成本。一般来说，一个卓有成效的激励机制应该确保个人守信所得到的报酬与守信程度呈高度的敏感性。银行有必要建立这样的守信激励体系，即对守信用者给予奖励，如给予其在其他消费信贷办理时的优惠、信用卡使用上的优惠，或给予金融信息服务和个人理财方面的优惠服务等。考虑到不完全信息的情况，银行难以掌握借款人未来的守信程度，最优的激励机制应该是设置分级递增的信用优惠政策，即随着借款人守信的时间的增加，优惠逐步递增。解决道德风险的另一个途径是加大借款人不守信用的成本，这就需要社会建立信用制裁制度，即对不守信用者，采取一定的制裁和惩罚，包括金融制裁、社会信用制裁、舆论制裁和法律制裁四个层次。让借款人意识到，一旦违约，自己必须付出很大代价，明智的选择只能是守信。

（5）加强住房金融风险防范的制度环境建设。住房金融运行的制度环境建设是住房金融健康发展的前提和基础，是住房金融风险防范的一项主要内容。如我国当前住房金融实践中存在抵押物处置难的问题，其主要原因是缺乏社会住房保障制度。抵押人的住房被拍卖后，将面临无家可归的局面。因此，有必要在我国建立相应的社会住房保障体系，确保房子被拍卖后个人的基本生活能得到必要的保障。只有在这种情况下，法院的执行才能落到实处，个人的基本人权和银行的债权才能同时得到维护。

（6）健全和完善我国资信评估制度。尽管我国的资信评估业已经走过了20多年的历程，但实际上至今仍然不够健全和完善，还存在着比较多的问题，需要采取有效措施给予解决，才能适应未来我国住房抵押贷款证券化发展的需要。我国资信评估业当前存在的主要问题：

一是资信评估的可信度不足。我国有关部门没有强制性地实行债券上市前信用评级制度，许多筹资者将信用评级看成一种摆设，投资者对评估部门发布的信息可信度也抱怀疑态度，对评估业的认识存在偏差。政府部门对金融市场发展中评估制度的重要性认识不足，对评估业的监管也不到位，缺乏引导、监督、管理，监管法规也还很不健全和完善。

二是机构独立性和权威性有待进一步提高。我国资信评估企业很多都附属于某一机构，本身并不是独立的法人，其最终所有者很多情况下是各级地方政府，很容易造成在信用评级中的地方保护、垄断经营等问题，严重削弱了证券评级的权威性和独立性。

三是资信评级程序缺乏科学性，评级指标尚未与国际接轨。国际评级机构在进行评级时都有一个严格的评级程序，特别重视向公众征求被评对象的意见，注意跟踪调查，及时根据影响被评级对象信用等级因素的变化对其信用等级进行相应调整，并立刻向社会重新公布。我国资信评估在程序上，不重视跟踪监测，没有根据有关因素的变化及时进行有关等级的调整。

四是不正当竞争严重，评级秩序比较混乱。由于我国评级市场还处于创建的初期阶段，缺乏有信誉的评级机构，不少评级机构短期经营行为比较严重，一些机构为了拉客户，采取不正当竞争手段，放宽评估条件，评级缺乏严肃性，扰乱了正常的评级市场秩序。

住房抵押支持证券能否顺利发行，关键在于其信用状况能否被投资者认可，评级机构出具的评估结果是否公正、客观、准确，是否具有权威性，将对住房抵押支持证券市场的发展产生重要影响。为此，我们必须采取有力措施，建立健全我国信用评估体系，为住房抵押贷款证券化的实施和深入发展创造良好的评估环境。

首先，要建立我国权威的评级机构。欧美国家的资信评估业发展模式采取"市场型"模式，其监管部门不直接对资信评估机构的设立、业务范围等进行监管，而是根据评估机构在市场中的表现，制定一些规定来认可某些评估机构的评估结果。这些国家的评估机构一般采取独立的公司法人组织形式，其评估工作不受任何政府机构或利益集团的影响，机构的独立性保证了评估结果的公正性、准确性与权威性，评估机构的信誉由长期的业绩所支撑，其能否生存和发展由市场决定。借鉴国外经验，我国有必要通过资产重组，将目前众多分散的资信评级机构整合为几家独立于政府的全国性大型资信评级公司，通过它们之间的相互竞争来约束其评估行为，最终发展成权威的资信评级机构。也可以考虑引进国际知名评估公司以加强内资评估机构的市场竞争压力，促进我国资信评估服务质量和水平的提高。

其次，要实现资信评估程序以及指标体系的规范化。要在借鉴发达国家资信评估业成功经验的基础上，进一步规范我国资信评估的程序，特别是评级追踪与调整制度。即在评级结果公布后，评级机构要对评级对象进行跟踪监测，在信用等级有效期内，如果影响评级对象信用等级的因素发生变化，评级机构必须对其等级及时给予相应调整，并向社会重新公布，以便社会公众及时了解评估对象的最新资信状况。与此同时，鉴于目前我国评级指标体系设置不规范、指标体系混乱的问题，我国有必要建立一套统一、规范的指标体系，可以考虑直接采用国际通行的评估指标，起码要保证可与国际标准接轨。

最后，要创造良好的信用评估环境，实现有序竞争。我国资信评估业发展目前还存在一系列制度障碍，要加快我国有价债券发行制度、信息披露制度、强制性评级制度、进入与退出制度、金融监管制度的建立、健全与完善，特别要改变当前我国证券发行中实际存在的政府认可代替市场认可的不合理现象。要完善对资信评估业市场竞争行为的管理和监督，确保其有序竞争。

5.4.3 建立健全住房金融风险化解体系

根据我国住房抵押贷款一、二级市场发展的要求，迫切需要建立政府主导型的住房金融担保制度，并与商业性保险形成互补担保保险发展模式，健全金融风险化解体系。

一、建立政府住房抵押贷款担保制度

（一）政府担保的作用和功能

住房金融的政策性决定了建立政府住房金融担保制度的必要性。与企业担保和个人担保相比，政府担保信誉高，实力强，尤其在我国当前社会信用基础薄弱且信用体系发展滞后的情形下，政府对住房金融担保机制的高度介入具有现实意义。政府的积极参与，能够大大提高广大中、低收入阶层获得住房贷款的能力，体现了政府的住房福利政策和住房产业政策。政府的参与无疑可以降低贷款成本，提高住房金融效率，促进住房金融发展，减少住房金融风险，对建立一个稳健的中国住房金融体系将发挥重要作用。政府担保制度建立的意义还在于增强了商业保险机构进入市场的信心，对于发挥市场力量建立我国住房金融担保、保险制度将起到积极的主导和推动作用。总之，以政府强大信誉为后盾的担保机制，不仅有利于住房金融一级市场的稳健发展，同时也为住房抵押的标准化和住房金融二级市场的发展铺平了道路。

（二）政府介入的方式和担保的范围

在美国住房金融一级市场上，形成了由联邦住宅管理局、退伍军人管理局分别为低收入家庭和退伍军人提供抵押贷款保险保证的政府抵押贷款担保保险机制；而在住房金融二级市场上，则由三大政府或准政府机构FNMA、GNMA 和 FHLMA 发行或担保发行住房抵押支持证券。这些构成了美国政府的住房金融担保机制。美国政府重视将政府担保与众多的私营抵押保险结合起来，通过政府担保机制的建设带动市场化的商业保险机制的建设，并最终形成了住宅金融领域中的政府担保与私营保险相互补充的保险机制，对美国住房金融的发展发挥了重要的作用。

我国有必要借鉴发达国家住房金融保险制度上的这些成功经验，认真研究政府介入住房金融担保的方式、范围、对象、条件等，建立以政府担保为主导，并与商业性保险相结合的住房金融保险体系，既要有效发挥市场机制对住房贷款担保保险的基础性调节作用，又要发挥政府调节和引导对市场发展的带动作用和对市场失灵的弥补功能。此外，从美国的住房金融政府担保运作看，政府对住房金融担保的介入并不需要政府拿出大量资金，重要的是政府的参与为借贷双方树立信心，资金的解决主要是依靠健全的市场融资机制，政府的作用仅仅是信誉及必要时的信用支持。美国政府参与住房金融担保的方式非常值得我国借鉴。

二、建立政府担保制度的操作方案构想

应尽快在全国成立专门性的住房抵押贷款担保机构，该机构属于政策性机构，不以盈利为目的，主要作用在于鼓励中低收入家庭进入住房抵押贷款市场，促进住房抵押贷款市场的稳健发展，担保的范围限制在中、低收入居民的住房贷款上。其资金来源初期主要是政府财政注资，并可考虑利用其政府背景通过发行长期债券筹集部分资金，在条件成熟时将其改组成为一家政府控股的抵押贷款担保公司。政府抵押贷款担保机构的担保条件和范围必须根据各地区的实际情况实行按年调整，内容包括对贷款限额、首付款比例、政府担保比例、保费、房屋种类、购房面积、获得政府担保的资格等的调整。其中，最为关键的是对购房者收入上限的确定，政府的担保应该面向中低收入者，高收入者应该通过商业保险获得相应的贷款担保或保险。

三、健全和完善商业保险制度

由于政府担保主要是面向中低收入家庭住房抵押贷款，中高收入家庭的抵押贷款保险就必须由商业保险制度来承担。在我国，住房抵押贷款保险作为一种新业务、新品种，在各方面都需要在实践中不断发展、完善、创新，也需要政府在政策上的大力支持，进一步建立健全有关法律制度。当前，住房抵押贷款商业保险建设方面主要要抓好以下几个方面的建设：

一是建立保险产品的设计开发系统。商业保险公司作为经营保险产品的盈利性机构，要实现保险市场的占有率和效益的提高，必须具有新产品的开发设计和创新能力，能够不断推出新产品以适应社会经济发展和保险市场竞争日益加剧的需要。要建立新产品的研究开发机构，为技术创新提供组织保障；要注意研究国内外保险市场的新动向、新产品、新技术以及市场的需求信息，并在此基础上及时开发出新的产品以适应市场需要；要重视保险人才的引进和培养，制定人才发展战略。

二是要建立健全保险营销系统。保险业务发展的关键是市场营销能力的提高，我国保险公司要更新观念，彻底破除"官保"意识，真正树立"商业保险"理念；要建立健全营销机构体系，形成以公司直销为核心，以社会代理人、保险经纪人为外围的纵横交错的营销结构体系；要创新营销方式，积极开展网络营销，提高保险服务水平和质量。

三是要制定合理的保险费率。保险费率是根据以往的保险事件发生概率推算出来的，我国住房抵押贷款保险开展的时间不长，基础数据匮乏。这需要我们认真研究国外的经验和做法，并结合我国的实际情况制定出合理的保险费率。主要应该做好几个方面的工作：要科学预测经济趋势，住房抵押贷款的违约率同经济景气有很大的关系，做好经济预测是制定合理保险费率的前提；要尽快建立与完善抵押贷款风险管理制度和评估制度，建立科学的风险评估和分析模型；要改变当前不合理的保险金额计算方法，按实际房屋本身的重置价格来确定房屋的保险金额。

此外，我国商业保险部门还必须强化保险管理，规范理赔程序；要严格保险标准，降低信用风险；要重视、加强保险资金的运用管理，提高保险资金的利用效率和投资收益。

5.4.4　建立健全住房抵押贷款证券化金融监管体系

我国目前已经建立了一个比较有效的金融监管体系，应该说，该体系还是比较适合我国金融业当前所处的发展阶段的。随着我国金融市场化、国际化程度的提高，以及金融创新的不断涌现，我国的金融监管体系必须作出相应的调整和改进。为适应住房抵押贷款证券化在我国的产生和发展，我们应该以此为契机，进一步健全和完善我国的金融监管体系。当前，应该认真借鉴美国住房抵押贷款证券化的监管经验，特别要总结次贷危机所暴露的金融监管问题，根据我国住房抵押贷款证券化未来发展的要求，研究并制定针对证券化所需的专业监管条例，并与现有的金融监管制度有机结合起来。

一、优化我国现有的利率结构体系，推动利率市场化

利率体系是指因不同性质、不同期限、不同信用形式、不同管理方式而形成的相互联系而又相互制约的不同水平的利率集合。合理的利率体系对住房抵押贷款及其证券化的发展具有重要意义。可以说，我国证券化的深化相当程度上取决于利率市场化的进程，只有在市场基础上形成的利率结构才能比较准确地反映市场资金的供求状况及其使用效率，才能更好地发挥利率杠杆对资金的有效配置功能。推动利率市场化是我国金融改革的一个长期目标，它需要多方面改革的相互配合，其中主要包括国有企业改革以及金融体制改革的推进。只有在国有企业竞争力得到提高的条件下，利率改革才能以较低的成本推进，也只有银行普遍建立现代银行制度，形成有效的约束和激励机制，竞争力得到提高之后，利率市场化才具有相应的微观基础。当前，有必要推动我国利率管理体制的创新，在进一步健全我国银行同业拆借市场，完善同业拆借利率形成机制，使其更好地发挥我国短期基准利率功能的基础上，加快我国利率的市场化进程。

（1）给予商业银行贷款利率更大的浮动空间。存款利率的市场化所要求的条件比较苛刻，它需要存款人和投资者具备较强的风险意识，开放存款利率不单是制度的变迁，而且是存款人、投资者金融意识的变革，这即使是在发达国家也需要一个长期的过程。因此，我国存款利率的市场化在现阶段条件并不成熟，不能操之过急。在当前国有企业和银行体制改革取得较大成效，民营企业、居民个人等借款人自身具有较强约束力的情况下，我国应该逐渐放开银行贷款利率，给予贷款利率更大的浮动空间。在存款利率保持政府严格控制、贷款利率实行浮动的结构下，意味着抵押贷款利率低的银行，就能够争取到更多的借款人，这将增强其住房金融一级市场上的竞争，有利于提高住房金融效率，也使得效率高的银行更有条件选择信用状况相对较好的客户。这样，在提高盈利水平的同时，银行的信用风险也能够得到更有效的控制。

此外，就我国个人住房抵押贷款的利率形式而言，目前各商业银行都按照有关规定，实行每年调整一次利率的模式，这种抵押贷款利率制度使借款人承担了大部分的利率风险，不利于抵押贷款业务的发展。实际上，商业银行承担利率风险的能力和意愿要高于居民个人，或者说，借款人更愿意申请固定利率住房抵押贷款。因此，在贷款利率实行市场化之后，商业银行可以向市场推出固定利率住房抵押贷款业务，以满足更多的借款人的需要。而在利率风险由银行承担的情况下，商业银行显然可以适当提高住房抵押贷款利率以获得更高的收益。至于利率风险，商业银行完全可以通过住房抵押贷款的证券化将其转嫁给 MBS 的投资者。这样，住房抵押贷款的借贷双方的利益都可以得到满足。

（2）完善我国国债发行与交易体制，使国债利率成为我国长期债券的基准利率。资本市场上的基准利率对相关金融产品利率会产生重要影响，很多金融市场上都以国债利率作为市场的基准利率。在我国，各种债券的利率都受到银行存款利率的影响，国债利率尚未能成为我国金融市场利率的基准。由于银行存款利率目前仍然属于受管制的利率，并不能完全反映市场资金供求状况，其作为金融市场基准利率的结果将必然导致我国金融市场价格的扭曲，最终将影响我国金融市场功能的发挥。因此，我国有必要进一步完善国债发行与交易体制，使国债的利率更能反映金融市场资金的供求状况，并作为我国其他金融产品定价的基准。只有这样，才能真正实现我国的利率市场化。也只有在金融市场利率市场化后，我国的 MBS 价格才能有一个市场基础，并通过住房金融一、二级市场的互动使住房金融对住房资金的优化配置功能得到充分发挥。

二、逐步实现我国金融业从分业经营向混业经营的转变

从金融业发展历史看，国际上曾经有过两种金融经营模式，一种是以德国为代表的"全能型银行"模式，另一种是以20世纪30年代之后以美国为代表所实行的分业经营模式。从当前国际金融发展的方向看，各国正在或已经由分业经营转向混业经营，全能型银行是当前银行业发展的趋势。而混业经营的发展，必然导致金融风险发生结构性的变化，从而也对金融监管提出了新的要求。

（1）从新兴古典经济学看我国金融经营模式的选择。我国作为一个转型中的发展中国家，面临着经济全球化、国际化的挑战和发展机遇，金融业的发展也面临一个转型和国际化的任务。应该看到，金融业从分业经营向混业经营的转变，可以扩大金融机构的经营空间，有利于提高其市场竞争力，对货币市场、资本市场、保险市场的相互促进和发展将起到积极作用。但历史经验证明，混业经营难以防止银行、保险资金过度地投机于证券市场，使金融体系隐含着更大的金融风险。这实际上就是新兴古典经济学所提到的两难冲突，即混业经营在提高金融效率的同时也带来了更大的金融风险压力。一个国家金融经营制度的选择其实是这两股力量均衡的结果，从这方面讲，我国目前所实行的"分业经营，分业监管"模式是我国现阶段的自然而合理的选择。分业经营是否能够转向混业经营，实际上取决于金融风险是否能够得到有效的控制，或者说一国的金融体系有没有化解风险的机制和制度，而这又取决于金融微观主体的健全和金融监管制度的完善程度。

（2）循序渐进，逐步实现从"分业经营"向"混业经营"的转变。我国金融业分业经营制度具有特定的历史背景和经济环境，是我国在特定历史条件下的必然选择。但是分业经营极大地限制了机构投资者各自的发展空间，严重阻碍了我国资本市场的迅速发展，特别在我国已经加入世贸组织的现实背景下，分业经营削弱了银行等金融机构的市场竞争力，长期下去，最终将对我国金融体系的稳健发展造成冲击。因此，顺应我国经济国际化以及金融业发展的本质要求，遵从循序渐进的原则，在健全和完善我国金融监管的前提下，我国有必要进一步优化金融组织结构和管理模式，逐步实现由"分业经营，分业监管"向"混业经营，分业监管"

转变。

应该指出的是，住房抵押贷款证券化属于银行的表外业务，它使银行在增加利润的同时，风险也同步增加。由于这些业务的风险难以通过传统的资产负债比例加以监测，就需要我国金融监管部门设计专门的证券化监管制度和体系以加强对住房抵押贷款证券化的监管。比如，可以根据《巴塞尔协议》的要求，把银行的资本分为核心资本和附属资本，将银行的表外业务纳入资本充足率的管制范畴，这可以比较有效地实现对银行的风险控制。此外，住房抵押贷款证券化监管中一项重要内容就是对信息披露制度的监督，必须确保信息披露的完整、充分、真实、及时和规范。

5.4.5　加快立法，为住房抵押贷款证券化提供法律依据和保障

住房抵押贷款证券化涉及的环节比较多，每个环节都需要有法律的约束和保护。政府在住房抵押贷款证券化中的一个重要作用就是建立和完善证券化的有关法律、法规，以规范证券化行为，维护证券市场的秩序，为住房抵押贷款证券化的建立和发展提供强有力的法律保障。住房抵押贷款证券化在我国尚属空白，我国现有的法律、法规尚未覆盖到这个方面，需要我们从现在起就着手研究和建立相关的法律体系。

首先，可以在全国选择个别条件成熟的城市进行试点，以积累经验。具体做法是：在现行法律范围内放宽限制，允许商业银行以适当的方式作为住房抵押贷款支持证券发行主体，通过将自己拥有的住房抵押贷款资产进行拆卸整合后，以其可预见的未来现金流作为偿付基础发行债券。这种方式的好处是可以在不触动现有法律体系的前提下，进行相关方面的金融工具创新，为今后业务大面积开展和立法积累经验。

其次，由于我国《证券法》基本上是一个阶段性的产物，因此在未来发展中，有必要在促进金融创新与金融监管方面，以及在证券发行、信息披露、强制性评级、进入与退出制度方面做出更加市场化的制度安排。同时，还必须着手研究制定住房抵押贷款证券化的专业性法规，如住房抵押贷款证券化、投资基金管理、房地产信托等方面的法规。在这方面，考虑到我国的实际情况，我们应该认真学习和借鉴西方国家相对成熟的抵押贷款证券化立法经验，结合我国实际，建构适合我国的住房抵押贷款二级市

场法律法规。

再次，政府要发挥主导和推动作用。从各国的情况看，比较成功的住房抵押贷款证券化都属于一场政府推动型的制度创新，这方面的法律法规的供给和创新同样需要政府强有力的推动，也唯有政府才有能力克服这场金融创新过程中众多经济利益主体之间，以及这些利益主体和政府、立法机构之间的摩擦。前文分析中也得出中国的住房抵押贷款证券化必然是一条由政府来推动、由市场去完善的道路，也就是说，我们的政府推动型证券化制度创新本质上也不可能排除市场机制的作用。因此，我国政府应该在证券化中发挥主导和推动作用，在市场动力尚且缺乏的现状下，采取有力措施积极推动这场制度创新，建立和完善有关的证券化立法工作和制度建设，为住房抵押贷款证券化创造良好的制度环境。但是，必须注意的是，在发挥政府上述作用的同时，也必须努力限制政府的消极作用，特别是某些反市场化的行为，政府的行为同样需要法律的约束。

主要参考文献

1. 孟钊兰、徐朝娟：《从美国金融产品创新过度中吸取教训》，《吉林工商学院学报》2009 年第 1 期。

2. 蒋志芬：《美国次贷危机与我国金融衍生品市场发展战略选择》，《经济学动态》2008 年第 1 期。

3. 金俐：《资产证券化与美国次级抵押贷款市场的演变及危机》，《南方金融》2008 年第 3 期。

4. 张智：《美国住房次贷危机问题研究综述》，《城市》2008 年第 8 期。

5. 沈炳熙：《次贷危机与证券化》，《中国货币市场》2007 年第 11 期。

6. 姚长辉：《中国住房抵押贷款证券化创新研究》，北京大学出版社 2001 年版。

7. 宾融：《住房抵押贷款证券化》，中国金融出版社 2002 年版。

8. 于长秋：《住房抵押贷款证券化运作机理探析》，《中国房地产金融》2001 年第 3 期。

9. Frank J. Fabozzi, Chuck Ramsey (1997), "Handbook of Non-agency Mortgage-backed Securities", Frank Fabozzi Association.

10. Frank J. Fabozzi (1995), *The Handbook of Mortgage Backed Securities*, MaGraw-Hill.

11. Dunn, K. and J. J. McConnell (1981), "Valuation of GNMA Mortgage-backed Securities", *Journal of Finance*, 36, pp. 599-617.

6 金融市场定价效率与金融稳定

6.1 新古典范式下的金融学——
关注金融市场定价效率

金融，本是人类经济活动的衍生物，从这个意义上说，金融层面的一切现象、人们在金融层面上的一切行为都离不开实际经济活动的影响和制约。但是，随着金融市场发展日趋"成熟"，金融市场已经摆脱了依附于实体经济的命运，在某种程度上它已经凌驾于实体经济之上。当今世界的金融市场的功能已经远不只是发展初期字面上的资金融通，它被广泛认为具有资源配置和分散与管理风险的功能，以及由此引申的其他功能。实际经济活动中的资源配置效率以及经济行为人分散和管理经济风险的目的在很大程度上都要通过金融市场行为来达成，从这个意义上说，金融绝不是实际经济的奴仆，而是实际经济活动的指挥系统和安全系统。

但是，这个指挥系统并没有新古典主义者想像的那么高效率，这个安全系统也并非他们所希望的那么安全。金融市场的大发展看起来并没有显著改善实际经济的运行，也没有使芸芸众生在经济活动中感觉到更加安全。与工业革命时期的经济危机引发金融危机不同的是，当今世界频频出现金融危机引发的经济危机，这不得不引起人们的深思。市场经济的核心行为是交易，生产本身也是以交易为目的，实际经济中高昂的交易成本催生了低成本的金融交易，这是人类文明史上最伟大的发明之一。对市场无条件信仰的人们可以因此对现代金融安排的所有积极意义大书特书，这样的文献充斥于所有的图书馆和私人书架。没有人会反对市场以及现代金融的积极意义，问题只是，我们是否应该思考得更多？

6.1.1　新古典主义范式与经济现实

新古典主义者用一个似是而非的名词"理性"或"理性预期"将所有人简化为统一装配的机器，这种简单假定本身距离一切市场的完美性命题只是一步之遥，所有的中间证明过程都显得那么多余和矫揉造作。市场的完美性只是个简单的命题，经济活动中如果还有什么地方是不完美的，一定是因为那里没有完整的市场构造（包括产权、经营权、收益权等不明晰而产生的缺陷）。既然机械化的理性人假定自然带来市场完美性命题，那么学术命题与现实世界的差异便来源于关于人类行为特征的学术假定与现实的差距。

相对于新古典主义者所假定的理性，人类在经济活动中因为贪婪与恐惧交互作用而产生的投机心理和行为以及由此造成的市场结果并没有得到充分的重视和研究，这自然是因为人类心理和行为过于复杂，没有简单范式，在力争使经济学成为类自然科学的主流下，理性的职业研究者往往选择回避。

尽管不是所有人都同意历史上曾经出现或正在经历经济和金融泡沫及其崩溃，但是，绝大多数人不会回避这一问题，包括新古典主义者。解释泡沫现象的方法大致上可分为以下几种：（1）泡沫及其崩溃主要是政府干预市场的结果，尤其是不当的货币政策的结果，这符合新古典主义者一贯反对政府干预市场的主张。但是，理性的经济人何以如此容易在一段时间内制造出泡沫并在泡沫中蒙受损失？（2）理性泡沫理论，这是一个多少有些诡异的名词，这是在承认泡沫的同时又不愿意放弃理性行为简单范式的必然结果。这一类理论实际上也将投资人的理性简单化为某种机械的行为模式，最后证明泡沫的膨胀和崩溃。事实上，泡沫的存在本身就已经意味着非理性的存在，在这里理性的概念已经被偷换而成为"伪理性"。

自20世纪60年代，经济学研究中的新古典范式全面登陆金融学，其中最值得骄傲的成果是有效市场理论（或称有效市场假说，Effective Market Hypothesis，简称EMH），它已经成为现代主流金融学的基础。有效市场假说其实是人们对于市场的信仰在金融市场研究上的反映，其核心思想是，在一个信息公开、运转高效、竞争充分的金融市场上，金融资产的市场价格正确反映该资产的基本价值。这一理论从某种意义上说是非常成功的，金融市场上的任何变化似乎都可以从该理论得到解释，这得益于信息概念的模型性以及该理论模型天然的不可检验性，与宏观经济学中的新古典理论相比，金融学中的新古典主义理论更加难以被真正的检验。尽管有效市场假说从一开始就受到怀疑与批评，并且在争论中逐渐产生了行为金融学，但是与行为金融理论的零散和复杂性相比，新古典理论范式的简洁与优雅始终使其在学术主流上立于不败之地。可以预见，在相当长的历史时期，新古典主义经济与金融理论难以被新的范式所取代。

新古典主义的成功是经济科学追求自然科学外表的历史潮流的必然结果，但是经济科学毕竟是现实性很强的经验科学，长期与现实的脱离必将使其淡出。实际上，在现实世界的经济和金融活动中，在宏观经济与金融管理的政府层面，新古典主义理论并非深得人心。

6.1.2　人性的投机倾向对经济与金融的作用

投机，被不同的人赋予不同的含义，本章中笔者所说的投机是指经济行为人不是根据基本的经济现实而只是根据对经济中其他人行为的猜测而产生的经济行为。在所有人猜测所有人的行为并产生相应行为的市场上，人们的行为以及由此产生的价格行为是异常复杂的，在适当的时候因为人性的贪婪与恐慌而造成市场的大起大落，无论是实体的宏观经济还是金融市场，这样的事件都在不断地上演，投机行为的复杂性使得市场起落难以预测，而这更助长了投机行为的盛行。

经济周期是市场经济中最令人着迷的现象，为揭示其中奥秘，多少人倾注了毕生的力量，但至今仍然众说纷纭。经济周期的原因自然是多方面的，但是其中经济行为人的投机心理和行为并未得到太多的重视。现今的经济周期理论大体上可以分为两类：内因论与外因论。对市场无条件信仰的人们自然坚持认为经济周期是因为经济系统受到外来冲击而产生的从原有均衡向新均衡过渡的过程，但是对于外生冲击如何造成如此显著的周期现象以及外生冲击何来周期性却几乎没有像样的说明。经济周期内因论者尽管认为周期源于市场本身，但是为了使其理论简洁并符合"人性机械化"范式，依然未能对经济行为人的投机活动给予更多的关注，萨缪尔森的乘数－加速数模型就明显是一个机械化模型。

笔者认为，人们通常选择回避的投机性经济行为，恰是经济周期及金融周期的主要原因之一。任何一种外在冲击都必须通过人的行为才能对经济产生真正的影响，因此人的行为特征对于经济和金融运行的稳定和安全举足轻重。正是人的短视和投机性使对经济的外生冲击演变成显著的经济周期，甚至在没有明显的外生冲击时也在人们经济行为的相互作用下产生周期。金融以及金融市场的发展尽管为现代经济提供了不可或缺的服务，但同时也为人们提供了更为高效的投机场所。现代经济的每一次周期几乎都与金融市场周期相生相伴，经济泡沫与金融泡沫相互助长，并在泡沫破裂中一损俱损。

20 世纪 20 年代末 30 年代初席卷西方世界的大萧条被普遍认为开端于金融市场的大崩溃，从此金融市场的安全和稳定成为学者、政府乃至普通大众关注的重点。在布雷顿森林体系下，国际金融市场度过了难得的平稳时期，但从 20 世纪 70 年代以来，局部或全球性金融动荡重新抬头，大有愈演愈烈之势，这与 20 世纪 70 年代以来全球金融市场突飞猛进的发展以及经济金融全球化不无关系。金融市场的不稳定已经成为经济不稳定的主要因素和策源地。

6.1.3　关注金融市场定价效率

20 世纪 70 年代以来，国际金融市场从深度和广度上看都有了突飞猛进的发展，分散风险和管理风险的金融工具和相应的市场不断被创造并迅猛发展，一个信息充分公开、竞争充分的金融市场，一个分担和管理风险的金融市场，何以在一段时间大量孳生和积聚致命的风险并最终以极具破坏性的金融危机的方式爆发？

金融危机又称金融风暴，是指一个国家或几个国家与地区的全部或大部分金融指标（如短期利率、货币资产价格、证券价格、房地产和土地价格、商业破产数和金融机构倒闭数）的急剧、短暂和超周期的恶化。

上述关于金融危机的定义罗列出了金融危机下所有的表象，却不利于我们真正理解和把握金融危机的实质和其发生的原因。实际上，正是短期利率、汇率、证券价格、房地产价格、土地价格等金融资产价格在短期中的急剧变化，导致金融机构的头寸恶化，才使得大量金融机构倒闭，金融危机表象下的商业性破产则基本是源于金融危机所引发的经济危机。

一旦厘清了金融危机诸多表象下的层次，我们便不得不关注这样的事实：金融资产价格何以在短期中发生如此急剧的变化？它是对实体经济即将发生的变化的恰当反应，还是脱离实体经济的癫痫式发作，抑或是对金融市场过去所犯错误的一种矫枉过正的纠偏？

当我们把目光集中到金融市场价格行为上时，等于将金融市场对金融产品的定价行为和效率置于第一关注点。当金融危机爆发时，人们会将目光投向过去，寻找危机发生前的一些特殊事件（主要是经济政策及其变化），以便分析这些事件和当前危机之间的因果关系。不可否认，每一次的金融危机都与过去甚至当前的经济政策不无关系，但是过去的经济政策如何导致金融市场价格体系的变化并最终演变为金融危机，却少有更清晰深入的分析和研究。

一旦你开始关注金融市场上金融工具价格信号的质量——金融市场的定价效率，你的视野就不会只是限于危机时期金融市场价格的剧烈动荡，而更多地将会追问：在金融市场表面上风平浪静的"稳定"时期，金融市场价格又在多大程度上"如实"地反映了基本的经济现实？对实体经济又在起着什么样的作用？

金融工具是金融市场行为的对象和客体，和其他一切市场一样，价格信号既是市场行为的结果，也是市场发挥其经济作用的主要途径，因此金融市场上每时每刻都在产生和变化的价格的"质量"将直接影响其经济功能的发挥。扭曲的金融市场价格至少将不利于资金融通的顺利进行，更谈不上合理引导资金流向和促进资金向高效率单位的转移；扭曲的金融市场价格本身就意味着市场主体因为交易行为而在风险分散的表面下承担着巨大的风险，风险管理的效果也就可想而知；金融市场上基于价格波动的过度投机性交易很难说是降低了交易成本，金融业收入在整个经济总量中所占比例的逐步上升，在某种程度上正好反映了实体经济在获取金融市场服务中付出了越来越高昂的交易成本，这还不包括投资者在反复的投机性交易中所付出的时间及其他隐性成本。

我们在本章将主要关注金融市场的定价效率，也就是金融市场上的价格在多大程度上准确地反映了其基本价值。

本章我们还将讨论金融市场定价效率与实体经济和金融稳定性之间的关系。为此，我们首先考察自 1965 年以来备受争议的有效市场假说（EMH），简单综述几十年来围绕 EMH 的争论，并概括这一争论持续的根本原因。笔者接着将给出一种在宏观上对 EMH 进行直接检验的方法，并得出现实金融市场在一定程度上欠缺定价效率的结论，这一检验方法和结论很可能也会引起争议。紧接着，笔者将对信息与投资（投机）者行为展开深入的研究，指出金融市场欠缺定价效率将在较长历史时期中持续存在，金融市场的发展本身并不能根本解决这一问题。在关于金融市场定价效率与实体经济的关系的研究中，笔者认为，在短期中，金融市场因为过度投机而缺乏定价效率将弱化其资源配置功能，而这反过来又使金融市场脱离实体经济而虚拟化，从而助长投机行为，两者互为因果互相促进；在较长期中，金融市场价格的扭曲将使资源配置发生扭曲。如果实体经济中某些行业的建设周期较长，或者这些行业的产品本身又具有投机性，如房地产建设和投资，那么扭曲的资源配置在短期内未必被实体经济所纠正，甚至因为实体经济层面的投机而使得资源配置的扭曲程度进一步加深，并演变成经济泡沫和金融泡沫，最终产生金融和经济的剧烈调整。笔者最后将探讨金融市场定价效率与金融危机的关系，并从促进金融市场定价效率的角度就如何管理宏观金融提出我们的见解和建议。

6.2　关于证券市场定价效率的争论

有效市场假说是在人们对股票价格行为模式和行为规律的研究的基础上发展起来的。我们在今天所看到的"证券价格充分反映了一切可获得信息"这一有效市场的定义正是对先期人们所认识到的证券价格"随机游走"模式的一种经济学解释。当然，对于希望以证券价格行为模式作为研究出发点的人来说，"随机游走"也成了有效市场假说的一部分。

在法马正式提出有效市场假说之前，人们对于股票价格行为模式的认识主要集中在两个方面：第一，股票价格行为是否是随机游走，也就是股票收益率是否在时间上服从相互独立的、同分布的正态分布；第二，如果股票价格行为是随机游走，如何认识这一现象。应该说，在当时虽然还存在对于股票价格随机游走模式的反对意见，但是在主流上人们一般都同意股票价格的随机游走性质，至少都同意人们不能通过股票的过去价格行为来预测未来的股票价格。但是在第二个问题上，人们或多或少陷入了困惑，按照经济学的传统，股票市场和其他一切市场一样，应该是一个理性而有序的市场，但是股票价格的随机性似乎又让人觉得，这是一个完全由投资者情绪支配的一个非理性的、无序的市场。

法马（Fama，1965，1970）对前人关于股票价格行为模式的研究进行了综合考察，在一定程度上肯定了自巴舍利耶以来关于股票价格的随机游走模式。重要的是，他对于人们的上述疑惑给出了一种经济学的解释，并首次正式提出了"有效市场"的概念：在一个证券市场上，如果证券价格完全充分地反映了所有可获得的信息，这个市场就称为有效的市场，在实证检验的基础上，法马提出了有效市场假说（EMH）。在一个有效的证券市场上，证券价格的变化是因为与证券有关的新信息的发生，由于新信息的发生是不可预测的（可预测的部分已经是现在信息，因此已经完全反映在现在价格中），因此证券的未来价格不可真正预测，从而证券价格变化具有随机性和独立性。也就是说，证券价格随机游走与市场理性和秩序本身并没有矛盾，这是有效市场假说在经济学上意义。

自法马以来，有效市场假说已经有了相当的发展，同时也引起了各方面的争论。由于有效市场假说是在股票价格随机游走模式的基础上发展起来的，因此有效市场假说被认为包含了两方面的内容：一是市场的信息有效性，或者说定价有效性，这是有效市场定义的原意；二是证券价格变化的随机游走模式。因此，关于有效市场假说的争论也分成两个部分：一是市场的定价有效性，二是关于证券价格行为模式的争论。证券价格的行为模式涉及一些定价模型的实用性，而定价有效性则涉及金融市场的终极功能——优化资源配置的有效性。本章关注前者，即证券市场的定价有效性。

6.2.1　EMH 的理论基础和检验方法

一、EMH 的理论基础

EMH 的理论基础由三个逐渐弱化的假设组成：（1）假设投资者是理性的，因此投资者可以理性地评估资产价值；（2）即使有些投资者不是理性的，但由于他们的交易随机独立地产生，交易相互抵消而不至于影响资产的价格；（3）即使投资者的非理性行为并非相互独立而是具有相关性，他们在市场中会遇到理性的套期保值者，后者将消除前者对价格的影响。

有效市场假说试图说明，市场对每种资产的定价均符合该资产的真实价值。市场有效性并不排除投资者的作用，但认为投资者的作用并不是影响资产价格，而是投资者通过其自利行为来使资产的正确价格得以确立，也就是说投资者只是找到那个应该实现的价格，而这个价格与投资者的行为是无关的。当新的消息产生的时候，投资者会改变对相关资产的评价，从而使这些相关资产的价格改变，由于市场上存在着数量庞大的投资者，投资者作为一个集体在对资产进行评价时是不会犯错误的。因此，当新的消息产生时，投资者将使资产的价格由原来的真实价值变化到与新消息相适应的真实价值。

二、EMH 的实证检验基础

EMH 在理论上看起来颇具说服力，在 20 世纪六七十年代对此进行的实证检验也大都支持该假说。按照一般的分法，对 EMH 的实证检验可分为两种思路：

第一，当事关某种证券基本价值的消息传到市场上时，该种证券的价格是否会快速准确地做出反应，并将这些消息的影响体现于价格之中。这里的"快速"是指那些较晚得到消息的人将不可能从这些消息中获利；而"准确"是指由于这些消息所引起的价格调整是恰到好处的，既不会反应过度也不会反应不足。这些消息产生的初始影响不能形成价格变动的趋势（不管是正向的还是反向的）。

第二，检验如下说法是否正确：因为证券的价格必须等于证券的基本价值，如果没有影响证券基本价值的消息变化，也就不会有价格的变化。也就是说，如果只有对证券供给与需求的变化而没有与基本价值有关的消息的变化，证券的价格就不会发生变化。

对信息快速准确地做出反应和无信息变化时价格保持不变是 EMH 的两个主要论点。在提出价格准确迅速地反应信息变化的假说之后，法马（1970）提出的另一个主要观点是：无时效的（过时的）信息不会创造利润。为了对这一论点进行检验，检验者必须对"无时效信息"和"创造利润"的含义做出界定。

对"创造利润"的含义的界定一直存在很大的争议，因为在金融学中，创造利润是指在经过风险调整后获得的超额利润。这就是说，如果在某一段时间，通过采用某种特定的策略对无时效信息研究后获得了超额利润，也并不能证明市场是非有效的。因为 EMH 的拥护者会争辩说，为了获得超额利润，投资者必须承担风险，所以这些超额利润只不过是对承担风险的合理报酬。为了使检验不致于陷入这种没有结果的"狡辩"僵局，就必须有一个合理地计算风险和报酬的模型。一个广为接受的模型是资本资产定价模型（CAPM），但是这并不是唯一可供选择的模型，如果人们可以根据需要而选择不同的风险和报酬模型，"狡辩"就仍将继续。更重要的是，任何一个风险与报酬模型本身也是一个需要接受检验的模型，而且他们大都建立在 EMH 之上，因此在检验过程中不可避免地陷入循环论证和联合假设的困境。

对"无时效信息"的界定导致了法马将有效市场分为三种类型：弱有效市场、次强有效市场和强有效市场，它们分别对应于不同的无时效信息集合：

（1）弱有效市场。弱有效市场对应的无时效信息是指证券相关的所有历史信息，包括证券价格、收益、交易量、短期利率等变量的历史。弱有效市场假说意味着趋势分析等技术分析手段对于了解市场价格的未来变化并谋取利益是没有帮助的。弱有效性在统计学上的含义是，同一证券在不同时期的收益率是相互独立的随机变量，也就是所谓"时际独立性"。

（2）半强有效市场。半强有效市场所对应的无时效信息除了与证券有关的所有历史信息外，还包括所有已公开的信息，诸如公司的财务报告、管理水平、产品特点、盈利预测、国家经济政策等各种用于基本分析的信息。在此类有效市场上，所有的已公开的信息都是无时效信息。只要信息已经公开，证券价格马上就会体现这些信息的影响，因此投资者无法利用这些信息来获得收益。半强有效市场假说告诉投资者，不只是技术分析没有价值，基本分析也是没有用处的。

（3）强有效市场。强有效市场是说资产价格包含了所有有关信息，不仅包括历史信息和所有公开发布的信息，而且包括仅为公司内部人掌握的内幕信息。显然，强有效市场假说是一个极端的假设，如果某些投资者拥有某种内幕消息，他们是有可能通过利用这一消息来获取超额利润的。各国资本市场的管理者要求内部人公开其交易状况就是要将这种内部消息外部化，因此一个拥有内幕消息的人或者不利用内幕消息来牟利，或者通过将其行为公开化来使内幕消息公开化。在这样的市场上，即使拥有内幕消息的人也是不大可能获取超额利润的。

为了使检验的目的更加明确，法马（Fama，1991）将原先提出的三种效率形式作如下修改：（1）将对弱有效市场的检验拓宽为"收益的可预测性"检验，弱有效性只是检验收益率的时际独立性，也就是检验从历史价格中是否可以预测未来收益，收益的可预测性检验包括更多的内容，其中主要包括对未来红利以及市场利率等的预测。（2）将原先的半强有效性检验改为"事件研究"，通过证券价格对事件的反应速度和程度来对市场的信息有效性进行检验。（3）将原先的强有效性检验改称为"私人信息"检验。

早期的检验似乎都是支持这些假说的。法马（Fama，1970）发现股票价格大体上遵循随机游走规律，这支持了弱有效市场假说。他指出，通过价格刚上升时买入股票和价格刚下跌时卖出股票的所谓技术性交易策略可以获得超额收益的说法并不能得到系统性的论据支持，就某一给定的交易日来看，昨日的股价是上升还是下降与今日的股价上涨和下降并没有必然的联系。在此之前，对更复杂的交易规则的检验也发现，试图通过对过去收益的分析预测来获得超额利润的努力总的说来都是不成功的，这也与弱有效市场假说相符。

早期对半强有效的检验也同样证据充分。一种检验方法是观察与样本公司有关的消息事件发生后，其价格是马上作出反应还是在几天后作出反应，以及在新信息发布一段时间后价格是否继续同方向变化或者回调。这就是法马等人所倡导的"事件研究法"。

直到 20 世纪 70 年代末，EMH 都被认为是 20 世纪经济学研究中值得骄傲的成果之一。标准的经济学理论，尤其是套利理论，论证了金融市场是有效的市场。基于证券市场大量的数据和证券价格资料所进行的实证检验也几乎都不能否定该理论的正确性。每当有人发现一些小的产生超额利润的可能性时，该理论总能找到各种辩护的借口，特别是交易成本的存在和风险与报酬的不同度量。

6.2.2 实证检验以及理论基础上对 EMH 的挑战

自 20 世纪 70 年代后，EMH 在理论与实证检验两方面逐渐受到怀疑和挑战。最初的挑战来自于实证检验。由于在实证上 EMH 受到越来越多的怀疑，因此人们开始在理论基础上重新审视 EMH。实证上对 EMH 的挑战源于人们发现了越来越多与有效市场假说相悖的"异象"，理论上对 EMH 的挑战则反映在人们重新考虑投资者的行为是否像 EMH 所假设的理性，以及套利的可行性和套利是否符合短期最大化等。

一、实证检验对 EMH 的挑战

根据有效市场假说，股票等证券价格的波动是因为由相关信息所对应的证券基本价值的变化，因此人们可以从证券价格的波动性质（如波动幅度）来检验市场是否有效。罗伯特·希勒（Shiller，1981）较早对此进行了研究，指出股票市场上股票价格的波动大大超出了股票红利收益的波动，随后大量的研究证实了希勒的发现。希勒的这一检验方法一般被称为波动性检验。但是，波动性检验具有明显的不足之处，非常容易受到攻击。首先，红利收益与公司每股盈利不是同一个概念，红利收益较小的波动性并不意味着盈利的波动性就小；其次，股票的价值不是决定于当前红利或盈利，而是基于人们对于未来商业前景的预期。除非你能够首先各提出一个模型来说明当前红利与预期商业前景之间的关系，否则检验就无法真正进行。但是，这样一来，检验者又将陷入"联合假设"的困境，因为你无法回答到底是有效市场假说错误还是你的模型错误。因此，对于希勒的反驳主要就集中在他可能错误地计算了股票的基本价值（Merton，1987）。但无论如何，希勒的工作为这一全新的研究领域指出了一条道路。

（一）对弱有效市场的挑战：短期趋势与长期逆转

弱有效市场表明，投资者无法利用过去的价格信息来获得超额利润，但是实证检验却发现证券的未来收益具有一定的可预测性。

De Bondt 和 Thaler（1985）比较了两组公司的收益情况，一组是近期亏损严重的公司，另一组是近期盈利最多的公司，研究发现，在随后的几年中，投资于最差公司组合的收益非常高，而投资于最好公司的组合的收益则相对差一些，而且这种差距并不能用最差公司的股票风险相对要大来解释，至少不能用 CAPM 的风险调整标准来解释。这说明股票价格对于公司业绩的变化反应过度：亏损严重的公司股票价格太低因此在今后一段时间会反弹，而业绩优异的公司股票价格过高因此今后的收益会逐渐走低。不同于 De Bondt 和 Thaler 所发现的股票价格的长期逆转，Jegadeesh 和 Sheridan（1993）研究发现，股票价格在过去短期（半年到一年）中的价格走势有助于预测未来价格的同方向走势。

这些研究使人们开始相信，股票市场上的价格行为在短期中具有连续的趋势而在长期中存在逆转现象，这些现象都与弱有效市场假说不相符。

（二）对半强有效市场的挑战

有效市场理论的半强形式也面临同样的挑战。到目前为止，对此最著名的批评来自于这样一个现象：从历史数据上看，投资于小市值公司股票所获得的收益要高于大市值公司股票，这被称为"小公司现象"。同时，小市值公司的超额收益主要集中于每年的1月份，这又被称为"1月份效应"。由于公司的规模和日期的更替明显地都属于无时效信息，因此小公司现象和1月份效应说明投资者可以利用无时效信息获得超额收益。

进一步，越来越多的研究发现，公司的市值/账面值比率与公司股票的收益之间存在显著的负相关关系。市值/账面值比率高的公司反映了市场在一系列利好消息刺激下对公司未来盈利能力过度乐观。与反应过度的观点相一致，法马与弗伦奇（Fama & French，1992）发现，从历史数据来看，该比率高的公司与该比率低的公司相比，股票收益要相对低很多。因此市值/账面值比率（自然是无时效信息）可以用来预测未来的收益。

当然，公司规模和市值/账面值比率对于预测未来收益的可行性还存在其他问题，它极易受到 EMH 的反驳，那就是，这种收益差异是否只是弥补了投资者所承担的不同大小的风险。一种观点认为，小公司和低市值/账面值比率公司股票获得高收益恰恰是因为他们的规模和低市值/账面值比率暴露了它们高水平的基本风险。法马与弗伦奇（Fama & French, 1993，1996）将公司规模和市值/账面值比率作为"破产风险"的指标，说明公司规模越小、市值/账面值比率越低，则具有更高的破产风险。

（三）对"无消息时价格无变化"的挑战

EMH 的直接推论是证券价格在无消息时将不会变化，但是实证研究并不支持这一推论。与这一反论有关的一个突出的例子是 1987 年 10 月 19 日美国股市的崩溃，在当日道琼斯指数下跌了 22.6%，成为历史上最大的单日跌幅，但消息面上却是风平浪静，尽管有人极力寻找引发这一暴跌的消息面上的原因，但没有找到什么有说服力的消息。事实上，许多的股价波动都没有明显的消息变化，卡特勒等人（Cutler, 1991）分析了战后美国股市单日波动最大的 50 家公司的股价变化，发现其中大多数并没有明显的消息变化。因此，除了消息外，明显地还有其他因素在左右着股价的变化。

二、对 EMH 理论基础的挑战

以上与有效市场假说相悖的"异象"导致了对这些异象进行解释的行为金融理论的诞生和发展。实证研究表明，上述异象在世界许多国家的股票市场上普遍存在，由于在理性假设下这些异象都不能得到充分的解释，因此人们开始寻求从投资者心理特征来解释这些异象的途径。行为金融理论认为投资者在进行投资决策时经常表现出过分自信、损失回避、避免后悔等心理。投资者过分相信自己对股票价值所做判断的准确性，过分偏爱自己所掌握的信息；对于收益和损失，投资者更注重损失所带来的不利影响；委托他人投资以减少因自身决策失误而产生后悔以及仿效多数投资者行为等。

（一）对投资者理性假设的反驳

将一般大众特别是投资者假定为一直完全理性，很难令人信服。许多投资者经常根据一些不相关的信息来作出投资决策，如布莱克（Black,

1986）所指出的，他们购买所依据的是"噪音"（noise）而不是信息。心理学研究表明，投资者的行为在绝大多数情况下并非符合经济理性最大化的假定，这主要表现在以下方面：

首先，在对待风险上，个人对风险的评价并不一定遵循冯·诺依曼－摩根斯坦理性概念的假设。也就是说，在判断风险时，人们并不是看重最终获得的财富的绝对水平，而是更关注相对于某一参照标准来说他们得失的多少，也就是说人们对于亏损的负效用大于同幅度盈利的正效用。一个非常显著的例子是，投资者为了避免损失，在股票套牢时会捂牢不卖（Odean，1998）；另一个例子是，投资者并不愿意广泛地持有股票。其次，在对不确定性后果进行预期时，个人的行为原则常常违反贝叶斯原则和其他概率最大化理论。例如，人们经常会使用短期的历史数据来预测不确定的未来，试图找出这些过去发生的事情的表征意义有多大，并用过度自信的主观判断来指导自己的行为。对同一个信息，不同的人有不同的反应，可能只是因为这个信息呈现给他们的表现方式不同。

以上研究所显示的投资者的一般心理规律说明，"投资者总是理性的"的这一假设经常是不能成立的。

（二）对非理性投资者交易的随机性的反驳

如果有效市场理论完全依赖于个人投资者的理性，那么投资者的非理性心理将对 EMH 形成致命的挑战。再考虑到有效市场中的第二个命题——投资者的随机交易使得非理性交易者对市场不形成影响。人们的行为偏差其实是系统性的。许多投资者倾向于在相同的时间买卖相同的证券。如果噪声交易者通过"流言"或者跟从他人的决策而决策时，这种状况将更加严重。投资者情绪实际上反映许多投资者的共同判断误差。

个人投资者不是唯一的非理性投资者。在西方发达的金融市场中，大量的资金由代表个人投资者和公司的共同基金、养老基金的专业管理人员控制，他们也会产生个人投资者可能的误差。同时，他们又是管理他人资金的代理人员，这种授权实际上带来了决策中更大的偏差。专业管理人员可能选择与他们的业绩评估标准一致的资产以减少收益比该标准低的风险；他们也倾向于选择其他管理人员所选择的资产以避免落后；在年末时，他们会不约而同买入最近业绩好的股票而抛掉业绩差的股票以使得基金的业绩看上去好一些。但是，这些决策实际上偏离了资产价值的最大化，这时基金的偏差行为实际上也是具有系统性和群体性的。

（三）对套利行为的有效性的反驳

EMH 的最后一道防线是基于套利行为的有效市场。如果套利行为能够抵消非理性投资者的偏差，市场依然有效。但实际市场的套利行为是有限的、有风险的。套利行为的有效性部分地取决于是否存在近似的替代资产。一般而言，金融衍生资产（如期货、期权）可以获得近似替代资产，但是许多资产并没有替代资产，这时套利行为并不能保持价格水平。在资产价格发生偏差时，对套期保值者而言不存在无风险的套利策略，他们将价格保持在基本价值附近的能力也受到了限制。

即使存在完全替代资产，套期保值者还面临来自未来资产价格的不确定性。资产价格偏差在最终消失前，未来可能更加偏离基础价值：价格偏高的更加上升，价格偏低的更加下降。虽然最终资产价格收敛到基础价值的概率为1，但是套期保值者面临了至少是短期的损失。如果套期保值者可以在损失中保持头寸，他最终将获得收益，但是如果他不能坚持下来，这时套期保值者受到了限制，这种风险就是噪声交易风险。由于噪声交易风险的存在，套利行为对于维持股票正确价格的作用就将会大打折扣，甚至在一些时候，原先的套利者也可能成为跟随非理性投资者的噪声交易者。

其实，凯恩斯早就提出了同样的观点："没有明显的经验证据表明，对于社会有利的投资政策会与那种最具盈利性的投资政策相吻合。"他注意到，当其他人都专注于在短期"就芸芸众生的行为方式进行更好的猜测"时，那些以长期基本价值为赌注进行投资的专家们便会面临更大的风险。

6.2.3 关于证券市场定价效率争论的根本原因

围绕有效市场假说的争论进行了 40 多年，尽管争论在理论基础和实证证据两个层面上进行，但是笔者主要关注后者，因为理论基础上的争论经常难有真正的说服力，最终还是要利用实证证据来阐述观点。

有效市场假说的定义虽然十分简洁，但是其本身不具备直接的可检验性，因为我们首先必须知道在一个理性的市场上充分反映一切信息的证券价格是什么，然后才能以此对市场价格及其变化的有效性进行判断。为了做到这一点，我们必须利用另外的资产定价模型（如资本资产定价模型CAPM）作为有效市场的基准，而这又实际上是在对有效市场假说和该定价模型进行联合检验，这样不可避免地将使检验工作陷于逻辑循环。这是因为，资本资产定价模型本身是建立在有效市场假说之上，但是检验市场有效性却要使用资本资产定价模型作为基准。实际上，"联合检验"问题是有效市场检验中存在的最主要和最难以解决的问题，法马（Fama，1991）本人也承认，从严格的意义上说，有效市场假说是不可检验的。但是，法马强调这不等于说对于有效市场假说的研究没有意义，为了尽量避免联合检验的困境，法马才建议将原先的三种形式的有效性检验改为"可预测性研究"、"事件研究"和"私人信息研究"三种形式。现在的人们对于有效市场假说的实证研究或者是在原先所划分的三种有效形式的意义上进行，或者在法马所倡导的新的三种形式下的意义上进行。

但是，法马所倡导的以上检验方法是否可以对市场定价效率进行真正的检验？

可预测检验实际上就是"随机性检验"，不可预测性与随机性是等价的。随机性检验的方法是要检验证券价格的时间序列是否符合统计上的随机性。但是，价格时间序列的随机性与正确性根本不是同一个概念。从理论上说，一个正确定价的价格变动过程应该是不可预测从而具有随机性，因此随机性是市场正确定价的必要条件；但是具有随机性特征的价格变动过程显然有无穷多种，我们不能说只要是符合随机性的价格行为就是正确的价格行为，因此不可预测性并不是市场定价有效的充分条件。这一命题本身并不深奥，但是直到 2002 年，Barberis 和 Thaler[①] 才提出"价格正确"与"没有免费的午餐"不是等价命题，"没有免费的午餐"在无效市场也成立，因为价格偏离基本价值不意味着可获得超常收益，换而言之，"价格是正确的"可以推导"没有免费的午餐"；但是，在存在套利限制条件

---

① Barberis, N. and R. Thaler(2002),"A Survey of Behavioral Finance", NBER Working Paper, No. 9222.

下，"没有免费的午餐"却不能推导出"价格是正确的"结论。

事件研究是分析某事件发生前后一段时间内研究对象的具体行为特征，比如当新的消息发布时，股票价格是迅速地变化到新的均衡水平，还是缓慢地逐步变化（反应不足），或者是反映过头而后又向后调整（反应过度）。

笔者认为，事件研究也不能对市场定价效率进行真正的检验。既然事件研究是要观察市场价格对新信息的反映速度和程度以便考察价格变化是否符合有效市场的要求，那么首先似乎应该计算出股票价格对新信息所"应该"的反映程度，也就是说研究者首先应该确定对于已经发生的事件理性的价格变化应该是什么，而这一点是难以办到的，否则有效市场假说的争论也不会持续到今天。实际上，事件研究所采用的常用方法是要寻找证券价格对于新的信息是否存在反应不足和反应过度的现象。反应不足和反应过度真的可以被无争议地识别吗？一般认为，如果事件发生后证券价格在一段时间内出现同方向变化，那么说明价格对事件反应不足，而如果价格出现某方向的变化后出现反方向的变化，则会被作为价格过度反应的证据。

但是，这种判断方式存在着致命的弱点：首先，在多长时间内的价格持续变化会被认为是价格对事件反应不足？如果在短时间（如一星期）内价格持续同方向变化，完全可能是因为相继出现了对证券基本价值具有同方向影响力的消息，因此它不能成为可以推翻有效市场假说的无争议的证据。其次，价格对事件反应不足和过度反应完全有可能在短时间内得到持续，因此即使我们发现在事件发生后证券的价格没有持续的同方向变化也没有向某方向变化后改变变化的方向，我们还是无法无争议地断定证券价格对事件的反应是恰当的。

总的来说，利用事件研究的方法检验有效市场假说，既难以得到支持它的确切的论据，也难以获得真正的反面证据。

要判断一个市场是否有效，就是要判断股票等证券资产价格是否"完全"反映所有信息。但是，什么样的价格才完全反映了信息？这就涉及资产定价原则。换句话说，我们似乎应该首先掌握"完全反映"信息的正确价格是什么，然后才能对现实市场的价格形成是否有效进行判断，但是这事实上是不可能的。市场信息是分散的，没有一个人可以掌握所有的信息，即使掌握了所有的信息，也没有一个检验者能通过这些信息首先计算出"正确"的价格，因此正如我们所看到的，对有效市场假说的检验从来没有在这种意义上进行，所有的检验都是侧面的，这是引起争论的最主要的原因。

我们不妨以默顿·米勒这位有效市场假说的坚定支持者的一段话作一总结："人们为否决有效市场假设理论而简要进行的多次决定性检测都失败了，这可能使人感到此事是无法完成的。这种假设理论太明显，且具有很强的适应性（和高度的正确性），因此很难一下子被驳倒。有效市场理论能够对一系列毫不相干的现象作出通常合理的解释，所以，与其说它是一种假设，倒不如说它是一种'理论典范'。与其他科学的理论典范一样，在更好的理论产生之前，它是不会消亡的。至少，在目前我们还没有见到更好的理论。"①

6.3 证券市场定价效率的宏观分析

笔者在本节试图从经济总财富的角度对有效市场假说进行直接的检验，但是这一方法是颇有争议的，尤其是关于财富的概念与性质的界定，这也是最可能受到批评的地方。笔者认为，不管经济中是否存在证券市场，一个封闭经济中人们所拥有的总财富只能是实物财富（人力资本除外，它们一般不在证券市场上交易），财富是通过生产积累而来的，一个发达的金融市场的存在将有助于财富的生产和积累但不会改变财富的性质。金融市场的存在使人们既可以直接持有财富也可以通过持有各种证券资产而间接地持有财富（当然要扣除重复计算），后者由于其间接性而具有虚拟的性质，但是这种形式上的虚拟并不影响这样的事实：人们以各种

---

① 默顿·米勒：《金融创新与市场的波动性》，首都经济贸易大学出版社2002年版，第144页。

方式持有的财富总和正好是经济中所有的实物财富。证券基本价值等于其未来收益流的折现值，对未来宏观经济预期的改变，事实上改变的是经济中资本的预期利润，当人们预期未来资本利润普遍上升的时候，理性的人们应该要求一个更高的收益率，从而使折现率上升，这样使得改变后的预期收益流的折现值从而基本价值并没有变化（这与"股票市场是宏观经济的晴雨表"的流行观点相左）。当然，这种基本价值与预期的无关性只有在宏观上才是成立的，因为宏观上资本的盈利能力与人们所要求的收益率具有密切的联系。在微观上，单个企业的未来盈利能力并不一定与宏观同步，因此其股票的基本价值将因为预期的改变而改变。这样，我们便得到一个结论：人们对于未来经济前景预期的改变将改变资本财富的未来盈利预期，但不会改变现有财富本身总的数量，财富数量改变的主要原因是生产和积累，因此在短期中它是十分稳定的。不管人们对于未来的预期是否正确（我们因此可以避免陷入预期是否正确和理性的争论，这一点很重要），只要他们在这样的预期之上的行为是理性的（要求一个理性的收益率），经济中人们以各种方式持有的财富的价格总和就应该是稳定的，这因此成为有效市场的一个必要条件。如果我们认为发达经济中的股票市场可以作为宏观经济的代表，那么股票价格总水平（全面的综合指数）的稳定性就成为股票市场有效的一个必要条件。综观世界各国股票市场价格变化的历史，我们发现，现实中的股票市场远远不能满足这一必要条件，因此我们可以下结论说，现实中的股票市场的定价效率是远不充分的。

6.3.1　财富的本质与财富被持有的方式

一般认为，一个国家乃至全世界的财富包括人力财富和非人力财富。由于笔者在此探讨财富概念的目的是希望从总量的角度重新审视金融市场的定价效率，而人力财富几乎不在金融市场交易，因此笔者在此所指的财富特指非人力财富。

财富是什么？当我们从个人角度来观察时，财富包括个人拥有的有形物品，以及他所持有的一切有价证券，后者应该还包括他所持有的货币在内。但是，当我们从一个国家范围来看待财富时，所有的有价证券都因为债权债务的抵消而不再构成财富，真正的财富只剩下有形资产和该国对外净资产。如果我们将视野扩大到全世界，国家之间的债权债务相互抵消而只剩下有形资产。以上是诺贝尔经济学奖获得者詹姆斯·托宾在其集大成的著作《货币、信贷与资本》之开篇所表达的思想。[①] 笔者认为这是对社会财富的科学的概括。

一个国家和地区的有形财富构成是多种多样的，不同的有形资产要形成一个总财富量必须克服计量上的困难，事实这又将涉及对不同有形资产价值的计量，这不可避免地将陷入价值理论的争论，笔者无意更无力卷入这一争论。正如我们已经非常熟悉的 GDP 的统计，笔者将不同有形资产的可观察的或可推测的市场价格的总和作为社会总的财富量。如 1994 年底美国的国民有形财富为 20 万亿美元。[②] "估计国民财富所使用的资产价格和价值以社会偏好和技术具有很强的连续性这一假定为基础，"[③] 如果公众由于吸烟有害健康的报道而突然放弃烟草消费，那么制造香烟的机器就再也不值得更新，最适合种植烟草的土地价值将随之下跌。如果我们假设影响有形资产实际价值的因素具有相当的连续性，那么国民财富的总量在短时间内的变化都将是缓慢而连续的，不会出现剧烈的变化。

现代经济中的人们以各种方式拥有自己的财富，或者直接拥有实物资产，或者拥有如股票之类的资产凭证，或者持有如债券之类的债权凭证，不管人们以什么方式拥有他们的财富，经济中所有的人所拥有的财富总量只能是经济中存在的实际有形财富量，不多也不少。从这个角度来说，人们对于未来经济前景的预期并没有改变经济中已经存在的财富总量，既然如此，预期的改变又如何能改变人们的财富？但是，股票市场在一天之内下跌 10% 对于投资者来说却实实在在地意味着他们的财富在减少，如果说一些人财富量减少的同时另一些人的财富有等量的增加，事情倒也简单，问题是当股票市场价格水平大幅度下跌的时候，并没有什么人认为他们的

---

① 詹姆斯·托宾、斯蒂芬·S. 戈卢布：《货币、信贷与资本》，东北财经大学出版社 1998 年版。

② 詹姆斯·托宾、斯蒂芬·S. 戈卢布：《货币、信贷与资本》，东北财经大学出版社 1998 年版。

③ 詹姆斯·托宾、斯蒂芬·S. 戈卢布：《货币、信贷与资本》，东北财经大学出版社 1998 年版。

财富在增加。在总体财富量还没有改变的时候，人们持有的财富之和却在改变，这就是股票市场上经常发生的现象。当然，由于我们在统计财富的时候总是使用一定货币单位，统计结果只是名义财富量，尽管实际财富没有变化，物价水平的变化也会使名义财富量发生变化，但是股票市场上所表现出来的价格涨跌显然不能用物价水平的变化来解释。

以上我们是抛开人们持有财富的具体形式，在总体上讨论经济中的财富。但是另一方面，股票等金融资产的价值等于其未来收益流的贴现值，这无疑是正确的。当我们按照这种方式来理解股票等金融资产时，我们的上述结论会有所不同吗？笔者将证明，即使我们将股票的价值理解为未来收益流的贴现值，在一个理性的市场上，上述关于财富总量的说法依然是成立的。

对于股票市场价格水平上升或下降的原因，人们有着不同的解释。大多数人认为股票市场的大涨大跌是一种非理性投资行为的结果，另一些人认为股票市场的涨跌充分地反映了人们对于未来经济前景预期的变化。尽管有相当多的人认为人们对于经济前景预期的变化不会导致股票总价格水平剧烈的变化，但是基本上还是同意人们对于未来经济前景的预期的改变将会改变股票市场的价格水平。这一认识被人们通俗地表达为"股票市场是宏观经济的晴雨表"[1]。这一说法的意思是说，如果人们预期宏观经济将会出现繁荣，那么股票市场上股票价格的一般水平在今天就将上涨；反之，如果人们预期宏观经济将发生衰退，股票价格的一般水平在今天就将下跌。

股票作为一种长期资产，其价值决定于未来的长期收益，理论上经济的短期波动不应该对股票价值造成太大的影响，联系到股票市场对实际经济的反作用，股票市场理应成为实际经济的稳定器，而不应是实际经济的信号放大器，但实际上股票市场的波动远远大于实际经济的波动。在现实中，股票市场确是宏观经济的晴雨表，因此成为经济周期的助推器甚至是原始推动力，笔者相信，这正是股票市场缺乏定价效率的直接证据。

---

[1] 这一表述是如此流行，以致笔者无法找到其原始出处。

6.3.2　预期与股票及其他资产的基本价值

股票作为一种金融投资工具，与其他有价证券一样，它之所以具有价值（交换价值）是因为它将在未来向投资者提供一定的收益流。一种确信不会产生任何收益的证券必然是一钱不值的。决定股票实际价值的因素来自两个方面：一是投资者在未来每一期将能获得的红利支付，二是在未来每一期所使用的贴现率。事实上，这两者在今天都是不确定的、未知的。因此，严格地说，股票的实际价值是一个不可能确切知道的值。但是，尽管股票的实际价值不能确切地知道，任何时候股票都必须被定出一个确切的价格。

我们可以用 $R_1, R_2, \cdots, R_n, \cdots$ 表示股票在未来每一期的红利支付，用 $d_1, d_2, \cdots, d_n, \cdots$ 来表示未来每一期的贴现率，它们当然也是基于预期的数值。这样，股票的实际价值就是：

$$V = \frac{R_1}{1 + d_1} + \frac{R_2}{(1 + d_1)(1 + d_2)} + \cdots + \frac{R_n}{(1 + d_1)(1 + d_2)\cdots(1 + d_n)} + \cdots$$

$$(6.1)$$

既然股票的实际价值决定于未来的红利收益和未来的贴现率，而未来的红利收益和贴现率又只能预期，因此预期在股票价值的决定中就将起到决定性的作用。如果人们预期某公司未来盈利从而红利支付将会增加，或者未来利率将会下降从而使未来贴现率下降，都会使该公司股票的实际价值上升，这当然是千真万确的。如果说有什么疑问的话，也只是针对人们预期的准确性。

人们可以在预期未来利率以及投资者所要求的风险报酬不变（其实就是投资者所要求的期望收益率，即贴现率不变）的情况下，预期某公司或某行业的盈利将会增加，这样在公式（6.1）中，分母没有改变而分子增加了，因此在这样的预期状态下，该公司或行业的股票价值上升。或者说，人们对于某公司或行业未来盈利的预期状态不变，但是预期未来利率或者投资者所要求的风险报酬将会下降，我们一样可以得出该公司或行业股票的实际价值上升的结论。

给定投资者对于股票未来红利收益的预期，股票对该投资者的价值就取决于投资者所要求的收益率（资本化率）。投资者要求什么样的期望收益率才是理性的？这又要看投资者对于未来资本利润率的预期水平。

6.3.3　理性市场的必要条件：预期相容性

资本收益、风险偏好和利率本身都是意义明确的概念，但是它们之间的关系却不是十分明确的。其中，利率又是一个中心的概念。既然我们是在研究资本市场，因此我们所说的利率自然是指资本市场上的利率，而不是指货币市场上为了短期流动性的交易而形成的货币市场利率。利率之所以在股票价值的估计中是重要的，是因为利率是股票等资本市场工具收益率的参照标准，因此我们所关心的自然是资本市场利率而不是在短期中变化无常的货币市场利率。

利率总是在借贷市场上由资金的供给和需求决定的。似乎这已经回答了利率决定的问题，但是这只是问题的表面回答。既然在资本市场上一部分人将资本金贷出，那么他们所要求的利率便不可能与预期中的一般资本利润率没有关系，当人们预期未来一般资本利润率将会上升的时候，贷出资金的一方自然会要求一个更高的利率，否则他将自己使用其资本并直接获得资本的收益。同时，在预期未来资本利润率将上升的时候，借入资金的一方也能够接受更高的利率。考虑到投资者的风险偏好因素，一个回避风险的投资者在考虑将资本金贷给他人的时候将愿意放弃一定的风险收益而只要求一个比预期资本利润率稍低的固定利率，而一个回避风险的潜在的资本借入者将因为风险的原因而只愿意接受比预期资本利润率更低的利率。这样，资本借贷市场上众多的资本供给者和资本需求者的相互竞争将使利率决定在平均的预期资本利润率和平均的风险补偿率要求之差的水平上。比如说，平均的预期资本利润率为12%，而平均所要求的风险补偿率为7%，那么市场利率就将是5%。由于投资者所要求的期望收益率正是市场利率加上平均的风险补偿率，因此投资者平均所要求的期望收益率正是12%，而这正是在对未来收益进行贴现的时候所使用的贴现率。这可以表示为：

市场利率＝平均的预期资本利润率－投资者所要求的平均风险补偿率

或等价地表示为：

平均的预期资本利润率＝市场利率＋投资者所要求的平均风险补偿率

＝贴现率　　　　　　　　　　　　　（6.2）

上述公式对于我们所考虑的每一期都是成立的。

等式（6.2）说明，在一个理性的市场上，投资者对未来收益流所要求的平均贴现率实际上等于人们对于未来资本利润率的平均预期值。

在我们对单独的公司甚至某一行业的股票价值进行讨论的过程中，我们允许人们"自由地"对公司未来盈利和未来贴现率（平均的预期资本利润率）做完全独立的预期，人们可以不必理会公司的资产盈利率与市场利率的关系，人们可以在预期未来市场利率不变的同时预期某公司的盈利将会改变，或者反过来在预期公司盈利不变的同时预期未来市场利率的改变。那是因为我们对单独的公司乃至一个行业进行分析的时候，使用的是一种典型的微观分析方法。由于一个单独的公司或一个行业相对于整个宏观经济来说是微不足道的，因此任何一个单独的公司的行为都不能影响市场利率。既然如此，我们在使用公式（6.1）来计算某种股票的实际价值时，便可以独立地预期公式中的分子和分母，因为它们之间没有必然的联系。因此，预期的改变肯定会改变股票的实际价值和市场价格。

但是，当我们在对整体股票市场的价值进行讨论时，经济中整体的资本收益与所要求的贴现率之间就不具有独立性。如果人们预期未来资本盈利上升（或下降），他们所要求的贴现率（平均资本利润率）也应相应提高（或降低），尽管经济中整体的资本收益与所要求的贴现率都建立在预期的基础上，但是由于这两者的预期应建立在对同一对象（未来资本盈利能力）的预期的基础上，因此他们之间就必须满足以上严格的相容性条件。

有必要指出的是，等式（6.2）只是市场理性的一个必要条件。即使市场对于未来资本盈利和贴现率的预期都是错误的，（6.2）式还是可能成立，若市场对于未来资本盈利和贴现率的预期不满足（6.2）式，则至少对某一方面的预期存在非理性和系统性错误。

下面我们将利用理性市场的上述必要条件证明，股票市场总体价值与预期无关的命题。这一证明方法可以避免陷入预期本身是否正确而理性的无谓争论。

6.3.4　证券市场价值的宏观分析

一、预期与股票市场的整体价格

有了预期资本利润、投资者的风险偏好和市场利率的相互关系，我们就可以具体分析预期的改变对股票市场总体价值水平的影响，我们将得出结论说，在一个行为理性的市场上，对未来经济前景的预期的改变将不会对股票总体价格水平产生影响。

为此，假设投资者持有一个由所有公司的股票构成的投资组合，组合权重由这些公司所发行的股票决定，也就是持有每个公司相同比例的股份。我们将这样的投资组合称为市场股份。

由上文中的公式（6.2），投资者所要求的期望收益率，也就是贴现率，实际上等于平均的预期资本利润率。不管人们预期未来资本利润率将发生什么变化，贴现率也将发生同样的变化，根据我们对股票实际价值的计算公式（6.1），市场股份的实际价值不会发生变化。对于这一结论，我们可以做如下阐述。

首先，假设投资者预期未来宏观经济将迎来繁荣，因此人们自然可以预期总体上资本将获得更多的利润收益。但是，正如我们在前面所阐述的，如果此时人们所要求的风险偏好不变，从而所要求的风险报酬率不变，市场利率必将上升。如果市场利率没有上升，必然是因为人们变得更加回避风险。事实上，此时市场利率和人们的风险偏好都可能发生改变，但是有一点是不变的，那就是等式（6.2）依然得以保持。

其次，如果人们预期未来利率将会上升，在一个理性的市场上，这必然意味着人们预期未来资本利润率将上升，或者投资者所要求的风险报酬率将下降。等式（6.2）依然应该成立。

最后，如果人们预期投资者在未来会更加回避风险，意味着投资者要求在市场利率的基础上要求一个更高的风险报酬率。如果此时人们预期未来资本利润不变，那么在一个理性的市场上，人们应该预期未来的利率水平将下降。在这种情形下，等式（6.2）还是成立的。

当然，对于以上三个变量的反方向的预期变化，我们可以得出相同的结论。

综上所述，笔者认为，在一个理性的资本市场上，不管人们对于未来的预期是否正确，只要人们的预期符合相容条件（6.2）式，股市的总体价值就与人们对未来经济前景的预期无关，"股票市场是宏观经济前景的晴雨表"只能是对于非理性资本市场的描述。

当然，我们只是说股票市场的总价值与人们对于未来的预期无关。但是，股票市场上任何一部分的资产的"价值"却与人们的预期密切相关，股票市场上任何一部分资产的价格是否正确与人们的预期正确性有关。如果人们对于未来的预期是完全正确的，那么每一份资产的价格就都是正确的。对于整个股票市场来说，即使人们对于未来的预期是错误的，只要预期符合相容条件，那么所有错误将会相互抵消，建立在这样错误预期之上的价值总和依然是正确的。因此，笔者的宏观资产价值的"预期无关论"只需要假设人们的预期相容，而无须假设预期本身的理性。

二、结论的必要修正

笔者之所以得出上文中"预期无关性"结论，实际上是使用了这样一种观点：市场利率是由经济中所有资本的平均预期利润率和人们对于风险的平均态度来决定的，正因为它们之间的这种联系，使得总的资本利润率与人们所要求的贴现率之间存在确定性的关系，才使得由公式（6.1）所计算出来的股票总体价值与预期无关。而股市中单独一个公司或一个行业的股票价值之所以与预期有关，就在于它们的资本盈利状况与市场利率没有必然的联系。

我们前面的分析明显地忽略了这样一个事实，股票市场上所有的上市公司的资本并不是经济中所有资本的总和。对此，我们分两个层次来考虑这一问题：首先，在一个封闭经济中，人们对于上市公司未来盈利的预期并不能完全代表人们对所有资本未来盈利的预期，因为上市公司的资本只是所有资本的一部分；其次，我们还要考虑，在一个开放的经济中，即使一国的上市公司总体上准确地代表了该国的全体资本，我们的结论依然要做出修正。

（1）在封闭经济中，只有当人们预期上市公司的资本盈利前景与非上市公司存在差异时，这样的预期才能改变股票市场的总体价值。例如，如果人们预期上市公司的资本盈利的增长从总体上说好于整体经济，那么股票市场的总体价值就将上升，这是因为人们预期上市公司的资本利润率的增长将高于市场利率的增长，因此在公式（6.1）中分子的增长快于分母的增长；反之则相反。

同样的分析可以用于分析预期与单个股票价值的变化。如果人们预期某公司的盈利增长将好于总体经济中的盈利增长，那么该公司的股票价值就将上升；相反，如果人们预期该公司未来盈利的增长只是反映了总体经济中盈利增长的平均水平，那么该公司股票的价值将不改变。

（2）在一个开放经济中，市场利率由相互开放的国家的资本总体的未来预期利润率和全球投资者的平均风险偏好决定。这样，任何一国经济都只是局部的，一国资本的平均预期利润率与市场利率之间便没有如等式（6.2）的确定性关系，因此在开放经济条件下，一国资本的总体价值在一定程度上就与人们对未来的预期有关。如果人们预期一国内的资本盈利的增长从总体上说好于世界经济，那么该国资本的总体价值就将上升，因为人们预期该国的资本利润率的增长将高于市场利率的增长；反之则相反。

总结我们的上述分析，我们可以说，对于一国股票市场来说，如果说预期将改变其总价值的话，必然是因为这样的预期是一种"不一致"预期，主要表现在：人们对于上市公司盈利前景与整体经济中资本总体的盈利前景有着不同的预期。这里的"整体经济"，是指资本可以自由流动的经济范围，因为市场利率是在这样的范围内决定的。

那种认为人们对于宏观经济未来前景预期的改变将改变股票市场总价值的说法本身就是一种非理性的观点。人们对于宏观经济未来前景预期的改变只是改变了现存财富的预期生产能力和盈利能力，而不是现存财富本身。

三、默顿·米勒的典型误解

默顿·米勒在对美国 1987 年 10 月 19 日的股市崩溃的论述中，为了回答"在没有相关的坏消息报道的情况下，除了泡沫破裂外还有什么能对股价在一天内下跌超过 20% 这样的事件负责？"这样一个问题，采用了这样的解释：比如，我们假设某公司股利的贴现率在经过适当的风险调整后为10%，现行股利将始终按 7% 的速度增长（当然，这些数据都只是用来说明问题的）。在忽略税收及其他复杂因素的情况下，股票的价值应为现行股利的 33 倍。现假设市场变化使得预期股利增长率只下降半个百分点而成为 6.5%；与此同时，股市风险的增加使得贴现率上升半个百分点而达到 10.5%，那么即使在没有出现影响现行股利的坏消息的前提下，股票的价值将变为现行股利的 25 倍——比原来降低了 24%。此外，在预期股利增长速度不变的条件下，只要贴现率从 10% 上升到 11%，仍然会导致股价同样幅度的下降。[①]

虽然默顿·米勒没有明确其计算过程，但他的意思还是非常明确的。设 d 表示贴现率，R 表示当期红利，q 为红利增长率，那么股票价值为：

$$V = \frac{R}{(1+d)} + \cdots + \frac{R(1+q)^{n-1}}{(1+d)^n} + \cdots = \frac{R}{d-q}$$

当然上式只有在 $q < d$ 的条件下才能成立，当 $q \geqslant d$ 时该股票的价值将为无穷大。由此可以看出，默顿·米勒随意地假设股票的红利增长率是一件很危险的事情，好在他所假设的数据没有出现这种尴尬的局面。根据默顿·米勒所假设的数据，原先 $d = 0.1$，$q = 0.07$，所以股票价值是当期红利 R 的 33 倍；后来 $d = 0.105$，$q = 0.065$，所以股票价值是当期红利 R 的 25 倍，股票价值因为看起来不大的变化而减少了 24%。

默顿·米勒在此偷换了概念，提出问题的人是在问关于证券市场上总体股价下跌超过 20% 的事件，而他回答问题的时候却使用了一个单独的公司的例子。如果他不是有意回避问题的话，那就是他根本没意识到两者之间的区别。毋庸置疑，对单独某一家公司来说，只要人们确实那样预期，默顿·米勒所说的上述情况都有可能出现，因此如果某公司的股票价格在一天之内上升或下跌超过 20%，我们不应该觉得太意外，变化前后的价格可以都是理性的正确价格。但是，默顿·米勒没有意识到，将这样的分析方法用在对整体股票价格水平变化的解释上却是完全不恰当的。

四、现实证券市场定价效率的实际考察

由于经济中的实际有形财富总量是相对稳定的，较发达经济的上市公司作为宏观经济的一般代表，其未来经济前景与整体宏观经济前景应具有

---

① 默顿·米勒：《金融创新与市场的波动性》，首都经济贸易大学出版社 2002 年版，第 106 页。

相当的一致性，因此我们在上一节实际上得到了有效市场的一个必要条件：有效定价的证券市场应该有一个比较稳定的股票价格指数。我们可以由此判断现实中的资本市场是否有效。既然我们得到的只是市场有效的必要条件，因此我们可以从这个必要条件得不到满足来否定市场有效性，而不能因为这个必要条件被满足而断定市场是有效的。"相对稳定的股票价格指数"只适用于对市场有效性的否定而不是肯定。

现实中的股票市场指数稳定性如何？如果我们在上一节中得到的资本市场有效的必要条件"相对稳定的股票价格指数"是正确的，那么所有熟悉股票价格指数历史的人将可以轻易地做出判断：股票市场远未达到有效性的要求。世界上一些重要的综合股票价格指数，如美国的标准普尔指数、英国的伦敦金融时报指数、日本的日经指数等都经常在短时间内有大幅的波动。由于历史以及正在经历的世界各国股票市场的剧烈波动已经成为常识，也由于篇幅的限制，笔者略去了相关历史数据的罗列。

6.4 信息、交易者行为与证券价格

在本节中，我们将主要从信息与交易者行为的角度考察证券市场之所以在一定程度上缺乏定价效率的原因。尽管我们从总财富稳定性的角度否定现实金融市场定价有效性的方法存在争议，但是现实金融市场缺乏定价效率的观点已经得到了越来越多的赞同。

笔者认为，不管证券市场如何发展，信息传递如何高效和透明，人们对于未来的认识始终是有限的，用以决定证券基本价值的信息始终是不完备的，因此证券的基本价值具有不确定性，但是被交易的证券在任何时候都必须具有确定的价格，这是证券市场一切复杂现象的根源。笔者将与证券基本价值相关的信息称为"基本信息"，由于基本信息不完备，在形成确定的证券价格的过程中，必然有别的因素参与，我们将这些因素称为"人为信息"。凯恩斯认为，"我们现有的知识，不足以算出一个正确预期。

事实上，决定市价之因素甚复杂，有许多与未来收益毫无关系。"[①] 对于一般投资者来说，基本信息与人为信息是难以严格区分的。证券市场有助于更充分地揭示基本信息，但同时也造成了人为信息传播与反馈的复杂性。人们基于对人为信息的猜测进行趋利性交易，同时又在交易过程中传递出进一步的人为信息，并引起其他交易者的猜测。众多的交易者在人为信息的驱使下相互猜测和相互影响，造就了基于市场心理的投机这一证券市场常态，凯恩斯的选美寓言揭示的正是这样一种状态。在这个过程中，基本信息反而可能被投机潮流所忽视。因此，笔者认为，在证券基本信息天然不完备的前提下，证券市场在一定程度上缺乏定价效率的原因，主要不是信息的不对称和交易成本的存在，而是广大交易者基于市场心理的投机行为、从众行为以及市场操纵行为等。证券市场中信息（人为信息）的高速传播和反馈、交易成本的低廉反而在一定程度上促成了市场的非效率。

6.4.1 证券市场交易者行为的一般过程

经济学中的理性经济人追求自身效用最大化，效用的判定是个体的主观决策行为。在确定且完全竞争的经济中，一个效用函数和初始禀赋就将个体的基本特征完全概括了，理性经济人在确定状态下的选择行为只是在给定的价格和预算约束条件下求解效用函数最大化，以确定对商品的需求函数。但是，在不确定性条件下，理性经济人的选择行为就涉及如何描述不确定性状态和以什么标准决定自己的选择等问题。尽管真正的不确定性事件与风险事件可能不是一回事，但至少从马克威茨开始，金融经济学文献中处理不确定性的主流方法仍然是对不确定性状态赋予一个概率分布，理性人追求期望效用最大化。

首先，面对未来的不确定性，我们假设存在一个描述未来的自然状态集合（或称为自然状态空间）Ω，n 种证券的收益 $\tilde{r}(\omega) = (\tilde{r}_1(\omega), \tilde{r}_2(\omega), \cdots, \tilde{r}_n(\omega))$ 是定义在 Ω 上的随机向量，当 $\omega \in \Omega$ 确定后 $\tilde{r}$ 取确定的值。在这里，自然状态空间以及定义在其上的证券收益随机向量既可以是客观的，也可以只是个体主观的信念，个体总会以他自身的方式形成这样的信念。

---

① 凯恩斯：《就业、利息与货币通论》，商务印书馆 1983 年版，第 130 页。

其次，交易者个体能观察到与状态 ω 相关的信号（私人信息）$\tilde{y}$，这种信息或信号既可以是个体对证券基本因素的观察分析收集直接得到，也可以是个体通过证券市场价格间接地得到，而且这种信息的收集和分析既可以是基于客观规律（我们对世界的客观认识总是不完备的），也可以是基于个体的主观判断。我们无法要求个体在这个过程中遵循理性原则，因为我们无法对此过程的理性给出一个唯一的标准，我们可以假定个体认为他自己是符合某种理性的。

再次，假定交易者个体总是拥有一个关于信号与状态的联合分布的先验概率（信念），个体根据观察到的信号并利用一定的法则形成自己的后验概率（信念）$P(\omega \mid \tilde{y})$。信息是个体掌握的关于自然状态的知识，个体通过对某些事件的观察得到某种信号，在对信号加工和分析的基础上得到对他自身有用的信息。因此，即使个体观察到的信号具有某种客观性，他所获得的信息也可能是主观的。利用新信息修正先验概率信念的标准法则是贝叶斯法则，但是我们在此并不做这样的假设，我们只是假定个体会根据他所观察分析得到的新信息在先验信念的基础上形成后验信念。

最后，假设交易者个体关于确定性财富的效用函数为 $u(\cdot)$，当个体拥有一个证券组合 $x = (x_1, x_2, \cdots, x_n)$ 时，便拥有了一份定义在 Ω 上的未定财富 $\tilde{W} = W(\omega) = \sum_{i=1}^{n} x_i \tilde{r}_i(\omega)$，这份财富带给他未定效用 $u(\tilde{W})$。那么，在此不确定性条件下个体的理性行为就是在一定的预算约束和信息 $\tilde{y} = y$ 下适当选择证券组合 x 使 $u(\tilde{W})$ 之期望值最大。这一步骤体现了交易者个体的最大化，以上表述只是为了形式上的简洁，交易者个体未必有一个现成的效用函数，我们甚至可以不假定其效用决定于未定效用的期望值，我们只是相信，任何一个交易者都必然为了实现某种形式的最大化而产生证券需求。比如用自己的财富进行投资的自交易者和管理他人财富的基金管理人所要最大化的目标未必是一致的，但是他们总归要谋求某种最大化，并在这样的最大化目标的驱使下产生证券需求，所有交易者的证券需求形成证券市场价格。

证券市场上交易者的行为与价格形成过程完全不同于瓦尔拉斯均衡。传统的瓦尔拉斯理论中的消费者了解任何一种商品对自身的效用，消费者不关心均衡价格，只要"拍卖人"告诉他一个价格（价格向量），他会根据效用最大化的理性原则给出自己对各种商品的需求量。交易者以自我为中心，不需要关心别人的任何事情，唯一需要了解的是价格，价格变化只影响交易者的需求预算约束，而不改变消费品对其的效用以及自身的偏好。最终，在市场这只"看不见的手"的作用下形成一组均衡价格，在瓦尔拉斯理论中，价格信号传递的只是关于商品稀缺程度的信号，而不传递关于商品本身性质的任何信号。

但是，在证券市场上，交易者必须根据证券价格确定证券的收益和风险，价格的高低直接构成交易者所关心的证券性质。在关于证券未来收益流的预期状态给定的情况下，证券价格越高其未来收益率就越低。而交易者用来判断证券未来收益流的信息本身是不完备的，信息不对称普遍存在，交易者还需要从证券价格中了解这方面的信息。因此，在证券市场上，价格所要传递的除了是证券的稀缺程度的信号之外，主要是要传递关于与证券本身性质（如收益性和风险性等）有关的信号。交易者关心证券价格的另一个主要原因是他们想要通过价格信号猜测其他人的交易行为，这种相互猜测形成了证券市场上纷繁复杂而又常惊心动魄、风云突变的场景。

理性的个体在拥有某一信息后，根据先验信念并按一定规则（如贝叶斯法则）更新自己的信念，形成后验信念。在既定的后验信念和风险偏好下，理性的个体形成自己的期望效用，然后在财富预算约束下追求期望效用最大化并得到个体的证券需求函数。众多的个体需求按一定的交易制度汇总为证券市场的供求关系，决定证券市场的均衡价格。由于个体掌握的信息之不完备，个体需要从证券市场的均衡价格中进一步获得信息，因此证券市场的均衡价格向个体提供了新的信息，于是原先的后验信念成为先验信念，上面的过程再一次展开，如此循环不已，如图6-1。

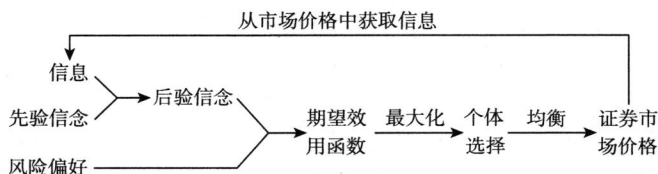

图6-1 交易者行为过程与证券市场价格的逻辑关系

6.4.2　证券市场上的信息与交易者行为

一、信息概念的界定

在上一节对交易者行为的一般描述中，"信息"显然是一个最为重要的要素。什么是信息？在具体的理论中和模型中可以规定信息的具体内涵，但要给信息一个一般的定义是不容易的。"信息"一词有多种含义，有时指积累下来的关于世界的知识和论据，是一个存量的知识概念，有时又用来说明存量知识的增量，以"消息"的形式出现。阿罗曾认为，信息就是根据条件概率原则能有效地改变后验概率的任何可观察的结果。如果个体的先验信念是客观的，则信息揭示了客观事物的某一侧面，使人们对客观事物的认识又进一步；如果认为先验信念是主观的，信息的到来促使人们修正自己的信念。由于人们对于信息的理解和鉴别常因人而异，因此信息的内容就有了主观性的一面。

金融经济学中的信息概念侧重它客观性的一面。这一倾向可以从布莱克（Black，1986）关于噪声交易的定义中发现。很显然，在这里噪音交易是作为基于信息交易的对立面提出的，"尽管从客观的角度来讲，交易并无益处，但基于噪声交易的人们却愿意交易，也许他们把噪声当作了信息，也许他们就是想交易"[1]。但是，阿罗关于信息的上述定义是功能性的，并没有要求信息的客观性，实际上，如果噪声交易者的交易行为改变了资产价格，它也会向人们传递某种信号，促使人们更新信念，因此在阿罗的定义中，虽然"噪声"不是信息，但是噪声交易者的行为将会产生信息，因为这种行为也将改变市场价格并改变了人们的信念。

笔者认为，信息是客观事物及其变化在经人们观察、分析后所得到的足以改变其信念的一切有意义的成分，信息具有一定程度的主观性，因此笔者接受阿罗关于信息的定义，将除交易者原始先验信念（基本世界观）、风险偏好和财富约束之外的一切影响其判断和交易行为的因素都称为信息。

---

[1]　Black，Fischer(1986)，"Noise"，*Journal of Finance*，Volume 41，Issue 3，pp.529-543.

二、证券市场上不确定性的性质

资产收益一般由两部分构成，一是在资产的持有期内所获得的现金流，比如股票的股息、债券的息票收入等，二是资产价格的上升。对于一个将要永久持有股票的人来说，他唯一应该关心的是股息收益，但是没有一个人是准备永久持有一种股票的，从这个意义上说所有人的投资行为都是短期的。因此，对于股票资产的收益的衡量更多的是预期价格的变化，况且从理论上说股票是可以不必每期支付股息的，投资者可以在二级市场上通过出售来自造股息。对于一般投资者来说，对于资产收益的预期往往是通过预期其未来的价格行为来完成的。这样，资产的风险便被一般化为资产未来价格变化的不确定性。但是，资产的未来价格变化不确定的原因又是什么呢？

资本市场上资产的基本价值是不确定的，因为该资产在未来向持有人提供的收益是不确定的，因此要求人们对每一种资产定出一个唯一合理的价格是不可能的。当人们对同一资产在同一时刻定出不同的价格时，我们实际上无法真正判断哪一个价格更合理、更正确。这样，每一种资产在市场上所形成的价格便会受到投资者人为的影响，这种所谓人为的影响并不是某个单独的投资者的影响而是所有的投资者对其所施加影响的总和，是投资者之间相互影响的一个复杂过程。

（一）不确定性的两层含义：基本不确定性和人为不确定性

对每一个投资者来说，资产未来价格的不确定性便有了至少两层含义：（1）资产未来收益和未来贴现率的不确定性；（2）投资者行为的不确定性。其中，资产未来收益和贴现率的不确定性是一种基础性的不确定性，它意味着资产的真实价值的不确定性，我们不妨称之为基本的不确定性。投资者行为的不确定性自然与投资者行为有关，我们不妨称之为人为的不确定性。当然，这只是笔者为了叙述方便而提出的两个概念，这里的"基本"绝不是说它与人类行为无关，实际上，任何一种资产的收益都会受到人们对于该资产在未来提供的产品的需求状况的影响，但是这种影响不是直接在资本市场上作用于资产，而是作用于该资产在未来能够向投资者提供的收益。我们所说的"人为的不确定性"是指在关于资产未来收益信息一定的情况下，投资者的行为对资产价格的影响，这里的"人为"特指投资者的市场买卖行为。当然，这里的人为不确定性发生过程不仅仅是一种一般的投票过程，如果每个人都将自己对资产真实价值的估计以投票的方式表达出来，最后市场形成一个对资产真实价值进行平均估计的价格，事情倒也简单，问题就在于投资者就是要在这种投票过程中获取利益，因此他们的投票行为必然发生相互影响，人为不确定性因此而变得复杂。

资产价格不确定性的两层含义绝不是相互独立的，其中基本的不确定性是基础。正因为有了基本的不确定性，才使得人为的不确定性得以存在。如果资产的未来收益是完全确定的，市场折现率也是完全确定的，那么资产的价值就是唯一确定的，在任何时候资产都只有一个唯一正确的价格，投资者的行为就不会对资产价格产生影响，因为既然正确答案是唯一的，投票便没有意义。

我们在这里必须马上指出的是，在一般关于证券市场不确定性的描述中，人们将不确定性局限于证券未来价格的不确定性，而我们在此所强调的基本不确定性是指证券的现在价值也是不确定的。因此，证券未来价格的不确定性自然包含了证券未来价值的基本不确定性，但是除此之外，证券未来价格的不确定性还包含了未来投资者群体行为的人为不确定性。

（二）基本不确定性的程度和人为不确定性的重要性

任何一种价值由未来收益决定的资产都具有不同程度的基本不确定性，但是不同资产的基本不确定性的大小是不一样的。一方面，固定收益证券（如债券）资产的基本不确定性要小于非固定收益证券（如普通股票）。因为前者的不确定性主要来自于未来利率的不确定性，而后者除此之外还要面临未来收益的不确定性。另一方面，长期证券（如股票）的基本不确定性要大于短期证券（如短期债券）。其中的原因在于，期限越长，人们对于较远的未来的信息就越缺乏。短期货币市场证券只有极小的基本不确定性，而普通股票这种长期证券几乎具有最大的基本不确定性。

前面论及，资本市场上资产价格的人为不确定性存在的原因在于资产价值具有基本的不确定性。对于那些只有极小基本不确定性的短期固定收益证券来说，人为不确定性发挥作用的空间是十分有限的。即使是那些期限较长的固定收益债券，由于其基本不确定性较小，人为不确定性的活动空间也相当有限。这种只具有较小基本不确定性的证券资产很难成为投机的对象。但是，对于普通股票这样具有很大基本不确定性的证券来说，人为不确定性就有相当大的活动余地，也最容易成为投机的对象。正如我们在证券市场上所看到的那样，在所有证券资产中，股票价格的波动是最大的。

三、基本信息和人为信息

既然资产价格的不确定性除了基本的不确定性因素外还有人为的不确定性因素，因此人们在搜集与资产价格有关的信息的时候就不能只搜集与资产真实价值有关的信息，诸如资产的未来收益流等，还要搜集对资产价格同样具有影响力的投资者行为的信息。我们把与资产真实价值有关的信息称为"基本信息"，将对资产价格具有影响力的投资者群体行为的信息称为"人为信息"。在基本信息没有发生变化的情况下，人为信息依然可以发生变化，因为有限的基本信息并不能为资产定出一个唯一正确的价格，投资者作为一个群体进行重新投票本是很正常的事情。即使在基本信息发生变化的情况下，我们还是无法知道这种基本信息的变化将对资产价格产生多大的影响。因为变化后的基本信息依然是有限的，在新的基本信息下资产的真实价值依然是不确定的。因此，面对改变了的基本信息，投资者当然会重新投票，重新投票的结果也是不确定的。

基本信息与人为信息之间的关系是很明显的。正是由于基本信息的不完全性导致了人为信息的存在。由于基本信息的不完全，资产真实价值不确定（基本的不确定性），使得资产在任何时候都没有一个唯一正确的价格，投资者行为才拥有对资产价格的影响力，人为信息才因此具有实在的意义。人为信息的存在是以基本信息的不完全为条件的，而这个条件在任何时候都是具备的。

基本信息和人为信息的传播途径相互交织在一起，使人们难以区分基本信息与人为信息。我们在上一节曾经得到交易者行为和证券价格的相互关系，交易者依据一定的私人信息，在原先先验信念的基础上形成后验信念，并根据自身的风险偏好和财富约束形成证券需求，所有交易者的证券需求产生证券价格，证券价格再一次向交易者传递信息，如此循环交替。交易者之所以需要从证券价格及其变化中获取信息，是因为任何个体都不可能掌握所有的信息，而且每个个体都明白这一点（共同知识）。如果我们将证券市场上的信息分为基本信息和人为信息，那么证券市场上通过价格传递的是基本信息还是人为信息？笔者认为两者都有。

由于价格是由所有交易者的行为共同产生，因此价格中必然包含了所有交易者所掌握的基本信息，市场是信息传递装置，而其功能是通过价格信号来实现的，如果说市场价格传递的只是基本信息，那么市场价格最终将揭示所有交易者所掌握的基本信息，尽管基本信息对于证券定价来说依然是不完备的，但是，市场价格将是证券价值的一个最好的估计。这也是有效市场假说的立论基础。

从理论上说，基本信息并不揭示价格的未来走势，这正如有效市场假说所坚持的。但是人为信息却可能意味着未来价格的某种特征，或者说至少交易者认为如此。

但事实上，证券价格除了传递基本信息之外，还向交易者传递了人为信息，由上文分析，人为信息是必然存在的。重要的是交易者不可能准确区分价格所传递的是基本信息还是人为信息。在交易者普遍关心价格未来走势的证券市场上，人们会将价格所传递的信息更多地理解为反映其他交易者行为的人为信息，并在这种他所认为的人为信息的基础上判断未来价格走势，并影响他的交易行为。人为信息是通过投资者的交易行为来传播的，每个人都会在人为信息的驱使下进行交易；与此同时，每个人又都在通过自己的交易行为向市场上传播人为信息。因此，人为信息的传播由于相互影响，会使某种信息逐渐得以加强，演变为证券市场上价格的大起大落。

四、人为信息和人为不确定性的复杂性

在资产价格的两种不确定性含义中，到底是哪一种不确定性更重要，我们不得而知，事实上没有人能够给出一个没有争议的结论，但是现实的证券市场上的涨涨跌跌却无时没有人为不确定性的影响。因为在很多对于资产价值基本面来说风平浪静的日子里，资产价格却发生了大幅度的变化，使大多数人相信，投资者们主要需要对付的不是来自基本面的基本的不确定性，而是投资者群体的人为不确定性。

在资产价格的两种不确定性含义中，最引人入胜的是关于人为的不确

定性，既然资产价格是在一定信息条件下投资者集体投票的结果，而投资者为了获利又必须预测投票的结果。这样，在资本市场上，任何一个投资者都必须预测大众行为，而他们自己又都是大众之一员，这样便形成了所有人预测所有人的复杂局面。就在这种投资者相互猜测的过程中，资产价格不断地被定出并不断地变化。变化的价格向所有投资者提供了关于其他投资者行为的新的信息，因此他们又在新的信息条件下展开新一轮的相互猜测。其实，上述过程是连续地进行的，投资者们必须永远地相互猜测下去。

凯恩斯曾经通过选美比赛这样一个寓言故事①巧妙地过滤掉基本的不确定性而将纯粹的人为不确定性保留下来。他认为，在这样所有人猜测所有人的局面下，人们的行为将不再具有什么客观的基础，人们行为的结果也是无法预知的。如果资本市场真如凯恩斯所比喻的那样，那么尽管人们的行为是理性的，但市场作为一个整体却可能是非理性的。事实上，在这种情况下，人们的理性本身也是值得怀疑的，因为人们的预期必须建立在他人的预期基础上，这样一来所有人的理性都没有基础。人们为了实现其理性的预期，必须先知道他人的理性预期是什么，也就是说每个人的理性都是建立在他人的理性的基础上，理性预期可能就将落空。

笔者认为，基本信息的不完备虽然导致基本的不确定性，但是这种基本的不确定性只是"一阶"不确定性，人们在面对基本的不确定性时还可以对未来作出尽可能理性的预期。人为信息的交互性所导致的人为的不确定性是一种"高阶"不确定性，交易者之间是在玩一种高阶信念游戏，正如凯恩斯的选美寓言。因为在资本市场上基本信息总是不完全的，人为不确定性和人为信息总是一般地存在的，所以在资本市场上进行所谓理性预期即使在理论上也是难以成立的。

我们看到，资产价格的人为不确定性由于投资者之间的相互猜测和相互影响而变得异常复杂，这是一种任何人都无法把握的复杂。我们暂且把这种投资者之间的相互猜测和相互影响的复杂局面称为"凯恩斯困境"。由于人为不确定性的普遍存在，"凯恩斯困境"在资本市场上便是普遍存

---

① 凯恩斯：《就业、利息与货币通论》，商务印书馆 1983 年版，第 133—134 页。

在的。

笔者认为，人为信息和人为不确定性的存在是现实证券市场和其他投机商品市场（如房地产市场）多种非理性现象发生的根本原因。这些非理性现象主要表现为：市场投机，市场操纵和从众行为，价格与交易者行为的正反馈效应以及由此导致的投机泡沫及其破灭。

6.4.3　市场投机行为

投机似乎是人们很熟知的一个词汇。通常认为，如果一个人买入某种资产的目的是想长期持有，以获取这种资产所带来的未来收益，那就是一种投资行为，投资者关注的是收入获得。如果买入者并不特别在意资产的收入获得，而是希望资产的价格在未来有较大的上涨，依价差获利，则是一种投机行为，投机者的动机是"低买高卖"。

不同时期的经济学家从不同的角度对投机行为进行了描述。凯恩斯1936年在《就业、利息和货币通论》中用投机代表对"市场心理"的预测活动，用企业代表"预测资产在整个寿命中的未来收益这类活动"。哈里森和克瑞普斯（Harrison 和 Kreps，1978）认为，"如果可以再卖出某种资产的权力，使投资者愿意支付的成本比要求他必须长期持有此资产时所愿付的成本高，则投资者表现出投机行为。"还有的是先定义非投机者，然后得到投机者的界定，如弗里德曼曾认为，非投机者是这样一些人，他们的购买只受当前价格的直接影响，而不受过去的价格或价格趋势的影响。本杰明·格雷厄姆认为，"投资是根据详尽的分析、本金安全和满意回报有保证的操作，不符合这一标准的就是投机。"

笔者认为，要真正区分投资与投机是困难的，凡是希望从资产的未来价格变化中获得价差收益的行为，都可以称为投机行为。因此，投机行为表现为两次交易，试图低价买，高价卖，当然这只是交易者的主观愿望。

进一步，我们将投机行为区分为关注证券基本价值的基于基本信息的投机和关注市场心理的投机两种类型。投机的主观目的都是希望以低价买入然后以高价卖出，或者先以高价卖空，然后以低价买回。所不同的是基于基本信息的投机行为判断价格高低的依据是由基本信息所推测的基本价值，而关注市场心理的投机行为判断价格高低的依据则纯粹是对市场大众心理的猜测所推断的价格走势。或者说，用实务界的词汇来表示，基于基本价值的投机者信奉基本分析法，而基于市场心理的投机者信奉技术分析法。当然，我们对投机行为作如此区分只是理论上的，同一个投机者的行为可能兼有两种投机性质。

一、基于基本价值的投机：关注证券的基本信息

判断证券价格高低的常用标准是证券的基本价值，我们在上一章中已经探讨过证券价值等于未来收益流的贴现值。尽管基本价值具有某种客观性，但同时我们在上一节中也曾经说明有关证券的基本信息是非常不完备的，客观基本价值是不能完全确定和认知的。因此，在对证券基本价值的判断中，必然带有投资者的主观因素。投资者对证券基本价值的判断所依据的信息是他所掌握的基本信息，它既可以是投资者在证券市场之外直接收集的，也可以是通过证券市场交易状况和价格间接获取的。我们知道，证券市场的价格也传递基本信息。这样，投资者所判断的基本价值起码就有了两个层次的主观性，一是通过市场交易和价格收集的信息中哪些是基本信息必须作出主观鉴别，二是无论如何基本信息总是不完备的，因此在由这些基本信息形成基本价值判断的过程中必然存在主观因素。

基于基本价值的投机就是在证券价格低于基本价值时买入，而在价格高于基本价值时卖出，以期获得价差收益。基于基本价值的投机行为类似于有效市场假说中的套利行为，如果市场上所有的人都基于基本价值进行投机，尽管不同的交易者对证券基本价值的主观判断不尽相同，市场将利用所有的基本信息来形成其价格，市场将是有效的。但是，基于基本价值的投机是否可以获利，又决定于市场是否有效。只有在有效市场中，证券价格才能比较稳定地围绕在基本价值附近，当证券价格偏离其基本价值时，有向其基本价值回归的趋势。这样，有效市场需要交易者基于基本价值投机，而交易者愿意基于基本价值投机又需要交易者相信市场的有效性。如果交易者对于市场是否能经常反映基本信息没有信心，他是不会愿意基于基本价值进行投机的。

二、基于市场心理的投机：关注市场人为信息

基于证券基本价值的投机要求交易者具有较高的理性，能高瞻远瞩。事实表明，由于基本信息的不完备和基本价值的不确定性，证券市场上基

本信息的不完备使交易者经常不把证券的基本价值作为买卖证券的主要依据，而是更注重价格的短期走势、市场人气和心理。抛开证券的基本价值而注重价格的短期走势、市场人气和心理的交易者所要收集的信息就是上文中所说的人为信息。基于人为信息的投机在主观上依然是希望以低价买入然后以高价卖出，

如果说基于基本价值的投机使投机者主要关注资产的基本价值与市场价格的对比关系的话，基于人为信息的投机则要求投机者对一般交易者的行为和心理进行预测，而实际上所有的投机者都在做同样的事情，因此基于人为信息的投机要求投机者对大众心理作出尽可能高明的把握和预测。于是，证券市场将陷入我们在上文中所提到的"凯恩斯困境"。

应该说，现实中的证券市场上的投机行为大部分属于这种基于市场心理的投机，除了"投机者之间相互猜测和相互影响"之外，我们实际上很难对这种投机状态进行清晰的描述，有多少投机客就有多少种投机方法。即使从个人理性的角度，我们也很难对这类投机行为是否理性进行判断。就算我们认为从个体来说投机者的行为是理性的，但也绝不意味着集体的理性。"从社会观点看，要使投资高明，只有增加我们对于未来之了解；但从私人观点，所谓高明的投资，乃是先发制人，智夺群众，把坏东西让给别人。"[①] 凯恩斯以其超人的智慧指出了集体理性与个体理性之间的区别以及职业投机者的投机策略。

有些交易者，或者说交易者有些时候并不是完全理性的，他们对风险证券的需求受其非理性信念或情绪的影响很大，现实也的确如此。凯恩斯曾指出："我人之积极行为，有一大部分，与其说是决定于冷静计算，不如说是决定于一种油然而发的乐观情绪。"[②] 在投机者不顾及证券基本价值而单纯采用"追涨杀跌"策略时，以基本价值作为判断标准的理性投机者将面临更大的风险，拥有有限期限的投机者的个人理性选择应是"随大流"，而不是抵制趋势。由此看来，基于市场心理的投机行为对于交易者有着某种俘获能力，它的存在使真正的投资者和基于基本价值的投机者在

---

① 凯恩斯：《就业、利息与货币通论》，商务印书馆 1983 年版，第 133 页。
② 凯恩斯：《就业、利息与货币通论》，商务印书馆 1983 年版，第 138 页。

一定程度上"沦落"为基于市场心理的投机者。

基于市场心理的投机是一种动态的序贯投机行为，由于反映市场心理的是市场上的人为信息，而人为信息的主要传播渠道是市场交易行为所形成的交易量和价格走势等技术指标，因此证券市场上资产的流动性将影响此类投机行为的程度，市场流动性越高，交易成本越低，此类投机一般越盛行。

三、投机与价格波动

投机行为在主观上表现为低价买入而高价卖出，乍一看，投机行为将有助于价格的稳定。在弗里德曼看来，如果说投机者加重了价格的不稳定，就等于说价格低时投机者卖出自己的证券而价格高时又买入证券，只有这样投机才会加大价格的不稳定性。然而这又等于说作为整体的投机者是净损失货币的，从而他们就不可能长期生存下去，这与观察到的事实相背。因此，获利的投机能够稳定证券价格。[①] 但事实远非如此。究其原因，主要在于价格的"高"和"低"都是投机者主观判断的结果。

（一）基于基本价值的投机与价格波动

基于基本价值的投机最有可能有利于价格的稳定，但这仅仅是一种可能。如果认为弗里德曼以客观基本价值作为判断证券价格高低的标准，则以上结论表面上是容易理解的。但是，如同前文所指出的，证券的客观基本价值即使存在，也是不可知的，交易者对证券基本价值的判断实际上带有强烈的主观性，不同交易者对同一证券的基本价值的估计可能存在巨大的差异。获利的投机也不一定使证券价格回归到客观基本价值，这要看多数投机者对于证券基本价值是否有近似的估计。当价格高于客观基本价值时，按照弗里德曼的观点，理性交易者只会卖出不会买入，但此时可能有的交易者认为价格还低于基本价值因此买入。即使投机者处于净损失状态，也不能断定投机者的消失。既然有人赔也有人赚，就必然还有后来者，赔钱的投机者由于还有别的收入也未必会退出市场。因此，即使投机者主观上是基于基本价值进行投机，也未必有助于证券价格的稳定。

---

① 米尔顿·弗里德曼：《最适货币量论文集》，台湾银行出版社 1974 年版。

（二）基于市场心理的投机与价格波动

现实证券市场上价格的非理性波动，就算不是全部也主要是由于此类投机行为所导致。如果说基于基本价值的投机在理论上还有一个判断价格高低的原则性基础的话，基于市场心理的投机行为对价格高低的判断则完全来自于对市场心理和行为所导致的价格未来趋势的主观预测。如果投机者认为目前的市场心理将使价格上涨，那么不管目前价格是多高，对他来说还是低价格。对投机者来说，价格高低没有任何市场心理之外的客观基础，价格是高是低完全决定于投机者对其他交易者心理和行为的判断，他们关注的是基本信息之外的人为信息。由于所有投机者都在盘算着所有的事情，这种基于市场心理的投机行为事实上就是一个玩高阶信念的赌博游戏，市场将陷入"凯恩斯困境"。我们没有任何理由相信这样的投机活动将使价格稳定，当然我们也不能肯定这样的投机活动将使证券价格每时每刻都处于剧烈变动之中。

（三）价格波动与市场定价效率

以上我们简单分析了两种投机模式与市场价格稳定性之间的关系，但是，我们知道价格稳定还是波动并不是判断市场定价效率的主要依据。虽然我们在上一章指出，在一个有效定价的市场上，股票等证券资产的总体价格水平应该是相对稳定的，这是市场有效定价的一个必要条件。但是，我们不能因此说，只有当每一种证券的市场价格都是稳定的时候，市场才是定价有效的。只要人们对于证券未来收益流的预期发生改变，单个证券的基本价值从而价格就应当发生变化。证券市场价格的普遍稳定（不是指总体价格稳定，而是指每种证券价格各自稳定）不但不是证券市场有效的证据，而且恰恰相反。总之，我们不能从证券价格的稳定性和波动性得到关于市场定价效率的证据，不管是支持的还是反对的。

实际上，市场投机，不管是基于基本价值的投机还是基于市场心理的投机，都不一定意味着价格的不稳定，投机行为在有的时候造成价格呆滞，有的时候演变成强烈的正反馈效应而使价格剧烈波动。笔者在此主要关心的是市场投机行为对于市场发现证券基本价值（也就是定价效率）的影响。在这一点上，如果说单纯是基于基本价值的投机还有可能有助于市场发现基本价值的话，基于市场心理的投机没有任何发现基本价值的机制。在由基于市场心理的投机主宰的市场上，如果说证券价格可以反映其基本价值的话，那也只是偶然现象。

6.4.4　市场操纵与从众行为

一、市场操纵

市场操纵是与投机相关而又有区别的概念，按《新帕尔格雷夫货币与金融学辞典》中的解释，金融市场操纵是指这样一些活动，其目标是通过利用能导致非自然市场价格的技术来改变金融证券的价格，常用的技术有虚假交易和散布虚假信息。证券市场监管的中心目标就是阻止这类技术的应用。当个体（或群体）对证券的交易在某种程度上影响着证券的价格使之对自己有利时，市场操纵就发生了。

有的学者将前文中所说的投机称为"随市投机"，而将操纵称为"造市投机"，但笔者认为，单纯投机与市场操纵有着本质的区别。市场操纵的关键特征是操纵者具有某种程度的市场影响力，通过对市场价格的影响来造成对自身有利的套利机会，其追求的是套利机会，因此一般说来没有风险。而单纯的投机者个体不具有影响市场的能力，其投机行为是有风险的。投机和操纵都可以在多个市场（如基础资产市场和衍生品市场）上同时进行，对单纯的投机者来说，多个市场同时进行的投机是一个投机组合，目的是为了分散投机风险；操纵者在多个市场上采取交易是为了形成套利机会。市场操纵在任何国家的证券交易法规中都是明文禁止的，但操纵者常常将自己标榜成普通投机者以掩盖其市场操纵能力，操纵者的这类"技巧"不是我们所要关注的。

二、市场操纵的方式

从目前学术文献看，一般认为市场操纵的方式主要有以下三种：基于行动的操纵，基于信息的操纵和基于交易的操纵。

基于行动的操纵是指操纵者采取的行动改变了资产的供求关系并影响价格，其中两种典型的方式是市场囤积和市场逼空。通常所说的市场囤积是指某交易者对某交易物品拥有绝对的垄断供给权，能够囤积并控制物品的供给使价格处于一个非正常的高水平。金融学中的囤积是指某交易者持有的某证券头寸已经大于此证券的实际或浮动供给量，这意味着必定有其他交易者持有空头头寸。此时，囤积者故意减少供给或报出很高的卖出价，由于卖空者限于头寸、期限等因素的制约必须买回证券以平仓，因此他不得不支付高价买回证券，操纵者由此获利，这就是市场逼空的结果。

基于信息的操纵指通过发布虚假信息或传播流言蜚语来影响市场价格。常见的形式是庄家、厂家、证券分析师和新闻媒体的共谋操纵。

基于交易的操纵只是通过买卖证券来进行，没有以任何公众可察觉的非交易行动来改变市场价格，只是由于交易者是"大户"，他的买卖行为能在某种程度上影响市场价格。

市场操纵在任何国家的证券交易法规中都是明文禁止的，特别是对基于行动的操纵和基于信息的操纵一般都有比较明确的规定，但是基于交易的操纵却是不易判定的。如果说前两种市场操纵方式在理论上可以通过一些法律法规尽可能杜绝的话，基于交易的操纵却是难以禁止的，在主体越来越机构化的证券市场上操纵（或联合操纵）行为倒可能有发展的趋势。因此，金融经济学主要研究的操纵是基于交易的操纵。

笔者认为，市场操纵者之所以可以利用交易行动达到操纵市场价格的目的，除了其自身是"大户"，有足够的财力，能对市场供求施加较大的影响之外，主要的原因还在于"大户"的行为向市场传递某种信息，使得大量希望通过大户的造市活动谋取自身利益的投机者大量跟进。如果大户的大量购买能使价格上涨，那么在此时买入证券就是符合理性的，而正是这种跟进使得大户对价格的操纵得逞，这就是人们常说的"跟庄"。可以说，如果没有其他投机者的跟风，希望利用交易行为来左右证券价格将会非常困难，现实中也就不会有那么多成功的操纵行为，没有"跟庄"者"抬轿子"，庄也难为庄。而投机者之所以跟庄，事实上还是一种基于人为信息的投机，只是这种情形下，投机者之间的广泛博弈简化为"跟庄者"与"庄家"的博弈。

三、从众行为

从众行为是指某段时间内所表现出来的某一群体行动的一致性。证券市场的从众行为是普遍存在的，并常常称为"跟风行为"或"羊群行为"。从众行为表示的是个体决策受别人行动的影响，与人们的情绪、心理活动密切相关，证券价格的波动、价格泡沫、交易狂热、市场崩溃等都是与其相伴随的常见现象。我们在对基本信息与人为信息的区分中已经表明，由于人为信息的存在，交易者的行为不可避免地要受到其他交易者行为的影响，而且这个过程是一个相互影响和相互猜测的过程，具有相当的复杂性。应该强调的是，交易者之间的相互影响和相互猜测本身并不一定产生从众行为和价格泡沫，但从众行为和价格泡沫却必然是在交易者之间相互猜测和相互影响的过程中产生的。正如交易者一般不能预测证券价格的走势，人们一般也不能事先预测出从众行为的发生。在气象学中，尽管人们都清楚风暴是在大气和海洋环流的共同作用下产生的，但现代科学还不能事先准确预测风暴将在何时何地产生，不过只要风暴已经形成，一般就可以预测其发展趋势和方向。但在证券市场上，人们不但不能预测从众行为的产生，即使一定程度的从众行为已经发生，也没有人能真正预测其未来发展方向，人的群体心理和行动过程总是比自然过程更加复杂。

四、交易者采取从众行为的原因

学术研究中一般将从众行为分为理性和非理性两种。非理性的从众行为主要受人的心理因素和情绪的影响，盲目地模仿、跟随别人的行动。非理性从众行为经常被认为与噪声交易行为有关，其中单凭经验的"大拇指规则"和狂热的"追涨杀跌交易"被认为是非理性从众行为的两种主要表现形式。

理性的从众行为是金融经济学研究的一个重要领域。理性的行为主体为什么会主动随大流？主要有以下几方面的原因：

（1）收益的外部性，即采取相同行为的交易者之间的收益密切相关，银行挤提是一个典型的例子；

（2）采取相同行动的交易者收到了相似的信息，尽管独立地作出决策，却因信息的相似而使行动趋于一致，这是一种虚假的从众行为；

（3）交易者可以从前面群体交易者的共同行动中推测出新的信息使自己也采取相同的行动；

（4）由委托—代理关系引起的道德风险。代理人从自身利益出发，采取跟风行动。这是金融经济学研究从众行为的重点。群体行为有时显示出巨大的影响力，致使理性个体放弃自己的私人信息，如知情交易者根据自己的信息所作出的决策与多数人不同时，他人情愿放弃自己的独立决策而追随大流，这种情景被称为"信息串流"，这种情形常发生在公司决策人员、基金管理者和证券分析师身上。

6.4.5 反馈效应与投机泡沫

证券市场的反馈效应是指某种信念支配下的一种群体交易行为，一般分为正反馈和负反馈两种形式。正反馈一般表现为"追涨杀跌"，反映市场价格和交易者行为之间的"自我强化"。负反馈正好相反，价格上涨时卖出而下跌时买进。一般人们所说的反馈多指正反馈，而将负反馈称为"反向操作"（张圣平，2002），在现实的证券市场上引起人们兴趣和关注的也主要是正反馈以及由此形成的投机泡沫和市场崩溃。

虽然正反馈效应和从众行为都表现为群体行为的一致性，但两者还是有区别的。从众行为是指人们的决策受群体行为的影响而去模仿别人，先行者与模仿者没有太大的利益冲突和策略行为，从众行为强调的是人与人之间行动上的模仿。正反馈效应通常是知情者利用各种手段引发从众行为，强调"领导者"与跟随者之间利益冲突而产生的策略行为，是一种动态的高阶信念游戏。"领导者"通过引发从众行为达到操纵价格的目的，从中谋利。虽然正反馈最终反映了交易者之间基于高阶信念的博弈，但是交易者多是通过对市场价格的观察来猜测其他交易者的信念并进行决策的。

按《新帕尔格雷夫货币与金融学辞典》的解释，泡沫是指在一个连续的过程中，一种或一组资产价格急剧上升，其中初始的价格上升使人产生价格将进一步上升的预期，从而吸引新的买主，他们交易此资产的目的是通过交易来获利，而不是使用它。价格泡沫通常伴随着交易者预期的反转和价格的急剧下跌并常导致金融危机。

投机泡沫及其崩溃总是证券市场（以及一切投机市场）正反馈效应的结果。或者说，投机泡沫的形成过程正是一个市场价格与交易者行为的正反馈过程。投机泡沫的崩溃过程则是经过一个临界状态后的相反方向的正反馈过程。

在国际金融市场上，索罗斯是最善于制造和利用反馈效应和投机泡沫的著名投机家之一。索罗斯用他所经营的基金几十年来的业绩否认了证券市场的有效性。他认为，"自我强化"必然导致"大起大落"。在他看来，市场中的认识和现实之间的偏差是始终存在的。有时候这种偏差很小，并且会相互接近，他称之为"近均衡"现象，索罗斯对此没有兴趣。有时候这种偏差很大，并且不会相互接近，他称之为"远均衡"现象。"远均衡"现象又有两种：一种是尽管认识和现实相差很远，但是状态是稳定的，即"静态不均衡"，这种状况仍然不是他的兴趣所在；另一种是状态不稳定，市场变化迅速，认识和现实的偏差越来越大，直至两者之间的差距大到非发生一场灾难不可，即"动态不均衡"，而这恰恰是索罗斯最感兴趣的。"动态不均衡"是"自我强化"的结果，"自我强化"的发展必然使投资者进入一种盲目狂乱或者"类兽性"的失控状态，从而导致市场价格的暴涨暴跌。"市场越不稳定，越多的人们被这种趋势影响；这种随趋势投机的影响越大，市场形势就越不稳定。"最后，当达到一个临界点之后，局势失控、市场崩溃，相反方向的"自我强化"过程又会重新开始。市场参与者的任务不是要设法去纠正市场，而是要"走在市场曲线的前面"，超前掌握趋势，"在混乱中取胜"；甚至如果有可能的话，还应当设法主动去推动趋势的发展。这就是索罗斯的"大起大落"理论。

6.5　证券市场定价效率与实体经济的关系

6.5.1　托宾 q 理论评述

托宾的 q 理论的基本原理是简单的：商品的生产成本与其市场价格间的比较将成为影响一种商品供给的最直接的因素，如果商品的市场价格高于生产该商品的成本，这种商品的供给就会增加，反之则相反。在发达的资本市场上，公司制企业的所有权和对其资产的其他债权每天都在易手，证券市场为每家企业并间接地为公司的生产性资产提供一种连续性市场估价，这些市场具有精良的组织和很高的技术效率，其价格灵敏且易变。在这种市场上，市场估价与重置成本之间的差异将对新企业的形成以及现有企业的扩张产生影响，这就是托宾的 q 理论所要关注的问题。

一、托宾的 q

托宾将 q 定义为企业的市场价值与其重置成本之比：$q = \dfrac{MV}{RC}$，其中 MV 为市场价值，RC 为重置成本。重置成本 RC 不仅包括有形资产，还包括企业资产负债表上的其他项目，市场价值 MV 既包括股票也包括债务。

托宾认为，经济运行的逻辑表明，对于任何事实上正在被生产的可再生产资产来说，q 的正常均衡值为 1；若 q 值大于 1，则会刺激投资，从而使投资超过重置和正常增长的需要；若 q 值小于 1，则会抑制投资。

如果用 MPK 表示资本的总边际产品，δ 表示折旧率，则该阶段的资本回报率 r 为：

$$r = \frac{MPK}{MV} + \frac{\mathrm{d}MV}{MV} - \delta \tag{6.3}$$

当资本的预期回报率等于投资者所要求的回报率 r_k 时，资本市场出现均衡：

$$r_k = \frac{E(MPK)}{MV} + \frac{\mathrm{d}MV}{MV} - \delta \tag{6.4}$$

对上述等式求积分，得到现值关系：

$$MV = \int_0^{+\infty} E[MPK(t)] e^{-(r_t+\delta)t} \mathrm{d}t$$

重置成本的净回报率界定了资本的边际效率 R，那么重置成本可表示为：

$$RC = \int_0^{+\infty} E[MPK(t)] e^{-(R+\delta)t} \mathrm{d}t$$

在一定时期内，MPK 为常量的特殊情况下，$RC = MPK/(R + \delta)$，$MV = MPK/(r_k + \delta)$，因此 q 可表示为资本边际效率和贴现率的函数：

$$q = \frac{R + \delta}{r_k + \delta}$$

二、宏观模型：投资的存量和流量与托宾的 q

如图 6-2，左边象限的横轴表示在某个时点上的资本存量，右边象限的横轴表示在一个规定的时段内的资本流量。投资者对企业求偿权的需求就是存量需求，其中一股股权便代表经通货膨胀调整且按重置成本计算的一货币单位资本存量。股份需求与股份市场价值呈负相关。某一时点上资本的需求量 K^d 和 q 之间的关系可表示为图中的曲线 K^d。某个时点上资本存量的供给 K^s 则由过去的净投资实现决定，因而表现为一条垂直直线。

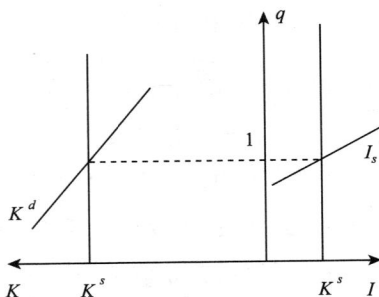

图6-2　资本的存量需求和新资本的流量供给

如果用 δ 表示折旧率，总投资 I 和资本存量 K 之间的动态关系可表示为：

$$K_t = K_{t-1} + I_t - \delta K_{t-1} = (1-\delta) K_{t-1} + I_t \qquad (6.5)$$

新资本的流量供给——总投资——是 q 的增函数。由于受到 q 的限制，短期的总投资供给 I_s 与 q 在任何给定的时段内都呈正相关关系，如图6-2，其中 I_s 的斜率取决于调整成本的大小。如果新旧物品价格之间的套利行为在瞬间发生，I_s 将是一条水平线，q 永远等于1。

图6-3 表示了由于某种原因（比如投资者所要求的回报率的下降），投资者希望持有更多的股票，这样如图6-3所示，存量资本需求曲线 K^d 会立即上升到 $K^{d'}$，由于短期中资本存量供给是固定的，因此新的均衡点将位于

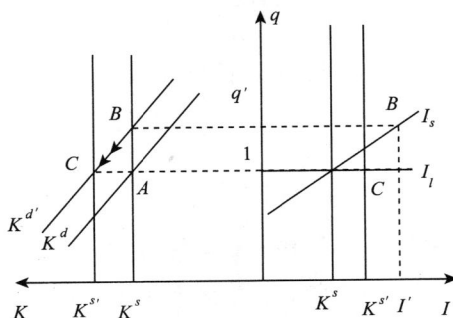

图6-3　对资本的存量需求增加所做的调整

$q=q'$ 的 B 点。与此同时，提高的 q 值会使新的投资流量增加到 I'。由于现在的总投资超过折旧，所以资本存量增加，同时经济趋于新的均衡点 C。在 C 点，q 恢复到 1 的水平，资本存量已增加到 K^*，净投资重新归为零。

托宾进一步分析了货币政策是怎样影响股价的。基本解释如下：货币供应增长，人们意识到他们所持有的货币超过了他们想要持有的数量。因而他们要试图花销它——有些人用货币购买股票，因而股票资产的需求上升、价格上升。股价的上升提高了企业的市场价值并因而提高了系数 q，再提高投资支出。这样货币政策的传导机制如下：

$M\uparrow \rightarrow PA\uparrow \rightarrow q\uparrow \rightarrow I\uparrow \rightarrow Y\uparrow$（其中 PA 是资产价格，这里指股价）。

托宾的货币政策传导机制，改变了凯恩斯过于单调、缺乏说服力的货币传导机制（$M\uparrow \rightarrow i\downarrow \rightarrow I\uparrow \rightarrow Y\uparrow$）。

托宾的分析证实，股票市场作为一种信息资源是非常重要的，同时在国民经济和国际经济中也是储蓄和投资的一个重要的配置机制。

三、微观意义：企业或行业的托宾 q 与资源配置

托宾 q 除了在宏观层面上说明权益市场的总体价格波动与投资波动的关系外，还可以用来分析不同企业或行业的市场价格波动与经济资源在不同企业和行业间进行配置的关系。给定存量资本的条件下，存量资本将如何在不同企业或行业间配置？

现代高效运行的金融市场每时每刻都在对金融市场进行重新定价，如果说资本市场上价格总水平的变化将引起投资行为的相应变化的话，资本市场上相对价格的变化则将引起给定的资源在不同企业和行业的配置。不同企业或行业市场价值的变化导致其 q 值变化，即使从总体上说，经济中总的 q 值等于 1，也必然在任何时候都存在一些企业和行业，它们的 q 值大于 1，而另一些企业和行业的 q 值小于 1。根据托宾的 q 值理论，q 值大于 1 的企业和行业将会增加投资，而 q 值小于 1 的企业和行业将会减少投资甚至是负投资，通过这一机制，资本市场上的价格变化导致企业或行业 q 值的变化，从而引致不同企业和行业不同的投资行为，引导着资源在经济中的配置。

我们在这里留下了两个问题：一是金融市场如何形成不断变化的资产价格，这涉及金融市场的定价效率；二是企业或行业的投资行为与其 q 值

是否存在很强的关系，企业或行业是否在 q 值的指导下调整其投资行为。笔者认为，这两个问题是相互关联的。资本市场的高定价效率将使得 q 值的变化对投资的指导性更为高效，这反过来又将促进资本市场定价效率；反之，如果资本市场定价效率低下，则投资对于 q 值的变化反应不足，这反过来又将使资本市场投机行为得以强化，降低资本市场定价效率。

6.5.2　证券市场定价效率与实体经济资源配置的短期关系

市场经济是发展和变化的。消费者偏好、初级产品的可获得性及其价格、生产技术、生产方式以及可生产产品的种类等因素每时每刻都在发生着变化，为了使有限的资源能够向人们提供最大效用的产出，经济资源需要经常在不同企业和行业间进行重新配置。在市场经济理论中，判断给定的资源是否被有效地配置，是要看这种配置方式是否符合帕累托最优。如果通过改变现有的资源配置方式可以在不降低一些人福利的情况下改善另一些人的福利，那么现有的资源配置方式就不是帕累托最优，相反就称为帕累托最优。这种抽象的理论描述不方便我们直观地把握。事实上，在由资本和企业所主导的市场经济中，一种生产方式及其生产的商品是否最大限度地满足了社会需要，一个简单的标准是企业从事这些产品的生产是否能获得最大的利润收益。一种不能最大限度地增进社会福利的生产自然是不能获得最高利润收益的。因此，判断资源配置是否最优的简单办法是：判断经济中正在进行的生产是否符合利润最大化。从而优化资源配置的途径自然就表现为将资源配置到预期能获得最大利润收益的商品生产和生产方式中。金融市场优化资源配置正是通过这种方式进行的。

资本市场的动力总是来自于投资者对最高资本回报的追求，实际上这也正是资本市场优化资源配置的源动力。为了实现其获得最大回报的目的，金融市场投资者必须尽可能地搜集与资本回报有关的一切信息，努力评估市场上的金融资产的回报前景，通过买入具有较好回报前景的金融资产并出售较差回报前景的资产，投资者追求着自身的回报最大化，同时，通过这种交易行为，具有较好回报前景的金融资产价格上升而具有较差回报前景的金融资产价格下降，通过投资者对高回报的追求而导致的交易行为，以及由此而导致的金融产品的价格变化，资本市场在一只看不见的手的指引下履行着优化资源配置的功能。在借贷市场上，通过价格（利率）的竞争，资金被投入到预期能获得最大利润的生产中，以使经济资源得以最有效率的使用。

但是，在一个定价效率低下的资本市场上，因为投机盛行，资产价格的波动未必正确反映了相关实体经济单位的未来盈利前景，金融市场价格与资源配置之间的关系就将弱化，这种关系的弱化反过来又将促使市场投机的发展。资本市场定价效率与资源配置功能的弱化之间存在相互强化的关系。

一、克鲁格曼对国际外汇市场投机的评论

保罗·克鲁格曼在对布雷顿森林体系结束之后国际货币市场上汇率的不稳定性的论述中有过类似的观点。[①] 克鲁格曼认为，布雷顿森林体系结束之后国际货币市场上剧烈的汇率波动并没有像一般人想象的那样影响国际贸易。传统的汇率理论认为，汇率水平将决定于不同国家间的购买力平价，一旦汇率偏离该平价就会引发套利性的贸易行为，从而使汇率回到购买力平价的水平。克鲁格曼认为，外汇市场上的投机行为，使汇率经常处于剧烈波动之中，由于国际贸易行为存在大量的沉淀成本，贸易商不会对频繁变化的外汇汇率作出及时和灵活的反应，一个正在从事某项贸易活动的贸易商不会因为汇率的不利变化而立即停止或减少贸易活动，与此同时，一个还没有从事某项贸易活动的潜在的贸易商也不会因为汇率的有利变化而立即展开贸易活动。国际贸易对外汇市场上投机性的汇率变化反映迟钝的结果是，外汇市场上不同货币的供给与需求得不到及时的调整，因而使市场上的投机性汇率水平偏离基本因素决定的汇率并得以暂时的维持。更重要的是，如果国际贸易能够对汇率变化作出灵活的、立即的反应，汇率就将由两国间的基本贸易因素决定，外汇投机便几乎没有存在的空间。但是，如果国际贸易并不能对汇率变化作出灵活和立即的反应，那么汇率至少在短期内就将由投机行为所决定，投机行为又使汇率处于变幻莫测的波动之中。最后，克鲁格曼得出结论，由于外汇市场的投机性波动，使国际贸易对汇率变化反应迟钝；反过来，正是由于国际贸易对汇率

———————————

① 保罗·克鲁格曼：《汇率的不稳定性》，北京大学出版社2000年版。

变化反应迟钝，又进一步地助长了外汇市场的投机行为。两者之间是一种互为因果并相互加强的关系。

我们看到，克鲁格曼的分析所依据的原理为：某种商品因为投机行为而导致价格频繁的无规律波动，这一现象阻止了该商品的供给对价格作出灵活及时的反应，反过来这种缺乏弹性的供给行为又进一步地助长了对于该商品的投机行为。也就是说，投机性的商品交易使商品的生产与交易之间的关系受到隔离，从而使投机的商品交易市场成为一个在一定程度上脱离实际生产的虚拟的市场，反过来，投机商品交易的这种虚拟性又进一步助长了商品的投机。

克鲁格曼对于国际货币市场的这一认识不仅仅适用于外汇市场，而是一切投机性市场的共同特征。为此，我们首先分析作为投机对象的商品所须具备的几个重要的特征，它们虽然不是投机商品的全部特征，但它们是基本的。

二、可作为投机对象的商品的基本特征

这里，我们将投机理解为纯粹为了从商品价格的未来变化中获得价差收益的商品交易行为，购买一种商品的目的并不是要拥有或使用它，获得从拥有它或使用它而获得某种收益，而是为了卖而买，或者是为了买而卖（卖空交易）。一个有意义的问题是，什么样的商品最有可能成为投机者追逐的对象？作为投机对象的商品具有哪些基本的特征？

首先，作为投机商品的保管成本相对于其价值来说必须足够的小。粮食现货很难成为投机商品，因为其保管成本太高，但是粮食期货非常适合作为投机的对象；原油现货难以成为投机对象，但原油期货市场却是高度投机市场。

其次，投机商品的内在价值必须具有一定的模糊性。如果某种商品的真实价值是非常清楚的，或者人们普遍认为该商品的真实价值是清楚的，这种商品就难以成为投机对象。债券和股票的真实基本价值都具有一定程度的不确定性，但是两者的不确定性有着程度上的区别。一般地说，由于债券存在一定的期限，因此尽管其价值由于未来世界的不确定性而具有不确定性，但是与理论上没有期限的股票相比，债券的真实基本价值的不确定性要远远小于股票，正因为如此，证券市场上股票价格的波动性一般总是大于债券价格。因此，与债券相比，股票更具有投机商品的特征。

再次，作为投机对象的商品必须具有较好的流动性，它必须能非常方便地进行买卖，而且买卖这些商品的交易成本相对于其本身价格来说必须足够低。

最后，投机商品的供给必须是缺乏弹性的。这里所说的供给不是指一般意义上的卖方，而是指该商品被从无到有地创造出来，如消费品的生产和新股票的发行等。供给缺乏弹性意味着商品的供给对于市场价格的变化不能作出灵活的反应，这是投机商品所必须具备的特征，否则该商品的价格将由生产该商品的成本决定，而生产商品的成本在短期内不会有太大的变化，所以不能给投机者留下多少投机的余地。不同的商品其供给缺乏弹性的原因各不相同：第一种情况是这种商品本身在客观上的不可再造，如历史文物、某一年发行的邮票和纪念钱币等；第二种情况是人为地阻止再造以维护其"收藏价值"，也可以说是维护其"投机价值"；第三种情况，也是本书最为关注的，是一些可交易的商品本身并不是客观上不可再造，也不是人为地阻止其再造，而是因为另外一些原因，使其供给行为对市场价格的变化反应迟钝。资本市场上大多数可交易的证券，包括债券、股票以及外汇市场上的外汇等就属于这一种类型，不过不同的证券具有不同程度的供给惰性。

从以上可投机商品的特征可以看出，证券市场上的各种有价证券几乎都具备投机商品的各种特性。第一，它们几乎没有保管成本，不但如此，它还能为持有者带来收益；第二，所有的证券的价值都涉及未来世界的不确定性，因此其实际价值都具有一定程度的模糊性；第三，在当今有组织的证券市场上，它们都可以以很低的交易成本非常方便地被买卖，因此具有很高的流动性。第四，也是最重要的，大多数的证券的一级市场供给对市场价格都缺乏弹性，尤其是股票，这也是本节关注的重点。房地产市场也具有上述投机市场的主要特征。人们经常将金融市场与房地产市场联系起来的原因，除了房地产交易经常与信贷相联系，还因为房地产市场有如金融市场的投机特征。

三、股票价格与股票资产的供给

在分析消费品的价格决定过程中，人们一方面认为商品的价值决定于其边际效用，另一方面认为它将决定于生产该商品的成本，也就是强调供给的一面。同样，当我们在分析股票的实际价值时，除了强调其由未来收益流所决定的价值外，股票的供给行为（这里所说的供给不是指二级市场上股票的出售方，而是指一级市场上新股票的发行）是否对股票价格产生影响，如何影响？股票资产的供给又是由什么因素决定？举例来说，对于住宅投资而言，我们如何计算一套住宅的价值？显然，住宅的价值（交换价值）来自于其未来的租金，即使是自用住宅，租金也是一种机会收益。所以与股票一样，住宅的价值等于未来租金收入的折现。从另一个角度来说，住宅是可以再生产的商品，它的价值不可能脱离其生产成本，价格高于成本将会促使住宅供应的增加而使价格下降，价格低于成本将会减少供给而使价格上升。这里是假设住宅建设能根据市场价格的变化进行灵活的调整。

回到托宾关于 q 值与投资的关系的表述。托宾认为，如果投资行为对 q 值的均衡值 1 的微小偏离作出瞬间反应，那么 q 值在任何时候都将保持在 1 的水平，投资行为也将与 q 值没有联系，因此 q 理论的存在意义和价值在于投资行为相对于 q 值波动的滞后性。那么，是什么原因导致投资行为相对于 q 值波动的滞后性？在资产的 q 值大于 1 时，托宾指出，由于建设本身需要时间，而快速建设的成本尤为昂贵，因此资产的 q 值偏离 1 的根本原因在于资产重置存在一定的时间周期，在新资产没有被重置出来之前，资产的 q 值将继续大于 1。相反，当资产的 q 值小于 1 时，资产供给的调整将更加缓慢，因为我们不能将已经存在的旧资产进行部分消灭。

笔者认为，虽然新资本的物质建设需要一定的周期，但是新股票的发行本身并不需要太长的时间。只要上市公司认为市场高估了公司的价值（重置成本）就决定增发股票用于新的资本投资，那么尽管新的物质建设还没有完成，公司的市场价值将由于新股票的发行而回到其重置成本的水平。相反，当资产的 q 值小于 1 的时候，说明市场低估了公司的价值，虽然公司不能在短时间内减少自己的实物资产，但是公司完全可以立即在市场上回购并注销本公司的一部分股权，这对公司剩余的股东是十分有利的，而且此举将会因为改变了二级市场上的供求关系而使公司的市场价值回到其重置成本的水平。因此，公司市场价值与重置成本的偏离不能仅仅用存在建设周期来加以解释，合理的解释似乎应该是当公司的市场价值偏离其重置成本时，公司并不对新股票的发行作出灵活和及时的调整。也就是说，股票供给行为对于股票的市场价格的变化并不作出灵活和及时的反应。

为了理解股票的发行行为，我们首先要了解上市公司在什么情况下需要发行新股票。发行新股自然为了募集用于扩大投资的资金，企业扩大投资的原因自然是因为管理者认为该企业的现有产品或将要推向市场的产品具有良好的市场前景，那么管理者又是凭什么认为企业具良好的市场前景呢？一方面是基于自身的知识和所掌握的信息所做的推断，但是这一点是远远不够的，因为他的知识和所掌握的信息都十分有限，他必须依靠更多人的知识和他们所掌握的信息。股票市场用一种非常简单的方式向管理者传达有关企业未来市场前景的信息，这只需要观察该公司股票价格的变化。股价上涨意味着广大的投资者认为该企业有较好的前景，股价下跌则表示相反的意见。因此，在另一方面，公司管理者可以通过观察本公司股价的变化来间接了解本公司的市场前景，从而决定是否发行新股，募集资金以扩大企业规模。

这样看起来，股票市场的价格似乎确实可以影响公司新股的发行，这一点确定无疑的。但是，这一点有多重要，取决于公司管理者对市场的信任程度，说到底是市场的可信程度。如果说股票市场是一个理性的有效（这里有效是指市场具有高的定价效率，而不是指市场不可预测意义上的技术有效）的市场，从而是一个十分可信的市场，那么股票市场价格的变化将对资源配置的变化起到重要的作用，企业将会因为这种正确的股价变化而作出投资的调整，从而使新股票的发行对股价变化作出灵活和及时的反应。如果股票市场在很大程度上是一个由投机行为所左右的市场，那么变幻莫测的股价变化便缺乏真实性和可信性，企业的投资行为就不会对此作出积极的反应。因此，当股票市场由投机性交易所主宰时，新股的发行就不会对股价变化作出灵活的反应。

四、股票供给的惰性与股票市场投机之间的双向关系

在资本的重置成本变化不大的情况下，股票市场上股票价格反复无常的变化与外汇市场的特征有着某些相似之处。因为股票资产的供给不能对市场价格的变化作出灵活的反应，所以股票市场上由于投机行为导致的价格变化不能因为供给的变化而回归到资本的重置成本水平，致使股票市场上的股票价格在一段时期内主要由投机交易所左右。

资产的供给之所以不能对股票价格的变化作出灵活的反应也恰恰是因为股票的投机价格的变化是反复无常的。

与外汇市场的情形相类似，因为股票价格的变化无常以及其变化的非理性，使得股票资产的供给对价格变化反应迟钝；反过来，正因为股票的供给对价格变化反应迟钝，使股票价格不能回归到其重置成本的水平而呈现反复无常的投机性波动。这两个方面同样是互为因果相互加强的。

作为结论，笔者认为，股票市场由于无法避免的投机性而弱化了其本身的资源配置功能，从而弱化了它与实体经济的联系，使股票市场成为一个在一定程度上"虚拟"的市场，反过来又因为股票市场的这种虚拟性助长了股票市场的投机和无常的波动。

6.5.3　证券市场定价效率与实体经济资源配置的较长期关系

一个具有高定价效率的金融市场将有助于实体经济中资源配置的优化和宏观经济的稳定。尽管我们认为在短期中，由于股票市场的投机而使股票市场脱离实体经济而虚拟化，从而弱化其资源配置功能，在短期中丧失对实体经济的反作用，但是在较长期中，金融市场的价格行为终将对实体经济产生作用。金融市场价格对实体经济的反作用主要体现在两个方面：一是对资源配置效率的影响，也就是给定资源是否被配置到最有效率的生产领域；二是金融市场价格在一段时期内产生单方向变化（所谓牛市或熊市）时，对宏观经济稳定性的影响。

给定资源是否被配置到最有效率的生产领域，是一个十分难以判断的问题。当前资源配置都是基于对未来预期状态而定的，因此关于资源配置效率的高低的争论等于是关于预期是否理性的争论，直接的检验犹如对有效市场理论的检验，是不可能有真正的结果的。我们相信，金融市场的价格行为在较长期中将对实体经济的资源配置产生影响，而且正如我们在前两节所讨论的，从古至今的金融市场远未达到有效率的定价，因此金融市场定价效率的欠缺在一般情况下将使实体经济资源配置缺乏效率，只是这种效率缺乏是隐蔽的，难以被及时观察到。

金融市场缺乏定价效率只有在市场在一段时间内持续单方向变化时才能引起显著的宏观经济波动和资源的明显错误配置，并以金融和实体经济的泡沫及其破裂的方式一再发生。在本章导言中笔者表示，市场经济中的大多数非理想的变化都起于人类知识的缺乏和在此背景下的贪婪与恐惧。我们很难断定一次具体的经济与金融泡沫首先是在哪一个层面发生，但是有一点是肯定的，金融市场并没有在每次经济泡沫的发生阶段对实体经济行为进行有效的纠正，反而在不同程度上通过信贷扩张、资产价格暴涨等形式对实体经济中的泡沫形成和积累推波助澜，实体经济的狂热又促使短视的人们以此为热点在金融市场上进行疯狂的投机。经济泡沫和金融泡沫的相互助长以及在泡沫破裂时的相互践踏，成为近现代经济的显著特征之一。综观近现代经济的每一次超级繁荣和事后的严重衰退，没有哪一次没有金融部门的推动，它们共同表现为上升期的贪婪冒进和泡沫破裂时的恐慌性撤退。

经济泡沫通常发生在建设周期较长且产品本身又具有投机性的经济领域，很少发生在建设和收益周期短的非耐用品生产领域。在未来不确定的条件下，市场经济的生产行为一定程度上表现为一个试错的过程。建设和收益周期短的行业可以对建设本身的盈利性和合理性进行及时的检验，从而及时得到市场反馈，因此缺乏投机基础；相反，建设和收益周期长的行业在一段较长的时间内都无法得到实际经济市场的检验，缺乏来自实际经济的反馈，为投机行为留下了充分的空间，从而容易演变为投机性泡沫。另外，有一些行业即使得到其产品市场的反馈，但是其产品市场本身也是一个投机性较强的市场，产品价格本身就是投机性交易的结果，这样的行业就会在行业建设和产品市场双重投机下失去稳定性，并在一定条件下演变为泡沫。

20世纪初的铁路建设泡沫和20世纪末的互联网泡沫都是因为它们很长的建设和收益周期，而二战后愈演愈烈的房地产泡沫则主要是因为房地产市场本身所具有的投机性。

在金融部门推动下产生的经济泡沫不但为实际经济造成直接的损失，更因为金融部门本身也产生严重的泡沫，在泡沫破裂后金融部门的动荡使实际经济受到进一步的打击，产生进一步的经济损失，后者的影响远远大于前者。

6.6　政府政策与金融市场定价效率

6.6.1　金融危机：证券市场定价效率非理想的又一有力证据

金融市场的定价行为除了我们常见的证券市场定价行为以外，市场利率的确定、在一定条件下的信贷行为等，无不是估价的结果。利率是对未来还贷收益的现在定价，信贷行为是在一定利率水平下对是否要交易进行选择。高利率意味着未来还款收益的不确定性较高，或根据对经济的预期而索取较高的回报率，或直接表现为对未来某种收益的较低估价。因此，当我们广泛谈论金融市场定价效率时，除了常见的证券价格形成效率外，还应包括利率和信贷行为的理性和效率，信贷行为本身也是基于定价而产生的。传统的信贷只是一次性交易，因此其风险是来自于行为人的认知和对未来相关经济状况的判断，而不是来自市场反复的投机性交易，这是一种简单的、在理论上可以得以最大限度控制的风险，但是贷款等资产的证券化使原本简单的风险属性变得更加复杂。

金融危机的爆发不是一时之事，而是金融和经济长期积累风险的结果。频繁爆发的金融危机使实体经济遭受严重损失。关于金融危机的爆发，大致有两种观点，一是实体经济的非预期变化导致金融市场价格急剧变化，金融机构头寸急剧恶化使整个金融体系产生动荡；二是金融体系本身长时间内因为非理性定价和行为使自身产生扭曲，这种扭曲积累到一定程度时产生剧烈的纠偏从而导致金融体系动荡。应该说，以上两种观点都有其合理之处，但又都不完善。现代经济和金融之间已经不再是单向的关系，金融体系自身的不稳定性是金融危机的根源，而金融体系的不稳定性的根源又在于其估价或定价系统效率和理性的缺乏。即使我们认为金融危机的原因来自于实体经济的变化，但是实体经济何以在短期中产生如此剧烈的变化？外生冲击远不能解释。实体经济的大多数突然变化都是经济中资源配置扭曲的矫枉过正的急剧调整，实体经济之所以可以长期扭曲而积累风险，又不能不考虑到金融体系的作用，如上一小节所述，金融市场在实体经济扭曲和泡沫中扮演了重要的角色，至少它没有有效地通过其理性行为及时地化解实体经济中的扭曲和泡沫，并在泡沫最终破裂时缓解实体经济受到的冲击，反而是金融市场的反应比实体经济更加强烈，在泡沫生成期比实体经济膨胀更快，而在泡沫破裂期比实体经济更快地收缩。

高定价效率的金融市场具有随时的纠偏功能，随时纠正实体经济中的资源错配和金融层面的错误定价，使经济和金融风险不至于积累到爆发危机的程度，金融危机的频繁爆发从一个侧面暴露了证券市场定价效率的欠缺。

6.6.2 正视证券市场在一定程度上欠缺定价效率的事实

证券市场欠缺定价效率虽然有着很强的历史背景，但是我们也看到，即使是欧美发达证券市场，也远远未达到充分的定价效率，因此证券市场欠缺定价效率在一定历史时期将会继续存在。对证券市场定价效率应有客观的认识，格林斯潘"金融机构和投资者会对自己的行为负责"的观点是值得怀疑的。

在本章第四节中，我们深入分析了证券市场在一定程度上缺乏定价效率的原因。我们将证券市场上传递的信息分为基本信息和人为信息，由于基本信息的不完备以及未来新的基本信息的变化，投资者将面临由此带来的基本风险。人为信息的复杂性使之成为证券市场上最受人关注的对象，由于其他交易者的行为而产生的未来价格的不可预测的变化可以称为人为风险，任何人都是人为风险的"受害者"又都是人为风险的"制造者"。正是因为证券市场上复杂的人为信息及其传播和反馈，使基于市场心理的投机活动盛行，证券价格遂脱离其基本价值而虚拟化，这是现实中的证券市场缺乏定价效率的主要原因。

为了提高金融市场的定价效率，有两条基本的途径：最大限度地公开与金融产品有关的基本信息，压缩人为信息和基于人为信息的投机活动的生存空间；为基于市场心理的投机活动设置一定的交易障碍。其中，关于最大限度地公开基本信息的建议早已是全人类的共识，但对于后者，人们的认识并不相同。

资产证券化使原先缺乏流动性的金融资产有了低成本的交易市场，层出不穷的金融衍生品活跃了金融市场的交易，使人们可以以更低廉的成本进行更大规模的交易，提高了其交易能力，从而对市场的影响力大大提高。不管是资产证券化还是衍生品市场的发展，都被人们赋予了风险管理和价格发现等功能。实际上，资产证券化和交易衍生化的风险管理的功能一定程度上取决于其价格发现功能，或者说其是否促进了金融市场的定价效率，恶化的金融市场定价效率将使风险管理过程变成一个制造市场风险的过程。

资产证券化和交易衍生化确实在一定程度上有助于将经济中分散的信息汇入市场，价格发现功能也正是基于这一认识。但是，资产证券化和交易衍生化除了使与金融资产有关的基本信息得以揭示之外，同时也将人为信息的传播与反馈成倍地放大，因此促使更大规模的投机性交易是显而易见的。如笔者在前文所述，金融市场缺乏定价效率的主要原因在于反复无常的投机性交易，因此不能简单地认为资产证券化和交易衍生化一定会提高金融市场定价效率，也不能简单地认为它们降低了金融市场的风险。

6.6.3　宏观经济政策与金融市场定价效率

我们在这里所说的经济政策是指政府的宏观经济政策，包括财政政策和货币政策。尽管在学术研究领域，关于财政政策和货币政策的有效性尚存在广泛的争论，但是在政府经济政策层面上，凯恩斯主义的财政和货币政策依然是政府调节宏观经济的主要政策手段。

尽管人们对市场经济的经济周期进行了深入的探索并提出了各种各样的理论，但是有一点是肯定的，在每一次经济周期中，人性的贪婪和恐惧都起着重要的作用，经济周期从某种意义上说也是一系列投机行为的结果，正是人性的投机使经济中的非均衡因素在一段时间内得以积聚并最终以激烈的方式纠正。预测宏观经济趋势与预测股票市场一样困难，这从各国政府经常被动和不合时宜的经济政策可以得到一定的印证，笔者认为，这远远不是用政策时滞可以解释的。如果以上对于经济周期的认识具有一定的正确性，那么我们对宏观经济政策效果的认识将会有所改变。

政府的宏观经济政策除了如凯恩斯主义经济学所表示的对实体经济的直接作用外，更重要的是它改变了人们对于未来经济的预期，从而引起人们经济行为的改变。经济政策是否如政府所愿发挥相应的作用，并不是一个简单的经济模型可以推算，政府的经济政策可以扭转因为投机性经济行为所导致的过度繁荣和衰退，同时也可能引起基于政府政策的投机性行为。实际上，至今经济学家对于政府宏观经济政策如何影响经济还没有统一的认识。政府经济政策成为投机的"题材"，在金融市场上表现得尤为明显。以股票市场为例，基于未来长期收益的股票估值本不应因为政府的短期经济政策产生明显的变化，但是股票市场因为政府政策的微调而发生大幅波动的例子比比皆是。对于政府政策改变未来宏观经济因此改变股票价值的流行观点，笔者在本章第三节已经指出其谬误性。

笔者相信，在经济和金融的短期波动以及金融和经济危机中，市场投机行为起着核心的作用，因此改善宏观经济和金融运行的主要目标是减少过度投机行为，提高金融市场估值的质量，提高金融市场的定价效率。越是稳定和定价效率高的金融市场，其对实体经济的引导作用就越能充分发挥，金融市场的高效率和稳定将有力地促进实际经济的高效率和稳定。

如果将过度投机行为看成是现代市场经济的主要问题之一，那么宏观经济政策就应着眼于抑制过度投机，同时避免政策本身成为投机炒作的题材。这是一个表达起来容易操作却非常困难的事，尤其是在当今学术界、经济界和政府部门对于金融市场定价效率尚处于激烈争论的年代。直到今天，还有大批经济学家并没有将金融危机看成是金融市场缺乏定价效率的极端表现，因此在处理危机时依然是头痛医头，脚痛医脚，只是在金融危机爆发时才给予关注和救助。在金融市场看似平稳时，人们始终抱着"人们普遍的自利行为将最大限度地促进社会福利"的教条，殊不知具有良好定价效率的金融市场不可能在一夜之间爆发危机。对金融市场的救助，不应只发生在资产价格暴跌的危机时期，经济和金融泡沫的形成和发展，本身就已经说明市场处于病态，即使泡沫暂时没有崩溃。因此，对于政府经济政策来说，"救市"应该是一种常规工作，他们应该是经济和金融的

"保健医生"而不只是"急救者"。这当然对经济和金融的监管和调控者提出了更多的问题和更高的要求。

笔者认为，宏观经济政策的目标不应只局限于充分就业、物价稳定等实体经济层面，在金融市场越来越重要的当今市场经济条件下，经济政策的目标还应重点关注金融市场的估值状况。而世界大多数国家政府都在利用宏观经济政策对经济进行适时的微调，在对一般物价水平密切关注的同时却任由金融市场价格水平大起大落，这不能不说是一种政策缺失。

6.6.4　金融监管与金融市场定价效率

政府对金融市场的影响途径除了宏观经济政策外，还应该对金融市场主体和金融产品进行直接的监管。金融监管大体上可以分为对相关经济主体行为的监管和金融产品市场的监管，其中对经济主体行为的监管在理论上相对成熟和完整，但是对于金融产品市场的直接监管却在一定程度上还存在着认识上的误区。金融产品流动性（可交易性）的发展是现代金融市场发展的主要特征，集中表现在资产证券化和衍生品市场的迅猛发展。在证券市场有效的假设前提下，金融市场上任何形式的流动性革命和交易成本的下降都将有助于提高金融市场定价效率，但是正如我们在本章前文中所分析的，现代金融市场并非一个定价充分有效的市场，而其原因正是市场的过度交易，立足于这一观察，我们对资产证券化和衍生品市场的发展就会有新的思考和认识。笔者认为，在一段时期内，金融市场定价效率的非充分性将会持续存在，并还将以资产价格暴涨暴跌的金融危机的方式不断地冲击着脆弱的市场经济，因此金融监管部门对于资产证券化和衍生品市场的发展应在一定程度上保持审慎的态度。

主要参考文献

1. 凯恩斯：《就业、利息与货币通论》，商务印书馆 1983 年版。

2. 詹姆斯·托宾、斯蒂芬·S. 戈卢布：《货币、信贷与资本》，东北财经大学出版社 1998 年版。

3. 罗伯特·J. 席勒：《非理性繁荣》，中国人民大学出版社 2001 年版。

4. 保罗·克鲁格曼：《汇率的不稳定性》，北京大学出版社 2000 年版。

5. 默顿·米勒：《默顿·米勒论金融衍生工具》，清华大学出版社 1999 年版。

6. 默顿·米勒：《金融创新与市场的波动性》，首都经济贸易大学出版社 2002 年版。

7. 苏珊·斯特兰奇：《赌场资本主义》，社会科学文献出版社 2000 年版。

8. 罗伯特·A. 哈根：《新金融学——有效市场的反例》，清华大学出版社，2002 年版。

9. 查里斯·P. 金德尔伯格：《经济过热、经济恐慌及经济崩溃——金融危机史》，北京大学出版社 2000 年版。

10. 瑞·坎特伯雷：《华尔街资本主义》，江西人民出版社 2001 年版。

11. 徐滇庆、于宗先、王金利：《泡沫经济与金融危机》，中国人民大学出版社 2000 年版。

12. 申海波：《预期理论与资本市场》，上海财经大学出版社 2000 年版。

13. 张圣平：《偏好、信念、信息与证券价格》，上海三联书店 2002 年版。

14. Barberis, N. and Thaler, R. (2002), "A Survey of Behavioral Finance", *NBER Working Paper*, No. 9222.

15. Black, Fischer (1986), "Noise", *Journal of Finance*, Vol. 41, Issue 3.

16. Bollerslev, Tim, and Robert J. Hodrick (1992), "Financial Market Efficiency Tests", *NBER Working Paper*, No. 4108.

17. Bondt, D. and R. H. Thaler (1985), "Does the Stock Market Over-react?", *Journal of Finance*, Vol. 40.

18. Culter, D. , J. Poterba and L. Summers (1991), "Speculative Dynamics", *Review of Economics Studies*, 58.

19. Fama, Eugene F. (1965), "The Behavior of Stock-Market Prices", *Jour-

nal of Business, Vol. 38, Issue 1.

20. Fama, Eugene F. (1970), "Efficient Capital Markets: A Review of Theory and Empirical Work", *Journal of Finance*, Vol. 25, Issue 2.

21. Fama, Eugene F. (1991), "Efficient Capital Markets: II", *Journal of Finance*, Vol. 46, Issue 5.

22. Fama, Eugene F. (1998), "Market efficiency, long-term returns, and behavioral finance", *Journal of Financial Economics*, Vol. 49.

23. Jegadeesh, N. and T. Sheridan(1993), "Returns to Buying Winners and Selling Losers: Implications for Stock Market Efficiency", *Journal of Finance*, Vol. 48, Issue 1.

24. Odean, T. (1998), "Are Investors Reluctant to Realize Their Losses?", *Journal of Finance*, Vol. 53.

25. Shiller, Robert J. (1981), "The Use of Volatility Measures in Assessing Market Efficiency", *The Journal of Finance*, Vol. 36, No. 2.

26. Shiller, Robert J. (1987), "Investor Behavior in the October 1987 Stock Market Crash: Survey Evidence", *NBER Working Papers*, No. 2446.

27. Shiller, Robert J. (1987), "The Volatility of Stock Market Prices", *Cowles Foundation Paper*, No. 670.

28. Sharpe, William F. (1964), "Capital Asset Prices: A Theory of Market Equilibrium under Conditiions of Risk", *The Journal of Finance*, Vol. 19, Issue 3.

责任编辑:陈　登

图书在版编目(CIP)数据

金融发展与制度变迁问题研究/张球 陈奇斌　主编.
　—北京:人民出版社,2011.4
ISBN 978－7－01－009805－0

Ⅰ.①金…　Ⅱ.①张…　②陈…　Ⅲ.①金融-经济发展-研究-中国
　②金融体制-研究-中国　Ⅳ.①F832

中国版本图书馆 CIP 数据核字(2011)第 057068 号

金融发展与制度变迁问题研究
JINRONG FAZHAN YU ZHIDU BIANQIAN WENTI YANJIU

张　球　陈奇斌 主　编

方兴起　刘　伟 副主编

人民出版社 出版发行
(100706　北京朝阳门内大街 166 号)

北京新魏印刷厂印刷　　新华书店经销

2011 年 4 月第 1 版　　2011 年 4 月北京第 1 次印刷
开本:710 毫米×1000 毫米 1/16　印张:21.25
字数:323 千字

ISBN 978－7－01－009805－0　定价:45.00 元

邮购地址 100706　北京朝阳门内大街 166 号
人民东方图书销售中心　电话 (010)65250042　65289539